РУССКАЯ КЛАССИКА

Москва
«ЭКСМО»
2007

РУССКАЯ КЛАССИКА

Н. В. ГОГОЛЬ

Вечера на хуторе близ Диканьки

Москва
«ЭКСМО»
2007

УДК 882
ББК 84(2Рос-Рус)6-4
   Г 58

Разработка оформления *А. Яковлева*

Издание осуществлено при участии
издательства «ФОЛИО»

Гоголь Н. В.
Г 58   Вечера на хуторе близ Диканьки. Миргород: Повести. — М.: Эксмо, 2007. — 544 с. — (Русская классика).

   ISBN 978-5-699-07918-6

Трогательные, милые, добрые, пронизанные мягким юмором и невероятной симпатией к своим героям, их традициям — таковы гоголевские «Вечера на хуторе», истории о Малороссии, которой, увы, уже нет. Многие из повестей и рассказов, составляющих эту книгу, входят в обязательную школьную программу.

                                    УДК 882
                                    ББК 84(2Рос-Рус)6-4

ВЕЧЕРА НА ХУТОРЕ
БЛИЗ ДИКАНЬКИ

Повести

ЧАСТЬ ПЕРВАЯ

ПРЕДИСЛОВИЕ

«Это что за невидаль: «Вечера на хуторе близ Диканьки»? Что это за «Вечера»? И швырнул в свет какой-то пасичник! Слава Богу! еще мало ободрали гусей на перья и извели тряпья на бумагу! Еще мало народу, всякого звания и сброду, вымарало пальцы в чернилах! Дернула же охота и пасичника потащиться вслед за другими! Право, печатной бумаги развелось столько, что не придумаешь скоро, что бы такое завернуть в нее».

Слышало, слышало вещее мое все эти речи еще за месяц! То есть, я говорю, что нашему брату, хуторянину, высунуть нос из своего захолустья в большой свет — батюшки мои! Это всё равно, как, случается, иногда зайдешь в покои великого пана: все обступят тебя и пойдут дурачить. Еще бы ничего, пусть уже высшее лакейство, нет, какой-нибудь оборванный мальчишка, посмотреть — дрянь, который копается на заднем дворе, и тот пристанет; и начнут со всех сторон притопывать ногами. «Куда, куда, зачем? пошел, мужик, пошел!..» Я вам скажу... Да что говорить! Мне легче два раза в год съездить в Миргород, в котором вот уже пять лет как не видал меня ни подсудок из земского суда, ни почтенный иерей, чем показаться в этот великий свет. А показался — плачь не плачь, давай ответ.

У нас, мои любезные читатели, не во гнев будь сказано (вы, может быть, и рассердитесь, что пасичник говорит вам запросто, как будто какому-нибудь свату своему или куму), — у нас, на хуторах, водится издавна: как только окончатся работы в поле, мужик залезет отдыхать на всю зиму на печь и наш брат припрячет своих пчел в темный погреб, когда ни журавлей на небе, ни груш на дереве не увидите более, — тогда, только вечер, уже наверно где-нибудь в конце улицы брезжит огонек, смех и песни слышатся издалеча, бренчит балалайка, а подчас и скрипка, говор, шум... Это у нас *вечерницы!* Они, изволите видеть, они похожи на ваши балы; только нельзя сказать, чтобы совсем. На балы если вы едете, то именно для того, чтобы повертеть ногами и позевать в руку; а у нас соберется в одну хату толпа девушек совсем не для бала, с веретеном, с гребнями; и сначала будто и делом займутся: веретена шумят, льются песни, и каждая не подымет и глаз в сторону; но только нагрянут в хату парубки с скрипачом — подымется крик, затеется шаль, пойдут танцы и заведутся такие штуки, что и рассказать нельзя.

Но лучше всего, когда собьются все в тесную кучку и пустятся загадывать загадки или просто нести болтовню. Боже ты мой! Чего только не расскажут! Откуда старины не выкопают! Каких страхов не нанесут! Но нигде, может быть, не было рассказываемо столько диковин, как на вечерах у пасичника Рудого Панька. За что меня миряне прозвали Рудым Паньком — ей-богу, не умею сказать. И волосы, кажется, у меня теперь более седые, чем рыжие. Но у нас, не извольте гневаться, такой обычай: как дадут кому люди какое прозвище, то и во веки веков останется оно. Бывало, соберутся накануне праздничного дня добрые люди в гости, в пасичникову лачужку, усядутся за стол, — и тогда прошу только слушать.

И то сказать, что люди были вовсе не простого десятка, не какие-нибудь мужики хуторянские. Да, может, иному, и повыше пасичника, сделали бы честь посещением. Вот, например, знаете ли вы дьяка диканьской церкви, Фому Григорьевича? Эх, голова! Что за истории умел он отпускать! Две из них найдете в этой книжке. Он никогда не носил пестрядевого халата, какой встретите вы на многих деревенских дьячках; но заходите к нему и в будни, он вас всегда примет в балахоне из тонкого сукна, цвета застуженного картофельного киселя, за которое платил он в Полтаве чуть не по шести рублей за аршин. От сапог его, у нас никто не скажет на целом хуторе, чтобы слышен был запах дегтя; но всякому известно, что он чистил их самым лучшим смальцем, какого, думаю, с радостью иной мужик положил бы себе в кашу. Никто не скажет также, чтобы он когда-либо утирал нос полою своего балахона, как то делают иные люди его звания; но вынимал из пазухи опрятно сложенный белый платок, вышитый по всем краям красными нитками, и, исправивши что следует, складывал его снова, по обыкновению, в двенадцатую долю и прятал в пазуху. А один из гостей... Ну, тот уже был такой панич, что хоть сейчас нарядить в заседатели или подкоморий. Бывало, поставит перед собою палец и, глядя на конец его, пойдет рассказывать — вычурно да хитро, как в печатных книжках! Иной раз слушаешь, слушаешь, да и раздумье нападет. Ничего, хоть убей, не понимаешь. Откуда он слов понабрался таких! Фома Григорьевич раз ему насчет этого славную сплел присказку: он рассказал ему, как один школьник, учившийся у какого-то дьяка грамоте, приехал к отцу и стал таким латыньщиком, что позабыл даже наш язык православный. Все слова сворачивает на *ус.* Лопата у него — лопатус, баба — бабус. Вот, случилось раз, пошли они вместе с отцом в поле. Латыньщик увидел грабли и спрашивает отца: «Как это, батьку, по-вашему называется?» Да и наступил, разинувши рот, ногою на зубцы. Тот не успел собраться с ответом, как ручка, размахнувшись, поднялась и — хвать его по лбу. «Проклятые грабли! — закричал школьник, ухватясь рукою за лоб и подскочивши на аршин. — Как же они, черт бы спихнул с мосту отца их, больно бьются!» Так вот как! Припомнил и имя, голубчик! Такая присказка не по душе пришлась затейливому рассказчику. Не говоря ни слова, встал он с места, расставил ноги свои посереди комнаты, нагнул голову немного вперед, засунул руку в задний карман горохового кафтана своего, вытащил круглую под лаком табакерку, щелкнул пальцем по намалеванной роже какого-то бусурманского генерала и, захвативши немалую порцию табаку, растертого с золою и листьями любистка, поднес ее коромыслом к носу и вытянул носом на лету всю кучку, не дотронувшись даже до большого пальца, — и всё ни слова; да как полез в другой карман и вынул синий в клетках бумажный платок, тогда только проворчал про себя чуть ли еще не поговорку: «Не мечите бисер перед свиньями»... «Быть же теперь ссоре», — подумал я, заметив, что пальцы у Фомы Григорьевича так и складывались дать дулю. К счастию, старуха моя догадалась поставить на стол горячий кныш с маслом. Все принялись за дело. Рука Фомы Григорьевича, вместо того чтоб показать шиш, протянулась к кнышу, и, как всегда водится, начали прихваливать мастерицу хозяйку. Еще был у нас один рассказчик; но тот (нечего бы к ночи и вспоминать о нем) такие выкапывал страшные истории, что волосы ходили по голове. Я нарочно и не помещал их сюда. Еще напугаешь добрых людей так, что пасичника, прости Господи, как черта все станут бояться. Пусть лучше, как доживу,

10

если даст Бог, до нового года и выпущу другую книжку, тогда можно будет постращать выходцами с того света и дивами, какие творились в старину в православной стороне нашей. Меж ними, статься может, найдете побасенки самого пасичника, какие рассказывал он своим внукам. Лишь бы слушали да читали, а у меня, пожалуй, — лень только проклятая рыться, — наберется и на десять таких книжек.

Да, вот было и позабыл самое главное: как будете, господа, ехать ко мне, то прямехонько берите путь по столбовой дороге на Диканьку. Я нарочно и выставил ее на первом листке, чтобы скорее добрались до нашего хутора. Про Диканьку же, думаю, вы наслышались вдоволь. И то сказать, что там дом почище какого-нибудь пасичникова куреня. А про сад и говорить нечего: в Петербурге вашем, верно, не сыщете такого. Приехавши же в Диканьку, спросите только первого попавшегося навстречу мальчишку, пасущего в запачканной рубашке гусей: «А где живет пасичник Рудый Панько?» — «А вот там!» — скажет он, указавши пальцем, и, если хотите, доведет вас до самого хутора. Прошу, однако ж, не слишком закладывать назад руки и, как говорится, финтить, потому что дороги по хуторам нашим не так гладки, как перед вашими хоромами. Фома Григорьевич третьего году, приезжая из Диканьки, понаведался-таки в провал с новою таратайкою своею и гнедою кобылою, несмотря на то, что сам правил и что сверх своих глаз надевал по временам еще покупные.

Зато уже как пожалуете в гости, то дынь подадим таких, каких вы отроду, может быть, не ели; а меду, и забожусь, лучшего не сыщете на хуторах. Представьте себе, что как внесешь сот — дух пойдет по всей комнате, вообразить нельзя какой: чист, как слеза или хрусталь дорогой, что бывает в серьгах. А какими пирогами накормит моя старуха! Что за пироги, если б вы только знали: сахар, совершенный сахар! А масло, так вот и течет по губам, когда начнешь есть. Подумаешь, право: на что не мастерицы эти бабы! Пили ли вы когда-либо, господа, грушевый квас с терновыми ягодами или варенуху с изюмом и сливами? Или не случалось ли вам подчас есть путрю с молоком? Боже ты мой, каких на свете нет кушаньев! Станешь есть — объяденье, да и полно. Сладость неописанная! Прошлого года... Однако ж что я в самом деле разболтался?.. Приезжайте только, приезжайте поскорей; а накормим так, что будете рассказывать и встречному и поперечному.

Пасичник Рудый Панько.

На всякий случай, чтобы не помянули меня недобрым словом, выписываю сюда, по азбучному порядку, те слова, которые в книжке этой не всякому понятны.

Банду́ра — инструмент, род гитары.
Бато́г — кнут.
Боля́чка — золотуха.
Бо́ндарь — бочарь.
Бу́блик — круглый крендель, баранчик.
Буря́к — свекла.
Бухане́ц — небольшой хлеб.
Ви́нница — винокурня.
Галу́шки — клецки.
Голодра́бец — бедняк, бобыль.
Гопа́к,
Го́рлица, } малороссийские танцы.
Ди́вчина — девушка.
Дивча́та — девушки.
Дижа́ — кадка.
Дрибу́шка — мелкие косы.

12

Домови́на — гроб.

Ду́ля — шиш.

Дука́т — род медали, носится на шее.

Зна́хор — многознающий, ворожей.

Жи́нка — жена.

Жупа́н — род кафтана.

Кагане́ц — род светильни.

Кле́пки — выпуклые дощечки, из коих составлена бочка.

Кныш — род печеного хлеба.

Ко́бза — музыкальный инструмент.

Комо́ра — амбар.

Кора́блик — головной убор.

Кунту́ш — верхнее старинное платье.

Корова́й — свадебный хлеб.

Ку́холь — глиняная кружка.

Лысый дидько — домовой, демон.

Лю́лька — трубка.

Маки́тра — горшок, в котором трут мак.

Макого́н — пест для растирания маку.

Малаха́й — плеть.

Ми́ска — деревянная тарелка.

Молоди́ца — замужняя женщина.

На́ймыт — нанятой работник.

На́ймычка — нанятая работница.

Оселе́дец — длинный клок волос на голове, заматывающийся на ухо.

Очи́пок — род чепца.

Пампу́шки — кушанье из теста.

Па́сичник — пчеловод.

Па́рубок — парень.

Пла́хта — нижняя одежда женщин.

Пе́кло — ад.

Пере́купка — торговка.

Переполо́х — испуг.

Пе́йсики — жидовские локоны.

13

Пове́тка — сарай.

Полутабе́нек — шелковая материя.

Пу́тря — кушанье, род каши.

Рушни́к — утиральник.

Сви́тка — род полукафтанья.

Синдя́чки — узкие ленты.

Сластёны — пышки.

Сво́лок — перекладина под потолком.

Сливя́нка — наливка из слив.

Сму́шки — бараний мех.

Со́няшница — боль в животе.

Сопи́лка — род флейты.

Стуса́н — кулак.

Стри́чки — ленты.

Тройча́тка — тройная плеть.

Хло́пец — парень.

Ху́тор — небольшая деревушка.

Ху́стка — платок носовой.

Цыбу́ля — лук.

Чумаки́ — обозники, едущие в Крым за солью и рыбою.

Чупри́на, чуб — длинный клок волос на голове.

Ши́шка — небольшой хлеб, делаемый на свадьбах.

Ю́шка — соус, жижа.

Ятка — род палатки или шатра.

СОРОЧИНСКАЯ ЯРМАРКА

I

> Мені нудно в хаті жить.
> Ой, вези ж мене із дому,
> Де багацько грому, грому,
> До гопцюють все дівки,
> Де гуляють парубки!
>
> *Из старинной легенды*

Как упоителен, как роскошен летний день в Малороссии! Как томительно-жарки те часы, когда полдень блещет в тишине и зное и голубой неизмеримый океан, сладострастным куполом нагнувшийся над землею, кажется, заснул, весь потонувши в неге, обнимая и сжимая прекрасную в воздушных объятиях своих! На нем ни облака. В поле ни речи. Всё как будто умерло; вверху только, в небесной глубине, дрожит жаворонок, и серебряные песни летят по воздушным ступеням на влюбленную землю, да изредка крик чайки или звонкий голос перепела отдается в степи. Лениво и бездумно, будто гуляющие без цели, стоят подоблачные дубы, и ослепительные удары солнечных лучей зажигают целые живописные массы листьев, накидывая на другие темную, как ночь, тень, по которой только при сильном ветре прыщет золото. Изумруды, топазы, яхонты эфирных насекомых сыплются над пестрыми огородами, осеняемыми статными подсолнечниками. Серые стога сена и золотые снопы хлеба станом располагаются в поле и кочуют по его неизмеримости. Нагнувшиеся от тяжести плодов широкие ветви черешен, слив, яблонь, груш; небо, его чистое зеркало — река в зеленых, гордо поднятых рамах... как полно сладострастия и неги малороссийское лето!

15

Такою роскошью блистал один из дней жаркого августа тысячу восемьсот... восемьсот... Да, лет тридцать будет назад тому, когда дорога, верст за десять до местечка Сорочинец, кипела народом, поспешавшим со всех окрестных и дальних хуторов на ярмарку. С утра еще тянулись нескончаемою вереницею чумаки с солью и рыбою. Горы горшков, закутанных в сено, медленно двигались, кажется, скучая своим заключением и темнотою; местами только какая-нибудь расписанная ярко миска или макитра хвастливо выказывалась из высоко взгроможденного на возу плетня и привлекала умиленные взгляды поклонников роскоши. Много прохожих поглядывало с завистью на высокого гончара, владельца сих драгоценностей, который медленными шагами шел за своим товаром, заботливо окутывая глиняных своих щеголей и кокеток ненавистным для них сеном.

Одиноко в стороне тащился на истомленных волах воз, наваленный мешками, пенькою, полотном и разною домашнею поклажею, за которым брел, в чистой полотняной рубашке и запачканных полотняных шароварах, его хозяин. Ленивою рукою обтирал он катившийся градом пот со смуглого лица и даже капавший с длинных усов, напудренных тем неумолимым парикмахером, который без зову является и к красавице, и к уроду и насильно пудрит несколько тысяч уже лет весь род человеческий. Рядом с ним шла привязанная к возу кобыла, смиренный вид которой обличал преклонные лета ее. Много встречных, и особливо молодых парубков, брались за шапку, поравнявшись с нашим мужиком. Однако ж не седые усы и не важная поступь его заставляли это делать; стоило только поднять глаза немного вверх, чтоб увидеть причину такой почтительности: на возу сидела хорошенькая дочка с круглым личиком, с черными бровями, ровными дугами поднявъшимися над светлыми карими глазами, с беспечно улыбавшимися розовыми губками, с повязанными на голове красными и синими лентами, которые, вместе с длинными косами и пучком полевых цветов, богатою короною покоились на ее очаровательной головке. Всё, казалось, занимало ее; всё было ей чудно, ново... и хорошенькие глазки беспрестанно бегали с одного предмета на другой. Как не рассеяться! в первый раз на ярмарке! Девушка в осьмнадцать лет в первый раз на ярмарке!.. Но ни один из прохожих и проезжих не знал, чего ей стоило упросить отца взять с собою, который и душою рад бы был это сделать прежде, если бы не злая мачеха, выучившаяся держать его в руках так же ловко, как он вожжи своей старой кобылы, тащившейся, за долгое служение, теперь на продажу. Неугомонная супруга... Но мы и позабыли, что и она тут же сидела на высоте воза, в нарядной шерстяной зеленой кофте, по которой, будто по горностаевому меху, нашиты были хвостики, красного только цвета, и богатой плахте, пестревшей, как шахматная доска, и в ситцевом цветном очипке, придававшем какую-то особенную важность ее красному, полному лицу, по которому проскальзывало что-то столь неприятное, столь дикое, что каждый тотчас спешил перенести встревоженный взгляд свой на веселенькое личико дочки.

Глазам наших путешественников начал уже открываться Псёл; издали уже веяло прохладою, которая казалась ощутительнее после томительного, разрушающего жара. Сквозь темно- и светло-зеленые листья небрежно раскиданных по лугу осокоров, берез и тополей засверкали огненные, одетые холодом искры, и река-красавица блистательно обнажила серебряную грудь свою, на которую роскошно падали зеленые кудри дерев. Своенравная, как она в те упоительные часы, когда верное зеркало так завидно

17

заключает в себе ее полное гордости и ослепительного блеска чело, лилейные плечи и мраморную шею, осененную темною, упавшею с русой головы волною, когда с презрением кидает одни украшения, чтобы заменить их другими, и капризам ее конца нет, — она почти каждый год переменяла свои окрестности, выбирая себе новый путь и окружая себя новыми, разнообразными ландшафтами. Ряды мельниц подымали на тяжелые колеса свои широкие волны и мощно кидали их, разбивая в брызги, обсыпая пылью и обдавая шумом окрестность. Воз с знакомыми нам пассажирами взъехал в это время на мост, и река во всей красоте и величии, как цельное стекло, раскинулась перед ними. Небо, зеленые и синие леса, люди, возы с горшками, мельницы — всё опрокинулось, стояло и ходило вверх ногами, не падая в голубую прекрасную бездну. Красавица наша задумалась, глядя на роскошь вида, и позабыла даже лущить свой подсолнечник, которым исправно занималась во всё продолжение пути, как вдруг слова: «Ай да дивчина!» — поразили слух ее. Оглянувшись, увидела она толпу стоявших на мосту парубков, из которых один, одетый пощеголеватее прочих, в белой свитке и в серой шапке решетиловских смушек, подпершись в бока, молодецки поглядывал на приезжающих. Красавица не могла не заметить его загоревшего, но исполненного приятности лица и огненных очей, казалось, стремившихся видеть ее насквозь, и потупила глаза при мысли, что, может быть, ему принадлежало произнесенное слово.

— Славная дивчина! — продолжал парубок в белой свитке, не сводя с нее глаз. — Я бы отдал всё свое хозяйство, чтобы поцеловать ее. А вот впереди и дьявол сидит!

Хохот поднялся со всех сторон; но разряженной сожительнице медленно выступавшего супруга не слишком показалось такое приветствие: красные щеки ее превратились в огненные, и треск отборных слов посыпался дождем на голову разгульного парубка:

— Чтоб ты подавился, негодный бурлак! Чтоб твоего отца горшком в голову стукнуло! Чтоб он поскользнулся на льду, антихрист проклятый! Чтоб ему на том свете черт бороду обжег!

— Вишь, как ругается! — сказал парубок, вытаращив на нее глаза, как будто озадаченный таким сильным залпом неожиданных приветствий, — и язык у нее, у столетней ведьмы, не заболит выговорить эти слова.

— Столетней! — подхватила пожилая красавица. — Нечестивец! поди умойся наперед! Сорванец негодный! Я не видала твоей матери, но знаю, что дрянь! и отец дрянь! и тетка дрянь! Столетней! что у него молоко еще на губах...

Тут воз начал спускаться с мосту, и последних слов уже невозможно было расслушать; но парубок не хотел, кажется, кончить этим: не думая долго, схватил он комок грязи и швырнул вслед за нею. Удар был удачнее, нежели можно было предполагать: весь новый ситцевый очипок забрызган был грязью, и хохот разгульных повес удвоился с новою силою. Дородная щеголиха вскипела гневом; но воз отъехал в это время довольно далеко, и месть ее обратилась на безвинную падчерицу и медленного сожителя, который, привыкнув издавна к подобным явлениям, сохранял упорное молчание и хладнокровно принимал мятежные речи разгневанной супруги. Однако ж, несмотря на это, неутомимый язык ее трещал и болтался во рту до тех пор, пока не приехали они в пригородье к старому знакомому и куму, козаку Цыбуле. Встреча с кумовьями, давно не видавшимися, выгнала на время из головы это неприятное происшествие, заставив наших путешественников поговорить об ярмарке и отдохнуть немного после дальнего пути.

II

Що, Боже ти мій, Господи, чого нема на тій ярмарці! Колеса, скло, дьоготь, тютюн, ремінь, цибуля, крамарі всякі... так, що хоч би в кишені було рублів із тридцять, то и тоді б не закупив усієї ярмарки.

Из малороссийской комедии

Вам, верно, случалось слышать где-то валящийся отдаленный водопад, когда встревоженная окрестность полна гула и хаос чудных неясных звуков вихрем носится перед вами. Не правда ли, не те ли самые чувства мгновенно обхватят вас в вихре сельской ярмарки, когда весь народ срастается в одно огромное чудовище и шевелится всем своим туловищем на площади и по тесным улицам, кричит, гогочет, гремит? Шум, брань, мычание, блеяние, рев — всё сливается в один нестройный говор. Волы, мешки, сено, цыганы, горшки, бабы, пряники, шапки — всё ярко, пестро, нестройно, мечется кучами и снуется перед глазами. Разноголосные речи потопляют друг друга, и ни одно слово не выхватится, не спасется от этого потопа; ни один крик не выговорится ясно. Только хлопанье по рукам торгашей слышится со всех сторон ярмарки. Ломается воз, звенит железо, гремят сбрасываемые на землю доски; и закружившаяся голова недоумевает, куда обратиться. Приезжий мужик наш с чернобровою дочкою давно уже толкался в народе. Подходил к одному возу, щупал другой, применивался к ценам; а между тем мысли его ворочались безостановочно около десяти мешков пшеницы и старой кобылы, привезенных им на продажу. По лицу его дочки заметно было, что ей не слишком приятно тереться около возов с мукою и пшеницею. Ей бы хотелось туда, где под полотняными ятками нарядно развешаны красные ленты, серьги оловянные, медные кресты и дукаты. Но и тут, однако ж, она находила себе много предметов для наблюдения: ее смешило до крайности, как цыган и мужик били один другого по рукам, вскрикивая сами от боли; как пьяный жид давал бабе киселя; как поссорившиеся перекупки перекидывались бранью и раками; как москаль, поглаживая одною рукою свою козлиную бороду, другою... Но вот почувствовала она, кто-то дернул ее за шитый рукав сорочки. Оглянулась — и парубок в белой свитке, с яркими очами, стоял перед нею. Жилки ее вздрогнули, и сердце забилось так, как еще никогда, ни при какой радости, ни при каком горе: и чудно, и любо ей показалось, и сама не могла растолковать, что делалось с нею.

— Не бойся, серденько, не бойся! — говорил он ей вполголоса, взявши ее руку, — я ничего не скажу тебе худого!

«Может быть, это и правда, что ты ничего не скажешь худого, — подумала про себя красавица, — только мне чудно... верно, это лукавый! Сама, кажется, знаешь, что не годится так... а силы недостает взять от него руку».

Мужик оглянулся и хотел что-то промолвить дочери, но в стороне послышалось слово «пшеница». Это магическое слово заставило его в ту же минуту присоединиться к двум громко разговаривавшим негоциантам, и приковавшегося к ним внимания уже ничто не в состоянии было развлечь. Вот что говорили негоцианты о пшенице.

III

Чи бачиш, він який парнище?
На світі трохи єсть таких.
Сивуху так, мов брагу, хлище!

Котляревский, «Энеида»

— Так ты думаешь, земляк, что плохо пойдет наша пшеница? — говорил человек, с виду похожий на заезжего мещанина, обитателя какого-нибудь местечка, в пестрядевых, запачканных дегтем и засаленных шароварах, другому, в синей, местами уже с заплатами, свитке и с огромною шишкою на лбу.

— Да думать нечего тут; я готов вскинуть на себя петлю и болтаться на этом дереве, как колбаса перед Рождеством на хате, если мы продадим хоть одну мерку.

— Кого ты, земляк, морочишь? Привозу ведь, кроме нашего, нет вовсе, — возразил человек в пестрядевых шароварах.

«Да, говорите себе, что хотите, — думал про себя отец нашей красавицы, не пропускавший ни одного слова из разговора двух негоциантов, — а у меня десять мешков есть в запасе».

— То-то и есть, что если где замешалась чертовщина, то ожидай столько проку, сколько от голодного москаля, — значительно сказал человек с шишкою на лбу.

— Какая чертовщина? — подхватил человек в пестрядевых шароварах.

— Слышал ли ты, что поговаривают в народе? — продолжал с шишкою на лбу, наводя на него искоса свои угрюмые очи.

— Ну!

— Ну, то-то ну! Заседатель, чтоб ему не довелось обтирать губ после панской сливянки, отвел для ярмарки проклятое место, на котором, хоть тресни, ни зерна не спустишь. Видишь ли ты тот старый, развалившийся сарай, что вон-вон стоит под горою? (Тут любопытный отец нашей красавицы подвинулся еще ближе и весь превратился, казалось, во внимание.) В том сарае то и дело, что водятся чертовские шашни; и ни одна ярмарка на этом месте не проходила без беды. Вчера волостной писарь проходил поздно вечером, только глядь — в слуховое окно выставилось свиное рыло и хрюкнуло так, что у него мороз подрал по коже; того и жди, что опять покажется *красная свитка!*

— Что ж это за *красная свитка?*

Тут у нашего внимательного слушателя волосы поднялись дыбом; со страхом оборотился он назад и увидел, что дочка его и парубок спокойно стояли, обнявшись и напевая друг другу какие-то любовные сказки, позабыв про все находящиеся на свете свитки. Это разогнало его страх и заставило обратиться к прежней беспечности.

— Эге-ге-ге, земляк! да ты мастер, как вижу, обниматься! А я на четвертый только день после свадьбы выучился обнимать покойную свою Хвеську, да и то спасибо куму: бывши *дружкою* уже надоумил.

Парубок заметил тот же час, что отец его любезной не слишком далек, и в мыслях принялся строить план, как бы склонить его в свою пользу.

— Ты, верно, человек добрый, не знаешь меня, а я тебя тотчас узнал.

— Может, и узнал.

— Если хочешь, и имя, и прозвище, и всякую всячину расскажу: тебя зовут Солопий Черевик.

— Так, Солопий Черевик.

— А вглядись-ка хорошенько: не узнаешь ли меня?

— Нет, не познаю. Не во гнев будь сказано, на веку столько довелось наглядеться рож всяких, что черт их и припомнит всех!

— Жаль же, что ты не припомнишь Голопупенкова сына!

— А ты будто Охримов сын?

— А кто ж? Разве один только *лысый дидько,* если не он.

Тут приятели побрались за шапки, и пошло лобызание; наш Голопупенков сын, однако ж, не теряя времени, решился в ту же минуту осадить нового своего знакомого.

— Ну, Солопий, вот, как видишь, я и дочка твоя полюбили друг друга так, что хоть бы и навеки жить вместе.

— Что ж, Параска, — сказал Черевик, оборотившись и смеясь к своей дочери, — может, и в самом деле, чтобы уже, как говорят, вместе и того... чтобы и паслись на одной траве! Что? по рукам? А ну-ка, новобранный зять, давай магарычу!

И все трое очутились в известной ярмарочной ресторации — под яткою у жидовки, усеянною многочисленной флотилией сулей, бутылей, фляжек всех родов и возрастов.

— Эх, хват! за это люблю! — говорил Черевик, немного подгулявши и видя, как нареченный зять его налил кружку величиною с полкварты и, нимало не поморщившись, выпил до дна, хватив потом ее вдребезги. — Что скажешь, Параска? Какого я жениха тебе достал? Смотри, смотри, как он молодецки тянет пенную!..

И, посмеиваясь и покачиваясь, побрел он с нею к своему возу, а наш парубок отправился по рядам с красными товарами, в которых находились купцы даже из Гадяча и Миргорода — двух знаменитых городов Полтавской губернии, — выглядывать получшую деревянную люльку в медной щегольской оправе, цветистый по красному полю платок и шапку для свадебных подарков тестю и всем, кому следует.

IV

Хоть чоловікам не онеє,
Та коли жінці, бачиш, теє,
Так треба угодити...

Котляревский

— Ну, жинка! а я нашел жениха дочке!

— Вот как раз до того теперь, чтобы женихов отыскивать! Дурень, дурень! тебе, верно, и на роду написано остаться таким! Где ж таки ты видел, где ж таки ты слышал, чтобы добрый человек бегал теперь за женихами? Ты подумал бы лучше, как пшеницу с рук сбыть; хорош должен быть и жених там! Думаю, оборваннейший из всех голодрабцев.

— Э, как бы не так! Посмотрела бы ты, что там за парубок! Одна свитка больше стоит, чем твоя зеленая кофта и красные сапоги. А как сивуху *важно* дует!.. Черт меня возьми вместе с тобою, если я видел на веку своем, чтобы парубок духом вытянул полкварты не поморщившись.

— Ну, так: ему если пьяница да бродяга, так и его масти. Бьюсь об заклад, если это не тот самый сорванец, который увязался за нами на мосту. Жаль, что до сих пор он не попадется мне: я бы дала ему знать.

— Что ж, Хивря, хоть бы и тот самый; чем же он сорванец?

— Э! чем же он сорванец! Ах ты, безмозглая башка! слышишь! чем же он сорванец! Куда же ты запрятал дурацкие глаза свои, когда проезжали мы мельницы? Ему хоть бы тут же, перед его запачканным в табачище носом, нанесли жинке его бесчестье, ему бы и нуждочки не было.

— Всё, однако же, я не вижу в нем ничего худого; парень хоть куда! Только разве что заклеил на миг образину твою навозом.

— Эге! да ты, как я вижу, слова не дашь мне выго-

25

ворить! А что это значит? Когда это бывало с тобою? Верно, успел уже хлебнуть, не продавши ничего.

Тут Черевик наш заметил и сам, что разговорился чересчур, и закрыл в одно мгновение голову свою руками, предполагая, без сомнения, что разгневанная сожительница не замедлит вцепиться в его волосы своими супружескими когтями.

«Туда к черту! Вот тебе и свадьба! — думал он про себя, уклоняясь от сильно наступавшей супруги. — Придется отказать доброму человеку ни за что ни про что. Господи, Боже мой, за что такая напасть на нас грешных! И так много всякой дряни на свете, а ты еще и жинок наплодил!»

V

> Не хилися явороньку,
> Ще ти зелененький;
> Не журися козаченьку,
> Ще ти молоденький!
>
> *Малоросс. песня*

Рассеянно глядел парубок в белой свитке, сидя у своего воза, на глухо шумевший вокруг него народ. Усталое солнце уходило от мира, спокойно пропылав свой полдень и утро; и угасающий день пленительно и ярко румянился. Ослепительно блистали верхи белых шатров и яток, осененные каким-то едва приметным огненно-розовым светом. Стекла напаленных кучами оконниц горели; зеленые фляжки и чарки на столах у шинкарок превратились в огненные; горы дынь, арбузов и тыкв казались вылитыми из золота и темной меди. Говор приметно становился реже и глуше, и усталые языки перекупок, мужиков и цыган ленивее и медленнее поворачивались. Где-где начинал сверкать огонек, и благовонный пар от варившихся галушек разносился по утихавшим улицам.

— О чем загорюнился, Грицько? — вскричал высокий загоревший цыган, ударив по плечу нашего парубка. — Что ж, отдавай волы за двадцать!

— Тебе бы всё волы да волы. Вашему племени всё бы корысть только. Поддеть да обмануть доброго человека.

— Тьфу, дьявол! да тебя не на шутку забрало. Уж не с досады ли, что сам навязал себе невесту?

— Нет, это не по-моему: я держу свое слово; что раз сделал, тому и навеки быть. А вот у хрыча Черевика нет совести, видно, и на полшеляга: сказал, да и назад... Ну, его и винить нечего, он пень, да и полно. Всё это штуки старой ведьмы, которую мы сегодня с хлопцами на мосту ругнули на все бока! Эх, если бы я был царем или паном великим, я бы первый перевешал всех тех дурней, которые позволяют себя седлать бабам...

— А спустишь волов за двадцать, если мы заставим Черевика отдать нам Параску?

В недоумении посмотрел на него Грицько. В смуглых чертах цыгана было что-то злобное, язвительное, низкое и вместе высокомерное: человек, взглянувший на него, уже готов был сознаться, что в этой чудной душе кипят достоинства великие, но которым одна только награда есть на земле — виселица. Совершенно провалившийся между носом и острым подбородком рот, вечно осененный язвительною улыбкой, небольшие, но живые, как огонь, глаза и беспрестанно меняющиеся на лице молнии предприятий и умыслов — всё это как будто требовало особенного, такого же странного для себя костюма, какой именно был тогда на нем. Этот темно-коричневый кафтан, прикосновение к которому, казалось, превратило бы его в пыль; длинные, валившиеся по плечам охлопьями черные волосы; башмаки, надетые на босые загорелые ноги, — всё это, казалось, приросло к нему и составляло его природу.

— Не за двадцать, а за пятнадцать отдам, если не солжешь только! — отвечал парубок, не сводя с него испытующих очей.

— За пятнадцать? ладно! Смотри же, не забывай: за пятнадцать! Вот тебе и синица в задаток!

— Ну, а если солжешь?

— Солгу — задаток твой!

— Ладно! Ну, давай же по рукам!

— Давай!

VI

От біда, Роман іде, от тепер якраз насадить мені бебехів; та й вам, пане Хомо, не без лиха буде.

Из малоросс. комедии

— Сюда, Афанасий Иванович! Вот тут плетень пониже, поднимайте ногу, да не бойтесь: дурень мой отправился на всю ночь с кумом под возы, чтоб москали на случай не подцепили чего.

Так грозная сожительница Черевика ласково ободряла трусливо лепившегося около забора поповича, который поднялся скоро на плетень и долго стоял в недоумении на нем, будто длинное страшное привидение, измеривая оком, куда бы лучше спрыгнуть, и, наконец, с шумом обрушился в бурьян.

— Вот беда! Не ушиблись ли вы, не сломили ли еще, Боже оборони, шеи? — лепетала заботливая Хивря.

— Тс! ничего, ничего, любезнейшая Хавронья Никифоровна! — болезненно и шепотно произнес попович, подымаясь на ноги, — выключая только уязвления со стороны крапивы, сего змиеподобного злака, по выражению покойного отца протопопа.

— Пойдемте же теперь в хату: там никого нет. А я думала было уже, Афанасий Иванович, что к вам *болячка* или *соняшница* пристала: нет, да и нет. Каково же вы поживаете? Я слышала, что пан-отцу перепало теперь немало всякой всячины!

— Сущая безделица. Хавронья Никифоровна; батюшка всего получил за весь пост мешков пятнадцать ярового, проса мешка четыре, кнышей с сотню, а кур, если сосчитать, то не будет и пятидесяти штук, яйца же большею частию протухлые. Но воистину сладостные приношения, сказать примерно, единственно от вас предстоит получить, Хавронья Никифоровна! — продолжал попович, умильно поглядывая на нее и подсовываясь поближе.

— Вот вам и приношения, Афанасий Иванович! — проговорила она, ставя на стол миски и жеманно застегивая свою, будто ненарочно расстегнувшуюся, кофту: — варенички, галушечки пшеничные, пампушечки, товченички!

— Бьюсь об заклад, если это сделано не хитрейшими руками из всего Евина рода! — сказал попович, принимаясь за товченички и придвигая другою рукою варенички. — Однако ж, Хавронья Никифоровна, сердце мое жаждет от вас кушанья послаще всех пампушечек и галушечек.

— Вот я уже и не знаю, какого вам еще кушанья хочется, Афанасий Иванович! — отвечала дородная красавица, притворяясь непонимающею.

— Разумеется, любви вашей, несравненная Хавронья Никифоровна! — шепотом произнес попович, держа в одной руке вареник, а другою обнимая широкий стан ее.

— Бог знает, что вы выдумываете, Афанасий Иванович! — сказала Хивря, стыдливо потупив глаза свои. — Чего доброго! вы, пожалуй, затеете еще целоваться!

— Насчет этого я вам скажу хоть бы и про себя, — продолжал попович: — в бытность мою, примерно сказать, еще в бурсе, вот как теперь помню...

Тут послышался на дворе лай и стук в ворота. Хивря поспешно выбежала и возвратилась вся побледневшая.

— Ну, Афанасий Иванович! мы попались с вами; народу стучится куча, и мне почудился кумов голос...

Вареник остановился в горле поповича... Глаза его выпялились, как будто какой-нибудь выходец с того света только что сделал ему перед сим визит свой.

— Полезайте сюда! — кричала испуганная Хивря, указывая на положенные под самым потолком на двух перекладинах доски, на которых была навалена разная домашняя рухлядь.

Опасность придала духу нашему герою. Опамятовавшись немного, вскочил он на лежанку и полез оттуда осторожно на доски; а Хивря побежала без памяти к воротам, потому что стук повторялся в них с большею силою и нетерпением.

VII

Та тут чудасія, мосьпане!
Из малоросс. комедии

На ярмарке случилось странное происшествие: всё наполнилось слухом, что где-то между товаром показалась *красная свитка*. Старухе, продававшей бублики, почудился сатана в образине свиньи, который беспрестанно наклонялся над возами, как будто ища чего. Это быстро разнеслось по всем углам уже утихнувшего табора; и все считали преступлением не верить, несмотря на то, что продавица бубликов, которой подвижная лавка была рядом с яткою шинкарки, раскланивалась весь день без надобности и писала ногами совершенное подобие своего лакомого товара. К этому присоединились еще увеличенные вести о чуде, виденном волостным писарем в развалившемся сарае, так что к ночи все теснее жались друг к другу; спокойствие разрушилось, и страх мешал всякому сомкнуть глаза свои; а те, которые были не совсем храброго десятка и запаслись ночлегами в избах, убрались домой. К числу последних принадлежал и Черевик с кумом и дочкою, которые вместе с напросившимися к ним в хату гостьми произвели сильный стук, так перепугавший нашу Хиврю. Кума уже немного поразобрало. Это можно было видеть из того, что он два раза проехал с своим возом по двору, покамест нашел хату. Гости тоже были в веселом расположении духа и без церемоний вошли прежде самого хозяина. Супруга нашего Черевика сидела как на иголках, когда принялись они шарить по всем углам хаты.

— Что, кума, — вскричал вошедший кум, — тебя все еще трясет лихорадка?

— Да, нездоровится, — отвечала Хивря, беспокойно поглядывая на доски, накладенные под потолком.

— А ну, жена, достань-ка там в возу баклажку! — говорил кум приехавшей с ним жене, — мы черпнем ее с добрыми людьми; проклятые бабы понапугали нас так, что и сказать стыдно. Ведь мы, ей-богу, братцы, по пустякам приехали сюда! — продолжал он, прихлебывая из глиняной кружки. — Я тут же ставлю новую шапку, если бабам не вздумалось посмеяться над нами. Да хоть бы и в самом деле сатана! Что сатана? Плюйте ему на голову! Хоть бы сию же минуту вздумалось ему стать вот здесь, например, передо мною: будь я собачий сын, если не поднес бы ему дулю под самый нос!

— Отчего же ты вдруг побледнел весь? — закричал один из гостей, превышавший всех головою и старавшийся всегда выказывать себя храбрецом.

— Я?.. Господь с вами! приснилось?

Гости усмехнулись. Довольная улыбка показалась на лице речистого храбреца.

— Куда теперь ему побледнеть! — подхватил другой: — щеки у него расцвели, как мак; теперь он не Цыбуля, а буряк — или, лучше, сама *красная свитка,* которая так напугала людей.

Баклажка прокатилась по столу и сделала гостей еще веселее прежнего. Тут Черевик наш, которого давно мучила *красная свитка* и не давала ни на минуту покою любопытному его духу, приступил к куму:

— Скажи, будь ласков, кум! вот прошусь, да и не допрошусь истории про эту проклятую *свитку.*

— Э, кум! оно бы не годилось рассказывать на ночь; да разве уже для того, чтобы угодить тебе и добрым людям (при сем обратился он к гостям), которым, я примечаю, столько же, как и тебе, хочется узнать про эту диковину. Ну, быть так. Слушайте ж!

Тут он почесал плеча, утерся полою, положил обе руки на стол и начал:

— Раз, за какую вину, ей-богу, уже и не знаю, только выгнали одного черта из пекла.

— Как же, кум? — прервал Черевик: — как же могло это статься, чтобы черта выгнали из пекла?

— Что ж делать, кум? выгнали, да и выгнали, как собаку мужик выгоняет из хаты. Может быть, на него нашла блажь сделать какое-нибудь доброе дело, ну и указали двери. Вот, черту бедному так стало скучно, так скучно по пекле, что хоть до петли. Что делать? Давай с горя пьянствовать. Угнездился в том самом сарае, который, ты видел, развалился под горою и мимо которого ни один добрый человек не пройдет теперь, не оградив наперед себя крестом святых, и стал черт такой гуляка, какого не сыщешь между парубками. С утра до вечера то и дело, что сидит в шинке!..

Тут опять строгий Черевик прервал нашего рассказчика:

— Бог знает, что говоришь ты, кум! Как можно, чтобы черта впустил кто-нибудь в шинок? Ведь у него же есть, слава Богу, и когти на лапах, и рожки на голове.

— Вот то-то и штука, что на нем была шапка и рукавицы. Кто его распознает? Гулял, гулял — наконец пришлось до того, что пропил всё, что имел с собою. Шинкарь долго верил, потом и перестал. Пришлось черту заложить красную свитку свою, чуть ли не в треть цены, жиду, шинковавшему тогда на Сорочинской ярмарке. Заложил и говорит ему: «Смотри, жид, я приду к тебе за свиткой ровно через год; береги ее!» — и пропал, как будто в воду. Жид рассмотрел хорошенько свитку: сукно такое, что и в Миргороде не достанешь! а красный цвет горит, как огонь, так что не нагляделся бы! Вот жиду показалось скучно дожидаться срока. Почесал себе пейсики, да и содрал с какого-то приезжего пана мало не пять червонцев. О сроке жид и позабыл было совсем. Как вот раз, под вечерок, приходит какой-то человек: «Ну, жид, отдавай свитку мою!» Жид сначала было и не познал, а после, как разглядел, так и прикинулся, будто в глаза не видал. «Какую свитку? у меня нет никакой свитки! я знать не знаю твоей свитки!» Тот, глядь, и ушел; только к вечеру, когда жид, заперши свою конуру и пересчитавши по сундукам деньги, накинул на себя простыню и начал по-жидовски молиться Богу, — слышит шорох... глядь — во всех окнах повыставлялись свиные рыла...

Тут в самом деле послышался какой-то неясный звук, весьма похожий на хрюканье свиньи; все побледнели... Пот выступил на лице рассказчика.

— Что? — произнес в испуге Черевик.

— Ничего!.. — отвечал кум, трясясь всем телом.

— Ась! — отозвался один из гостей.

— Ты сказал?..

— Нет!

— Кто ж это хрюкнул?

— Бог знает, чего мы переполошились! Никого нет!

Все боязливо стали осматриваться вокруг и начали шарить по углам. Хивря была ни жива ни мертва.

— Эх вы, бабы! бабы! — произнесла она громко. — Вам ли козаковать и быть мужьями! Вам бы веретено в руки, да и посадить за гребень! Один кто-нибудь, может. Прости Господи... под кем-нибудь скамейка заскрипела, а все и метнулись, как полоумные!

Это привело в стыд наших храбрецов и заставило их ободриться; кум хлебнул из кружки и начал рассказывать далее:

— Жид обмер; однако ж свиньи, на ногах, длинных, как ходули, повлезали в окна и мигом оживили его плетеными тройчатками, заставя плясать его повыше вот этого сволока. Жид — в ноги, признался во всем... Только свитки нельзя уже было воротить скоро. Пана обокрал на дороге какой-то цыган и продал свитку перекупке; та привезла ее снова на Сорочинскую ярмарку, но с тех пор уже никто ничего не стал покупать у ней. Перекупка дивилась, дивилась и, наконец, смекнула: верно, виною всему красная свитка. Недаром, надевая ее, чувствовала, что ее всё давит что-то. Не думая, не гадая долго, бросила в огонь — не горит бесовская одежда! «Э, да это чертов подарок!» Перекупка умудрилась и подсунула в воз одному мужику, вывезшему продавать масло. Дурень и обрадовался; только масла никто и спрашивать не хочет. «Эх, недобрые руки подкинули свитку!» Схватил топор и изрубил ее в куски; глядь — и лезет один кусок к другому, и опять целая свитка.

Перекрестившись, хватил топором в другой раз, куски разбросал по всему месту и уехал. Только с тех пор каждый год, и как раз во время ярмарки, черт с свиною личиною ходит по всей площади, хрюкает и подбирает куски своей свитки. Теперь, говорят, одного только левого рукава недостает ему. Люди с тех пор открещиваются от того места, и вот уже будет лет с десяток, как не было на нем ярмарки. Да нелегкая дернула теперь заседателя от...

Другая половина слова замерла на устах рассказчика...

Окно брякнуло с шумом; стекла, звеня, вылетели вон, и страшная свиная рожа выставилась, поводя очами, как будто спрашивая: «А что вы тут делаете, добрые люди?»

VIII

> ...Піджав хвіст, мов собака,
> Мов Каїн, затрусивсь увесь;
> Із носа потекла табака.
>
> *Котляревский, «Энеида»*

Ужас сковал всех находившихся в хате. Кум с разинутым ртом превратился в камень; глаза его выпучились, как будто хотели выстрелить; разверстые пальцы остались неподвижными на воздухе. Высокий храбрец в непобедимом страхе подскочил под потолок и ударился головою об перекладину; доски посунулись, и попович с громом и треском полетел на землю. «Ай! ай! ай!» — отчаянно закричал один, повалившись на лавку в ужасе и болтая на ней руками и ногами. «Спасайте!» — горланил другой, закрывшись тулупом. Кум, выведенный из своего окаменения вторичным испугом, пополз в судорогах под подол своей супруги. Высокий храбрец полез в печь, несмотря на узкое отверстие, и сам задвинул себя заслонкою. А Черевик, как будто облитый горячим кипятком, схвативши на голову горшок вместо шапки, бросился к дверям и, как полоумный, бежал по улицам, не видя земли под собою; одна усталость только заставила его уменьшить немного скорость бега. Сердце его колотилось, как мельничная ступа, пот лил градом. В изнеможении готов уже был он упасть на землю, как вдруг послышалось ему, что сзади кто-то гонится за ним... Дух у него занялся... «Черт! черт!» — кричал он без памяти, утрояя силы, и чрез минуту без чувств повалился на землю. «Черт! черт!» — кричало вслед за ним, и он слышал только, как что-то с шумом ринулось на него. Тут память от него улетела, и он, как страшный жилец тесного гроба, остался нем и недвижим посреди дороги.

IX

Ще спереду і так, і так;
А ззаду, ей же ей, на чорта!
Из простонародной сказки

— Слышишь, Влас, — говорил, приподнявшись ночью, один из толпы народа, спавшего на улице, — возле нас кто-то помянул черта!

— Мне какое дело? — проворчал, потягиваясь, лежавший возле него цыган: — хоть бы и всех своих родичей помянул.

— Но ведь так закричал, как будто давят его!

— Мало ли чего человек не соврет спросонья!

— Воля твоя, хоть посмотреть нужно; а выруби-ка огня!

Другой цыган, ворча про себя, поднялся на ноги, два раза осветил себя искрами, будто молниями, раздул губами трут и, с каганцом в руках, обыкновенною малороссийскою светильнею, состоящею из разбитого черепка, налитого бараньим жиром, отправился, освещая дорогу.

— Стой! здесь лежит что-то; свети сюда!

Тут пристало к ним еще несколько человек.

— Что лежит, Влас?

— Так, как будто бы два человека: один наверху, другой нанизу; который из них черт, уже и не распознаю!

— А кто наверху?

— Баба!

— Ну вот, это ж то и есть черт!

Всеобщий хохот разбудил почти всю улицу.

— Баба взлезла на человека; ну, верно, баба эта знает, как ездить! — говорил один из окружавшей толпы.

— Смотрите, братцы! — говорил другой, поднимая черепок из горшка, которого одна только уцелевшая половина держалась на голове Черевика, — какую шапку надел на себя этот добрый молодец!

Увеличившийся шум и хохот заставили очнуться наших мертвецов, Солопия и его супругу, которые, полные прошедшего испуга, долго глядели в ужасе неподвижными глазами на смуглые лица цыган: озаряясь светом, неверно и трепетно горевшим, они казались диким сонмищем гномов, окруженных тяжелым подземным паром, в мраке непробудной ночи.

X

Цур тобі, пек тобі, сатанинське навожденіє!

Из малоросс. комедии

Свежесть утра веяла над пробудившимися Сорочинцами. Клубы дыму со всех труб понеслись навстречу показавшемуся солнцу. Ярмарка зашумела. Овцы заблеяли, лошади заржали; крик гусей и торговок понесся снова по всему табору — и страшные толки про *красную свитку,* наведшие такую робость на народ в таинственные часы сумерек, исчезли с появлением утра.

Зевая и потягиваясь, дремал Черевик у кума, под крытым соломою сараем, между волов, мешков муки и пшеницы, и, кажется, вовсе не имел желания расстаться с своими грезами, как вдруг услышал голос, так же знакомый, как убежище лени — благословенная печь его хаты или шинок дальней родственницы, находившийся не далее десяти шагов от его порога.

— Вставай, вставай! — дребезжала на ухо нежная супруга, дергая его изо всей силы за руку.

Черевик вместо ответа надул щеки и начал болтать руками, подражая барабанному бою.

— Сумасшедший! — закричала она, уклоняясь от взмаха руки его, которою он чуть было не задел ее по лицу.

Черевик поднялся, протер немного глаза и посмотрел вокруг.

— Враг меня возьми, если мне, голубко, не представилась твоя рожа барабаном, на котором меня заставили выбивать зорю, словно москаля, те самые свиные рожи, от которых, как говорит кум...

— Полно, полно тебе чепуху молоть! Ступай веди скорее кобылу на продажу. Смех, право, людям: приехали на ярмарку и хоть бы горсть пеньки продали...

— Как же, жинка, — подхватил Солопий, — с нас ведь теперь смеяться будут.

— Ступай! ступай! с тебя и без того смеются!

— Ты видишь, что я еще не умывался, — продолжал Черевик, зевая и почесывая спину и стараясь, между прочим, выиграть время для своей лени.

— Вот некстати пришла блажь быть чистоплотным! Когда это за тобою водилось? Вот рушник, оботри свою маску...

Тут схватила она что-то свернутое в комок — и с ужасом отбросила от себя: это был *красный обшлаг свитки!*

— Ступай делай свое дело, — повторила она, собравшись с духом, своему супругу, видя, что у него страх отнял ноги и зубы колотились один об другой.

— Будет продажа теперь! — ворчал он сам себе, отвязывая кобылу и ведя ее на площадь. — Недаром, когда я сбирался на эту проклятую ярмарку, на душе было так тяжело, как будто кто взвалил на себя дохлую корову; и волы два раза сами поворачивали домой. Да чуть ли еще, как вспомнил я теперь, не в понедельник мы выехали. Ну, вот и зло всё!.. Неугомонен и черт проклятый: носил бы уже свитку без одного рукава; так нет, нужно же добрым людям не давать покою. Будь, примерно, я черт, — чего оборони Боже, — стал ли бы я таскаться ночью за проклятыми лоскутьями?

Тут философствование нашего Черевика прервано было толстым и резким голосом. Пред ним стоял высокий цыган.

— Что продаешь, добрый человек?

Продавец промолчал, посмотрел на него с ног до головы и сказал с спокойным видом, не останавливаясь и не выпуская из рук узды:

— Сам видишь, что продаю!

— Ремешки? — спросил цыган, поглядывая на находившуюся в руках его узду.

— Да, ремешки, если только кобыла похожа на ремешки.

— Однако ж, черт возьми, земляк, ты, видно, ее соломою кормил!

— Соломою?

Тут Черевик хотел было потянуть узду, чтобы провести свою кобылу и обличить во лжи бесстыдного поносителя, но рука его с необыкновенною легкостью ударилась в подбородок. Глянул — в ней перерезанная узда и к узде привязанный — о, ужас! волосы его поднялись горою! — кусок *красного рукава свитки!..* Плюнув, крестясь и болтая руками, побежал он от неожиданного подарка и, быстрее молодого парубка, пропал в толпе.

XI

За мое ж жито та мене й побито.

Пословица

— Лови! лови его! — кричало несколько хлопцев в тесном конце улицы, и Черевик почувствовал, что схвачен вдруг дюжими руками.

— Вязать его! это тот самый, который украл у доброго человека кобылу.

— Господь с вами! за что вы меня вяжете?

— Он же и спрашивает! а за что ты украл кобылу у приезжего мужика, Черевика?

— С ума спятили вы, хлопцы! Где видано, чтобы человек сам у себя крал что-нибудь?

— Старые штуки! старые штуки! Зачем бежал ты во весь дух, как будто бы сам сатана за тобою по пятам гнался?

— Поневоле побежишь, когда сатанинская одежда...

— Э, голубчик! обманывай других этим; будет еще тебе от заседателя за то, чтобы не пугал чертовщиною людей.

— Лови! лови его! — послышался крик на другом конце улицы. — Вот он, вот беглец!

И глазам нашего Черевика представился кум, в самом жалком положении, с заложенными назад руками, ведомый несколькими хлопцами.

— Чудеса завелись! — говорил один из них. — Послушали бы вы, что рассказывает этот мошенник, которому стоит только заглянуть в лицо, чтобы увидеть вора; когда стали спрашивать, отчего бежал он, как полоумный, — полез, говорит, в карман понюхать табаку и вместо тавлинки вытащил кусок чертовой *свитки,* от которой вспыхнул красный огонь, а он давай Бог ноги!

— Эге-ге-ге! да это из одного гнезда обе птицы! Вязать их обоих вместе!

XII

> «Чим, люди добрі, так оце я провинився?
> За що глузуєте? — сказав наш неборак. —
> За що знущаєтесь ви надо мною так?
> За що, за що?» — сказав, та й попустив
> патьоки,
> Патьоки гірких сліз, узявшися за боки.
>
> *Артемовский-Гулак, «Пан та собака»*

— Может, и в самом деле, кум, ты подцепил что-нибудь? — спросил Черевик, лежа связанный, вместе с кумом, под соломенною яткой.

— И ты туда же, кум! Чтобы мне отсохли руки и ноги, если что-нибудь когда-либо крал, выключая разве вареники с сметаною у матери, да и то еще, когда мне было лет десять от роду.

— За что же это, кум, на нас напасть такая? еще ничего: тебя винят по крайней мере за то, что у другого украл; за что же мне, несчастливцу, недобрый поклеп такой: будто у самого себя стянул кобылу? Видно, нам, кум, на роду уже написано не иметь счастья!

— Горе нам, сиротам бедным!

Тут оба кума принялись всхлипывать навзрыд.

— Что с тобою, Солопий? — сказал вошедший в это время Грицько. — Кто это связал тебя?

— А! Голопупенко, Голопупенко! — закричал, обрадовавшись, Солопий. — Вот, кум, это тот самый, о котором я говорил тебе. Эх, хват! вот Бог убей меня на этом месте, если не высуслил при мне кухоль мало не с твою голову, и хоть бы раз поморщился.

— Что ж ты, кум, так не уважил такого славного парубка?

— Вот, как видишь, — продолжал Черевик, оборотясь к Грицьку, — наказал Бог, видно, за то, что провинился перед тобою. Прости, добрый человек! Ей-богу, рад бы был сделать всё для тебя... Но что прикажешь? В старухе дьявол сидит!

— Я не злопамятен, Солопий. Если хочешь, я освобожу тебя! — Тут он мигнул хлопцам, и те же самые, которые сторожили его, кинулись развязывать. — За то и ты делай, как нужно: свадьбу! — да и попируем так, чтобы целый год болели ноги от гопака.

— Добре! от добре! — сказал Солопий, хлопнув руками. — Да мне так теперь сделалось весело, как будто мою старуху москали увезли. Да что думать: годится или не годится так — сегодня свадьбу, да и концы в воду!

— Смотри ж, Солопий, через час я буду к тебе; а теперь ступай домой: там ожидают тебя покупщики твоей кобылы и пшеницы!

— Как! разве кобыла нашлась?

— Нашлась!

Черевик от радости стал неподвижен, глядя вслед уходившему Грицьку.

— Что, Грицько, худо мы сделали свое дело? — сказал высокий цыган спешившему парубку. — Волы ведь мои теперь?

— Твои! твои!

XIII

Не бійся, матінко, не бійся,
В червоні чобітки обуйся,
Топчи вороги
Під ноги;
Щоб твої підківки
Бряжчали!
Щоб твої вороги
Мовчали!

Свадебная песня

Подперши локтем хорошенький подбородок свой, задумалась Параска, одна, сидя в хате. Много грез обвивалось около русой головы. Иногда вдруг легкая усмешка трогала ее алые губки и какое-то радостное чувство подымало темные ее брови; то снова облако задумчивости опускало их на карие светлые очи. «Ну что, если не сбудется то, что говорил он? — шептала она с каким-то выражением сомнения. — Ну что, если меня не выдадут? если... Нет, нет; этого не будет! Мачеха делает всё, что ей ни вздумается; разве и я не могу делать того, что мне вздумается? Упрямства-то и у меня достанет. Какой же он хороший! как чудно горят его черные очи! как любо говорит он: *Парасю, голубко!* как пристала к нему белая свитка! еще бы пояс поярче!.. пускай уже, правда, я ему вытку, как перейдем жить в новую хату. Не подумаю без радости, — продолжала она, вынимая из пазухи маленькое зеркало, обклеенное красною бумагою, купленное ею на ярмарке, и глядясь в него с тайным удовольствием: — как я встречусь тогда где-нибудь с нею, — я ей ни за что не поклонюсь, хоть она себе тресни. Нет, мачеха, полно колотить тебе свою падчерицу! Скорее песок взойдет на камне и дуб погнется в воду, как верба, нежели я нагнусь перед тобою! Да я и позабыла... дай примерить очипок, хоть мачехин, как-то он мне придется!» Тут встала она, держа в руках зеркальце, и, наклонясь к нему головою, трепетно шла по хате, как будто бы опасаясь упасть, видя под собою вместо полу потолок с накладенными под ним досками, с которых низринулся недавно попович, и полки, уставленные горшками. «Что я, в самом деле, будто дитя, — вскричала она смеясь: — боюсь ступить ногою». И начала притопывать ногами, чем далее, всё смелее; наконец левая рука ее опустилась и уперлась в бок, и она пошла танцевать, побрякивая подковами, держа перед собою зеркало и напевая любимую свою песню:

> Зелененький барвіночку,
> Стелися низенько!
> А ти, милий, чорнобривий,
> Присунься близенько!

> Зелененький барвіночку,
> Стелися ще нижче!
> А ти, милий, чорнобривий,
> Присунься ще ближче!

Черевик заглянул в это время в дверь и, увидя дочь свою танцующею перед зеркалом, остановился. Долго глядел он, смеясь невиданному капризу девушки, которая, задумавшись, не примечала, казалось, ничего; но когда же услышал знакомые звуки песни — жилки в нем зашевелились; гордо подбоченившись, выступил он вперед и пустился вприсядку, позабыв про все дела свои. Громкий хохот кума заставил обоих вздрогнуть.

— Вот хорошо, батька с дочкой затеяли здесь сами свадьбу! Ступайте же скорее: жених пришел!

При последнем слове Параска вспыхнула ярче алой ленты, повязывавшей ее голову, а беспечный отец ее вспомнил, зачем пришел он.

— Ну, дочка! пойдем скорее! Хивря с радости, что я продал кобылу, побежала, — говорил он, боязливо оглядываясь по сторонам, — побежала закупать себе плахт и дерюг всяких, так нужно до приходу ее всё кончить!

Не успела переступить она за порог хаты, как почувствовала себя на руках парубка в белой свитке, который с кучею народа выжидал ее на улице.

— Боже, благослови! — сказал Черевик, складывая им руки. — Пусть их живут, как венки вьют!

Тут послышался шум в народе:

— Я скорее тресну, чем допущу до этого! — кричала сожительница Солопия, которую, однако ж, с хохотом отталкивала толпа народа.

— Не бесись, не бесись, жинка! — говорил хладнокровно Черевик, видя, что пара дюжих цыган овладела ее руками, — что сделано, то сделано; я переменять не люблю!

— Нет! нет! этого-то не будет! — кричала Хивря, но никто не слушал ее; несколько пар обступило новую пару и составили около нее непроницаемую танцующую стену.

Странное, неизъяснимое чувство овладело бы зрителем при виде, как от одного удара смычком музыканта, в сермяжной свитке, с длинными закрученными усами, всё обратилось, волею и неволею, к единству и перешло в согласие. Люди, на угрюмых лицах которых, кажется, век не проскальзывала улыбка, притопывали ногами и вздрагивали плечами. Всё неслось. Всё танцевало. Но еще страннее, еще неразгаданнее чувство пробудилось бы в глубине души при взгляде на старушек, на ветхих лицах которых веяло равнодушием могилы, толкавшихся между новым, смеющимся, живым человеком. Беспечные! даже без детской радости, без искры сочувствия, которых один хмель только, как механик своего безжизненного автомата, заставляет делать что-то подобное человеческому, они тихо покачивали охмелевшими головами, подплясывая за веселя-

45

щимся народом, не обращая даже глаз на молодую чету.

Гром, хохот, песни слышались тише и тише. Смычок умирал, слабея и теряя неясные звуки в пустоте воздуха. Еще слышалось где-то топанье, что-то похожее на ропот отдаленного моря, и скоро всё стало пусто и глухо.

Не так ли и радость, прекрасная и непостоянная гостья, улетает от нас, и напрасно одинокий звук думает выразить веселье? В собственном эхе слышит уже он грусть и пустыню и дико внемлет ему. Не так ли резвые други бурной и вольной юности, поодиночке, один за другим, теряются по свету и оставляют, наконец, одного старинного брата их? Скучно оставленному! И тяжело и грустно становится сердцу, и нечем помочь ему.

ВЕЧЕР НАКАНУНЕ ИВАНА КУПАЛА

Быль, рассказанная дьячком ***ской церкви

За Фомою Григорьевичем водилась особенного рода странность: он до смерти не любил пересказывать одно и то же. Бывало, иногда если упросишь его рассказать что сызнова, то, смотри, что-нибудь да вкинет новое или переиначит так, что узнать нельзя. Раз один из тех господ — нам, простым людям, мудрено и назвать их: писаки они, не писаки, а вот то самое, что барышники на наших ярмарках: нахватают, напросят, накрадут всякой всячины, да и выпускают книжечки не толще букваря каждый месяц или неделю, — один из этих господ и выманил у Фомы Григорьевича эту самую историю, а он вовсе и позабыл о ней. Только приезжает из Полтавы тот самый панич в гороховом кафтане, про которого говорил я и которого одну повесть вы, думаю, уже прочли, — привозит с собою небольшую книжечку и, развернувши посередине, показывает нам. Фома Григорьевич готов уже был оседлать нос свой очками, но, вспомнив, что он забыл их подмотать нитками и облепить воском, передал мне. Я, так как грамоту кое-как разумею и не ношу очков, принялся читать. Не успел перевернуть двух страниц, как он вдруг остановил меня за руку.

— Постойте! наперед скажите мне, что это вы читаете?

Признаюсь, я немного пришел в тупик от такого вопроса.

— Как что читаю, Фома Григорьевич? вашу быль, ваши собственные слова.

— Кто вам сказал, что это мои слова?

— Да чего лучше, тут и напечатано: *рассказанная таким-то дьячком*.

— Плюйте ж на голову тому, кто это напечатал! *Бреше, сучий москаль. Так ли я говорил? Що то вже, як у кого чорт-ма клепки в голови!* Слушайте, я вам расскажу ее сейчас.

Мы придвинулись к столу, и он начал.

Дед мой (царство ему небесное! чтоб ему на том свете елись одни только буханцы пшеничные да маковники в меду!) умел чудно рассказывать. Бывало, поведет речь — целый день не подвинулся бы с места и всё бы слушал. Уж не чета какому-нибудь нынешнему балагуру, который как начнет *москаля везть*[1], да еще и языком таким, будто ему три дня есть не давали, то хоть берись за шапку да из хаты. Как теперь помню — покойная старуха, мать моя, была еще жива, — как в долгий зимний вечер, когда на дворе трещал мороз и замуровывал наглухо узенькое стекло нашей хаты, сидела она перед гребнем, выводя рукою длинную нитку, колыша ногою люльку и напевая песню, которая как будто теперь слышится мне. Каганец, дрожа и вспыхивая, как бы пугаясь чего, светил нам в хате. Веретено жужжало; а мы все, дети, собравшись в кучку, слушали деда, не слезавшего от старости более пяти лет с своей печки. Но ни дивные речи про давнюю старину, про наезды запорожцев, про ляхов, про молодецкие дела Подко-

---

[1] То есть лгать.

вы, Полтора-Кожуха и Сагайдачного не занимали нас так, как рассказы про какое-нибудь старинное чудное дело, от которых всегда дрожь проходила по телу и волосы ерошились на голове. Иной раз страх, бывало, такой заберет от них, что всё с вечера показывается Бог знает каким чудищем. Случится, ночью выйдешь за чем-нибудь из хаты, вот так и думаешь, что на постеле твоей уклался спать выходец с того света. И чтобы мне не довелось рассказывать этого в другой раз, если не принимал часто издали собственную положенную в головах свитку за свернувшегося дьявола! Но главное в рассказах деда было то, что в жизнь свою он никогда не лгал, и что, бывало, ни скажет, то именно так и было. Одну из его чудных историй перескажу теперь вам. Знаю, что много наберется таких умников, пописывающих по судам и читающих даже гражданскую грамоту, которые, если дать им в руки простой часослов, не разобрали бы ни аза в нем, а показывать на позор свои зубы — есть уменье. Им всё, что ни расскажешь, в смех. Эдакое неверье разошлось по свету! Да чего, — вот не люби Бог меня и Пречистая Дева! вы, может, даже не поверите: раз как-то заикнулся про ведьм — что ж? нашелся сорви-голова, ведьмам не верит! Да, слава Богу, вот я сколько живу уже на свете, видел таких иноверцев, которым *провозить попа в решете*[1] было легче, нежели нашему брату понюхать табаку; а и те открещивались от ведьм. Но приснись им... не хочется только выговорить, что такое, нечего и толковать об них.

Лет — куды! более чем за сто, говорил покойник дед мой, нашего села и не узнал бы никто: хутор, самый бедный хутор! Избенок десять, не обмазанных, не укрытых, торчало то сям, то там, посереди

---

[1] То есть солгать на исповеди.

поля. Ни плетня, ни сарая порядочного, где бы поставить скотину или воз. Это ж еще богачи так жили; а посмотрели бы на нашу братью, на голь: вырытая в земле яма — вот вам и хата! Только по дыму и можно было узнать, что живет там человек Божий. Вы спросите, отчего они жили так? Бедность не бедность: потому что тогда козаковал почти всякий и набирал в чужих землях немало добра; а больше оттого, что незачем было заводиться порядочною хатою. Какого народу тогда не шаталось по всем местам: крымцы, ляхи, литвинство! Бывало то, что и свои наедут кучами и обдирают своих же. Всего бывало.

В этом-то хуторе показывался часто человек, или, лучше, дьявол в человеческом образе. Откуда он, зачем приходил, никто не знал. Гуляет, пьянствует и вдруг пропадет, как в воду, и слуху нет. Там, глядь — снова будто с неба упал, рыскает по улицам села, которого теперь и следу нет и которое было, может, не дальше ста шагов от Диканьки. Понаберет встречных козаков: хохот, песни, деньги сыплются, водка — как вода... Пристанет, бывало, к красным девушкам: надарит лент, серег, монист — девать некуда! Правда, что красные девушки немного призадумывались, принимая подарки: Бог знает, может, в самом деле перешли они через нечистые руки. Родная тетка моего деда, содержавшая в то время шинок по нынешней Опошнянской дороге, в котором часто разгульничал Басаврюк — так называли этого бесовского человека, — именно говорила, что ни за какие благополучия в свете не согласилась бы принять от него подарков. Опять, как же и не взять: всякого проберет страх, когда нахмурит он, бывало, свои щетинистые брови и пустит исподлобья такой взгляд, что, кажется, унес бы ноги Бог знает куда; а возьмешь — так на другую же ночь и тащится в гости какой-нибудь приятель из болота, с рогами на голове, и давай душить за шею, когда на шее монисто, кусать за палец, когда на нем перстень, или тянуть за косу, когда вплетена в нее лента. Бог с ними тогда, с этими подарками! Но вот беда — и отвязаться нельзя: бросишь в воду — плывет чертовский перстень или монисто поверх воды, и к тебе же в руки.

В селе была церковь, чуть ли еще, как вспомню, не Святого Пантелея. Жил тогда при ней иерей, блаженной памяти отец Афанасий. Заметив, что Басаврюк и на Светлое воскресение не бывал в церкви, задумал было пожурить его — наложить церковное покаяние. Куды! насилу ноги унес. «Слушай, *паноче!* — загремел он ему в ответ: — знай лучше свое дело, чем мешаться в чужие, если не хочешь, чтобы козлиное горло твое было залеплено горячею кутьею!» Что делать с окаянным? Отец Афанасий объявил только, что всякого, кто спознается с Басаврюком, станет считать за католика, врага Христовой церкви и всего человеческого рода.

В том селе был у одного козака, прозвищем Коржа, работник, которого люди звали Петром Безродным; может, оттого, что никто не помнил ни отца его, ни матери. Староста церкви говорил, правда, что они на другой же год померли от чумы; но тетка моего деда знать этого не хотела и всеми силами старалась наделить его родней, хотя бедному Петру было в ней столько нужды, сколько нам в прошлогоднем снеге. Она говорила, что отец его и теперь на Запорожьи, был в плену у турок, натерпелся мук Бог знает каких и каким-то чудом, переодевшись евнухом, дал тягу. Чернобровым дивчатам и молодицам мало было нужды до родни его. Они говорили только, что если бы одеть его в новый жупан, затянуть красным поясом, надеть на голову шапку из черных смушек с щегольским синим верхом, привесить к боку турецкую саблю, дать в одну руку малахай, в другую люльку в красивой оправе, то заткнул бы он за пояс всех парубков тогдашних. Но то беда, что у бедного Петруся всего-навсего была одна серая свитка, в которой было больше дыр, чем у иного жида в кармане злотых. И это бы еще не большая беда, а вот беда: у старого Коржа была дочка красавица, какую, я думаю, вряд ли доставалось вам видывать. Тетка покойного деда рассказывала — а женщине, сами знаете, легче поцеловаться с чертом, не во гнев будь сказано, нежели назвать кого красавицею, — что полненькие щеки козачки были свежи и ярки, как мак самого тонкого розового цвета, когда, умывшись Божьею росою, горит он, распрямляет листики и охорашивается перед только что поднявшимся солнышком; что брови словно черные шнурочки, какие покупают теперь для крестов и дукатов девушки наши у проходящих по селам с коробками москалей, ровно нагнувшись, как будто гляделись в ясные очи; что ротик, на который глядя облизывалась тогдашняя молодежь, кажись на то и создан был, чтобы выводить соловьиные песни; что волосы ее, черные, как крылья ворона, и мягкие, как молодой лен (тогда еще девушки наши не заплетали их в дрибушки, перевивая красивыми, ярких цветов синдячками), падали курчавыми кудрями на шитый золотом кунтуш. Эх, не доведи Господь возглашать мне больше на крылосе аллилуйя, если бы, вот тут же, не расцеловал ее, несмотря на то, что седь пробирается по всему старому лесу, покрывающему мою макушу, и под боком моя старуха, как бельмо в глазу. Ну, если где парубок и девка живут близко один от другого... сами знаете, что выходит. Бывало, ни свет ни заря, подковы красных сапогов и приметны на том месте, где раздобаривала Пидорка с своим Петрусем. Но всё бы Коржу и в ум не пришло что-нибудь недоброе, да раз — ну, это уже и видно, что никто другой, как лукавый дернул, — вздумалось Петрусю, не обсмотревшись хорошенько в сенях, влепить поцелуй, как говорят, от всей души, в розовые губки козачки, и тот же самый лукавый, — чтоб ему, собачьему сыну, приснился крест святой! — настроил сдуру старого хрена отворить дверь хаты. Одеревенел Корж, разинув рот и ухватясь рукою за двери. Проклятый поцелуй, казалось, оглушил его совершенно. Ему почудился он громче, чем удар макогона об стену, которым обыкновенно в наше время мужик прогоняет кутью, за неимением фузеи и пороха.

Очнувшись, снял он со стены дедовскую нагайку и уже хотел было покропить ею спину бедного Петра, как откуда ни возьмись шестилетний брат Пидоркин, Ивась, прибежал и в испуге схватил ручонками его за ноги, закричав: «Тятя, тятя! не бей Петруся!» Что прикажешь делать? у отца сердце не каменное: повесивши нагайку на стену, вывел он его потихоньку из хаты: «Если ты мне когда-нибудь покажешься в хате или хоть только под окнами, то слушай, Петро: ей-богу, пропадут черные усы, да и оселедец твой, вот уже он два раза обматывается около уха, не будь я Терентий Корж, если не распрощается с твоею макушей!» Сказавши это, дал он ему легонькою рукою стусана в затылок, так что Петрусь, не взвидя земли, полетел стремглав. Вот тебе и доцеловались! Взяла кручина наших голубков; а тут и слух по селу, что к Коржу повадился ходить какой-то лях, обшитый золотом, с усами, с саблею, со шпорами, с карманами, бренчавшими, как звонок от мешочка, с которым пономарь наш, Тарас, отправляется каждый день по церкви. Ну, известно, зачем ходят к отцу, когда у него водится чернобровая дочка. Вот один раз Пидорка схватила, заливаясь слезами, на руки Ивася своего: «Ивасю мой милый, Ивасю мой любый! беги к Петрусю, мое золотое дитя, как стрела из лука; расскажи ему всё: любила б его карие очи, целовала бы его белое личико, да не велит судьба моя. Не один рушник вымочила горючими слезами. Тошно мне. Тяжело на сердце. И родной отец — враг мне: неволит идти за нелюбого ляха. Скажи ему, что и свадьбу готовят, только не будет музыки на нашей свадьбе: будут дьяки петь вместо кобз и сопилок. Не пойду я танцевать с женихом своим: понесут меня. Темная, темная моя будет хата: из кленового дерева, и вместо трубы крест будет стоять на крыше!»

Как будто окаменев, не сдвинувшись с места, слушал Петро, когда невинное дитя лепетало ему Пидоркины речи. «А я думал, несчастный, идти в Крым и Туречину, навоевать золота и с добром приехать к тебе, моя красавица. Да не быть тому. Недобрый глаз поглядел на нас. Будет же, моя дорогая рыбка, будет и у меня свадьба: только и дьяков не будет на той свадьбе; ворон черный прокрячет вместо попа надо мною; гладкое поле будет моя хата; сизая туча — моя крыша; орел выклюет мои карие очи; вымоют дожди козацкие косточки, и вихорь высушит их. Но что я? на кого? кому жаловаться? Так уже, видно, Бог велел, — пропадать так пропадать!» — Да прямехонько и побрел в шинок.

Тетка покойного деда немного изумилась, увидевши Петруся в шинке, да еще в такую пору, когда добрый человек идет к заутрене, и выпучила на него глаза, как будто спросонья, когда потребовал он кухоль сивухи мало не с полведра. Только напрасно думал бедняжка залить свое горе. Водка щипала его за язык, словно крапива, и казалась ему горше полыни. Кинул от себя кухоль на землю. «Полно горевать тебе, козак!» — загремело что-то басом над ним. Оглянулся: Басаврюк! У! какая образина! Волосы — щетина, очи — как у вола! «Знаю, чего недостает тебе: вот чего!» Тут брякнул он с бесовскою усмешкою

54

кожаным, висевшим у него возле пояса, кошельком. Вздрогнул Петро. «Ге-ге-ге! да как горит! — заревел он, пересыпая на руку червонцы. — Ге-ге-ге! да как звенит! А ведь и дела только одного потребую за целую гору таких цацок». — «Дьявол! — закричал Петро. — Давай его! на всё готов!» Хлопнули по рукам. «Смотри, Петро, ты поспел как раз в пору: завтра Ивана Купала. Одну только эту ночь в году и цветет папоротник. Не прозевай! Я тебя буду ждать о полночи в Медвежьем овраге».

Я думаю, куры так не дожидаются той поры, когда баба вынесет им хлебных зерен, как дожидался Петрусь вечера. То и дело, что смотрел, не становится ли тень от дерева длиннее, не румянится ли понизившееся солнышко, — и что далее, тем нетерпеливей. Экая долгота! видно, день Божий потерял где-нибудь конец свой. Вот уже и солнца нет. Небо только краснеет на одной стороне. И оно уже тускнет. В поле становится холодней. Примеркает, примеркает и — смерклось. Насилу! С сердцем, только что не хотевшим выскочить из груди, собрался он в дорогу и бережно спустился густым лесом в глубокий яр, называемый Медвежьим оврагом. Басаврюк уже поджидал там. Темно, хоть в глаза выстрели. Рука об руку пробирались они по топким болотам, цепляясь за густо разросшийся терновник и спотыкаясь почти на каждом шагу. Вот и ровное место. Огляделся Петро: никогда еще не случалось ему заходить сюда. Тут остановился и Басаврюк.

— Видишь ли ты, стоят перед тобою три пригорка? Много будет на них цветов разных; но сохрани тебя нездешняя сила вырвать хоть один. Только же зацветет папоротник, хватай его и не оглядывайся, что бы тебе позади ни чудилось.

Петро хотел было спросить... глядь — и нет уже его. Подошел к трем пригоркам; где же цветы? Ничего не видать. Дикий бурьян чернел кругом и глушил всё своею густотою. Но вот блеснула на небе зарница, и перед ним показалась целая гряда цветов, всё чудных, всё невиданных: тут же и простые листья папоротника. Поусомнился Петро и в раздумьи стал перед ними, подпершись обеими руками в боки.

— Что тут за невидальщина? десять раз на день, случается, видишь это зелье; какое ж тут диво? Не вздумала ли дьявольская рожа посмеяться?

Глядь — краснеет маленькая цветочная почка и, как будто живая, движется. В самом деле чудно! Движется и становится всё больше, больше и краснеет, как горячий уголь. Вспыхнула звездочка, что-то тихо затрещало, и цветок развернулся перед его очами, словно пламя, осветив и другие около себя.

«Теперь пора!» — подумал Петро и протянул руку. Смотрит, тянутся из-за него сотни мохнатых рук также к цветку, и позади его что-то перебегает с места на место. Зажмурив глаза, дернул он за стебелек, и цветок остался в его руках. Всё утихло. На пне показался сидящим Басаврюк, весь синий, как мертвец. Хоть бы пошевелился одним пальцем. Очи недвижно уставлены на что-то, видимое ему одному только; рот вполовину разинут, и ни ответа. Вокруг не шелохнет. Ух, страшно!.. Но вот послышался свист, от которого захолонуло у Петра внутри, и почудилось ему, будто трава зашумела, цветы начали между собою разговаривать голоском тоненьким, будто серебряные колокольчики; деревья загремели сыпучею бранью... Лицо Басаврюка вдруг ожило; очи сверкнули. «Насилу воротилась, яга! — проворчал он сквозь зубы. — Гляди, Петро, станет перед тобою сейчас красавица: делай всё, что ни прикажет, не то пропал навеки!» Тут разделил он суковатою палкою куст терновника, и перед ними показалась избушка, как говорится, на курьих ножках. Басаврюк ударил кулаком, и стена зашаталась. Большая черная собака выбежала навстречу и с визгом, оборотившись в кошку, кинулась в глаза им. «Не бесись, не бесись, старая чертовка!» — проговорил Басаврюк, приправив таким словцом, что добрый человек и уши бы заткнул. Глядь, вместо кошки старуха, с лицом, сморщившимся, как печеное яблоко, вся согнутая в дугу; нос с подбородком словно щипцы, которыми щелкают орехи. «Славная красавица!» — подумал Петро, и мурашки пошли по спине его. Ведьма вырвала у него цветок из рук, наклонилась и что-то долго шептала над ним, вспрыскивая какою-то водою. Искры посыпались у ней изо рта; пена показалась на губах. «Бросай!» — сказала она, отдавая цветок ему. Петро подбросил, и, что за чудо? — цветок не упал прямо, но долго казался огненным шариком посреди мрака и, словно лодка, плавал по воздуху; наконец потихоньку начал спускаться ниже и упал так далеко, что едва приметна была звездочка, не больше макового зерна. «Здесь!» — глухо прохрипела старуха; а Басаврюк, подавая ему заступ, примолвил: «Копай здесь, Петро. Тут увидишь ты столько золота, сколько ни тебе, ни Коржу не снилось». Петро, поплевав в руки, схватил заступ, надавил ногою и выворотил землю, в другой, в третий, еще раз... Что-то твердое!.. Заступ звенит и нейдет далее. Тут глаза его ясно начали различать небольшой, окованный железом, сундук. Уже хотел он было достать его рукою, но сундук стал уходить в землю, и всё, чем далее, глубже, глубже; а позади его слышался хохот, более схожий с змеиным шипеньем. «Нет, не видать тебе золота, покамест не достанешь крови человеческой!» — сказала ведьма и подвела к нему дитя лет шести, накрытое белою простынею, показывая знаком, чтобы он отсек ему голову. Остолбенел Петро. Малость, отрезать ни за что ни про что человеку голову, да еще и безвинному ребенку! В сердцах сдернул он простыню, накрывавшую его голову, и что же? Перед ним стоял Ивась. И ручонки сложило бедное дитя накрест, и головку повесило... Как бешеный, подскочил с ножом к ведьме Петро и уже занес было руку...

— А что ты обещал за девушку?.. — грянул Басаврюк и словно пулю посадил ему в спину. Ведьма топнула ногою: синее пламя выхватилось из земли; середина ее вся осветилась и стала как будто из хрусталя вылита; и всё, что ни было под землею, сделалось видимо, как на ладони. Червонцы, дорогие камни, в сундуках, в котлах, грудами были навалены под тем самым мостом, где они стояли. Глаза его загорелись... ум помутился... Как безумный, ухватился он за нож, и безвинная кровь брызнула ему в очи... Дьявольский хохот загремел со всех сторон. Безобразные чудища стаями скакали перед ним. Ведьма, вцепившись руками в обезглавленный труп, как волк, пила из него кровь... Всё пошло кругом в голове его! Собравши все силы, бросился бежать он. Всё покрылось перед ним красным цветом. Деревья, все в крови, казалось, горели и стонали. Небо, раскаливившись, дрожало... Огненные пятна, что молнии, мерещились в его глазах. Выбившись из сил, вбежал он в свою лачужку и, как сноп, повалился на землю. Мертвый сон охватил его.

Два дни и две ночи спал Петро без просыпу. Очнувшись на третий день, долго осматривал он углы своей хаты; но напрасно старался что-нибудь припомнить: память его была как карман старого скряги, из которого полушки не выманишь. Потянувшись немного, услышал он, что в ногах брякнуло. Смотрит: два мешка с золотом. Тут только, будто сквозь сон, вспомнил он, что искал какого-то клада, что было ему одному страшно в лесу... Но за какую цену, как достался он, этого никаким образом не мог понять.

Увидел Корж мешки и — разнежился: «Сякой, такой Петрусь, немазаный! да я ли не любил его? да не был ли у меня он как сын родной?» — и понес хрыч небывальщину, так что того до слез разобрало. Пидорка стала рассказывать ему, как проходившие мимо цыгане украли Ивася. Но Петро не мог даже вспомнить лица его: так обморочила проклятая бесовщина! Мешкать было незачем. Поляку дали под нос дулю, да и заварили свадьбу: напекли шишек, нашли рушников и хусток, выкатили бочку горелки; посадили за стол молодых; разрезали коровай; брякнули в бандуры, цимбалы, сопилки, кобзы — и пошла потеха...

В старину свадьба водилась не в сравненье с нашей. Тетка моего деда, бывало, расскажет — люли только! Как дивчата, в нарядном головном уборе из желтых, синих и розовых стричек, наверх которых навязывался золотой галун, в тонких рубашках, вышитых по всему шву красным шелком и унизанных мелкими серебряными цветочками, в сафьянных сапогах на высоких железных подковах, плавно, словно павы, и с шумом, что вихорь, скакали в горлице. Как молодицы, с корабликом на голове, которого верх сделан был весь из сутозолотой парчи, с небольшим вырезом на затылке, откуда выглядывал золотой очипок, с двумя выдавшимися, один наперед, другой назад, рожками самого мелкого черного смушка; в синих, из лучшего полутабенеку, с красными клапанами кунтушах, важно подбоченившись, выступали поодиночке и мерно выбивали гопака. Как парубки, в высоких козацких шапках, в тонких суконных свитках, затянутых шитыми серебром поясами, с люльками в зубах, рассыпались перед ними мелким бесом и подпускали турусы. Сам Корж не утерпел, глядя на молодых, чтоб не тряхнуть стариною. С бандурою в руках, потягивая люльку и вместе припевая, с чаркою на голове, пустился старичина, при громком крике гуляк, вприсядку. Чего не выдумают навеселе! Начнут, бывало, наряжаться в хари — Боже ты мой, на человека не похожи! Уж не чета нынешним переодеваньям, что бывают на свадьбах наших. Что теперь? — только что корчат цыганок да москалей. Нет, вот, бывало, один оденется жидом, а другой чертом, начнут сперва целоваться, а после ухватятся за чубы... Бог с вами! смех нападет такой, что за живот хватаешься. Поодонутся в турецкие и татарские платья: всё горит на них, как жар... А как начнут дуреть да строить штуки... ну, тогда хоть святых выноси. С теткой покойного деда, которая сама была на этой свадьбе, случилась забавная история: была она одета тогда в татарское широкое платье и с чаркою в руках угощала собрание. Вот одного дернул лукавый окатить ее сзади водкою; другой, тоже, видно, не промах, высек в ту же минуту огня, да и поджег... пламя вспыхнуло, бедная тетка, перепугавшись, давай сбрасывать с себя, при всех, платье... Шум, хохот, ералаш поднялся, как на ярмарке. Словом, старики не запомнили никогда еще такой веселой свадьбы.

Начали жить Пидорка да Петрусь, словно пан с панею. Всего вдоволь, всё блестит... Однако же добрые люди качали слегка головами, глядя на житье их. «От черта не будет добра, — поговаривали все в один голос. — Откуда, как не от искусителя люда православного, пришло к нему богатство? Где ему было взять такую кучу золота? Отчего вдруг, в самый тот день, когда разбогател он, Басаврюк пропал, как в воду?» Говорите же, что люди выдумывают! Ведь в самом деле, не прошло месяца, Петруся никто узнать не мог. Отчего, что с ним сделалось, Бог знает.

Сидит на одном месте, и хоть бы слово с кем. Всё думает и как будто бы хочет что-то припомнить. Когда Пидорке удастся заставить его о чем-нибудь заговорить, как будто и забудется, и поведет речь, и развеселится даже; но ненароком посмотрит на мешки — «постой, постой, позабыл!» — кричит, и снова задумается, и снова силится про что-то вспомнить. Иной раз, когда долго сидит на одном месте, чудится ему, что вот-вот всё сызнова приходит на ум... и опять всё ушло. Кажется: сидит в шинке; несут ему водку; жжет его водка; противна ему водка; кто-то подходит, бьет по плечу его... но далее всё как будто туманом покрывается перед ним. Пот валит градом по лицу его, и он в изнеможении садится на свое место.

Чего ни делала Пидорка: и совещалась с знахарями, и переполох выливали, и соняшницу заваривали[1] — ничто не помогало. Так прошло и лето. Много козаков обкосилось и обжалось; много козаков, поразгульнее других, и в поход потянулось. Стаи уток еще толпились на болотах наших, но крапивянок уже и в помине не было. В степях закраснело. Скирды хлеба то сям, то там, словно козацкие шапки, пестрели по полю. Попадались по дороге и возы, наваленные хворостом и дровами. Земля сделалась крепче и местами стала прохватываться морозом. Уже и снег начал сеяться с неба, и ветви дерев убрались инеем, будто заячьим мехом. Вот уже в ясный морозный день красногрудый снегирь, словно щеголеватый польский шляхтич, прогуливался по снеговым кучам, вытаскивая зерно, и дети огромными киями

---

[1] Выливают переполох у нас в случае испуга, когда хотят узнать, отчего приключился он; бросают расплавленное олово или воск в воду, и чье примут они подобие, то самое перепугало больного; после чего и весь испуг проходит. Заваривают соняшницу от дурноты и боли в животе. Для этого зажигают кусок пеньки, бросают в кружку и опрокидывают ее вверх дном в миску, наполненную водою и поставленную на животе больного; потом, после зашептываний, дают ему выпить ложку этой самой воды.

гоняли по льду деревянные кубари, между тем как отцы их спокойно вылеживались на печке, выходя по временам, с зажженною люлькою в зубах, ругнуть добрым порядком православный морозец или проветриться и промолотить в сенях залежалый хлеб. Наконец снега стали таять, и *щука хвостом лед расколотила,* а Петро всё тот же, и чем далее, тем еще суровее. Как будто прикованный, сидит посереди хаты, поставив себе в ноги мешки с золотом. Одичал, оброс волосами, стал страшен: и всё думает об одном, всё силится припомнить что-то; и сердится, и злится, что не может вспомнить. Часто дико подымается с своего места, поводит руками, вперяет во что-то глаза свои, как будто хочет уловить его; губы шевелятся, будто хотят произнесть какое-то давно забытое слово, — и неподвижно останавливаются... Бешенство овладевает им; как полоумный, грызет и кусает себе руки и в досаде рвет клоками волоса, покамест, утихнув, не упадет, будто в забытьи, и после снова принимается припоминать, и снова бешенство, и снова мука... Что это за напасть Божия? Жизнь не в жизнь стала Пидорке. Страшно ей было оставаться сперва одной в хате, да после свыклась бедняжка с своим горем. Но прежней Пидорки уже узнать нельзя было. Ни румянца, ни усмешки: изныла, исчахла, выплакались ясные очи. Раз кто-то уже, видно, сжалился над ней, посоветовал идти к колдунье, жившей в Медвежьем овраге, про которую ходила слава, что умеет лечить все на свете болезни. Решилась попробовать последнее средство; слово за слово, уговорила старуху идти с собою. Это было ввечеру, как раз накануне Купала. Петро в беспамятстве лежал на лавке и не примечал вовсе новой гостьи. Как вот мало-помалу стал приподниматься и всматриваться. Вдруг весь задрожал, как на плахе; волосы поднялись горою... и он засмеялся таким хохотом, что страх врезался в сердце Пидорки. «Вспомнил, вспомнил!» — закричал он в страшном весельи и, размахнувши топор, пустил им со всей силы в старуху. Топор на два вершка вбежал в дубовую дверь. Старуха пропала, и дитя лет семи, в белой рубашке, с накрытою головою, стало посреди хаты... Простыня слетела. «Ивась!» — закричала Пидорка и бросилась к нему; но привидение всё с ног до головы покрылось кровью и осветило всю хату красным светом. В испуге выбежала она в сени; но, опомнившись немного, хотела было помочь ему; напрасно! дверь захлопнулась за нею так крепко, что не под силу было отпереть. Сбежались люди, принялись стучать; высадили дверь: хоть бы душа одна. Вся хата полна дыма, и посередине только, где стоял Петрусь, куча пеплу, от которого местами подымался еще пар. Кинулись к мешкам: одни битые черепки лежали вместо червонцев. Выпуча глаза и разинув рты, не смея пошевельнуть усом, стояли козаки, будто вкопанные в землю. Такой страх навело на них это диво.

Что было далее, не вспомню. Пидорка дала обет идти на богомолье; собрала оставшееся после отца имущество, и через несколько дней ее точно уже не было на селе. Куда ушла она, никто не мог сказать. Услужливые старухи отправили ее было уже туда, куда и Петро потащился; но приехавший из Киева козак рассказал, что видел в лавре монахиню, всю высохшую, как скелет, и беспрестанно молящуюся, в которой земляки, по всем приметам, узнали Пидорку; что будто еще никто не слыхал от нее ни одного слова; что пришла она пешком и принесла оклад к иконе Божьей Матери, исцвеченный такими яркими камнями, что все зажмуривались, на него глядя.

Позвольте, этим еще не всё кончилось. В тот самый день, когда лукавый припрятал к себе Петруся, показался снова Басаврюк; только все бегом от него. Узнали, что это за птица: не кто другой, как сатана, принявший человеческий образ для того, чтобы отрывать клады; а как клады не даются нечистым рукам, так вот он и приманивает к себе молодцов. Того же году все побросали землянки свои и перебрались в село; но и там, однако ж, не было покою от проклятого Басаврюка. Тетка покойного деда говорила, что именно злился он более всего на нее за то, что оставила прежний шинок по Опошнянской дороге, и всеми силами старался выместить всё на ней. Раз старшины села собрались в шинок и, как говорится, беседовали по чинам за столом, посередине которого поставлен был, грех сказать чтобы малый, жареный баран. Калякали о сем и о том, было и про диковинки разные, и про чуда. Вот и померещилось, — еще бы ничего, если бы одному, а то именно всем, — что баран поднял голову, блудящие глаза его ожили и засветились, и вмиг появившиеся черные щетинистые усы значительно заморгали на присутствующих. Все тотчас узнали на бараньей голове рожу Басаврюка; тетка деда моего даже думала уже, что вот-вот попросит водки... Честные старшины за шапки да скорей восвояси. В другой раз сам церковный староста, любивший по временам раздобаривать глаз на глаз с дедовскою чаркою, не успел еще раза два достать дна, как видит, что чарка кланяется ему в пояс. Черт с тобою! давай креститься!.. А тут с половиною его тоже диво: только что начала она замешивать тесто в огромной диже, вдруг дижа выпрыгнула. «Стой, стой!» — куды! подбоченившись важно, пустилась вприсядку по всей хате... Смейтесь; однако ж не до смеха было нашим дедам. И даром, что отец Афанасий ходил по всему селу со святою водою и гонял черта кропилом по всем улицам, а все еще тетка покойного деда долго жаловалась, что кто-то, как только вечер, стучит в крышу и царапается по стене.

Да чего! Вот теперь на этом самом месте, где стоит село наше, кажись, всё спокойно; а ведь еще не так давно, еще покойный отец мой и я запомню, как мимо развалившегося шинка, который нечистое племя долго после того поправляло на свой счет, доброму человеку пройти нельзя было. Из закоптевшей трубы столбом валил дым и, поднявшись высоко, так, что посмотреть — шапка валилась, рассыпался горячими угольями по всей степи, и черт, — нечего бы и вспоминать его, собачьего сына, — так всхлипывал жалобно в своей конуре, что испуганные гайвороны стаями подымались из ближнего дубового леса и с диким криком метались по небу.

МАЙСКАЯ НОЧЬ, ИЛИ УТОПЛЕННИЦА

> Ворог його батька знає! почнуть
> що-небудь робить люди хреще-
> ні, то мудуютця, мудуютця,
> мов хорти за зайцем, а все щось
> не до шмигу; тільки ж куди чорт
> уплетецця, то верть хвостиком —
> так де воно і возмецця, неначе
> з неба.

I

ГАННА

Звонкая песня лилась рекою по улицам села ***.
Было то время, когда утомленные дневными труда-
ми и заботами парубки и девушки шумно собирались в кружок, в блеске чистого вечера, выливать
свое веселье в звуки, всегда неразлучные с уныньем.
И задумавшийся вечер мечтательно обнимал синее
небо, превращая всё в неопределенность и даль. Уже
и сумерки; а песни все не утихали. С бандурою в
руках пробирался ускользнувший от песельников
молодой козак Левко, сын сельского головы. На козаке решетиловская шапка. Козак идет по улице,
бренчит рукою по струнам и подплясывает. Вот он
тихо остановился перед дверью хаты, уставленной
невысокими вишневыми деревьями. Чья же это
хата? Чья это дверь? Немного помолчавши, заиграл
он и запел:

> Сонце низенько, вечір близенько,
> Вийди до мене, мое серденько!

— Нет, видно, крепко заснула моя ясноокая красавица! — сказал козак, окончивши песню и приближаясь к окну. — Галю! Галю! ты спишь или не хочешь
ко мне выйти? Ты боишься, верно, чтобы нас кто не

увидел, или не хочешь, может быть, показать белое личико на холод! Не бойся: никого нет. Вечер тепел. Но если бы и показался кто, я прикрою тебя свиткою, обмотаю своим поясом, закрою руками тебя — и никто нас не увидит. Но если бы и повеяло холодом, я прижму тебя поближе к сердцу, отогрею поцелуями, надену шапку свою на твои беленькие ножки. Сердце мое, рыбка моя, ожерелье! выгляни на миг. Просунь сквозь окошечко хоть белую ручку свою... Нет, ты не спишь, гордая дивчина! — проговорил он громче и таким голосом, каким выражает себя устыдившийся мгновенного унижения. — Тебе любо издеваться надо мною, прощай!

Тут он отворотился, насунул набекрень свою шапку и гордо отошел от окошка, тихо перебирая струны бандуры. Деревянная ручка у двери в это время завертелась: дверь распахнулась со скрипом, и девушка на поре семнадцатой весны, обвитая сумерками, робко оглядываясь и не выпуская деревянной ручки, переступила через порог. В полуясном мраке горели приветно, будто звездочки, ясные очи; блистало крещеное коралловое монисто; и от орлиных очей парубка не могла укрыться даже краска, стыдливо вспыхнувшая на щеках ее.

— Какой же ты нетерпеливый, — говорила она ему вполголоса. — Уже и рассердился! Зачем выбрал ты такое время: толпа народу шатается то и дело по улицам... Я вся дрожу...

— О, не дрожи, моя красная калиночка! Прижмись ко мне покрепче! — говорил парубок, обнимая ее, отбросив бандуру, висевшую на длинном ремне у него на шее, и садясь вместе с нею у дверей хаты. — Ты знаешь, что мне и часу не видать тебя горько.

— Знаешь ли, что я думаю? — прервала девушка, задумчиво уставив в него свои очи. — Мне всё что-то будто на ухо шепчет, что вперед нам не видаться так часто. Недобрые у вас люди: девушки все глядят так завистливо, а парубки... Я примечаю даже, что мать моя с недавней поры стала суровее приглядывать за мною. Признаюсь, мне веселее у чужих было.

Какое-то движение тоски выразилось на лице ее при последних словах.

— Два месяца только в стороне родной, и уже соскучилась! Может, и я надоел тебе?

— О, ты мне не надоел, — молвила она, усмехнувшись. — Я тебя люблю, чернобровый козак! За то люблю, что у тебя карие очи, и как поглядишь ты ими — у меня как будто на душе усмехается: и весело и хорошо ей; что приветливо моргаешь ты черным усом своим; что ты идешь по улице, поешь и играешь на бандуре, и любо слушать тебя.

— О моя Галя! — вскрикнул парубок, целуя и прижимая ее сильнее к груди своей.

— Постой! полно, Левко! Скажи наперед, говорил ли ты с отцом своим?

— Что? — сказал он, будто проснувшись. — Что я хочу жениться, а ты выйти за меня замуж — говорил.

Но как-то унывно зазвучало в устах его это слово «говорил».

— Что же?

— Что станешь делать с ним? Притворился старый хрен, по своему обыкновению, глухим: ничего не слышит и еще бранит, что шатаюсь Бог знает где, повесничаю и шалю с хлопцами по улицам. Но не тужи, моя Галю! Вот тебе слово козацкое, что уломаю его.

— Да тебе только стоит, Левко, слово сказать — и всё будет по-твоему. Я знаю это по себе: иной раз не послушала бы тебя, а скажешь слово — и невольно делаю, что тебе хочется. Посмотри, посмотри! — продолжала она, положив голову на плечо ему и подняв глаза вверх, где необъятно синело теплое украинское небо, завешенное снизу кудрявыми ветвями стоявших перед ними вишен. — Посмотри, вон-вон далеко мелькнули звездочки: одна, другая, третья, четвертая, пятая... Не правда ли, ведь это ангелы Божии поотворяли окошечки своих светлых домиков на небе и глядят на нас? Да, Левко? Ведь это они глядят на нашу землю? Что, если бы у людей были крылья, как у птиц, — туда бы полететь, высоко, высоко... Ух, страшно! Ни один дуб у нас не достанет до неба. А говорят, однако же, есть где-то, в какой-то далекой земле, такое дерево, которое шумит вершиною в самом небе, и Бог сходит по нем на землю ночью перед Светлым праздником.

— Нет, Галю; у Бога есть длинная лестница от неба до самой земли. Ее становят перед Светлым воскресением святые архангелы; и как только Бог ступит на первую ступень, все нечистые духи полетят стремглав и кучами попадают в пекло, и оттого на Христов праздник ни одного злого духа не бывает на земле.

— Как тихо колышется вода, будто дитя в люльке! — продолжала Ганна, указывая на пруд, угрюмо обставленный темным кленовым лесом и оплакиваемый вербами, потопившими в нем жалобные свои ветви. Как бессильный старец, держал он в холодных объятиях своих далекое, темное небо, обсыпая ледяными поцелуями огненные звезды, которые тускло реяли среди теплого ночного воздуха, как бы предчувствуя скорое появление блистательного царя ночи. Возле леса, на горе, дремал с закрытыми ставнями старый деревянный дом; мох и дикая трава покрывали его крышу; кудрявые яблони разрослись перед его окнами; лес, обнимая своею тенью, бросал на него дикую мрачность; ореховая роща стлалась у подножия его и скатывалась к пруду.

— Я помню, будто сквозь сон, — сказала Ганна, не спуская глаз с него: — давно, давно, когда я еще была маленькою и жила у матери, что-то страшное рассказывали про дом этот. Левко, ты, верно, знаешь, расскажи!..

— Бог с ним, моя красавица! Мало ли чего не расскажут бабы и народ глупый. Ты себя только потревожишь, станешь бояться, и не заснется тебе покойно.

— Расскажи, расскажи, милый, чернобровый парубок! — говорила она, прижимаясь лицом своим к щеке его и обнимая его. — Нет! ты, видно, не любишь меня, у тебя есть другая девушка. Я не буду бояться; я буду спокойно спать ночь. Теперь-то не засну, если не расскажешь. Я стану мучиться да думать... Расскажи, Левко!..

— Видно, правду говорят люди, что у девушек сидит черт, подстрекающий их любопытство. Ну, слушай. Давно, мое серденько, жил в этом доме сотник. У сотника была дочка, ясная панночка, белая, как снег, как твое личико. Сотникова жена давно уже умерла; задумал сотник жениться на другой. «Будешь ли ты меня нежить по-старому, батьку, когда возьмешь другую жену?» — «Буду, моя дочка; еще крепче прежнего стану прижимать тебя к сердцу! Буду, моя дочка; еще ярче стану дарить серьги и монисты!» Привез сотник молодую жену в новый дом свой. Хороша была молодая жена. Румяна и бела собою была молодая жена; только так страшно взглянула на свою падчерицу, что та вскрикнула, ее увидевши; и хоть бы слово во весь день сказала суровая мачеха. Настала ночь; ушел сотник с молодою женою в свою опочивальню; заперлась и белая панночка в своей светлице. Горько сделалось ей; стала плакать. Глядит: страшная черная кошка крадется к ней; шерсть на ней горит, и железные когти стучат по полу. В испуге вскочила она на лавку, — кошка за нею. Перепрыгнула на лежанку, — кошка и туда, и вдруг бросилась к ней на шею и душит ее. С криком оторвавши от себя, кинула на пол; опять крадется страшная кошка. Тоска ее взяла. На стене висела отцовская сабля. Схватила ее и бряк по полу — лапа с железными когтями отскочила, и кошка с визгом пропала в темном углу. Целый день не выходила из светлицы своей молодая жена; на третий день вышла с перевязанною рукою. Угадала бедная панночка, что мачеха ее ведьма и что она ей перерубила руку. На четвертый день приказал сотник своей дочке носить воду, мести хату, как простой мужичке, и не показываться в панские покои. Тяжело было бедняжке, да нечего делать: стала выполнять отцовскую волю. На пятый день выгнал сотник свою дочку босую из дому и куска хлеба не дал на дорогу. Тогда только зарыдала панночка, закрывши руками белое лицо свое: «Погубил ты, батьку, родную дочку свою! Погубила ведьма грешную душу твою! Прости тебя Бог; а мне, несчастной, видно, не велит он жить на белом свете!..» И вон, видишь ли ты... — Тут оборотился Левко к Ганне, указывая пальцем на дом. — Гляди сюда: вон, подалее от дома, самый высокий берег! С этого берега кинулась панночка в воду, и с той поры не стало ее на свете...

— А ведьма? — боязливо прервала Ганна, устремив на него прослезившиеся очи.

— Ведьма? Старухи выдумали, что с той поры все утопленницы выходили в лунную ночь в панский сад греться на месяце; и сотникова дочка сделалась над ними главною. В одну ночь увидела она мачеху свою возле пруда, напала на нее и с криком утащила в воду. Но ведьма и тут нашлась: оборотилась под водою в одну из утопленниц и через то ушла от плети из зеленого тростника, которою хотели ее бить утопленницы. Верь бабам! Рассказывают еще, что панночка собирает всякую ночь утопленниц и заглядывает поодиночке каждой в лицо, стараясь узнать, которая из них ведьма; но до сих пор не узнала. И если попадется из людей кто, тотчас заставляет его угадывать, не то грозит утопить в воде. Вот, моя Галю, как рассказывают старые люди!.. Теперешний пан хочет строить на том месте винницу и прислал нарочно для того сюда винокура... Но я слышу говор. Это наши возвращаются с песен. Прощай, Галю! Спи спокойно; да не думай об этих бабьих выдумках!

Сказавши это, он обнял ее крепче, поцеловал и ушел.

— Прощай, Левко! — говорила Ганна, задумчиво вперив очи на темный лес.

Огромный огненный месяц величественно стал в это время вырезываться из земли. Еще половина его была под землею, а уже весь мир исполнился какого-то торжественного света. Пруд тронулся искрами. Тень от деревьев ясно стала отделяться на темной зелени.

— Прощай, Ганна! — раздались позади ее слова, сопровождаемые поцелуем.

— Ты воротился! — сказала она, оглянувшись; но, увидев перед собою незнакомого парубка, отвернулась в сторону.

— Прощай, Ганна! — раздалось снова, и снова поцеловал ее кто-то в щеку.

— Вот принесла нелегкая и другого! — проговорила она с сердцем.

— Прощай, милая Ганна!

— Еще и третий!

— Прощай! прощай! прощай, Ганна! — и поцелуи засыпали ее со всех сторон.

— Да тут их целая ватага! — кричала Ганна, вырываясь из толпы парубков, наперерыв спешивших обнимать ее. — Как им не надоест беспрестанно целоваться! Скоро, ей-богу, нельзя будет показаться на улице!

Вслед за сими словами дверь захлопнулась, и только слышно было, как с визгом задвинулся железный засов.

II

ГОЛОВА

Знаете ли вы украинскую ночь? О, вы не знаете украинской ночи! Всмотритесь в нее. С середины неба глядит месяц. Необъятный небесный свод раздался, раздвинулся еще необъятнее. Горит и дышит он. Земля вся в серебряном свете: и чудный воздух и прохладно-душен, и полон неги, и движет океан благоуханий. Божественная ночь! Очаровательная ночь! Недвижно, вдохновенно стали леса, полные мрака, и кинули огромную тень от себя. Тихи и покойны эти пруды: холод и мрак вод их угрюмо заключен в темно-зеленые стены садов. Девственные чащи черемух и черешен пугливо протянули свои корни в ключевой холод и изредка лепечут листьями, будто сердясь и негодуя, когда прекрасный ветреник — ночной ветер, подкравшись мгновенно, целует их. Весь ландшафт спит. А вверху всё дышит, всё дивно, всё торжественно. А на душе и необъятно, и чудно, и толпы серебряных видений стройно возникают в ее глубине. Божественная ночь! Очаровательная ночь! И вдруг все ожило: и леса, и пруды, и степи. Сыплется величественный гром украинского соловья, и чудится, что месяц заслушался его посреди неба... Как очарованное, дремлет на возвышении село. Еще белее, еще лучше блестят при месяце толпы хат; еще ослепительнее вырезываются из мрака низкие их стены. Песни умолкли. Все тихо. Благочестивые люди уже спят. Где-где только светятся узенькие окна.

Перед порогами иных только хат запоздалая семья совершает свой поздний ужин.

— Да, гопак не так танцуется! То-то я гляжу, не клеится всё. Что ж это рассказывает кум?.. А ну: гоп трала! гоп трала! гоп, гоп, гоп! — Так разговаривал сам с собою подгулявший мужик средних лет, танцуя по улице. — Ей-богу, не так танцуется гопак! Что мне лгать! ей-богу, не так! А ну: гоп трала! гоп трала! гоп, гоп, гоп!

— Вот одурел человек! добро бы еще хлопец какой, а то старый кабан, детям насмех, танцует ночью по улице! — вскричала проходящая пожилая женщина, неся в руке солому. — Ступай в хату свою! Пора спать давно!

— Я пойду! — сказал, остановившись, мужик. — Я пойду. Я не посмотрю на какого-нибудь голову. Что он думает, *дидько б утыся его батькови!* что он голова, что он обливает людей на морозе холодною водою, так и нос поднял! Ну, голова, голова. Я сам себе голова. Вот убей меня Бог! Бог меня убей! Я сам себе голова. Вот что, а не то что... — продолжал он, подходя к первой попавшейся хате, и остановился перед окошком, скользя пальцами по стеклу и стараясь найти деревянную ручку. — Баба, отворяй! Баба, живей, говорят тебе, отворяй! Козаку спать пора!

— Куда ты, Каленик? Ты в чужую хату попал! — закричали, смеясь, позади него девушки, ворочавшиеся с веселых песней. — Показать тебе твою хату?

— Покажите, любезные молодушки!

— Молодушки? слышите ли, — подхватила одна, — какой учтивый Каленик! За это ему нужно показать хату... но нет, наперед потанцуй!

— Потанцевать?.. эх вы, замысловатые девушки! — протяжно произнес Каленик, смеясь и грозя пальцем и оступаясь, потому что *ноги его не могли держаться на одном месте.* — А дадите перецеловать

74

себя? Всех перецелую, всех!.. — И косвенными шагами пустился бежать за ними.

Девушки подняли крик, перемешались; но после, ободрившись, перебежали на другую сторону, увидя, что Каленик не слишком был скор на ноги.

— Вон твоя хата! — закричали они ему, уходя и показывая на избу, гораздо поболее прочих, принадлежавшую сельскому голове. Каленик послушно побрел в ту сторону, принимаясь снова бранить голову.

Но кто же этот голова, возбудивший такие невыгодные о себе толки и речи? О, этот голова важное лицо на селе. Покамест Каленик достигнет конца пути своего, мы, без сомнения, успеем кое-что сказать о нем. Всё село, завидевши его, берется за шапки; а девушки, самые молоденькие, отдают *добридень*. Кто бы из парубков не захотел быть головою! Голове открыт свободный вход во все тавлинки; и дюжий мужик почтительно стоит, снявши шапку, во всё продолжение, когда голова запускает свои толстые и грубые пальцы в его лубочную табакерку. В мирской сходке, или громаде, несмотря на то, что власть его ограничена несколькими голосами, голова всегда берет верх и почти по своей воле высылает, кого ему угодно, ровнять и гладить дорогу или копать рвы. Голова угрюм, суров с виду и не любит много говорить. Давно еще, очень давно, когда блаженной памяти великая царица Екатерина ездила в Крым, был выбран он в провожатые; целые два дни находился он в этой должности и даже удостоился сидеть на козлах с царицыным кучером. И с той самой поры еще голова выучился разумно и важно потуплять голову, гладить длинные, закрутившиеся вниз усы и кидать соколиный взгляд исподлобья. И с той поры голова, об чем бы ни заговорили с ним, всегда умеет поворотить речь на то, как он вез царицу и сидел на козлах царской кареты. Голова любит иногда прикинуться глухим, особливо если услышит то, чего не хотелось бы ему слышать. Голова терпеть не может щегольства: носит всегда свитку черного домашнего сукна, перепоясывается шерстяным цветным поясом, и никто никогда не видал его в другом костюме, выключая разве только времени проезда царицы в Крым, когда на нем был синий козацкий жупан. Но это время вряд ли кто мог запомнить из целого села; а жупан держит он в сундуке под замком. Голова вдов; но у него живет в доме свояченица, которая варит обедать и ужинать, моет лавки, белит хату, прядет ему на рубашки и заведывает всем домом. На селе поговаривают, будто она совсем ему не родственница; но мы уже видели, что у головы много недоброжелателей, которые рады распускать всякую клевету. Впрочем, может быть, к этому подало повод и то, что свояченице всегда не нравилось, если голова заходил в поле, усеянное жницами, или к козаку, у которого была молодая дочка. Голова крив; но зато одинокий глаз его злодей и далеко может увидеть хорошенькую поселянку. Не прежде, однако ж, он наведет его на смазливое личико, пока не обсмотрится хорошенько, не глядит ли откуда свояченица. Но мы почти всё уже рассказали, что нужно, о голове; а пьяный Каленик не добрался еще и до половины дороги и долго еще угощал голову всеми отборными словами, какие могли только вспасть на лениво и несвязно поворачивавшийся язык его.

III

НЕОЖИДАННЫЙ СОПЕРНИК. ЗАГОВОР

— Нет, хлопцы, нет, не хочу! Что за разгулье такое! Как вам не надоест повесничать? И без того уже прослыли мы Бог знает какими буянами. Ложитесь лучше спать! — Так говорил Левко разгульным товарищам своим, подговаривавшим его на новые проказы. — Прощайте, братцы! покойная вам ночь! — и быстрыми шагами шел от них по улице.

«Спит ли моя ясноокая Ганна?» — думал он, подходя к знакомой нам хате с вишневыми деревьями. Среди тишины послышался тихий говор. Левко остановился. Между деревьями забелела рубашка... «Что это значит?» — подумал он и, подкравшись поближе, спрятался за дерево. При свете месяца блистало лицо стоявшей перед ним девушки... Это Ганна! Но кто же этот высокий человек, стоявший к нему спиною? Напрасно обсматривал он: тень покрывала его с ног до головы. Спереди только он был освещен немного; но малейший шаг вперед Левка уже подвергал его неприятности быть открытым. Тихо прислонившись к дереву, решился он остаться на месте. Девушка ясно выговорила его имя.

— Левко? Левко еще молокосос! — говорил хрипло и вполголоса высокий человек. — Если я встречу его когда-нибудь у тебя, я его выдеру за чуб...

— Хотелось бы мне знать, какая это шельма похваляется выдрать меня за чуб! — тихо проговорил Левко и протянул шею, стараясь не проронить ни одного слова. Но незнакомец продолжал так тихо, что нельзя было ничего расслушать.

— Как тебе не стыдно! — сказала Ганна по окончании его речи. — Ты лжешь; ты обманываешь меня; ты меня не любишь; я никогда не поверю, чтобы ты меня любил!

— Знаю, — продолжал высокий человек, — Левко много наговорил тебе пустяков и вскружил твою голову (тут показалось парубку, что голос незнакомца не совсем незнаком и как будто он когда-то его слышал). Но я дам себя знать Левку! — продолжал всё так же незнакомец. — Он думает, что я не вижу всех его шашней. Попробует он, собачий сын, каковы у меня кулаки.

При сем слове Левко не мог уже более удержать своего гнева. Подошедши на три шага к нему, замахнулся он со всей силы, чтобы дать треуха, от которого незнакомец, несмотря на свою видимую крепость, не устоял бы, может быть, на месте: но в это время свет пал на лицо его, и Левко остолбенел, увидевши, что перед ним стоял отец его. Невольное покачивание головою и легкий сквозь зубы свист одни только выразили его изумление. В стороне послышался шорох; Ганна поспешно влетела в хату, захлопнув за собою дверь.

— Прощай, Ганна! — закричал в это время один из парубков, подкравшись и обнявши голову; и с ужасом отскочил назад, встретивши жесткие усы. — Прощай, красавица! — вскричал другой; но на сей раз полетел стремглав от тяжелого толчка головы.

— Прощай, прощай, Ганна! — закричало несколько парубков, повиснув ему на шею.

— Провалитесь, проклятые сорванцы! — кричал голова, отбиваясь и притопывая на них ногами. — Что я вам за Ганна! Убирайтесь вслед за отцами на виселицу, чертовы дети! Поприставали, как мухи к меду! Дам я вам Ганны!..

— Голова! голова! это голова! — закричали хлопцы и разбежались во все стороны.

— Ай да батько! — говорил Левко, очнувшись от своего изумления и глядя вслед уходившему с ругательствами голове. — Вот какие за тобою водятся проказы! Славно! А я дивлюсь да передумываю, что б это значило, что он всё притворяется глухим, когда станешь говорить о деле. Постой же, старый хрен, ты у меня будешь знать, как шататься под окнами молодых девушек, будешь знать, как отбивать чужих невест! Гей, хлопцы! сюда! сюда! — кричал он, махая рукою к парубкам, которые снова собирались в кучу. — Ступайте сюда! Я увещевал вас идти спать, но теперь раздумал и готов хоть целую ночь сам гулять с вами.

— Вот это дело! — сказал плечистый и дородный парубок, считавшийся первым гулякой и повесой на селе. — Мне всё кажется тошно, когда не удается погулять порядком и настроить штук. Всё как будто недостает чего-то. Как будто потерял шапку или люльку; словом, не козак, да и только.

— Согласны ли вы побесить хорошенько сегодня голову?

— Голову?

— Да, голову. Что он в самом деле задумал! Он управляется у нас, как будто гетьман какой. Мало того, что помыкает, как своими холопьями, еще и подъезжает к дивчатам нашим. Ведь, я думаю, на всем селе нет смазливой девки, за которою бы не волочился голова.

— Это так, это так, — закричали в один голос все хлопцы.

— Что ж мы, ребята, за холопья? Разве мы не такого роду, как и он? Мы, слава Богу, вольные козаки! Покажем ему, хлопцы, что мы вольные козаки!

— Покажем! — закричали парубки. — Да если голову, то и писаря не минуть!

— Не минем и писаря! А у меня, как нарочно, сложилась в уме славная песня про голову. Пойдемте, я вас выучу, — продолжал Левко, ударив рукою по струнам бандуры. — Да слушайте: попереодевайтесь, кто во что ни попало!

— Гуляй, козацкая голова! — говорил дюжий повеса, ударив ногою в ногу и хлопнув руками. — Что за роскошь! Что за воля! Как начнешь беситься — чудится, будто поминаешь давние годы. Любо, вольно на сердце; а душа как будто в раю. Гей, хлопцы! Гей, гуляй!..

И толпа шумно понеслась по улицам. И благочестивые старушки, пробужденные криком, подымали окошки и крестились сонными руками, говоря: «Ну, теперь гуляют парубки!»

IV

ПАРУБКИ ГУЛЯЮТ

Одна только хата светилась еще в конце улицы. Это жилище головы. Голова уже давно окончил свой ужин и, без сомнения, давно бы уже заснул; но у него был в это время гость — винокур, присланный строить винокурню помещиком, имевшим небольшой участок земли между вольными козаками. Под самым покутом, на почетном месте, сидел гость — низенький, толстенький человечек с маленькими вечно смеющимися глазками, в которых, кажется, написано было то удовольствие, с каким курил он свою коротенькую люльку, поминутно сплевывая и придавливая пальцем вылезавший из нее превращенный в золу табак. Облака дыма быстро разрастались над ним, одевая его в сизый туман. Казалось, будто широкая труба с какой-нибудь винокурни, наскуча сидеть на своей крыше, задумала прогуляться и чинно уселась за столом в хате головы. Под носом торчали у него коротенькие и густые усы; но они так неясно мелькали сквозь табачную атмосферу, что казались мышью, которую винокур поймал и держал во рту своем, подрывая монополию амбарного кота. Голова, как хозяин, сидел в одной только рубашке и полотняных шароварах. Орлиный глаз его, как вечереющее солнце, начинал мало-помалу жмуриться и меркнуть. На конце стола курил люльку один из сельских десятских, составлявших команду головы, сидевший из почтения к хозяину в свитке.

— Скоро же вы думаете, — сказал голова, оборотившись к винокуру и кладя крест на зевнувший рот свой, — поставить вашу винокурню?

— Когда Бог поможет, то сею осенью, может, и закурим. На Покров, бьюсь об заклад, что пан голова будет писать ногами немецкие крендели по дороге.

По произнесении сих слов глазки винокура пропали; вместо их протянулись лучи до самых ушей; всё туловище стало колебаться от смеха, и веселые губы оставили на мгновение дымившуюся люльку.

— Дай Бог, — сказал голова, выразив на лице своем что-то подобное улыбке. — Теперь еще, слава Богу, винниц развелось немного. А вот в старое время, когда провожал я царицу по Переяславской дороге, еще покойный Безбородько...

— Ну, сват, вспомнил время! Тогда от Кременчуга до самых Ромен не насчитывали и двух винниц. А теперь... Слышал ли ты, что повыдумали проклятые немцы? Скоро, говорят, будут курить не дровами, как все честные христиане, а каким-то чертовским паром. — Говоря эти слова, винокур в размышлении глядел на стол и на расставленные на нем руки свои. — Как это паром — ей-богу, не знаю!

— Что за дурни, прости Господи, эти немцы! — сказал голова. — Я бы батогом их, собачьих детей! Слыханное ли дело, чтобы паром можно было кипятить что! Поэтому ложку борщу нельзя поднести ко рту, не изжаривши губ, вместо молодого поросенка...

— И ты, сват, — отозвалась сидевшая на лежанке, поджавши под себя ноги, свояченица, — будешь всё это время жить у нас без жены?

— А для чего она мне? Другое дело, если бы что доброе было.

— Будто не хороша? — спросил голова, устремив на него глаз свой.

— Куды тебе хороша! Стара як бис. Харя вся в морщинах, будто выпорожненный кошелек. — И низенькое строение винокура расшаталось снова от громкого смеха.

В это время что-то стало шарить за дверью; дверь растворилась, и мужик, не снимая шапки, ступил за порог и стал, как будто в раздумьи, посреди хаты, разинувши рот и оглядывая потолок. Это был знакомец наш, Каленик.

— Вот я и домой пришел! — говорил он, садясь на лавку у дверей и не обращая никакого внимания на присутствующих. — Вишь, как растянул вражий сын, сатана, дорогу! Идешь, идешь, и конца нет! Ноги как будто переломал кто-нибудь. Достань-ка там, баба, тулуп, подостлать мне. На печь к тебе не приду, ей-богу не приду: ноги болят! Достань его, там он лежит, близ покута; гляди только, не опрокинь горшка с тертым табаком. Или нет, не тронь, не тронь! Ты, может быть, пьяна сегодня... Пусть, уже я сам достану.

Каленик приподнялся немного, но неодолимая сила приковала его к скамейке.

— За это люблю, — сказал голова, — пришел в чужую хату и распоряжается, как дома! Выпроводить его подобру-поздорову!..

— Оставь, сват, отдохнуть! — сказал винокур, удерживая его за руку. — Это полезный человек; побольше такого народу — и винница наша славно бы пошла...

Однако ж не добродушие вынудило эти слова. Винокур верил всем приметам, и тотчас прогнать человека, уже севшего на лавку, значило у него накликать беду.

— Что-то, как старость придет!.. — ворчал Каленик, ложась на лавку. — Добро бы, еще сказать, пьян; так нет же, не пьян. Ей-богу, не пьян! Что мне лгать! Я готов объявить это хоть самому голове. Что мне голова? Чтоб он издохнул, собачий сын! Я плюю на него! Чтоб его, одноглазого черта, возом переехало! Что он обливает людей на морозе...

— Эге! влезла свинья в хату, да и лапы сует на стол, — сказал голова, гневно подымаясь с своего места; но в это время увесистый камень, разбивши окно вдребезги, полетел ему под ноги. Голова остановился. — Если бы я знал, — говорил он, подымая камень, — какой это висельник швырнул, я бы выучил его, как кидаться! Экие проказы! — продолжал он, рассматривая его на руке пылающим взглядом. — Чтоб он подавился этим камнем...

— Стой, стой! Боже тебя сохрани, сват! — подхватил, побледневши, винокур. — Боже сохрани тебя, и на том, и на этом свете, поблагословить кого-нибудь такою побранкою!

— Вот нашелся заступник! Пусть он пропадет!..

— И не думай, сват! Ты не знаешь, верно, что случилось с покойною тещею моей?

— С тещей?

— Да, с тещей. Вечером, немного, может, раньше теперешнего, уселись вечерять: покойная теща, покойный тесть, да наймыт, да наймычка, да детей штук с пятеро. Теща отсыпала немного галушек из большого казана в миску, чтобы не так были горячи. После работ все проголодались и не хотели ждать, пока простынут. Вздевши на длинные деревянные спички галушки, начали есть. Вдруг откуда ни возьмись человек, — какого он роду, Бог его знает, — просит и его допустить к трапезе. Как не накормить голодного человека! Дали и ему спичку. Только гость упрятывает галушки, как корова сено. Покамест те съели по одной и опустили спички за другими, дно было гладко, как панский помост. Теща насыпала еще; думает, гость наелся и будет убирать меньше. Ничего не бывало. Еще лучше стал уплетать! и другую выпорожнил! «А чтоб ты подавился этими галушками!» — подумала голодная теща; как вдруг тот поперхнулся и упал. Кинулись к нему — и дух вон. Удавился.

— Так ему, обжоре проклятому, и нужно! — сказал голова.

— Так бы, да не так вышло: с того времени покою не было теще. Чуть только ночь, мертвец и тащится. Сядет верхом на трубу, проклятый, и галушку держит в зубах. Днем всё покойно, и слуху нет про него; а только станет примеркать — погляди на крышу, уже и оседлал, собачий сын, трубу.

— И галушка в зубах?

— И галушка в зубах.

— Чудно, сват! Я слыхал что-то похожее еще за покойницу царицу...

Тут голова остановился. Под окном послышался шум и топанье танцующих. Сперва тихо звукнули струны бандуры, к ним присоединился голос. Струны загремели сильнее; несколько голосов стали подтягивать, и песня зашумела вихрем:

> Хлопцы, слышали ли вы?
> Наши ль головы не крепки!
> У кривого головы
> В голове расселись клепки.
> Набей, бондарь, голову
> Ты стальными обручами!
> Вспрысни, бондарь, голову
> Батогами! батогами!
>
> Голова наш сед и крив;
> Стар, как бес; а что за дурень!
> Прихотлив и похотлив:
> Жмется к девкам... Дурень, дурень!
> И тебе лезть к парубкам!
> Тебя б нужно в домовину,
> По усам, да по шеям!
> За чуприну! за чуприну!

— Славная песня, сват! — сказал винокур, наклоня немного набок голову и оборотившись к голове, остолбеневшему от удивления при виде такой дерзости. — Славная! Скверно только, что голову поминают не совсем благопристойными словами... — И опять положил руки на стол с каким-то сладким умилением в глазах, приготовляясь слушать еще, потому что под окном гремел хохот и крики: «Снова! снова!» Однако ж проницательный глаз увидел бы тотчас, что не изумление удерживало долго голову на одном месте. Так только старый, опытный кот допускает иногда неопытной мыши бегать около своего хвоста, а между тем быстро созидает план, как перерезать ей путь в свою нору. Еще одинокий глаз головы был устремлен на окно, а уже рука, давши знак десятскому, держалась за деревянную ручку двери, и вдруг на улице поднялся крик... Винокур, к числу многих достоинств своих присоединявший и любопытство, быстро набивши табаком свою люльку, выбежал на улицу; но шалуны уже разбежались.

«Нет, ты не ускользнешь от меня!» — кричал голова, таща за руку человека в вывороченном шерстью вверх овчинном черном тулупе. Винокур, пользуясь временем, подбежал, чтобы посмотреть в лицо этому нарушителю спокойствия, но с робостию попятился назад, увидевши длинную бороду и страшно размалеванную рожу. «Нет, ты не ускользнешь от меня!» — кричал голова, продолжая тащить своего пленника прямо в сени, который, не оказывая никакого сопротивления, спокойно следовал за ним, как будто в свою хату.

— Карпо, отворяй комору! — сказал голова десятскому. — Мы его в темную комору! А там разбудим писаря, соберем десятских, переловим всех этих буянов и сегодня же и резолюцию всем им учиним!

Десятский забренчал небольшим висячим замком в сенях и отворил комору. В это самое время пленник, пользуясь темнотою сеней, вдруг вырвался с необыкновенною силою из рук его.

— Куда? — закричал голова, ухватив еще крепче за ворот.

— Пусти, это я! — слышался тоненький голос.

— Не поможет! не поможет, брат! Визжи себе хоть чертом, не только бабою, меня не проведешь! — и толкнул его в темную комору так, что бедный пленник застонал, упавши на пол, и, в сопровождении десятского, отправился в хату писаря, и вслед за ними, как пароход, задымился винокур.

В размышлении шли они все трое, потупив головы, и вдруг, на повороте в темный переулок, разом вскрикнули от сильного удара по лбам, и такой же крик отгрянул в ответ им. Голова, прищуривши глаз свой, с изумлением увидел писаря с двумя десятскими.

— А я к тебе иду, пан писарь.

— А я к твоей милости, пан голова.

— Чудеса завелися, пан писарь.

— Чудные дела, пан голова.

— А что?

— Хлопцы бесятся! бесчинствуют целыми кучами по улицам. Твою милость величают такими словами... словом, сказать стыдно; пьяный москаль побоится вымолвить их нечестивым своим языком. (Всё это худощавый писарь, в пестрядевых шароварах и жилете цвету винных дрожжей, сопровождал протягиванием шеи вперед и приведением ее тот же час в прежнее состояние.) Вздремнул было немного, подняли с постели проклятые сорванцы своими срамными песнями и стуком! Хотел было хорошенько приструнить их, да, покамест надел шаровары и жилет, все разбежались куда ни попало. Самый главный, однако же, не увернулся от нас. Распевает он теперь в той хате, где держат колодников. Душа горела у меня узнать эту птицу, да рожа замазана сажею, как у черта, что кует гвозди для грешников.

— А как он одет, пан писарь?

— В черном вывороченном тулупе собачий сын, пан голова.

— А не лжешь ли ты, пан писарь? Что, если этот сорванец сидит теперь у меня в коморе?

— Нет, пан голова. Ты сам, не во гнев будь сказано, погрешил немного.

— Давайте огня! мы посмотрим его!

Огонь принесли, дверь отперли, и голова ахнул от удивления, увидев пред собою свояченицу.

— Скажи, пожалуйста, — с такими словами она приступила к нему, — ты не свихнул еще с последнего ума? Была ли в одноглазой башке твоей хоть капля мозгу, когда толкнул ты меня в темную комору? Счастье, что не ударилась головою об железный крюк. Разве я не кричала тебе, что это я? Схватил, проклятый медведь, своими железными лапами, да и толкает! Чтоб тебя на том свете толкали черти!..

Последние слова вынесла она за дверь на улицу, куда отправилась для каких-нибудь своих причин.

— Да, я вижу, что это ты! — сказал голова, очнувшись. — Что скажешь, пан писарь, не шельма этот проклятый сорвиголова?

— Шельма, пан голова.

— Не пора ли нам всех этих повес прошколить хорошенько и заставить их заниматься делом?

— Давно пора, давно пора, пан голова.

— Они, дурни, забрали себе... Кой черт? мне почудился крик свояченицы на улице... они, дурни, забрали себе в голову, что я им ровня. Они думают, что я какой-нибудь их брат, простой козак!.. — Небольшой последовавший за сим кашель и устремление глаза исподлобья вокруг давало догадываться, что голова готовился говорить о чем-то важном. — В тысячу... этих проклятых названий годов, хоть убей, не выговорю; ну, году, комиссару тогдашнему *Ледачему* дан был приказ выбрать из козаков такого, который бы был посмышленее всех. О! — это «о!» голова произнес, поднявши палец вверх, — посмышленее всех! в проводники к царице. Я тогда...

— Что и говорить! это всякий уже знает, пан голова. Все знают, как ты выслужил царскую ласку. Признайся теперь, моя правда вышла: хватил немного на душу греха, сказавши, что поймал этого сорванца в вывороченном тулупе?

— А что до этого дьявола в вывороченном тулупе, то его, в пример другим, заковать в кандалы и наказать примерно. Пусть знают, что значит власть! От кого же и голова поставлен, как не от царя? Потом доберемся и до других хлопцев: я не забыл, как проклятые сорванцы вогнали в огород стадо свиней, переевших мою капусту и огурцы; я не забыл, как чертовы дети отказалися вымолотить мое жито; я не забыл... Но провались они, мне нужно непременно узнать, какая это шельма в вывороченном тулупе.

— Это проворная, видно, птица! — сказал винокур, которого щеки в продолжение всего этого разговора беспрерывно заряжались дымом, как осадная пушка, и губы, оставив коротенькую люльку, выбросили целый облачный фонтан. — Эдакого человека не худо, на всякий случай, и при виннице держать; а еще лучше повесить на верхушке дуба вместо паникадила.

Такая острота показалась не совсем глупою винокуру, и он тот же час решился, не дожидаясь одобрения других, наградить себя хриплым смехом.

В это время стали приближаться они к небольшой, почти повалившейся на землю хате; любопытство наших путников увеличилось. Все столпились у дверей. Писарь вынул ключ, загремел им около замка; но этот был от сундука его. Нетерпение увеличилось. Засунув руку, начал он шарить и сыпать побранки, не отыскивая его. «Здесь!» — сказал он наконец, нагнувшись и вынимая его из глубины обширного кармана, которым снабжены были его пестрядевые шаровары. При этом слове сердца наших героев, казалось, слились в одно, и это огромное сердце забилось так сильно, что неровный стук его не был заглушен даже брякнувшим замком. Двери отворились, и... Голова стал бледен как полотно; винокур почувствовал холод, и волосы его, казалось, хотели улететь на небо; ужас изобразился в лице писаря, десятские приросли к земле и не в состоянии были сомкнуть дружно разинутых ртов своих: перед ними стояла свояченица!

Изумленная не менее их, она, однако ж, немного очнулась и сделала движение, чтобы подойти к ним.

— Стой! — закричал диким голосом голова и захлопнул за нею дверь. — Господа! это сатана! — продолжал он. — Огня! живее огня! Не пожалею казенной хаты! Зажигай ее, зажигай, чтобы и костей чертовых не осталось на земле!

Свояченица в ужасе кричала, слыша за дверью грозное определение.

— Что вы, братцы! — говорил винокур. — Слава Богу, волосы у вас чуть не в снегу, а до сих пор ума не нажили: от простого огня ведьма не загорится! Только огонь из люльки может зажечь оборотня. Постойте, я сейчас всё улажу!

Сказавши это, высыпал он горячую золу из трубки в пук соломы и начал раздувать ее. Отчаяние придало в это время духу бедной свояченице, громко стала она умолять и разуверять их.

— Постойте, братцы! Зачем напрасно греха набираться; может быть, это и не сатана, — сказал писарь. — Если оно, то есть то самое, которое сидит там, согласится положить на себя крестное знамение, то это верный знак, что не черт.

Предложение одобрено.

— Чур меня, сатана! — продолжал писарь, приложась губами к скважине в дверях. — Если не пошевелишься с места, мы отворим дверь.

Дверь отворили.

— Перекрестись! — сказал голова, оглядываясь назад, как будто выбирая безопасное место в случае ретирады.

Свояченица перекрестилась.

— Кой черт! Точно, это свояченица!

— Какая нечистая сила затащила тебя, кума, в эту конуру?

И свояченица, всхлипывая, рассказала, как схватили ее хлопцы в охапку на улице и, несмотря на сопротивление, опустили в широкое окно хаты и заколотили ставнем. Писарь взглянул: петли у широкого ставня оторваны, и он приколочен только сверху деревянным брусом.

— Добро ты, одноглазый сатана! — вскричала она, приступив к голове, который попятился назад и всё еще продолжал ее мерить своим глазом. — Я знаю твой умысел: ты хотел, ты рад был случаю сжечь меня, чтобы свободнее было волочиться за дивчатами, чтобы некому было видеть, как дурачится седой дед. Ты думаешь, я не знаю, о чем говорил ты сего вечера с Ганною? О! я знаю все. Меня трудно провесть и не твоей бестолковой башке. Я долго терплю, но после не погневайся...

Сказавши это, она показала кулак и быстро ушла, оставив в остолбенении голову. «Нет, тут не на шутку сатана вмешался», — думал он, сильно почесывая свою макушу.

— Поймали! — вскрикнули вошедшие в это время десятские.

— Кого поймали? — спросил голова.

— Дьявола в вывороченном тулупе.

— Подавайте его! — закричал голова, схватив за руки приведенного пленника. — Вы с ума сошли: да это пьяный Каленик!

— Что за пропасть! в руках наших был, пан голова! — отвечали десятские. — В переулке окружили проклятые хлопцы, стали танцевать, дергать, высовывать языки, вырывать из рук... черт с вами!.. И как мы попали на эту ворону вместо его. Бог один знает!

— Властью моего и всех мирян дается повеление, — сказал голова, — изловить сей же миг сего разбойника; а оным образом и всех, кого найдете на улице, и привесть на расправу ко мне!..

— Помилуй, пан голова! — закричали некоторые, кланяясь в ноги. — Увидел бы ты, какие хари: убей Бог нас, и родились и крестились — не видали таких мерзких рож. Долго ли до греха, пан голова, перепугают доброго человека так, что после ни одна баба не возьмется вылить переполоху.

— Дам я вам переполоху! Что вы? не хотите слушаться? Вы, верно, держите их руку? Вы бунтовщики? Что это?.. Да, что это?.. Вы заводите разбои!.. Вы... Я донесу комиссару! Сей же час! слышите, сей же час. Бегите, летите птицею! Чтоб я вас... Чтоб вы мне...

Все разбежались.

V

УТОПЛЕННИЦА

Не беспокоясь ни о чем, не заботясь о разосланных погонях, виновник всей этой кутерьмы медленно подходил к старому дому и пруду. Не нужно, думаю, сказывать, что это был Левко. Черный тулуп его был расстегнут. Шапку держал он в руке. Пот валил с него градом. Величественно и мрачно чернел кленовый лес, стоявший лицом к месяцу. Неподвижный пруд подул свежестью на усталого пешехода и заставил его отдохнуть на берегу. Всё было тихо; в глубокой чаще леса слышались только раскаты соловья. Непреодолимый сон быстро стал смыкать ему зеницы; усталые члены готовы были забыться и онеметь; голова клонилась... «Нет, эдак я засну еще здесь!» — говорил он, подымаясь на ноги и протирая глаза. Оглянулся: ночь казалась перед ним еще блистательнее. Какое-то странное, упоительное сияние примешалось к блеску месяца. Никогда еще не случалось ему видеть подобного. Серебряный туман пал на окрестность. Запах от цветущих яблонь и ночных цветов лился по всей земле. С изумлением глядел он в неподвижные воды пруда: старинный господский дом, опрокинувшись вниз, виден был в нем чист и в каком-то ясном величии. Вместо мрачных ставней глядели веселые стеклянные окна и двери. Сквозь чистые стекла мелькала позолота. И вот почудилось, будто окно отворилось. Притаивши дух, не дрогнув и не спуская глаз с пруда, он, казалось, переселился в глубину его и видит: наперед белый локоть выставился в окно, потом выглянула приветливая головка с блестящими очами, тихо светившими сквозь темно-русые волны волос, и оперлась на локоть. И видит: она качает слегка головою, она машет, она усмехается... Сердце его разом забилось... Вода задрожала, и окно закрылось снова. Тихо отошел он от пруда и взглянул на дом: мрачные ставни были открыты; стекла сияли при месяце. «Вот как мало нужно полагаться на людские толки, — подумал он про себя. — Дом новехонький; краски живы, как будто сегодня он выкрашен. Тут живет кто-нибудь», — и молча подошел он ближе, но всё было в нем тихо. Сильно и звучно перекликались блистательные песни соловьев, и когда они, казалось, умирали в томлении и неге, слышался шелест и трещание кузнечиков или гудение болотной птицы, ударявшей скользким носом своим в широкое водное зеркало. Какую-то сладкую тишину и раздолье ощутил Левко в своем сердце. Настроив бандуру, заиграл он и запел:

> Ой, ти, місяцю, мій місяченьку!
> І ти, зоре ясна!
> Ой, світіть там по подвір'ї,
> Де дівчина красна.

Окно тихо отворилось, и та же самая головка, которой отражение видел он в пруде, выглянула, внимательно прислушиваясь к песне. Длинные ресницы ее были полуопущены на глаза. Вся она была бледна как полотно, как блеск месяца; но как чудна, как прекрасна! Она засмеялась... Левко вздрогнул.

— Спой мне, молодой козак, какую-нибудь песню! — тихо молвила она, наклонив свою голову набок и опустив совсем густые ресницы.

— Какую же тебе песню спеть, моя ясная панночка?

Слезы тихо покатились по бледному лицу ее.

— Парубок, — говорила она, и что-то неизъяснимо-трогательное слышалось в ее речи. — Парубок, найди мне мою мачеху! Я ничего не пожалею для тебя. Я награжу тебя. Я тебя богато и роскошно награжу! У меня есть зарукавья, шитые шелком, кораллы, ожерелья. Я подарю тебе пояс, унизанный жемчугом. У меня золото есть... Парубок, найди мне мою мачеху! Она страшная ведьма: мне не было от нее покою на белом свете. Она мучила меня, заставляла работать, как простую мужичку. Посмотри на лицо: она вывела румянец своими нечистыми чарами с щек моих. Погляди на белую шею мою: они не смываются! они не смываются! они ни за что не смоются, эти синие пятна от железных когтей ее. Погляди на белые ноги мои: они много ходили; не по коврам только, по песку горячему, по земле сырой, по колючему терновнику они ходили; а на очи мои, посмотри на очи: они не глядят от слез... Найди ее, парубок, найди мне мою мачеху!..

Голос ее, который вдруг было возвысился, остановился. Ручьи слез покатились по бледному лицу. Какое-то тяжелое, полное жалости и грусти чувство сперлось в груди парубка.

— Я готов на все для тебя, моя панночка! — сказал он в сердечном волнении, — но как мне, где ее найти?

— Посмотри, посмотри! — быстро говорила она, — она здесь! она на берегу играет в хороводе между моими девушками и греется на месяце. Но она лукава и хитра. Она приняла на себя вид утопленницы; но я знаю, но я слышу, что она здесь. Мне тяжело, мне душно от ней. Я не могу чрез нее плавать легко и вольно, как рыба. Я тону и падаю на дно, как ключ. Отыщи ее, парубок!

Левко посмотрел на берег: в тонком серебряном тумане мелькали легкие, как будто тени, девушки в белых, как луг, убранный ландышами, рубашках; золотые ожерелья, монисты, дукаты блистали на их шеях; но они были бледны; тело их было как будто сваяно из прозрачных облак и будто светилось насквозь при серебряном месяце. Хоровод, играя, придвинулся к нему ближе. Послышались голоса.

— Давайте в во́рона, давайте играть в ворона! — зашумели все, будто приречный тростник, тронутый в тихий час сумерек воздушными устами ветра.

— Кому же быть вороном?

Кинули жребий — и одна девушка вышла из толпы. Левко принялся разглядывать ее. Лицо, платье — всё на ней такое же, как и на других. Заметно только было, что она неохотно играла эту роль. Толпа вытянулась вереницею и быстро перебегала от нападений хищного врага.

— Нет, я не хочу быть вороном! — сказала девушка, изнемогая от усталости. — Мне жалко отнимать цыпленков у бедной матери!

«Ты не ведьма!» — подумал Левко.

— Кто же будет вороном?

Девушки снова собирались кинуть жребий.

— Я буду вороном! — вызвалась одна из средины.

Левко стал пристально вглядываться в лицо ей. Скоро и смело гналась она за вереницею и кидалась во все стороны, чтобы изловить свою жертву. Тут Левко стал замечать, что тело ее не так светилось, как у прочих: внутри его виделось что-то черное. Вдруг раздался крик: ворон бросился на одну из вереницы и схватил ее, и Левку почудилось, будто у ней выпустились когти и на лице сверкнула злобная радость.

— Ведьма! — сказал он, вдруг указав на нее пальцем и оборотившись к дому.

Панночка засмеялась, и девушки с криком увели за собою представлявшую ворона.

— Чем наградить тебя, парубок? Я знаю, тебе не золото нужно: ты любишь Ганну; но суровый отец мешает тебе жениться на ней. Он теперь не помешает; возьми, отдай ему эту записку...

Белая ручка протянулась, лицо ее как-то чудно засветилось и засияло... С непостижимым трепетом и томительным биением сердца схватил он записку и... проснулся.

VI

ПРОБУЖДЕНИЕ

— Неужели это я спал? — сказал про себя Левко, вставая с небольшого пригорка. — Так живо, как будто наяву!.. Чудно, чудно! — повторил он оглядываясь.

Месяц, остановившийся над его головою, показывал полночь; везде тишина; от пруда веял холод;

над ним печально стоял ветхий дом с закрытыми ставнями; мох и дикий бурьян показывали, что давно из него удалились люди. Тут он разогнул свою руку, которая судорожно была сжата во всё время сна, и вскрикнул от изумления, почувствовавши в ней записку. «Эх, если бы я знал грамоте!» — подумал он, оборачивая ее перед собою на все стороны. В это мгновение послышался позади него шум.

— Не бойтесь, прямо хватайте его! Чего струсили? нас десяток. Я держу заклад, что это человек, а не черт! — так кричал голова своим сопутникам, и Левко почувствовал себя схваченным несколькими руками, из которых иные дрожали от страха. — Скидывай-ка, приятель, свою страшную личину! Полно тебе дурачить людей! — проговорил голова, ухватив его за ворот, и оторопел, выпучив на него глаз свой. — Левко, сын! — вскричал он, отступая от удивления и опуская руки. — Это ты, собачий сын! Вишь, бесовское рождение! Я думаю, какая это шельма, какой это вывороченный дьявол строит штуки! А это, выходит, всё ты, невареный кисель твоему батьке в горло, изволишь заводить по улице разбои, сочиняешь песни!.. Эге-ге-ге, Левко! А что это? Видно, чешется у тебя спина! Вязать его!

— Постой, батько! велено тебе отдать эту записочку, — проговорил Левко.

— Не до записок теперь, голубчик! Вязать его!

— Постой, пан голова! — сказал писарь, развернув записку. — Комиссарова рука!

— Комиссара?

— Комиссара? — повторили машинально десятские.

«Комиссара? Чудно! еще непонятнее!» — подумал про себя Левко.

— Читай, читай! — сказал голова: — что там пишет комиссар?

— Послушаем, что пишет комиссар! — произнес винокур, держа в зубах люльку и высекая огонь.

Писарь откашлялся и начал читать:

— «Приказ голове, Евтуху Макогоненку. Дошло до нас, что ты, старый дурак, вместо того чтобы собрать прежние недоимки и вести на селе порядок, одурел и строишь пакости...»

— Вот, ей-богу! — прервал голова, — ничего не слышу!

Писарь начал снова:

— «Приказ голове, Евтуху Макогоненку. Дошло до нас, что ты, старый ду...»

— Стой, стой! не нужно! — закричал голова, — я хоть и не слышал, однако ж знаю, что главного тут дела еще нет. Читай далее!

— «А вследствие того, приказываю тебе сей же час женить твоего сына, Левка Макогоненка, на козачке из вашего же села, Ганне Петрыченковой, а также починить мосты по столбовой дороге и не давать обывательских лошадей без моего ведома судовым паничам, хоть бы они ехали прямо из казенной палаты. Если же, по приезде моем, найду оное приказание мое не приведенным в исполнение, то тебя одного потребую к ответу. Комиссар, отставной поручик Козьма Деркач-Дришпановский».

— Вот что! — сказал голова, разинувши рот. — Слышите ли вы, слышите ли: за всё с головы спросят, и потому слушаться! беспрекословно слушаться! не то, прошу извинить... А тебя, — продолжал он, оборотясь к Левку, — вследствие приказания комиссара, — хотя чудно мне, как это дошло до него, — я женю; только наперед попробуешь ты нагайки! Знаешь — ту, что висит у меня на стене возле покута? Я поновлю ее завтра... Где ты взял эту записку?

Левко, несмотря на изумление, происшедшее от такого нежданного оборота его дела, имел благоразумие приготовить в уме своем другой ответ и утаить настоящую истину, каким образом досталась записка.

— Я отлучался, — сказал он, — вчера ввечеру еще в город и встретил комиссара, вылезавшего из брички. Узнавши, что я из нашего села, дал он мне эту записку и велел на словах тебе сказать, батько, что заедет на возвратном пути к нам обедать.

— Он это говорил?

— Говорил.

— Слышите ли? — говорил голова с важною осанкою, оборотившись к своим сопутникам, — комиссар сам своею особою приедет к нашему брату, то есть ко мне, на обед. О! — Тут голова поднял палец вверх и голову привел в такое положение, как будто бы она прислушивалась к чему-нибудь. — Комиссар, слышите ли, комиссар приедет ко мне обедать! Как думаешь, пан писарь, и ты, сват, это не совсем пустая честь! Не правда ли?

— Еще, сколько могу припомнить, — подхватил писарь, — ни один голова не угощал комиссара обедом.

— Не всякий голова голове чета! — произнес с самодовольным видом голова. Рот его покривился, и что-то вроде тяжелого, хриплого смеха, похожего более на гудение отдаленного грома, зазвучало в его устах. — Как думаешь, пан писарь, нужно бы для именитого гостя дать приказ, чтобы с каждой хаты принесли хоть по цыпленку, ну, полотна, еще кое-чего... А?

— Нужно бы, нужно, пан голова!

— А когда же свадьбу, батько? — спросил Левко.

— Свадьбу? Дал бы я тебе свадьбу!.. Ну, да для именитого гостя... завтра вас поп и обвенчает. Черт с вами! Пусть комиссар увидит, что значит исправность! Ну, ребята, теперь спать! Ступайте по домам!.. Сегодняшний случай припомнил мне то время, когда я... — При сих словах голова пустил обыкновенный свой важный и значительный взгляд исподлобья.

— Ну, теперь пойдет голова рассказывать, как вез царицу! — сказал Левко и быстрыми шагами и радостно спешил к знакомой хате, окруженной низенькими вишнями. «Дай тебе Бог небесное царство, добрая и прекрасная панночка, — думал он про себя. — Пусть тебе на том свете вечно усмехается между ангелами святыми! Никому не расскажу про диво, случившееся в эту ночь; тебе одной только, Галю, передам его. Ты одна только поверишь мне и вместе со мною помолишься за упокой души несчастной утопленницы!»

Тут он приблизился к хате: окно было отперто; лучи месяца проходили чрез него и падали на спящую перед ним Ганну; голова ее оперлась на руку; щеки тихо горели; губы шевелились, неясно произнося его имя. «Спи, моя красавица! Приснись тебе всё, что есть лучшего на свете; но и то не будет лучше нашего пробуждения!» Перекрестив ее, закрыл он окошко и тихонько удалился, и чрез несколько минут всё уже уснуло на селе; один только месяц так же блистательно и чудно плыл в необъятных пустынях роскошного украинского неба. Так же торжественно дышало в вышине, и ночь, Божественная ночь, величественно догорала. Так же прекрасна была земля в дивном серебряном блеске; но уже никто не упивался ими: всё погрузилось в сон. Изредка только прерывалось молчание лаем собак, и долго еще пьяный Каленик шатался по уснувшим улицам, отыскивая свою хату.

ПРОПАВШАЯ ГРАМОТА

*Быль, рассказанная дьячком ***ской церкви*

Так вы хотите, чтобы я вам еще рассказал про деда? Пожалуй, почему же не потешить прибауткой? Эх, старина, старина! Что за радость, что за разгулье падет на сердце, когда услышишь про то, что давно-давно, и года ему и месяца нет, деялось на свете! А как еще впутается какой-нибудь родич, дед или прадед, — ну, тогда и рукой махни: чтоб мне поперхнулось за акафистом великомученице Варваре, если не чудится, что вот-вот сам всё это делаешь, как будто залез в прадедовскую душу или прадедовская душа шалит в тебе... Нет, мне пуще всего наши дивчата и молодицы; покажись только на глаза им: «Фома Григорьевич, Фома Григорьевич! *а нуте яку-небудь страховинну казочку! а нуте, нуте!..*» — тарата-та, та-та-та, и пойдут, и пойдут... Рассказать-то, конечно, не жаль, да загляните-ка, что делается с ними в постеле. Ведь я знаю, что каждая дрожит под одеялом, как будто бьет ее лихорадка, и рада бы с головою влезть в тулуп свой. Царапни горшком крыса, сама как-нибудь задень ногою кочергу — и Боже упаси! и душа в пятках. А на другой день ничего не бывало, навязывается сызнова: расскажи ей страшную сказку, да и только. Что ж бы такое рассказать вам? Вдруг не взбредет на ум... Да, расскажу я вам, как ведьмы играли с покойным дедом *в дурня*[1]. Только заране прошу вас, господа, не сбивайте с толку, а то такой кисель выйдет, что совестно будет и в рот взять. Покойный дед, надобно вам сказать, был не из простых в свое время козаков. Знал и твердо-он — то, и словотитлу поставить. В праздник отхватает апостола, бывало, так, что теперь и попович иной спрячется. Ну, сами знаете, что в тогдашние времена если собрать со всего Батурина грамотеев, то нечего и шапки подставлять, — в одну горсть можно было всех уложить. Стало быть, и дивиться нечего, когда всякий встречный кланялся ему мало не в пояс.

Один раз задумалось вельможному гетьману послать зачем-то к царице грамоту. Тогдашний полковой писарь, — вот нелегкая его возьми, и прозвища не вспомню... *Вискряк не Вискряк, Мотузочка не Мотузочка, Голопуцек не Голопуцек*... знаю только, что как-то чудно начинается мудреное прозвище, — позвал к себе деда и сказал ему, что, вот, наряжает его сам гетьман гонцом с грамотою к царице. Дед не любил долго собираться: грамоту зашил в шапку; вывел коня; чмокнул жену и двух своих, как сам он называл, поросенков, из которых один был родной отец хоть бы и нашего брата; и поднял такую за собою пыль, как будто бы пятнадцать хлопцев задумали посреди улицы играть в кашу. На другой день, еще петух не кричал в четвертый раз, дед уже был в Конотопе. На ту пору была там ярмарка: народу высыпало по улицам столько, что в глазах рябело. Но так как было рано, то всё еще дремало, протянувшись на земле. Возле коровы лежал гуляка-парубок с покрасневшим, как снегирь, носом; подале храпела, сидя, перекупка, с кремнями, синькою, дробью и бубликами; под телегою лежал цыган; на возу с

---

[1] То есть в дурачки.

рыбой — чумак; на самой дороге раскинул ноги бородач-москаль с поясами и рукавицами... ну, всякого сброду, как водится по ярмаркам. Дед приостановился, чтобы разглядеть хорошенько. Между тем в ятках начало мало-помалу шевелиться: жидовки стали побрякивать фляжками; дым покатило то там, то сям кольцами, и запах горячих сластен понесся по всему табору. Деду вспало на ум, что у него нет ни огнива, ни табаку наготове: вот и пошел таскаться по ярмарке. Не успел пройти двадцати шагов — навстречу запорожец. Гуляка, и по лицу видно! Красные, как жар, шаровары, синий жупан, яркий цветной пояс, при боку сабля и люлька с медною цепочкою по самые пяты — запорожец, да и только! Эх, народец! станет, вытянется, поведет рукою молодецкие усы, брякнет подковами и — пустится! Да ведь как пустится: ноги отплясывают, словно веретено в бабьих руках; что вихорь, дернет рукою по всем струнам бандуры и тут же, подпершися в боки, несется вприсядку; зальется песней — душа гуляет!.. Нет, прошло времечко: не увидать больше запорожцев! Да, так встретились. Слово за слово, долго ли до знакомства? Пошли калякать, калякать так, что дед совсем уже было позабыл про путь свой. Попойка завелась, как на свадьбе перед постом Великим. Только, видно, наконец, прискучило бить горшки и швырять в народ деньгами, да и ярмарке не век же стоять! Вот сговорились новые приятели, чтоб не разлучаться и путь держать вместе. Было давно под вечер, когда выехали они в поле. Солнце убралось на отдых; где-где горели вместо него красноватые полосы; по полю пестрели нивы, что праздничные плахты чернобровых молодиц. Нашего запорожца раздобар взял страшный. Дед и еще другой приплевшийся к ним гуляка подумали уже, не бес ли засел в него. Откуда что набиралось. Истории и присказки такие диковинные, что дед несколько раз хватался за бока и

102

чуть не надсадил своего живота со смеху. Но в поле становилось, чем далее, сумрачнее; а вместе с тем становилась несвязнее и молодецкая молвь. Наконец рассказчик наш притих совсем и вздрагивал при малейшем шорохе.

— Ге-ге, земляк! да ты не на шутку принялся считать сов. Уж думаешь, как бы домой да на печь!

— Перед вами нечего таиться, — сказал он, вдруг оборотившись и неподвижно уставив на них глаза свои. — Знаете ли, что душа моя давно продана нечистому.

— Экая невидальщина! Кто на веку своем не знался с нечистым? Тут-то и нужно гулять, как говорится, на прах.

— Эх, хлопцы! гулял бы, да в ночь эту срок молодцу! Эй, братцы! — сказал он, хлопнув по рукам их, — эй, не выдайте! не поспите одной ночи, век не забуду вашей дружбы!

Почему ж не пособить человеку в таком горе? Дед объявил напрямик, что скорее даст он отрезать оселедец с собственной головы, чем допустит черта понюхать собачьей мордой своей христианской души.

Козаки наши ехали бы, может, и далее, если бы не обволокло всего неба ночью, словно черным рядном, и в поле не стало так же темно, как под овчинным тулупом. Издали только мерещился огонек, и кони, чуя близкое стойло, торопились, насторожа уши и вковавши очи во мрак. Огонек, казалось, несся навстречу, и перед козаками показался шинок, повалившийся на одну сторону, словно баба на пути с веселых крестин. В те поры шинки были не то, что теперь. Доброму человеку не только развернуться, приударить горлицы или гопака, прилечь даже негде было, когда в голову заберется хмель и ноги начнут писать покой-он — по. Двор был уставлен весь чумацкими возами; под поветками, в яслях, в сенях, иной свернувшись, другой развернувшись, храпели, как коты. Шинкарь один перед каганцом нарезывал рубцами на палочке, сколько кварт и осьмух высушили чумацкие головы. Дед, спросивши треть ведра на троих, отправился в сарай. Все трое легли рядом. Только не успел он повернуться, как видит, что его земляки спят уже мертвецким сном. Разбудивши приставшего к ним третьего козака, дед напомнил ему про данное товарищу обещание. Тот привстал, протер глаза и снова уснул. Нечего делать, пришлось одному караулить. Чтобы чем-нибудь разогнать сон, обсмотрел он возы все, проведал коней, закурил люльку, пришел назад и сел опять около своих. Всё было тихо, так что, кажись, ни одна муха не пролетела. Вот и чудится ему, что из-за соседнего воза что-то серое выказывает роги... Тут глаза его начали смыкаться так, что принужден он был ежеминутно протирать кулаком и промывать оставшеюся водкой. Но как скоро немного прояснялись они, всё пропадало. Наконец, мало погодя, опять показывается из-под воза чудище... Дед вытаращил глаза сколько мог; но проклятая дремота всё туманила перед ним; руки его окостенели; голова скатилась, и крепкий сон схватил его так, что он повалился словно убитый. Долго спал дед, и как припекло порядочно уже солнце его выбритую макушу, тогда только схватился он на ноги. Потянувшись раза два и почесав спину, заметил он, что возов стояло уже не так много, как с вечера. Чумаки, видно, потянулись еще до света. К своим — козак спит, а запорожца нет. Выспрашивать — никто знать не знает; одна только верхняя свитка лежала на том месте. Страх и раздумье взяло деда. Пошел посмотреть коней — ни своего, ни запорожского! Что бы это значило? Положим, запорожца взяла нечистая сила; кто же коней? Сообразя всё, дед заключил, что, верно, черт приходил пешком, а как до пекла не близко, то и стянул его коня. Больно ему было крепко, что не сдержал козацкого слова. «Ну, — думает, — нечего делать, пойду пешком: авось, попадется на дороге какой-нибудь барышник, едущий с ярмарки, как-нибудь уже куплю коня». Только хватился за шапку — и шапки нет. Всплеснул руками покойный дед, как вспомнил, что вчера еще поменялись они на время с запорожцем. Кому больше утащить, как не нечистому. Вот тебе и гетьманский гонец! Вот тебе и привез грамоту к царице! Тут дед принялся угощать черта такими прозвищами, что, думаю, ему не один раз чихалось тогда в пекле. Но бранью мало пособишь; а затылка сколько ни чесал дед, никак не мог ничего придумать. Что делать? Кинулся достать чужого ума: собрал всех бывших тогда в шинке добрых людей, чумаков и просто заезжих, и рассказал, что так и так, такое-то приключилось горе. Чумаки долго думали, подперши батогами подбородки свои, крутили головами и сказали, что не слышали такого дива на крещеном свете, чтобы гетьманскую грамоту утащил черт. Другие же прибавили, что когда черт да москаль украдут что-нибудь, то поминай как и звали. Один только шинкарь сидел молча в углу. Дед и подступил к нему. Уж когда молчит человек, то, верно, зашиб много умом. Только шинкарь не так-то был щедр на слова; и если бы дед не полез в карман за пятью злотыми, то простоял бы перед ним даром.

— Я научу тебя, как найти грамоту, — сказал он, отводя его в сторону. У деда и на сердце отлегло. — Я вижу уже по глазам, что ты козак — не баба. Смотри же! близко шинка будет поворот направо в лес. Только станет в поле примеркать, чтобы ты был уже наготове. В лесу живут цыганы и выходят из нор своих ковать железо в такую ночь, в какую одни ведьмы ездят на кочергах своих. Чем они промышляют на самом деле, знать тебе нечего. Много будет стуку по лесу, только ты не иди в те стороны, откуда заслышишь стук; а будет перед тобою малая дорожка, мимо обожженного дерева, дорожкою этою иди,

иди, иди... Станет тебя терновник царапать, густой орешник заслонять дорогу — ты всё иди; и как придешь к небольшой речке, тогда только можешь остановиться. Там и увидишь кого нужно; да не позабудь набрать в карманы того, для чего и карманы сделаны... Ты понимаешь, это добро и дьяволы и люди любят. — Сказавши это, шинкарь ушел в свою конуру и не хотел больше говорить ни слова.

Покойный дед был человек не то чтобы из трусливого десятка; бывало, встретит волка, так и хватает прямо за хвост; пройдет с кулаками промеж козаками — все, как груши, повалятся на землю. Однако ж что-то подирало его по коже, когда вступил он в такую глухую ночь в лес. Хоть бы звездочка на небе. Темно и глухо, как в винном подвале; только слышно было, что далеко-далеко вверху, над головою, холодный ветер гулял по верхушкам дерев, и деревья, что охмелевшие козацкие головы, разгульно покачивались, шепоча листьями пьяную молвь. Как вот завеяло таким холодом, что дед вспомнил и про овчинный тулуп свой, и вдруг словно сто молотов застучало по лесу таким стуком, что у него зазвенело в голове. И, будто зарницею, осветило на минуту весь лес. Дед тотчас увидел дорожку, пробиравшуюся промеж мелкого кустарника. Вот и обожженное дерево, и кусты терновника! Так, всё так, как было ему говорено; нет, не обманул шинкарь. Однако ж не совсем весело было продираться через колючие кусты; еще отроду не видал он, чтобы проклятые шипы и сучья так больно царапались: почти на каждом шагу забирало его вскрикнуть. Мало-помалу выбрался он на просторное место. И, сколько мог заметить, деревья редели и становились, чем далее, такие широкие, каких дед не видывал и по ту сторону Польши. Глядь, между деревьями мелькнула и речка, черная, словно вороненая сталь. Долго стоял дед у берега, посматривая на все стороны. На другом берегу горит огонь и, кажется, вот-вот готовится погаснуть, и снова отсвечивается в речке, вздрагивавшей, как польский шляхтич в козачьих лапах. Вот и мостик! «Ну, тут одна только чертовская таратайка разве проедет». Дед, однако ж, ступил смело и, скорее, чем бы иной успел достать рожок понюхать табаку, был уже на другом берегу. Теперь только разглядел он, что возле огня сидели люди, и такие смазливые рожи, что в другое время Бог знает чего бы ни дал, лишь бы ускользнуть от этого знакомства. Но теперь, нечего делать, нужно было завязаться. Вот дед и отвесил им поклон мало не в пояс: «Помогай Бог вам, добрые люди!» Хоть бы один кивнул головой; сидят да молчат, да что-то сыплют в огонь. Видя одно место незанятым, дед без всяких околичностей сел и сам. Смазливые рожи — ничего; ничего и дед. Долго сидели молча. Деду уже и прискучило; давай шарить в кармане, вынул люльку, посмотрел вокруг — ни один не глядит на него. «Уже, добродейство, будьте ласковы: как бы так, чтобы, примерно сказать, того... (дед живал в свете немало, знал уже, как подпускать турусы, и при случае, пожалуй, и пред царем не ударил бы лицом в грязь), чтобы, примерно сказать, и себя не забыть, да и вас не обидеть, — люлька-то у меня есть, да того, чем бы зажечь ее, *черт-ма*»[1]. И на эту речь хоть бы слово; только одна рожа сунула горячую головню прямехонько деду в лоб так, что если бы он немного не посторонился, то, статься может, распрощался бы навеки с одним глазом. Видя, наконец, что время даром проходит, решился — будет ли слушать нечистое племя, или нет — рассказать дело. Рожи и уши наставили, и лапы протянули. Дед догадался: забрал в горсть все бывшие с ним деньги и кинул, словно собакам, им в середину. Как только кинул он деньги, всё перед ним перемешалось, земля

---

[1] Не имеется.

задрожала, и как уже, он и сам рассказать не умел, — попал чуть ли не в самое пекло. «Батюшки мои!» — ахнул дед, разглядевши хорошенько: что за чудища! рожи на роже, как говорится, не видно. Ведьм такая гибель, как случается иногда на Рождество выпадет снегу: разряжены, размазаны, словно панночки на ярмарке. И все, сколько ни было их там, как хмельные, отплясывали какого-то чертовского трепака. Пыль подняли Боже упаси какую! Дрожь бы проняла крещеного человека при одном виде, как высоко скакало бесовское племя. На деда, несмотря на весь страх, смех напал, когда увидел, как черти с собачьими мордами, на немецких ножках, вертя хвостами, увивались около ведьм, будто парни около красных девушек; а музыканты тузили себя в щеки кулаками, словно в бубны, и свистали носами, как в валторны. Только завидели деда — и турнули к нему ордою. Свиные, собачьи, козлиные, дрофиные, лошадиные рыла — все повытягивались и вот так и лезут целоваться. Плюнул дед, такая мерзость напала! Наконец схватили его и посадили за стол длиною, может, с дорогу от Конотопа до Батурина. «Ну, это еще не совсем худо, — подумал дед, завидевши на столе свинину, колбасы, крошенный с капустой лук и много всяких сластей: — видно, дьявольская сволочь не держит постов». Дед таки, не мешает вам знать, не упускал при случае перехватить того-сего на зубы. Едал, покойник, аппетитно; и потому, не пускаясь в рассказы, придвинул к себе миску с нарезанным салом и окорок ветчины, взял вилку, мало чем поменьше тех вил, которыми мужик берет сено, захватил ею самый увесистый кусок, подставил корку хлеба и — глядь, и отправил в чужой рот. Вот-вот, возле самых ушей, и слышно даже, как чья-то морда жует и щелкает зубами на весь стол. Дед ничего; схватил другой кусок и вот, кажись, и по губам зацепил, только опять не в свое горло. В третий раз — снова мимо. Взбеленился дед; позабыл и страх, и в чьих лапах находится он. Прискочил к ведьмам:

— Что вы, Иродово племя, задумали смеяться, что ли, надо мною? Если не отдадите сей же час моей козацкой шапки, то будь я католик, когда не переворочу свиных рыл ваших на затылок!

Не успел он докончить последних слов, как все чудища выскалили зубы и подняли такой смех, что у деда на душе захолонуло.

— Ладно! — провизжала одна из ведьм, которую дед почел за старшую над всеми потому, что личина у ней была чуть ли не красивее всех. — Шапку отдадим тебе, только не прежде, пока сыграешь с нами три раза в *дурня!*

Что прикажешь делать? Козаку сесть с бабами в дурня! Дед отпираться, отпираться, наконец сел. Принесли карты, замасленные, какими только у нас поповны гадают про женихов.

— Слушай же! — залаяла ведьма в другой раз, — если хоть раз выиграешь — твоя шапка; когда же все три раза останешься дурнем, то не прогневайся — не только шапки, может, и света более не увидишь!

— Сдавай, сдавай, хрычовка! что будет, то будет.

Вот и карты розданы. Взял дед свои в руки — смотреть не хочется, такая дрянь: хоть бы насмех один козырь. Из масти десятка самая старшая, пар даже нет; а ведьма всё подваливает пятериками. Пришлось остаться дурнем! Только что дед успел остаться дурнем, как со всех сторон заржали, залаяли, захрюкали морды: «Дурень! дурень! дурень!»

— Чтоб вы перелопались, дьявольское племя! — закричал дед, затыкая пальцами себе уши.

«Ну, — думает, — ведьма подтасовала; теперь сам буду сдавать». Сдал. Засветил козыря. Поглядел на карты: масть хоть куда, козыри есть. И сначала дело шло как нельзя лучше; только ведьма — пятерик с королями! У деда на руках одни козыри; не думая, не гадая долго, хвать королей по усам всех козырями.

— Ге-ге! да это не по-козацки! А чем ты кроешь, земляк?

— Как чем? козырями!

— Может быть, по-вашему, это и козыри, только, по-нашему, нет!

Глядь — в самом деле простая масть. Что за дьявольщина! Пришлось в другой раз быть дурнем, и чертанье пошло снова драть горло: «Дурень, дурень!» — так, что стол дрожал и карты прыгали по столу. Дед разгорячился; сдал в последний. Опять идет ладно. Ведьма опять пятерик; дед покрыл и набрал из колоды полную руку козырей.

— Козырь! — вскричал он, ударив по столу картою так, что ее свернуло коробом; та, не говоря ни слова, покрыла восьмеркою масти.

— А чем ты, старый дьявол, бьешь!

Ведьма подняла карту: под нею была простая шестерка.

— Вишь, бесовское обморачиванье! — сказал дед и с досады хватил кулаком что силы по столу.

К счастью еще, что у ведьмы была плохая масть; у деда, как нарочно, на ту пору пары. Стал набирать карты из колоды, только мочи нет: дрянь такая лезет, что дед и руки опустил. В колоде ни одной карты. Пошел уже так, не глядя, простою шестеркою; ведьма приняла. «Вот тебе на! это что? Э-э, верно, что-нибудь да не так!» Вот дед карты потихоньку под стол — и перекрестил; глядь — у него на руках туз, король, валет козырей; а он вместо шестерки спустил кралю.

— Ну, дурень же я был! Король козырей! Что! приняла? а? Кошачье отродье!.. А туза не хочешь? Туз! валет!..

Гром пошел по пеклу; на ведьму напали корчи, и

откуда ни возьмись шапка — бух деду прямехонько в лицо.

— Нет, этого мало! — закричал дед, прихрабрившись и надев шапку. — Если сейчас не станет передо мною молодецкий конь мой, то вот убей меня гром на этом самом нечистом месте, когда я не перекрещу святым крестом всех вас! — и уже было и руку поднял, как вдруг загремели перед ним конские кости.

— Вот тебе конь твой!

Заплакал бедняга, глядя на них, как дитя неразумное. Жаль старого товарища!

— Дайте ж мне какого-нибудь коня, выбраться из гнезда вашего!

Черт хлопнул арапником — конь, как огонь, взвился под ним, и дед, что птица, вынесся наверх.

Страх, однако ж, напал на него посереди дороги, когда конь, не слушаясь ни крику, ни поводов, скакал через провалы и болота. В каких местах он не был, так дрожь забирала при одних рассказах. Глянул как-то себе под ноги — и пуще перепугался: пропасть! крутизна страшная! А сатанинскому животному и нужды нет: прямо через нее. Дед держаться: не тут-то было. Через пни, через кочки полетел стремглав в провал и так хватился на дне его о землю, что, кажись, и дух вышибло. По крайней мере, что деялось с ним в то время, ничего не помнил; и как очнулся немного и осмотрелся, то уже рассвело совсем; перед ним мелькали знакомые места, и он лежал на крыше своей же хаты.

Перекрестился дед, когда слез долой. Экая чертовщина! что за пропасть, какие с человеком чудеса делаются! Глядь на руки — все в крови; посмотрел в стоявшую торчмя бочку с водою — и лицо также. Обмывшись хорошенько, чтобы не испугать детей, входит он потихоньку в хату; смотрит: дети пятятся к нему задом и в испуге указывают ему пальцами, говоря: «*Дывысь, дывысь, маты, мов дурна, скаче!*»[1] И в самом деле, баба сидит, заснувши перед гребнем, держит в руках веретено и, сонная, подпрыгивает на лавке. Дед, взявши за руку потихоньку, разбудил ее: «Здравствуй, жена! здорова ли ты?» Та долго смотрела, выпуча глаза, и, наконец, уже узнала деда и рассказала, как ей снилось, что печь ездила по хате, выгоняя вон лопатою горшки, лоханки, и черт знает что еще такое. «Ну, — говорит дед, — тебе во сне, мне наяву. Нужно, вижу, будет освятить нашу хату; мне же теперь мешкать нечего». Сказавши это и отдохнувши немного, дед достал коня и уже не останавливался ни днем, ни ночью, пока не доехал до места и не отдал грамоты самой царице. Там нагляделся дед таких див, что стало ему надолго после того рассказывать: как повели его в палаты, такие высокие, что если бы хат десять поставить одну на другую, и тогда, может быть, не достало бы. Как заглянул он в одну комнату — нет; в другую — нет; в третью — еще нет; в четвертой даже нет; да в пятой уже, глядь — сидит сама, в золотой короне, в серой новехонькой свитке, в красных сапогах, и золотые галушки ест. Как велела ему насыпать целую шапку *синицами,* как... — всего и вспомнить нельзя. Об возне своей с чертями дед и думать позабыл, и если случалось, что кто-нибудь и напоминал об этом, то дед молчал, как будто не до него и дело шло, и великого стоило труда упросить его пересказать все, как было. И, видно, уже в наказание, что не спохватился тотчас после того освятить хату, бабе ровно через каждый год, и именно в то самое время, делалось такое диво, что танцуется, бывало, да и только. За что ни примется, ноги затевают свое, и вот так и дергает пуститься вприсядку.

---

[1] Смотри, смотри, мать, как сумасшедшая, скачет!

ЧАСТЬ ВТОРАЯ

ПРЕДИСЛОВИЕ

Вот вам и другая книжка, а лучше сказать, последняя! Не хотелось, крепко не хотелось выдавать и этой. Право, пора знать честь. Я вам скажу, что на хуторе уже начинают смеяться надо мною: «Вот, говорят, одурел старый дед: на старости лет тешится ребяческими игрушками!» И точно, давно пора на покой. Вы, любезные читатели, верно, думаете, что я прикидываюсь только стариком. Куда тут прикидываться, когда во рту совсем зубов нет! Теперь если что мягкое попадется, то буду как-нибудь жевать, а твердое — то ни за что не откушу. Так вот вам опять книжка! Не бранитесь только! Нехорошо браниться на прощаньи, особенно с тем, с кем, Бог знает, скорей ли увидитесь. В этой книжке услышите рассказчиков всё почти для вас незнакомых, выключая только разве Фомы Григорьевича. А того горохового панича, что рассказывал таким вычурным языком, которого много остряков и из московского народу не могло понять, уже давно нет. После того, как рассорился со всеми, он и не заглядывал к нам. Да, я вам не рассказывал этого случая? Послушайте, тут прекомедия была! Прошлый год, так как-то около лета, да чуть ли не на самый день моего патрона, приехали ко мне и гости (нужно вам сказать, любезные читатели, что земляки мои, дай Бог им здоровье, не забыва-

113

ют старика. Уже есть пятидесятый год, как я зачал помнить свои именины. Который же точно мне год, этого ни я, ни старуха моя вам не скажем. Должно быть, близ семидесяти. Диканьский-то поп, отец Харлампий, знал, когда я родился; да жаль, что уже пятьдесят лет, как его нет на свете). Вот приехали ко мне гости: Захар Кирилович Чухопупенко, Степан Иванович Курочка, Тарас Иванович Смачненький, заседатель Харлампий Кирилович Хлоста; приехал еще... вот позабыл, право, имя и фамилию... Осип... Осип... Боже мой, его знает весь Миргород! он еще, когда говорит, то всегда щелкнет наперед пальцем и подопрется в боки... Ну, Бог с ним! в другое время вспомню. Приехал и знакомый вам панич из Полтавы. Фомы Григорьевича я не считаю; то уже свой человек. Разговорились все (опять нужно вам заметить, что у нас никогда о пустяках не бывает разговора. Я всегда люблю приличные разговоры; чтобы, как говорят, вместе и услаждение и назидательность была), разговорились об том, как нужно солить яблоки. Старуха моя начала было говорить, что нужно наперед хорошенько вымыть яблоки, потом намочить в квасу, а потом уже... «Ничего из этого не будет! — подхватил полтавец, заложивши руку в гороховый кафтан свой и прошедши важным шагом по комнате: — ничего не будет! Прежде всего нужно пересыпать канупером, а потом уже...» Ну, я на вас ссылаюсь, любезные читатели, скажите по совести, слыхали ли вы когда-нибудь, чтобы яблоки пересыпали канупером? Правда, кладут смородинный лист, нечуй-ветер, трилистник; но чтобы клали канупер... нет, я не слыхивал об этом. Уже, кажется, лучше моей старухи никто не знает про эти дела. Ну, говорите же вы! Нарочно, как доброго человека, отвел я его потихоньку в сторону: «Слушай, Макар Назарович, эй, не смеши народ! Ты человек немаловажный:

сам, как говоришь, обедал раз с губернатором за одним столом. Ну, скажешь что-нибудь подобное там, ведь тебя же осмеют все!» Что ж бы, вы думали, он сказал на это? Ничего! плюнул на пол, взял шапку и вышел. Хоть бы простился с кем, хоть бы кивнул кому головою; только слышали мы, как подъехала к воротам тележка с звонком; сел и уехал. И лучше! Не нужно нам таких гостей! Я вам скажу, любезные читатели, что хуже нет ничего на свете, как эта знать. Что его дядя был когда-то комиссаром, так и нос несет вверх. Да будто комиссар такой уже чин, что выше нет его на свете? Слава Богу, есть и больше комиссара. Нет, не люблю я этой знати. Вот! вам в пример Фома Григорьевич; кажется, и не знатный человек, а посмотреть на него: в лице какая-то важность сияет, даже когда станет нюхать обыкновенный табак, и тогда чувствуешь невольное почтение. В церкви когда запоет на крылосе — умиление невообразимое! растаял бы, казалось, весь!.. А тот... ну, Бог с ним! он думает, что без его сказок и обойтиться нельзя. Вот всё же таки набралась книжка.

Я, помнится, обещал вам, что в этой книжке будет и моя сказка. И точно, хотел было это сделать, но увидел, что для сказки моей нужно по крайней мере три таких книжки. Думал было особо напечатать ее, но передумал. Ведь я знаю вас: станете смеяться над стариком. Нет, не хочу! Прощайте! Долго, а может быть совсем, не увидимся. Да что? ведь вам всё равно, хоть бы и не было совсем меня на свете. Пройдет год, другой — и из вас никто после не вспомнит и не пожалеет о старом пасичнике Рудом Паньке.

В этой книжке есть много слов, не всякому понятных. Здесь они почти все означены:

Башта́н — место, засеянное арбузами и дынями.
Бу́блик — круглый крендель, баранчик.

115

Варену́ха — вареная водка с пряностями.

Видло́га — откидная шапка из сукна, пришитая к кобеняку.

Выкрута́сы — трудные па.

Галу́шки — клёцки.

Гама́н — род бумажника, где держат огниво, кремень, губку, табак, а иногда и деньги.

Голодная кутья́ — сочельник.

Го́рлица — танец.

Греча́ник — хлеб из гречневой муки.

Ди́вчина — девушка.

Дивча́та — девушки.

Дука́т — род медали, носимой на шее женщинами.

Жи́нка — жена.

Запа́ска — род шерстяного передника у женщин.

Каву́н — арбуз.

Кагане́ц — светильня, состоящая из разбитого черепка, наполненного салом.

Кану́пер — трава.

Каца́п — русский человек с бородою.

Кныш — спеченный из пшеничной муки хлеб, обыкновенно едомый горячим с маслом.

Кобеня́к — род суконного плаща с пришитою назади видлогою.

Кожу́х — тулуп.

Комо́ра — амбар.

Кора́блик — старинный головной убор.

Корж — сухая лепешка из пшеничной муки, часто с салом.

Куре́нь — соломенный шалаш.

Ку́хва — род кадки; похожая на опрокинутую дном кверху бочку.

Ку́холь — глиняная кружка.

Лева́да — усадьба.

Лю́лька — трубка.

Намитка — белое покрывало из жидкого полотна, носимое на голове женщинами, с откинутыми назад концами.

Нечуй-ветер — трава.

Паляница — небольшой хлеб, несколько плоский.

Парубок — парень.

Пейсики — жидовские локоны.

Пекло — ад.

Переполох — испуг. Выливать переполох — лечить испуг.

Петровы батоги — трава.

Плахта — нижняя одежда женщин из шерстяной клетчатой материи.

Пивкопы — двадцать пять копеек.

Пищик — пищалка, дудка, небольшая свирель.

Покут — место под образами.

Полутабенек — старинная шелковая материя.

Свитка — род полукафтанья.

Скрыня — большой сундук.

Смалец — бараний жир.

Сопилка — свирель.

Сукня — старинная одежда женщин из сукна.

Сыровец — хлебный квас.

Тесная баба — игра, в которую играют школьники в классе: жмутся тесно на скамье, покамест одна половина не вытеснит другую.

Хлопец — мальчик.

Хустка — платок носовой.

Цыбуля — лук.

Черевики — башмаки.

Чумаки — малороссияне, едущие за солью и рыбою, обыкновенно в Крым.

Швец — сапожник.

Шибеник — висельник.

НОЧЬ ПЕРЕД РОЖДЕСТВОМ

Последний день перед Рождеством прошел. Зимняя, ясная ночь наступила. Глянули звезды. Месяц величаво поднялся на небо посветить добрым людям и всему миру, чтобы всем было весело колядовать и славить Христа[1]. Морозило сильнее, чем с утра; но зато так было тихо, что скрип мороза под сапогом слышался за полверсты. Еще ни одна толпа парубков не показывалась под окнами хат; месяц один только заглядывал в них украдкою, как бы вызывая принаряживавшихся девушек выбежать скорее на скрипучий снег. Тут через трубу одной хаты клубами повалился дым и пошел тучею по небу, и вместе с дымом поднялась ведьма верхом на метле.

Если бы в это время проезжал сорочинский заседатель на тройке обывательских лошадей, в шапке с барашковым околышком, сделанной по манеру уланскому, в синем тулупе, подбитом черными смушка-

---

[1] Колядовать у нас называется петь под окнами накануне Рождества песни, которые называются колядками. Тому, кто колядует, всегда кинет в мешок хозяйка, или хозяин, или кто остается дома, колбасу, или хлеб, или медный грош, чем кто богат. Говорят, что был когда-то болван Коляда, которого принимали за Бога, и что будто от того пошли и колядки. Кто его знает? Не нам, простым людям, об этом толковать. Прошлый год отец Осип запретил было колядовать по хуторам, говоря, что будто сим народ угождает сатане. Однако ж, если сказать правду, то в колядках и слова нет про Коляду. Поют часто про Рождество Христа; а при конце желают здоровья хозяину, хозяйке, детям и всему дому.
Замечание пасичника.

ми, с дьявольски сплетенною плетью, которою имеет он обыкновение подгонять своего ямщика, то он бы, верно, приметил ее, потому что от сорочинского заседателя ни одна ведьма на свете не ускользнет. Он знает наперечет, сколько у каждой бабы свинья мечет поросенков, и сколько в сундуке лежит полотна, и что именно из своего платья и хозяйства заложит добрый человек в воскресный день в шинке. Но сорочинский заседатель не проезжал, да и какое ему дело до чужих, у него своя волость. А ведьма между тем поднялась так высоко, что одним только черным пятнышком мелькала вверху. Но где ни показывалось пятнышко, там звезды, одна за другою, пропадали на небе. Скоро ведьма набрала их полный рукав. Три или четыре еще блестели. Вдруг, с другой стороны, показалось другое пятнышко, увеличилось, стало растягиваться, и уже было не пятнышко. Близорукий, хотя бы надел на нос вместо очков колеса с комиссаровой брички, и тогда бы не распознал, что это такое. Спереди совершенно немец[1]: узенькая, беспрестанно вертевшаяся и нюхавшая всё, что ни попадалось, мордочка оканчивалась, как и у наших свиней, кругленьким пятачком, ноги были так тонки, что если бы такие имел яресковский голова, то он переломал бы их в первом козачке. Но зато сзади он был настоящий губернский стряпчий в мундире, потому что у него висел хвост, такой острый и длинный, как теперешние мундирные фалды; только разве по козлиной бороде под мордой, по небольшим рожкам, торчавшим на голове, и что весь был не белее трубочиста, можно было догадаться, что он не немец и не губернский стряпчий, а просто черт, которому последняя ночь осталась шататься по белому свету и выучивать грехам добрых людей. За-

---

[1] Немцем называют у нас всякого, кто только из чужой земли, хоть будь он француз, или цесарец, или швед — всё немец.

втра же, с первыми колоколами к заутрене, побежит он без оглядки, поджавши хвост, в свою берлогу.

Между тем черт крался потихоньку к месяцу и уже протянул было руку схватить его, но вдруг отдернул ее назад, как бы обжегшись, пососал пальцы, заболтал ногою и забежал с другой стороны, и снова отскочил и отдернул руку. Однако ж, несмотря на все неудачи, хитрый черт не оставил своих проказ. Подбежавши, вдруг схватил он обеими руками месяц, кривляясь и дуя перекидывал его из одной руки в другую, как мужик, доставший голыми руками огонь для своей люльки; наконец поспешно спрятал в карман и, как будто ни в чем не бывал, побежал далее.

В Диканьке никто не слышал, как черт украл месяц. Правда, волостной писарь, выходя на четвереньках из шинка, видел, что месяц ни с сего ни с того танцевал на небе, и уверял с божбою в том всё село; но миряне качали головами и даже подымали его насмех. Но какая же была причина решиться черту на такое беззаконное дело? А вот какая: он знал, что богатый козак Чуб приглашен дьяком на кутью, где будут: голова; приехавший из архиерейской певческой родич дьяка, в синем сюртуке, бравший самого низкого баса; козак Свербыгуз и еще кое-кто; где, кроме кутьи, будет варенуха, перегонная на шафран водка и много всякого съестного. А между тем его дочка, красавица на всем селе, останется дома, а к дочке, наверное, придет кузнец, силач и детина хоть куда, который черту был противнее проповедей отца Кондрата. В досужее от дел время кузнец занимался малеванием и слыл лучшим живописцем во всем околотке. Сам еще тогда здравствовавший сотник Л...ко вызывал его нарочно в Полтаву выкрасить дощатый забор около его дома. Все миски, из которых диканьские козаки хлебали борщ, были размалеваны кузнецом. Кузнец был богобоязливый человек и писал часто образа святых: и теперь еще можно найти в Т... церкви его евангелиста Луку. Но торжеством его искусства была одна картина, намалеванная на церковной стене в правом притворе, в которой изобразил он святого Петра в день Страшного суда, с ключами в руках, изгонявшего из ада злого духа; испуганный черт метался во все стороны, предчувствуя свою погибель, а заключенные прежде грешники били и гоняли его кнутами, поленами и всем чем ни попало. В то время, когда живописец трудился над этою картиною и писал ее на большой деревянной доске, черт всеми силами старался мешать ему: толкал невидимо под руку, подымал из горнила в кузнице золу и обсыпал ею картину; но, несмотря на неё, работа была кончена, доска внесена в церковь и вделана в стену притвора, и с той поры черт поклялся мстить кузнецу.

Одна только ночь оставалась ему шататься на белом свете; но и в эту ночь он выискивал чем-нибудь выместить на кузнеце свою злобу. И для этого решился украсть месяц, в той надежде, что старый Чуб ленив и не легок на подъем, к дьяку же от избы не так близко; дорога шла по-за селом, мимо мельниц, мимо кладбища, огибала овраг. Еще при месячной ночи варенуха и водка, настоенная на шафран, могла бы заманить Чуба. Но в такую темноту вряд ли бы удалось кому стащить его с печки и вызвать из хаты. А кузнец, который был издавна не в ладах с ним, при нем ни за что не отважится идти к дочке, несмотря на свою силу.

Таким-то образом, как только черт спрятал в карман свой месяц, вдруг по всему миру сделалось так темно, что не всякий бы нашел дорогу к шинку, не только к дьяку. Ведьма, увидевши себя вдруг в темноте, вскрикнула. Тут черт, подъехавши мелким бесом, подхватил ее под руку и пустился нашептывать на ухо то самое, что обыкновенно нашептывают всему женскому роду. Чудно устроено на нашем свете! Всё, что ни живет в нем, всё силится перенимать и передразнивать один другого. Прежде, бывало, в Миргороде один судья да городничий хаживали зимою в крытых сукном тулупах, а всё мелкое чиновничество носило просто нагольные. Теперь же и заседатель, и подкоморий отсмалили себе новые шубы из решетиловских смушек с суконною покрышкою. Канцелярист и волостной писарь третьего году взяли синей китайки по шести гривен аршин. Пономарь сделал себе на лето нанковые шаровары и жилет из полосатого гаруса. Словом, всё лезет в люди! Когда эти люди не будут суетны! Можно побиться об заклад, что многим покажется удивительно видеть черта, пустившегося и себе туда же. Досаднее всего то, что он, верно, воображает себя красавцем, между тем как фигура — взглянуть совестно. Рожа, как говорит Фома Григорьевич, мерзость мерзостью, однако ж и он строит любовные куры! Но на небе и под небом так сделалось темно, что ничего нельзя уже было видеть, что происходило далее между ними.

— Так ты, кум, еще не был у дьяка в новой хате? — говорил козак Чуб, выходя из дверей своей избы, сухощавому, высокому, в коротком тулупе, мужику с обросшею бородою, показывавшею, что уже более двух недель не прикасался к ней обломок косы, которым обыкновенно мужики бреют свою бороду за неимением бритвы. — Там теперь будет добрая попойка! — продолжал Чуб, осклабив при этом свое лицо. — Как бы только нам не опоздать.

При сем Чуб поправил свой пояс, перехватывавший плотно его тулуп, нахлобучил крепче свою шапку, стиснул в руке кнут — страх и грозу докучливых собак, но, взглянув вверх, остановился...

— Что за дьявол! Смотри! смотри, Панас!..

— Что? — произнес кум и поднял свою голову также вверх.

— Как что? месяца нет!

— Что за пропасть? В самом деле нет месяца.

— То-то, что нет, — выговорил Чуб с некоторою досадою на неизменное равнодушие кума. — Тебе, небось, и нужды нет.

— А что мне делать?

— Надобно же было, — продолжал Чуб, утирая рукавом усы, — какому-то дьяволу, чтоб ему не довелось, собаке, поутру рюмки водки выпить, вмешаться!.. Право, как будто насмех... Нарочно, сидевши в хате, глядел в окно: ночь — чудо! Светло, снег блещет при месяце. Всё было видно, как днем. Не успел выйти за дверь — и вот, хоть глаз выколи!

Чуб долго еще ворчал и бранился, а между тем в то же время раздумывал, на что бы'решиться. Ему до смерти хотелось покалякать о всяком вздоре у дьяка, где, без всякого сомнения, сидел уже и голова, и приезжий бас, и дегтярь Микита, ездивший через каждые две недели в Полтаву на торги и отпускавший такие шутки, что все миряне брались за животы со смеху. Уже видел Чуб мысленно стоявшую на столе варенуху. Всё это было заманчиво, правда; но темнота ночи напомнила ему о той лени, которая так мила всем козакам. Как бы хорошо теперь лежать, поджавши под себя ноги, на лежанке, курить спокойно люльку и слушать сквозь упоительную дремоту колядки и песни веселых парубков и девушек, толпящихся кучами под окнами. Он бы, без всякого сомнения, решился на последнее, если бы был один, но теперь обоим не так скучно и страшно идти темною ночью, да и не хотелось-таки показаться перед другими ленивым или трусливым. Окончивший побранки, обратился он снова к куму:

— Так нет, кум, месяца?

— Нет.

— Чудно, право? А дай понюхать табаку. У тебя, кум, славный табак! Где ты берешь его?

— Кой черт, славный! — отвечал кум, закрывая березовую тавлинку, исколотую узорами. — Старая курица не чихнет!

— Я помню, — продолжал всё так же Чуб, — мне покойный шинкарь Зузуля раз привез табаку из Нежина. Эх, табак был! Добрый табак был! Так что же, кум, как нам быть? ведь темно на дворе.

— Так, пожалуй, останемся дома, — произнес кум, ухватясь за ручку двери.

Если бы кум не сказал этого, то Чуб, верно бы, решился остаться, но теперь его как будто что-то дергало идти наперекор.

— Нет, кум, пойдем! нельзя, нужно идти!

Сказавши это, он уже и досадовал на себя, что сказал. Ему было очень неприятно тащиться в такую ночь; но его утешало то, что он сам нарочно этого захотел и сделал-таки не так, как ему советовали.

Кум, не выразив на лице своем ни малейшего движения досады, как человек, которому решительно всё равно, сидеть ли дома, или тащиться из дому, обсмотрелся; почесал палочкой батога свои плечи, и два кума отправились в дорогу.

Теперь посмотрим, что делает, оставшись одна, красавица дочка. Оксане не минуло еще и семнадцати лет, как во всем почти свете, и по ту сторону Диканьки, и по эту сторону Диканьки, только и речей было, что про нее. Парубки гуртом провозгласили, что лучшей девки и не было еще никогда и не будет никогда на селе. Оксана знала и слышала всё, что про нее говорили, и была капризна, как красавица. Если бы она ходила не в плахте и запаске, а в каком-нибудь капоте, то разогнала бы всех своих девок. Парубки гонялись за нею толпами, но, потерявши терпение, оставляли мало-помалу и обращались к другим, не так избалованным. Один только кузнец был упрям и не оставлял своего волокитства, несмотря на то, что и с ним поступаемо было ничуть не лучше, как с другими.

По выходе отца своего она долго еще принаряживалась и жеманилась перед небольшим в оловянных рамках зеркалом и не могла налюбоваться собою. «Что людям вздумалось расславлять, будто я хороша? — говорила она, как бы рассеянно, для того только, чтобы об чем-нибудь поболтать с собою. — Лгут люди, я совсем не хороша». Но мелькнувшее в зеркале свежее, живое в детской юности лицо с блестящими черными очами и невыразимо приятной усмешкой, прожигавшей душу, вдруг доказало противное. «Разве черные брови и очи мои, — продолжала красавица, не выпуская зеркала, — так хороши, что уже равных им нет и на свете? Что тут хорошего в этом вздернутом кверху носе? и в щеках? и в губах? Будто хороши мои черные косы? Ух! их можно испугаться вечером: они, как длинные змеи, перевились и обвились вокруг моей головы. Я вижу теперь, что я совсем не хороша! — И, отдвигая несколько подалее от себя зеркало, вскрикнула: — Нет, хороша я! Ах, как хороша! Чудо! Какую радость принесу я тому, кого буду женою! Как будет любоваться мною мой муж! Он не вспомнит себя. Он зацелует меня насмерть».

— Чудная девка! — прошептал вошедший тихо кузнец, — и хвастовства у нее мало! С час стоит, глядясь в зеркало, и не наглядится, и еще хвалит себя вслух!

«Да, парубки, вам ли чета я? вы поглядите на меня, — продолжала хорошенькая кокетка: — как я плавно выступаю; у меня сорочка шита красным шелком. А какие ленты на голове! Вам век не увидать богаче галуна! Всё это накупил мне отец мой для того, чтобы на мне женился самый лучший молодец на свете!» — И, усмехнувшись, поворотилась она в другую сторону и увидела кузнеца...

Вскрикнула и сурово остановилась перед ним.

Кузнец и руки опустил.

Трудно рассказать, что выражало смугловатое лицо чудной девушки: и суровость в нем была видна, и сквозь суровость какая-то издевка над смутившимся кузнецом, и едва заметная краска досады тонко разливалась по лицу; и всё это так смешалось и так было неизобразимо хорошо, что расцеловать ее миллион раз — вот всё, что можно было сделать тогда наилучшего.

— Зачем ты пришел сюда? — так начала говорить Оксана. — Разве хочется, чтобы выгнала за дверь лопатою? Вы все мастера подъезжать к нам. Вмиг пронюхаете, когда отцов нет дома. О, я знаю вас! Что, сундук мой готов?

— Будет готов, мое серденько, после праздника будет готов. Если бы ты знала, сколько возился около него: две ночи не выходил из кузницы; зато ни у одной поповны не будет такого сундука. Железо на оковку положил такое, какого не клал на сотникову таратайку, когда ходил на работу в Полтаву. А как будет расписан! Хоть весь околоток выходи своими беленькими ножками, не найдешь такого! По всему полю будут раскиданы красные и синие цветы. Гореть будет, как жар. Не сердись же на меня! Позволь хоть поговорить, хоть поглядеть на тебя!

— Кто ж тебе запрещает, говори и гляди!

Тут села она на лавку и снова взглянула в зеркало и стала поправлять на голове свои косы. Взглянула на шею, на новую сорочку, вышитую шелком, и тонкое чувство самодовольствия выразилось на устах, на свежих ланитах и отсветилось в очах.

— Позволь и мне сесть возле тебя! — сказал кузнец.

— Садись, — проговорила Оксана, сохраняя в устах и в довольных очах то же самое чувство.

— Чудная, ненаглядная Оксана, позволь поцеловать тебя! — произнес ободренный кузнец и прижал ее к себе, в намерении схватить поцелуй. Но Оксана отклонила свои щеки, находившиеся уже на неприметном расстоянии от губ кузнеца, и оттолкнула его.

— Чего тебе еще хочется? Ему когда мед, так и ложка нужна! Поди прочь, у тебя руки жестче железа. Да и сам ты пахнешь дымом. Я думаю, меня всю обмарал сажею.

Тут она поднесла зеркало и снова начала перед ним охорашиваться.

«Не любит она меня, — думал про себя, повеся голову, кузнец. — Ей всё игрушки; а я стою перед нею как дурак и очей не свожу с нее. И всё бы стоял перед нею, и век бы не сводил с нее очей! Чудная девка! чего бы я не дал, чтобы узнать, что у нее на сердце, кого она любит! Но нет, ей и нужды нет ни до кого. Она любуется сама собою; мучит меня бедного; а я за грустью не вижу света; а я ее так люблю, как ни один человек на свете не любил и не будет никогда любить».

— Правда ли, что твоя мать ведьма? — произнесла Оксана и засмеялась; и кузнец почувствовал, что внутри его всё засмеялось. Смех этот как будто разом отозвался в сердце и в тихо встрепенувших жилах, и за всем тем досада запала в его душу, что он не во власти расцеловать так приятно засмеявшееся лицо.

— Что мне до матери? ты у меня мать, и отец, и всё, что ни есть дорогого на свете. Если б меня призвал царь и сказал: «Кузнец Вакула, проси у меня всего, что ни есть лучшего в моем царстве, всё отдам тебе. Прикажу тебе сделать золотую кузницу, и станешь ты ковать серебряными молотами». — «Не, хочу, — сказал бы я царю, — ни каменьев дорогих, ни золотой кузницы, ни всего твоего царства. Дай мне лучше мою Оксану!»

— Видишь, какой ты! только отец мой сам не промах. Увидишь, когда он не женится на твоей матери, — проговорила, лукаво усмехнувшись, Оксана. — Однако ж дивчата не приходят... Что б это значило? Давно уже пора колядовать. Мне становится скучно.

— Бог с ними, моя красавица!

— Как бы не так! с ними, верно, придут парубки. Тут-то пойдут балы. Воображаю, каких наговорят смешных историй!

— Так тебе весело с ними?

— Да уж веселее, чем с тобою. А! кто-то стукнул; верно, дивчата с парубками.

«Чего мне больше ждать? — говорил сам с собою кузнец. — Она издевается надо мною. Ей я столько же дорог, как перержавевшая подкова. Но если ж так, не достанется по крайней мере другому посмеяться надо мною. Пусть только я наверное замечу, кто ей нравится более моего; я отучу...»

Стук в двери и резко зазвучавший на морозе голос: «Отвори!» — прервал его размышления.

— Постой, я сам отворю, — сказал кузнец и вышел в сени, в намерении отломать с досады бока первому попавшемуся человеку.

Мороз увеличился, и вверху так сделалось холодно, что черт перепрыгивал с одного копытца на другое и дул себе в кулак, желая сколько-нибудь отогреть мерзнувшие руки. Не мудрено, однако ж, и смерзнуть тому, кто толкался от утра до утра в аду, где, как известно, не так холодно, как у нас зимою, и где, надевши колпак и ставши перед очагом, будто в самом деле кухмистр, поджаривал он грешников с таким удовольствием, с каким обыкновенно баба жарит на Рождество колбасу.

Ведьма сама почувствовала, что холодно, несмотря на то, что была тепло одета; и потому, поднявши руки кверху, отставила ногу и приведши себя в такое положение, как человек, летящий на коньках, не сдвинувшись ни одним суставом, спустилась по воздуху, будто по ледяной покатой горе, и прямо в трубу.

Черт таким же порядком отправился вслед за нею. Но так как это животное проворнее всякого франта в чулках, то немудрено, что он наехал при самом входе в трубу на шею своей любовницы, и оба очутились в просторной печке между горшками.

Путешественница отодвинула потихоньку заслонку, поглядеть, не назвал ли сын ее Вакула в хату гостей, но, увидевши, что никого не было, выключая только мешки, которые лежали посреди хаты, вылезла из печки, скинула теплый кожух, оправилась, и никто бы не мог узнать, что она за минуту назад ездила на метле.

Мать кузнеца Вакулы имела от роду не больше сорока лет. Она была ни хороша, ни дурна собою. Трудно и быть хорошею в такие года. Однако ж она так умела причаровать к себе самых степенных козаков (которым, не мешает между прочим заметить, мало было нужды до красоты), что к ней хаживал и голова, и дьяк Осип Никифорович (конечно, если дьячихи не было дома), и козак Корний Чуб, и козак Касьян Свербыгуз. И, к чести ее сказать, она умела искусно обходиться с ними. Ни одному из них и в ум не приходило, что у него есть соперник. Шел ли набожный мужик, или дворянин, как называют себя козаки, одетый в кобеняк с видлогою, в воскресенье в церковь или, если дурная погода, в шинок, — как не зайти к Солохе, не поесть жирных с сметаною вареников и не поболтать в теплой избе с говорливой и угодливой хозяйкой. И дворянин нарочно для этого давал большой крюк, прежде чем достигал шинка, и называл это — заходить по дороге. А пойдет ли, бывало, Солоха в праздник в церковь, надевши яркую плахту с китайчатою запаскою, а сверх ее синюю юбку, на которой сзади нашиты были золотые усы, и станет прямо близ правого крылоса, то дьяк уже верно закашливался и прищуривал невольно в ту сторону глаза; голова гладил усы, заматывал за ухо оселедец и говорил стоявшему близ его соседу: «Эх, добрая баба! Черт-баба!»

Солоха кланялась каждому, и каждый думал, что она кланяется ему одному. Но охотник мешаться в чужие дела тотчас бы заметил, что Солоха была приветливее всего с козаком Чубом. Чуб был вдов. Восемь скирд хлеба всегда стояли перед его хатою. Две пары дюжих волов всякий раз высовывали свои головы из плетеного сарая на улицу и мычали, когда завидывали шедшую куму — корову, или дядю — толстого быка. Бородатый козел взбирался на самую крышу и дребезжал оттуда резким голосом, как городничий, дразня выступавших по двору индеек и оборачиваяся задом, когда завидывал своих неприятелей, мальчишек, издевавшихся над его бородою. В сундуках у Чуба водилось много полотна, жупанов и старинных кунтушей с золотыми галунами: покойная жена его была щеголиха. В огороде, кроме маку, капусты, подсолнечников, засевалось еще каждый год две нивы табаку. Всё это Солоха находила не лишним присоединить к своему хозяйству, заранее размышляя о том, какой оно примет порядок, когда перейдет в ее руки, и удвоивала благосклонность к старому Чубу. А чтобы каким-нибудь образом сын ее

Вакула не подъехал к его дочери и не успел прибрать всего себе, и тогда бы наверно не допустил ее мешаться ни во что, она прибегнула к обыкновенному средству всех сорокалетних кумушек: ссорить как можно чаще Чуба с кузнецом. Может быть, эти самые хитрости и сметливость ее были виною, что кое-где начали поговаривать старухи, особливо когда выпивали где-нибудь на веселой сходке лишнее, что Солоха точно ведьма; что парубок Кизяколупенко видел у нее сзади хвост величиною не более бабьего веретена; что она еще в позапрошлый четверг черною кошкою перебежала дорогу; что к попадье раз прибежала свинья, закричала петухом, надела на голову шапку отца Кондрата и убежала назад.

Случилось, что тогда, когда старушки толковали об этом, пришел какой-то коровий пастух Тымиш Коростявый. Он не преминул рассказать, как летом, перед самою Петровкою, когда он лег спать в хлеву, подмостивши под голову солому, видел собственными глазами, что ведьма, с распущенною косою, в одной рубашке, начала доить коров, а он не мог пошевельнуться, так был околдован; подоивши коров, она пришла к нему и помазала его губы чем-то таким гадким, что он плевал после того целый день. Но всё это что-то сомнительно, потому что один только сорочинский заседатель может увидеть ведьму. И оттого все именитые козаки махали руками, когда слышали такие речи. «Брешут сучи бабы!» — бывал обыкновенный ответ их.

Вылезши из печки и оправившись, Солоха, как добрая хозяйка, начала убирать и ставить всё к своему месту; но мешков не тронула: «Это Вакула принес, пусть же сам и вынесет!» Черт между тем, — когда еще влетал в трубу, как-то нечаянно оборотившись, увидел Чуба об руку с кумом, уже далеко от избы. Вмиг вылетел он из печки, перебежал им дорогу и начал разрывать со всех сторон кучи замерзшего снега. Поднялась метель. В воздухе забелело. Снег мотался взад и вперед сетью и угрожал залепить глаза, рот и уши пешеходам. А черт улетел снова в трубу, в твердой уверенности, что Чуб возвратится вместе с кумом назад, застанет кузнеца и отпотчует его так, что он долго будет не в силах взять в руки кисть и малевать обидные карикатуры.

В самом деле, едва только поднялась метель и ветер стал резать прямо в глаза, как Чуб уже изъявил раскаяние и, нахлобучивая глубже на голову капелюхи, угощал побранками себя, черта и кума. Впрочем, эта досада была притворная. Чуб очень рад был поднявшейся метели. До дьяка еще оставалось в восемь раз больше того расстояния, которое они прошли. Путешественники поворотили назад. Ветер дул в затылок; но сквозь метущий снег ничего не было видно.

— Стой, кум! мы, кажется, не туда идем, — сказал, немного отошедши, Чуб, — я не вижу ни одной хаты. Эх, какая метель! свороти-ка ты, кум, немного в сторону, не найдешь ли дороги; а я тем временем поищу здесь. Дернет же нечистая сила потаскаться по такой вьюге! Не забудь закричать, когда найдешь дорогу. Эк, какую кучу снега напустил в очи сатана!

Дороги, однако ж, не было видно. Кум, отошедши в сторону, бродил в длинных сапогах взад и вперед и, наконец, набрел прямо на шинок. Эта находка так его обрадовала, что он позабыл всё и, стряхнувши с себя снег, пошел в сени, нимало не беспокоясь об оставшемся на улице куме. Чубу показалось между тем, что он нашел дорогу; остановившись, принялся он кричать во всё горло, но, видя, что кум не является, решился идти сам. Немного пройдя, увидел он свою хату. Сугробы снега лежали около нее и на крыше. Хлопая намерзнувшими на холоде руками, принялся он стучать в дверь и кричать повелительно своей дочери отпереть ее.

— Чего тебе тут нужно? — сурово закричал вышедший кузнец.

Чуб, узнавши голос кузнеца, отступил несколько назад. «Э, нет, это не моя хата, — говорил он про себя, — в мою хату не забредет кузнец. Опять же, если присмотреться хорошенько, то и не кузнецова. Чья бы была это хата? Вот на! не распознал! это хромого Левченка, который недавно женился на молодой жене. У него одного только хата похожа на мою. То-то мне показалось и сначала немного чудно, что так скоро пришел домой. Однако ж Левченко сидит теперь у дьяка, это я знаю; зачем же кузнец?.. Э-геге! он ходит к его молодой жене. Вот как! хорошо!.. теперь я всё понял».

— Кто ты такой и зачем таскаешься под дверями? — произнес кузнец суровее прежнего и подойдя ближе.

«Нет, не скажу ему, кто я, — подумал Чуб, — чего доброго, еще приколотит, проклятый выродок!» — и, переменив голос, отвечал:

— Это я, человек добрый! пришел вам на забаву поколядовать немного под окнами.

— Убирайся к черту с своими колядками! — сердито закричал Вакула. — Что ж ты стоишь? слышишь, убирайся сей же час вон!

Чуб сам уже имел это благоразумное намерение, но ему досадно показалось, что принужден слушаться приказаний кузнеца. Казалось, какой-то злой дух толкал его под руку и вынуждал сказать что-нибудь наперекор.

— Что ж ты, в самом деле, так раскричался? — произнес он тем же голосом, — я хочу колядовать, да и полно.

— Эге! да ты от слов не уймешься!.. — Вслед за сими словами Чуб почувствовал пребольной удар в плечо.

— Да вот это ты, как я вижу, начинаешь уже драться! — произнес он, немного отступая.

— Пошел, пошел! — кричал кузнец, наградив Чуба другим толчком.

— Что ж ты! — произнес Чуб таким голосом, в котором изображалась и боль, и досада, и робость. — Ты, вижу, не в шутку дерешься, и еще больно дерешься!

— Пошел, пошел! — закричал кузнец и захлопнул дверь.

— Смотри, как расхрабрился! — говорил Чуб, оставшись один на улице. — Попробуй, подойди! вишь какой! вот большая цаца! Ты думаешь, я на тебя суда не найду? Нет, голубчик, я пойду, и пойду прямо к комиссару. Ты у меня будешь знать! Я не посмотрю, что ты кузнец и маляр. Однако ж посмотреть на спину и плечи: я думаю, синие пятна есть. Должно быть, больно поколотил вражий сын! Жаль, что холодно и не хочется скидать кожуха! Постой ты, бесовский кузнец, чтоб черт поколотил и тебя, и твою кузницу, ты у меня напляшешься! Вишь, проклятый шибеник! Однако ж ведь теперь его нет дома. Солоха, думаю, сидит одна. Гм... оно ведь недалеко отсюда; пойти бы! Время теперь такое, что нас никто не застанет. Может, и того, будет можно... Вишь, как больно поколотил проклятый кузнец!

Тут Чуб, почесав свою спину, отправился в другую сторону. Приятность, ожидавшая его впереди при свидании с Солохою, умаливала немного боль и делала нечувствительным и самый мороз, который трещал по всем улицам, незаглушаемый вьюжным свистом. По временам на лице его, которого бороду и усы метель намылила снегом проворнее всякого цирюльника, тирански хватающего за нос свою жертву, показывалась полусладкая мина. Но если бы, однако ж, снег не крестил взад и вперед всего перед глазами, то долго еще можно было бы видеть, как Чуб останавливался, почесывал спину, произносил: «Больно поколотил проклятый кузнец!» И снова отправлялся в путь.

В то время, когда проворный франт с хвостом и козлиною бородою летал из трубы и потом снова в трубу, висевшая у него на перевязи при боку ладунка, в которую он спрятал украденный месяц, как-то нечаянно зацепившись в печке, растворилась, и месяц, пользуясь этим случаем, вылетел через трубу Солохиной хаты и плавно поднялся по небу. Всё осветилось. Метели как не бывало. Снег загорелся широким серебряным полем и весь обсыпался хрустальными звездами. Мороз как бы потеплел. Толпы парубков и девушек показались с мешками. Песни зазвенели, и под редкою хатою не толпились колядующие.

Чудно блещет месяц! Трудно рассказать, как хорошо потолкаться в такую ночь между кучею хохочущих и поющих девушек и между парубками, готовыми на все шутки и выдумки, какие может только внушить весело смеющаяся ночь. Под плотным кожухом тепло; от мороза еще живее горят щеки; а на шалости сам лукавый подталкивает сзади.

Кучи девушек с мешками вломились в хату Чуба, окружили Оксану. Крик, хохот, рассказы оглушили кузнеца. Все наперерыв спешили рассказать красавице что-нибудь новое, выгружали мешки и хвастались паляницами, колбасами, варениками, которых успели уже набрать довольно за свои колядки. Оксана, казалось, была в совершенном удовольствии и радости, болтала то с той, то с другой и хохотала без умолку. С какой-то досадою и завистью глядел кузнец на такую веселость и на этот раз проклинал колядки, хотя сам бывал от них без ума.

— Э, Одарка! — сказала веселая красавица, оборотившись к одной из девушек, — у тебя новые черевики! Ах, какие хорошие! и с золотом! Хорошо тебе, Одарка, у тебя есть такой человек, который все тебе покупает; а мне некому достать такие славные черевики.

— Не тужи, моя ненаглядная Оксана! — подхватил кузнец, — я тебе достану такие черевики, какие редкая панночка носит.

— Ты? — сказала, скоро и надменно поглядев на него, Оксана. — Посмотрю я, где ты достанешь черевики, которые могла бы я надеть на свою ногу. Разве принесешь те самые, которые носит царица.

— Видишь, каких захотела! — закричала со смехом девичья толпа.

— Да, — продолжала гордо красавица, — будьте все вы свидетельницы: если кузнец Вакула принесет те самые черевики, которые носит царица, то вот мое слово, что выйду тот же час за него замуж.

Девушки увели с собою капризную красавицу.

— Смейся, смейся! — говорил кузнец, выходя вслед за ними. — Я сам смеюсь над собою! Думаю, и не могу вздумать, куда девался ум мой. Она меня не любит, — ну, Бог с ней! будто только на всем свете одна Оксана. Слава Богу, дивчат много хороших и без нее на селе. Да что Оксана? с нее никогда не будет доброй хозяйки; она только мастерица рядиться. Нет, полно, пора перестать дурачиться.

Но в самое то время, когда кузнец готовился быть решительным, какой-то злой дух проносил пред ним смеющийся образ Оксаны, говорившей насмешливо: «Достань, кузнец, царицыны черевики, выйду за тебя замуж!» Всё в нем волновалось, и он думал только об одной Оксане.

Толпы колядующих, парубки особо, девушки особо, спешили из одной улицы в другую. Но кузнец шел и ничего не видал и не участвовал в тех веселостях, которые когда-то любил более всех.

Черт между тем не на шутку разнежился у Солохи: целовал ее руку с такими ужимками, как заседатель у поповны, брался за сердце, охал и сказал напрямик, что если она не согласится удовлетворить его страсти и, как водится, наградить, то он готов на всё: кинется в воду, а душу отправит прямо в пекло. Солоха была не так жестока, притом же черт, как известно, действовал с нею заодно. Она таки любила видеть волочившуюся за собою толпу и редко бывала без компании. Этот вечер, однако ж, думала провесть одна, потому что все именитые обитатели села званы были на кутью к дьяку. Но всё пошло иначе: черт только что представил свое требование, как вдруг послышался голос дюжего головы. Солоха побежала отворить дверь, а проворный черт влез в лежавший мешок.

Голова, стряхнув с своих капелюх снег и выпивши из рук Солохи чарку водки, рассказал, что он не пошел к дьяку, потому что поднялась метель; а увидевши свет в ее хате, завернул к ней, в намерении провесть вечер с нею.

Не успел голова это сказать, как в дверь послышался стук и голос дьяка.

— Спрячь меня куда-нибудь, — шептал голова. — Мне не хочется теперь встретиться с дьяком.

Солоха думала долго, куда спрятать такого плотного гостя; наконец выбрала самый большой мешок с углем; уголь высыпала в кадку, и дюжий голова влез с усами, с головою и с капелюхами в мешок.

Дьяк вошел, покряхтывая и потирая руки, и рассказал, что у него не был никто и что он сердечно рад этому случаю *погулять* немного у нее и не испугался метели. Тут он подошел к ней ближе, кашлянул, усмехнулся, дотронулся своими длинными пальцами ее обнаженной полной руки и произнес с таким видом, в котором выказывалось и лукавство, и самодовольствие:

— А что это у вас, великолепная Солоха? — И, сказавши это, отскочил он несколько назад.

— Как что? Рука, Осип Никифорович! — отвечала Солоха.

— Гм! рука! хе! хе! хе! — произнес сердечно довольный своим началом дьяк и прошелся по комнате. — А это что у вас, дражайшая Солоха? — произнес он с таким же видом, приступив к ней снова и схватив ее слегка рукою за шею и таким же порядком отскочив назад.

— Будто не видите, Осип Никифорович! — отвечала Солоха. — Шея, а на шее монисто.

— Гм! на шее монисто! хе! хе! хе! — и дьяк снова прошелся по комнате, потирая руки. — А это что у вас, несравненная Солоха?.. — Неизвестно, к чему бы теперь притронулся дьяк своими длинными пальцами, как вдруг послышался в дверь стук и голос козака Чуба.

— Ах, Боже мой, стороннее лицо! — закричал в испуге дьяк. — Что теперь, если застанут особу моего звания?.. Дойдет до отца Кондрата!..

Но опасения дьяка были другого рода: он боялся более того, чтобы не узнала его половина, которая и без того страшною рукою своею сделала из его толстой косы самую узенькую.

— Ради Бога, добродетельная Солоха, — говорил он, дрожа всем телом. — Ваша доброта, как говорит писание Луки глава трина... трин... Стучатся, ей-богу стучатся! Ох, спрячьте меня куда-нибудь.

Солоха высыпала уголь в кадку из другого мешка, и не слишком объемистый телом дьяк влез в него и сел на самое дно, так что сверх его можно было насыпать еще с полмешка угля.

— Здравствуй, Солоха! — сказал, входя в хату, Чуб. — Ты, может быть, не ожидала меня, а? правда, не ожидала? может быть, я помешал?.. — продолжал Чуб, показав на лице своем веселую и значительную мину, которая заранее давала знать, что неповоротливая голова его трудилась и готовилась отпустить какую-нибудь колкую и затейливую шутку. — Может быть, вы тут забавлялись с кем-нибудь?.. может быть, ты кого-нибудь спрятала уже, а? — И, восхищенный таким своим замечанием, Чуб засмеялся, внутренне торжествуя, что он один только пользуется благосклонностью Солохи. — Ну, Солоха, дай теперь выпить водки. Я думаю, у меня горло замерзло от проклятого морозу. Послал же Бог такую ночь перед Рождеством! Как схватилась, слышишь, Солоха, как схватилась... Эк окостенели руки: не расстегну кожуха! Как схватилась вьюга...

— Отвори! — раздался на улице голос, сопровождаемый толчком в дверь.

— Стучит кто-то, — сказал остановившийся Чуб.

— Отвори! — закричали сильнее прежнего.

— Это кузнец! — произнес, схватясь за капелюхи, Чуб. — Слышишь, Солоха: куда хочешь девай меня; я ни за что на свете не захочу показаться этому выродку проклятому, чтоб ему набежало, дьявольскому сыну, под обеими глазами по пузырю в копну величиною!

Солоха, испугавшись сама, металась как угорелая и, позабывшись, дала знак Чубу лезть в тот самый мешок, в котором сидел уже дьяк. Бедный дьяк не смел даже изъявить кашлем и кряхтеньем боли, когда сел ему почти на голову тяжелый мужик и по-

139

местил свои замерзнувшие на морозе сапоги по обеим сторонам его висков.

Кузнец вошел, не говоря ни слова, не снимая шапки, и почти повалился на лавку. Заметно было, что он весьма не в духе.

В то самое время, когда Солоха затворяла за ним дверь, кто-то постучался снова. Это был козак Свербыгуз. Этого уже нельзя было спрятать в мешок, потому что и мешка такого нельзя было найти. Он был погрузнее телом самого головы и повыше ростом Чубова кума. И потому Солоха вывела его в огород, чтобы выслушать от него всё то, что он хотел ей объявить.

Кузнец рассеянно оглядывал углы своей хаты, вслушиваясь по временам в далеко разносившиеся песни колядующих; наконец остановил глаза на мешках: «Зачем тут лежат эти мешки? их давно бы пора убрать отсюда. Через эту глупую любовь я одурел совсем. Завтра праздник, а в хате до сих пор лежит всякая дрянь. Отнести их в кузницу!»

Тут кузнец присел к огромным мешкам, перевязал их крепче и готовился взвалить себе на плечи. Но заметно было, что его мысли гуляли Бог знает где, иначе он бы услышал, как зашипел Чуб, когда волоса на голове его прикрутила завязавшая мешок веревка и дюжий голова начал было икать довольно явственно.

— Неужели не выбьется из ума моего эта негодная Оксана? — говорил кузнец, — не хочу думать о ней, а всё думается; и, как нарочно, о ней одной только. Отчего это так, что дума против воли лезет в голову? Кой черт, мешки стали как будто тяжелее прежнего! Тут, верно, положено еще что-нибудь, кроме угля. Дурень я! я и позабыл, что теперь мне всё кажется тяжелее. Прежде, бывало, я мог согнуть и разогнуть в одной руке медный пятак и лошадиную подкову, а теперь мешков с углем не подыму. Скоро буду от ветра валиться. Нет, — вскричал он, помолчав и ободрившись, — что я за баба! Не дам никому смеяться над собою! Хоть десять таких мешков, все подыму. — И бодро взвалил себе на плечи мешки, которых не понесли бы два дюжих человека. — Взять и этот, — продолжал он, подымая маленький, на дне которого лежал, свернувшись, черт. — Тут, кажется, я положил струмент свой. — Сказав это, он вышел вон из хаты, насвистывая песню:

> Мені с жінкой не возиться.

Шумнее и шумнее раздавались по улицам песни и крики. Толпы толкавшегося народа были увеличены еще пришедшими из соседних деревень. Парубки шалили и бесились вволю. Часто между колядками слышалась какая-нибудь веселая песня, которую тут же успел сложить кто-нибудь из молодых козаков. То вдруг один из толпы вместо колядки отпускал щедровку и ревел во всё горло:

> Щедрик, ведрик!
> Дайте вареник,
> Грудочку кашки,
> Кільце ковбаски!

Хохот награждал затейника. Маленькие окна подымались, и сухощавая рука старухи, которые одни только вместе с степенными отцами оставались в избах, высовывалась из окошка с колбасою в руках или куском пирога. Парубки и девушки наперерыв подставляли мешки и ловили свою добычу. В одном месте парубки, зашедши со всех сторон, окружали толпу девушек: шум, крик, один бросал комом снега, другой вырывал мешок со всякой всячиной. В другом месте девушки ловили парубка, подставляли ему ногу, и он летел вместе с мешком стремглав на землю. Казалось, всю ночь напролет готовы были провеселиться. И ночь, как нарочно, так роскошно теплилась! и еще белее казался свет месяца от блеска снега.

Кузнец остановился с своими мешками. Ему почудился в толпе девушек голос и тоненький смех Оксаны. Все жилки в нем вздрогнули; бросивши на землю мешки так, что находившийся на дне дьяк заохал от ушибу и голова икнул во всё горло, побрел он с маленьким мешком на плечах вместе с толпою парубков, шедших следом за девичьей толпою, между которою ему послышался голос Оксаны.

«Так, это она! стоит, как царица, и блестит черными очами! Ей рассказывает что-то видный парубок; верно, забавное, потому что она смеется. Но она всегда смеется». Как будто невольно, сам не понимая как, протерся кузнец сквозь толпу и стал около нее.

— А, Вакула, ты тут! здравствуй! — сказала красавица с той же самой усмешкой, которая чуть не сводила Вакулу с ума. — Ну, много наколядовал? Э, какой маленький мешок! а черевики, которые носит царица, достал? достань черевики, выйду замуж! — И, засмеявшись, убежала с толпою.

Как вкопанный стоял кузнец на одном месте. «Нет, не могу; нет сил больше... — произнес он наконец. — Но Боже ты мой, отчего она так чертовски хороша? Ее взгляд, и речи, и все, ну вот так и жжет, так и жжет... Нет, невмочь уже пересилить себя! Пора положить конец всему: пропадай душа, пойду утоплюсь в пролубе, и поминай как звали!»

Тут решительным шагом пошел он вперед, догнал толпу, поравнялся с Оксаною и сказал твердым голосом:

— Прощай, Оксана! Ищи себе какого хочешь жениха, дурачь кого хочешь; а меня не увидишь уже больше на этом свете.

Красавица казалась удивленною, хотела что-то сказать, но кузнец махнул рукою и убежал.

— Куда, Вакула? — кричали парубки, видя бегущего кузнеца.

— Прощайте, братцы! — кричал в ответ кузнец. — Даст Бог, увидимся на том свете, а на этом уже не гулять нам вместе. Прощайте, не поминайте лихом! Скажите отцу Кондрату, чтобы сотворил панихиду по моей грешной душе. Свечей к иконам Чудотворца и Божией Матери, грешен, не обмалевал за мирскими делами. Всё добро, какое найдется в моей скрыне, на церковь! Прощайте!

Проговоривши это, кузнец принялся снова бежать с мешком на спине.

— Он повредился! — говорили парубки.

— Пропадшая душа! — набожно пробормотала проходившая мимо старуха. — Пойти рассказать, как кузнец повесился!

Вакула между тем, пробежавши несколько улиц, остановился перевесть дух. «Куда я в самом деле бегу? — подумал он, — как будто уже всё пропало. Попробую еще средство: пойду к запорожцу Пузатому Пацюку. Он, говорят, знает всех чертей и всё сделает, что захочет. Пойду, ведь душе всё же придется пропадать!»

При этом черт, который долго лежал без всякого движения, запрыгал в мешке от радости; но кузнец, подумав, что он как-нибудь зацепил мешок рукою и произвел сам это движение, ударил по мешку дюжим кулаком и, встряхнув его на плечах, отправился к Пузатому Пацюку.

Этот Пузатый Пацюк был точно когда-то запорожцем; но выгнали его или он сам убежал из Запорожья, этого никто не знал. Давно уже, лет десять, а может и пятнадцать, как он жил в Диканьке. Сначала он жил, как настоящий запорожец: ничего не работал, спал три четверти дня, ел за шестерых косарей и выпивал за одним разом почти по целому ведру; впрочем, было где и поместиться: потому что Пацюк, несмотря на небольшой рост, в ширину был довольно увесист. Притом шаровары, которые носил он, были так широки, что, какой бы большой ни сделал он шаг, ног было совершенно не заметно, и казалось — винокуренная кадь двигалась по улице. Может быть, это самое подало повод прозвать его Пузатым. Не прошло нескольких дней после прибытия его в село, как все уже узнали, что он знахарь. Бывал ли кто болен чем, тотчас призывал Пацюка; а Пацюку стоило только пошептать несколько слов, и недуг как будто рукою снимался. Случалось ли, что проголодавшийся дворянин подавился рыбьей костью, Пацюк умел так искусно ударить кулаком в спину, что кость отправлялась куда ей следует, не причинив никакого вреда дворянскому горлу. В последнее время его редко видали где-нибудь. Причина этому была, может быть, лень, а может и то, что пролезать в двери делалось для него с каждым годом труднее. Тогда миряне должны были отправляться к нему сами, если имели в нем нужду.

Кузнец не без робости отворил дверь и увидел Пацюка, сидевшего на полу по-турецки перед небольшою кадушкою, на которой стояла миска с галушками. Эта миска стояла, как нарочно, наравне с его ртом. Не подвинувшись ни одним пальцем, он наклонил слегка голову к миске и хлебал жижу, схватывая по временам зубами галушки.

«Нет, этот, — подумал Вакула про себя, — еще ленивее Чуба: тот по крайней мере ест ложкою, а этот и руки не хочет поднять!»

Пацюк, верно, крепко занят был галушками, потому что, казалось, совсем не заметил прихода кузнеца, который, едва ступивши на порог, отвесил ему пренизкий поклон.

— Я к твоей милости пришел, Пацюк! — сказал Вакула, кланяясь снова.

Толстый Пацюк поднял голову и снова начал хлебать галушки.

— Ты, говорят, не во гнев будь сказано... — сказал, собираясь с духом, кузнец, — я веду об этом речь не для того, чтобы тебе нанесть какую обиду, — приходишься немного сродни черту.

Проговоря эти слова, Вакула испугался, подумав, что выразился всё еще напрямик и мало смягчил крепкие слова, и, ожидая, что Пацюк, схвативши кадушку вместе с мискою, пошлет ему прямо в голову, отсторонился немного и закрылся рукавом, чтобы горячая жижа с галушек не обрызгала ему лица.

Но Пацюк взглянул и снова начал хлебать галушки. Ободренный кузнец решился продолжать:

— К тебе пришел, Пацюк, дай Боже тебе всего, добра всякого в довольствии, хлеба в пропорции! — Кузнец иногда умел ввернуть модное слово; в том он понаторел в бытность еще в Полтаве, когда размалевывал сотнику дощатый забор. — Пропадать приходится мне, грешному! ничто не помогает на свете! Что будет, то будет, приходится просить помощи у самого черта. Что ж, Пацюк? — произнес кузнец, видя неизменное его молчание, — как мне быть?

— Когда нужно черта, то и ступай к черту! — отвечал Пацюк, не подымая на него глаз и продолжая убирать галушки.

— Для того-то я и пришел к тебе, — отвечал кузнец, отвешивая поклон, — кроме тебя, думаю, никто на свете не знает к нему дороги.

Пацюк ни слова и доедал остальные галушки.

— Сделай милость, человек добрый, не откажи! — наступал кузнец, — свинины ли, колбас, муки гречневой, ну, полотна, пшена или иного прочего, в случае потребности... как обыкновенно между добрыми людьми водится... не поскупимся. Расскажи хоть, как, примерно сказать, попасть к нему на дорогу?

— Тому не нужно далеко ходить, у кого черт за плечами, — произнес равнодушно Пацюк, не изменяя своего положения.

Вакула уставил на него глаза, как будто бы на лбу его написано было изъяснение этих слов. «Что он говорит?» — безмолвно спрашивала его мина; а полуотверстый рот готовился проглотить, как галушку, первое слово. Но Пацюк молчал.

Тут заметил Вакула, что ни галушек, ни кадушки перед ним не было; но вместо того на полу стояли две деревянные миски; одна была наполнена варениками, другая сметаною. Мысли его и глаза невольно устремились на эти кушанья. «Посмотрим, — говорил он сам себе, — как будет есть Пацюк вареники. Наклоняться он, верно, не захочет, чтобы хлебать, как галушки, да и нельзя: нужно вареник сперва обмакнуть в сметану».

Только что он успел это подумать, Пацюк разинул рот, поглядел на вареники и еще сильнее разинул рот. В это время вареник выплеснул из миски, шлепнулся в сметану, перевернулся на другую сторону, подскочил вверх и как раз попал ему в рот. Пацюк съел и снова разинул рот, и вареник таким же порядком отправился снова. На себя только принимал он труд жевать и проглатывать.

«Вишь, какое диво!» — подумал кузнец, разинув от удивления рот, и тот же час заметил, что вареник лезет и к нему в рот и уже вымазал губы сметаною. Оттолкнувши вареник и вытерши губы, кузнец начал размышлять о том, какие чудеса бывают на свете и до каких мудростей доводит человека нечистая сила, заметя притом, что один только Пацюк может помочь ему. «Поклонюсь ему еще, пусть растолкует хорошенько... Однако что за черт! ведь сегодня *голодная кутья,* а он ест вареники, вареники скоромные! Что я, в самом деле, за дурак, стою тут и греха набираюсь! Назад!» — И набожный кузнец опрометью выбежал из хаты.

Однако ж черт, сидевший в мешке и заранее уже радовавшийся, не мог вытерпеть, чтобы ушла из рук его такая славная добыча. Как только кузнец опустил мешок, он выскочил из него и сел верхом ему на шею.

Мороз подрал по коже кузнеца; испугавшись и побледнев, не знал он, что делать; уже хотел перекреститься... Но черт, наклонив свое собачье рыльце ему на правое ухо, сказал:

— Это я — твой друг, всё сделаю для товарища и друга! Денег дам сколько хочешь, — пискнул он ему в левое ухо. — Оксана будет сегодня же наша, — шепнул он, заворотивши свою морду снова на правое ухо.

Кузнец стоял размышляя.

— Изволь, — сказал он наконец, — за такую цену готов быть твоим!

Черт всплеснул руками и начал от радости галопировать на шее кузнеца. «Теперь-то попался кузнец! — думал он про себя, — теперь-то я вымещу на тебе, голубчик, все твои малеванья и небылицы, взводимые на чертей. Что теперь скажут мои товарищи, когда узнают, что самый набожнейший из всего села человек в моих руках?» Тут черт засмеялся от радости, вспомнивши, как будет дразнить в аде всё хвостатое племя, как будет беситься хромой черт, считавшийся между ними первым на выдумки.

— Ну, Вакула! — пропищал черт, всё так же не слезая с шеи, как бы опасаясь, чтобы он не убежал, — ты знаешь, что без контракта ничего не делают.

— Я готов! — сказал кузнец. — У вас, я слышал, расписываются кровью; постой же, я достану в кармане гвоздь! — Тут он заложил назад руку — и хвать черта за хвост.

— Вишь, какой шутник! — закричал, смеясь, черт. — Ну, полно, довольно уже шалить!

— Постой, голубчик! — закричал кузнец, — а вот это как тебе покажется? — При сем слове он сотворил крест, и черт сделался так тих, как ягненок. — Постой же, — сказал он, стаскивая его за хвост на землю, — будешь ты у меня знать подучивать на грехи добрых людей и честных христиан! — Тут кузнец, не выпуская хвоста, вскочил на него верхом и поднял руку для крестного знамения.

— Помилуй, Вакула! — жалобно простонал черт, — всё, что для тебя нужно, всё сделаю, отпусти только душу на покаяние: не клади на меня страшного креста!

— А, вот каким голосом запел, немец проклятый! теперь я знаю, что делать. Вези меня сей же час на себе! слышишь, неси, как птица!

— Куда? — произнес печальный черт.

— В Петембург, прямо к царице!

И кузнец обомлел от страха, чувствуя себя подымающимся на воздух.

Долго стояла Оксана, раздумывая о странных речах кузнеца. Уже внутри ее что-то говорило, что она слишком жестоко поступила с ним. Что, если он в самом деле решится на что-нибудь страшное? «Чего доброго! может быть, он с горя вздумает влюбиться в другую и с досады станет называть ее первою красавицею на селе? Но нет, он меня любит. Я так хороша! он меня ни за что не променяет; он шалит, прикидывается. Не пройдет минут десять, как он, верно, придет поглядеть на меня. Я в самом деле сурова. Нужно ему дать, как будто нехотя, поцеловать себя. То-то он обрадуется!» И ветреная красавица уже шутила с своими подругами.

— Постойте, — сказала одна из них, — кузнец позабыл мешки свои; смотрите, какие страшные мешки! Он не по-нашему наколядовал: я думаю, сюда по целой четверти барана кидали; а колбасам и хлебам, верно, счету нет. Роскошь! целые праздники можно объедаться.

— Это кузнецовы мешки? — подхватила Оксана. — Утащим скорее их ко мне в хату и разглядим хорошенько, что он сюда наклал.

Все со смехом одобрили такое предложение.

— Но мы не поднимем их! — закричала вся толпа вдруг, силясь сдвинуть мешки.

— Постойте, — сказала Оксана, — побежим скорее за санками и отвезем на санках!

И толпа побежала за санками.

Пленникам сильно прискучило сидеть в мешках, несмотря на то, что дьяк проткнул для себя пальцем порядочную дыру. Если бы еще не было народу, то, может быть, он нашел бы средство вылезть; но вылезть из мешка при всех, показать себя насмех... это удерживало его, и он решился ждать, слегка только покряхтывая под невежливыми сапогами Чуба. Чуб сам не менее желал свободы, чувствуя, что под ним лежит что-то такое, на котором сидеть страх было неловко. Но как скоро услышал решение своей дочери, то успокоился и не хотел уже вылезть, рассуждая, что к хате своей нужно пройти по крайней мере шагов с сотню, а может быть, и другую. Вылезши же, нужно оправиться, застегнуть кожух, подвязать пояс — сколько работы! да и капелюхи остались у Солохи. Пусть же лучше дивчата довезут на санках. Но случилось совсем не так, как ожидал Чуб. В то время, когда дивчата побежали за санками, худощавый кум

выходил из шинка расстроенный и не в духе. Шин-
карка никаким образом не решалась ему верить в
долг; он хотел было дожидаться, авось-либо придет
какой-нибудь набожный дворянин и попотчует его;
но, как нарочно, все дворяне оставались дома и, как
честные христиане, ели кутью посреди своих домаш-
них. Размышляя о развращении нравов и о деревянном сердце жидовки, продающей вино, кум набрел
на мешки и остановился в изумлении.

— Вишь, какие мешки кто-то бросил на дороге! — сказал он, осматриваясь по сторонам, — должно быть, тут и свинина есть. Полезло же кому-то
счастие наколядовать столько всякой всячины! Экие
страшные мешки! Положим, что они набиты греча-
никами да коржами, и то *добре*. Хотя бы были тут
одни паляницы, и то *в шмат:* жидовка за каждую па-
ляницу дает осьмуху водки. Утащить скорее, чтобы
кто не увидел. — Тут взвалил он себе на плечи мешок
с Чубом и дьяком, но почувствовал, что он слишком
тяжел. — Нет, одному будет тяжело несть, — проговорил он, — а вот, как нарочно, идет ткач Шапува-
ленко. Здравствуй, Остап!

— Здравствуй, — сказал, остановившись, ткач.

— Куда идешь?

— А так. Иду, куда ноги идут.

— Помоги, человек добрый, мешки снесть! кто-
то колядовал, да и кинул посереди дороги. Добром
разделимся пополам.

— Мешки? а с чем мешки, с кнышами или паляницами?

— Да, думаю, всего есть.

Тут выдернули они наскоро из плетня палки, положили на них мешок и понесли на плечах.

— Куда ж мы понесем его? в шинок? — спросил
дорогою ткач.

— Оно бы и я так думал, чтобы в шинок; но ведь

проклятая жидовка не поверит, подумает еще, что где-нибудь украли; к тому же я только что из шинка. Мы отнесем его в мою хату. Нам никто не помешает: жинки нет дома.

— Да точно ли нет дома? — спросил осторожный ткач.

— Слава Богу, мы не совсем еще без ума, — сказал кум, — черт ли бы принес меня туда, где она. Она, думаю, протаскается с бабами до света.

— Кто там? — закричала кумова жена, услышав шум в сенях, произведенный приходом двух приятелей с мешком, и отворяя дверь.

Кум остолбенел.

— Вот тебе на! — произнес ткач, опустя руки.

Кумова жена была такого рода сокровище, каких немало на белом свете. Так же как и ее муж, она почти никогда не сидела дома и почти весь день пресмыкалась у кумушек и зажиточных старух, хвалила и ела с большим аппетитом и дралась только по утрам с своим мужем, потому что в это только время и видела его иногда. Хата их была вдвое старее шаровар волостного писаря, крыша в некоторых местах была без соломы. Плетня видны были одни остатки, потому что всякий выходивший из дому никогда не брал палки для собак, в надежде, что будет проходить мимо кумова огорода и выдернет любую из его плетня. Печь не топилась дня по три. Всё, что ни напрашивала нежная супруга у добрых людей, прятала как можно подалее от своего мужа и часто самоуправно отнимала у него добычу, если он не успевал ее пропить в шинке. Кум, несмотря на всегдашнее хладнокровие, не любил уступать ей и оттого почти всегда уходил из дому с фонарями под обоими глазами, а дорогая половина, охая, плелась рассказывать старушкам о бесчинстве своего мужа и о претерпенных ею от него побоях.

Теперь можно себе представить, как были озадачены ткач и кум таким неожиданным явлением. Опустивши мешок, они заступили его собою и закрыли полами; но уже было поздно: кумова жена хотя и дурно видела старыми глазами, однако ж мешок заметила.

— Вот это хорошо! — сказала она с таким видом, в котором заметна была радость ястреба. — Это хорошо, что наколядовали столько! Вот так всегда делают добрые люди; только нет, я думаю, где-нибудь подцепили. Покажите мне сей час! слышите, покажите сей же час мешок ваш!

— Лысый черт тебе покажет, а не мы, — сказал, приосанясь, кум.

— Тебе какое дело? — сказал ткач, — мы наколядовали, а не ты.

— Нет, ты мне покажешь, негодный пьяница! — вскричала жена, ударив высокого кума кулаком в подбородок и продираясь к мешку.

Но ткач и кум мужественно отстояли мешок и заставили ее попятиться назад. Не успели они оправиться, как супруга выбежала в сени уже с кочергою в руках. Проворно хватила кочергою мужа по рукам, ткача по спине и уже стояла возле мешка.

— Что мы допустили ее? — сказал ткач очнувшись.

— Э, что мы допустили! а отчего ты допустил? — сказал хладнокровно кум.

— У вас кочерга, видно, железная! — сказал после небольшого молчания ткач, почесывая спину. — Моя жинка купила прошлый год на ярмарке кочергу, дала пивкопы, — та ничего... не больно...

Между тем торжествующая супруга, поставив на пол каганец, развязала мешок и заглянула в него. Но, верно, старые глаза ее, которые так хорошо увидели мешок, на этот раз обманулись.

— Э, да тут лежит целый кабан! — вскрикнула она, всплеснув от радости в ладоши.

— Кабан! слышишь, целый кабан! — толкал ткач кума. — А всё ты виноват!

— Что ж делать! — произнес, пожимая плечами, кум.

— Как что? чего мы стоим? отнимем мешок! ну, приступай!

— Пошла прочь! пошла! это наш кабан! — кричал, выступая, ткач.

— Ступай, ступай, чертова баба! это не твое добро! — говорил, приближаясь, кум.

Супруга принялась снова за кочергу, но Чуб в это время вылез из мешка и стал посреди сеней, потягиваясь, как человек, только что пробудившийся от долгого сна.

Кумова жена вскрикнула, ударивши об полы руками, и все невольно разинули рты.

— Что ж она, дура, говорит: кабан! Это не кабан! — сказал кум, выпуча глаза.

— Вишь, какого человека кинуло в мешок! — сказал ткач, пятясь от испугу. — Хоть что хочешь говори, хоть тресни, а не обошлось без нечистой силы. Ведь он не пролезет в окошко.

— Это кум! — вскрикнул, вглядевшись, кум.

— А ты думал кто? — сказал Чуб усмехаясь. — Что, славную я выкинул над вами штуку? А вы, небось, хотели меня съесть вместо свинины? Постойте же, я вас порадую: в мешке лежит еще что-то, — если не кабан, то, наверно, поросенок или иная живность. Подо мною беспрестанно что-то шевелилось.

Ткач и кум кинулись к мешку, хозяйка дома уцепилась с противной стороны, и драка возобновилась бы снова, если бы дьяк, увидевши теперь, что ему некуда скрыться, не выкарабкался из мешка.

Кумова жена, остолбенев, выпустила из рук ногу, за которую начала было тянуть дьяка из мешка.

— Вот и другой еще! — вскрикнул со страхом ткач, — черт знает как стало на свете... голова идет кругом... не колбас и не паляниц, а людей кидают в мешки!

— Это дьяк! — произнес изумившийся более всех Чуб. — Вот тебе на! Ай да Солоха! посадить в мешок... То-то, я гляжу, у нее полная хата мешков... Теперь я всё знаю: у нее в каждом мешке сидело по два человека. А я думал, что она только мне одному... Вот тебе и Солоха!

Девушки немного удивились, не найдя одного мешка. «Нечего делать, будет с нас и этого», — лепетала Оксана. Все принялись за мешок и взвалили его на санки.

Голова решился молчать, рассуждая: если он закричит, чтобы его выпустили и развязали мешок, — глупые дивчата разбегутся, подумают, что в мешке сидит дьявол, и он останется на улице, может быть, до завтра.

Девушки между тем, дружно взявшись за руки, полетели, как вихорь, с санками по скрипучему снегу. Множество, шаля, садилось на санки; другие взбирались на самого голову. Голова решился сносить всё. Наконец приехали, отворили настежь двери в сенях и хате и с хохотом втащили мешок.

— Посмотрим, что-то лежит тут, — закричали все, бросившись развязывать.

Тут икотка, которая не переставала мучить голову во всё время сидения его в мешке, так усилилась, что он начал икать и кашлять во всё горло.

— Ах, тут сидит кто-то! — закричали все и в испуге бросились вон из дверей.

— Что за черт! куда вы мечетесь как угорелые? — сказал, входя в дверь, Чуб.

— Ах, батько! — произнесла Оксана, — в мешке сидит кто-то!

— В мешке? где вы взяли этот мешок?

— Кузнец бросил его посреди дороги, — сказали все вдруг.

«Ну, так, не говорил ли я?..» — подумал про себя Чуб.

— Чего ж вы испугались? посмотрим. А ну-ка, чоловиче, прошу не погневиться, что не называем по имени и отчеству, вылезай из мешка!

Голова вылез.

— Ах! — вскрикнули девушки.

— И голова влез туда ж, — говорил про себя Чуб в недоумении, меряя его с головы до ног. — Вишь как!.. Э!.. — более он ничего не мог сказать.

Голова сам был не меньше смущен и не знал, что начать.

— Должно быть, на дворе холодно? — сказал он, обращаясь к Чубу.

— Морозец есть, — отвечал Чуб. — А позволь спросить тебя, чем ты смазываешь свои сапоги, смальцем или дегтем?

Он хотел не то сказать, он хотел спросить: «Как ты, голова, залез в этот мешок?», но сам не понимал, как выговорил совершенно другое.

— Дегтем лучше! — сказал голова. — Ну, прощай, Чуб! — И, нахлобучив капелюхи, вышел из хаты.

— Для чего спросил я сдуру, чем он мажет сапоги! — произнес Чуб, поглядывая на двери, в которые вышел голова. — Ай да Солоха! эдакого человека засадить в мешок!.. Вишь, чертова баба! А я дурак... Да где же тот проклятый мешок?

— Я кинула его в угол, там больше ничего нет, — сказала Оксана.

— Знаю я эти штуки, ничего нет! подайте его сюда: там еще один сидит! встряхните его хорошенько... Что, нет?.. Вишь, проклятая баба! а поглядеть на нее: как святая, как будто и скоромного никогда не брала в рот.

Но оставим Чуба изливать на досуге свою досаду и возвратимся к кузнецу, потому что уже на дворе, верно, есть час девятый.

Сначала страшно показалось Вакуле, когда поднялся он от земли на такую высоту, что ничего уже не мог видеть внизу, и пролетел как муха под самым месяцем так, что если бы не наклонился немного, то зацепил бы его шапкою. Однако ж мало спустя он ободрился и уже стал подшучивать над чертом. Его забавляло до крайности, как черт чихал и кашлял, когда он снимал с шеи кипарисный крестик и подносил к нему. Нарочно поднимал он руку почесать голову, а черт, думая, что его собираются крестить, летел еще быстрее. Всё было светло в вышине. Воздух в легком серебряном тумане был прозрачен. Всё было видно; и даже можно было заметить, как вихрем пронесся мимо их, сидя в горшке, колдун; как звезды, собравшись в кучу, играли в жмурки; как клубился в стороне облаком целый рой духов; как плясавший при месяце черт снял шапку, увидавши кузнеца, скачущего верхом; как летела возвращавшаяся назад метла, на которой, видно, только что съездила, куда нужно, ведьма... много еще дряни встречали они. Всё, видя кузнеца, на минуту останавливалось поглядеть на него и потом снова неслось далее и продолжало свое; кузнец всё летел; и вдруг заблестел перед ним Петербург весь в огне. (Тогда была по какому-то случаю иллюминация.) Черт, перелетев через шлагбаум, оборотился в коня, и кузнец увидел себя на лихом бегуне середи улицы.

Боже мой! стук, гром, блеск; по обеим сторонам громоздятся четырехэтажные стены; стук копыт коня, звук колеса отзывались громом и отдавались с четырех сторон; домы росли и будто подымались из земли на каждом шагу; мосты дрожали; кареты летали; извозчики, форейторы кричали; снег свистел под тысячью летящих со всех сторон саней; пешеходы жались и теснились под домами, унизанными плошками, и огромные тени их мелькали по стенам, досягая головою труб и крыш. С изумлением оглядывался кузнец на все стороны. Ему казалось, что все домы устремили на него свои бесчисленные огненные очи и глядели. Господ в крытых сукном шубах он увидел так много, что не знал, кому шапку снимать. «Боже ты мой, сколько тут панства! — подумал кузнец. — Я думаю, каждый, кто ни пройдет по улице в шубе, то и заседатель, то и заседатель! а те, что катаются в таких чудных бричках со стеклами, те когда не городничие, то, верно, комиссары, а может, еще и больше». Его слова прерваны были вопросом черта: «Прямо ли ехать к царице?» «Нет, страшно, — подумал кузнец. — Тут где-то, не знаю, пристали запорожцы, которые проезжали осенью чрез Диканьку. Они ехали из Сечи с бумагами к царице; всё бы таки посоветоваться с ними».

— Эй, сатана, полезай ко мне в карман да веди к запорожцам!

Черт в одну минуту похудел и сделался таким маленьким, что без труда влез к нему в карман. А Вакула не успел оглянуться, как очутился перед большим домом, вошел, сам не зная как, на лестницу, отворил дверь и подался немного назад от блеска, увидевши убранную комнату, но немного ободрился, узнавши тех самых запорожцев, которые проезжали через Диканьку, сидевших на шелковых диванах, поджав под себя намазанные дегтем сапоги, и куривших самый крепкий табак, называемый обыкновенно корешками.

— Здравствуйте, панове! помогай Бог вам! вот где увиделись! — сказал кузнец, подошедши близко и отвесивши поклон до земли.

— Что там за человек? — спросил сидевший перед самым кузнецом другого, сидевшего подалее.

— А вы не познали? — сказал кузнец, — это я, Вакула, кузнец! Когда проезжали осенью через Диканьку, то прогостили, дай Боже вам всякого здоровья и долголетия, без малого два дни. И новую шину тогда поставил на переднее колесо вашей кибитки!

— А! — сказал тот же запорожец, — это тот самый кузнец, который малюет важно. Здорово, земляк, зачем тебя Бог принес?

— А так, захотелось поглядеть, говорят...

— Что ж, земляк, — сказал, приосанясь, запорожец и желая показать, что он может говорить и по-русски, — што балшой город?

Кузнец и себе не хотел осрамиться и показаться новичком, притом же, как имели случай видеть выше сего, он знал и сам грамотный язык.

— Губерния знатная! — отвечал он равнодушно. — Нечего сказать: домы балшущие, картины висят скрозь важные. Многие домы исписаны буквами из сусального золота до чрезвычайности. Нечего сказать, чудная пропорция!

Запорожцы, услышавши кузнеца, так свободно изъясняющегося, вывели заключение очень для него выгодное.

— После потолкуем с тобою, земляк, побольше; теперь же мы едем сейчас к царице.

— К царице? а будьте ласковы, панове, возьмите и меня с собою!

— Тебя? — произнес запорожец с таким видом, с каким говорит дядька четырехлетнему своему воспитаннику, просящему посадить его на настоящую, на большую лошадь. — Что ты будешь там делать? Нет, не можно. — При этом на лице его выразилась значительная мина. — Мы, брат, будем с царицею толковать про свое.

— Возьмите! — настаивал кузнец. — Проси! — шепнул он тихо черту, ударив кулаком по карману.

Не успел он этого сказать, как другой запорожец проговорил:

— Возьмем его, в самом деле, братцы!

— Пожалуй, возьмем! — произнесли другие.

— Надевай же платье такое, как и мы.

Кузнец схватился натянуть на себя зеленый жупан, как вдруг дверь отворилась и вошедший с позументами человек сказал, что пора ехать.

Чудно́ снова показалось кузнецу, когда он понесся в огромной карете, качаясь на рессорах, когда с обеих сторон мимо его бежали назад четырехэтажные дома и мостовая, гремя, казалось, сама катилась под ноги лошадям.

«Боже ты мой, какой свет! — думал про себя кузнец. — У нас днем не бывает так светло».

Кареты остановились перед дворцом. Запорожцы вышли, вступили в великолепные сени и начали подыматься на блистательно освещенную лестницу.

— Что за лестница! — шептал про себя кузнец, — жаль ногами топтать. Экие украшения! Вот, говорят, лгут сказки! кой черт лгут! Боже ты мой, что за перила! какая работа! тут одного железа рублей на пятьдесят пошло!

Уже взобравшись на лестницу, запорожцы прошли первую залу. Робко следовал за ними кузнец, опасаясь на каждом шагу поскользнуться на паркете. Прошли три залы, кузнец всё еще не переставал удивляться. Вступивши в четвертую, он невольно подошел к висевшей на стене картине. Это была Пречистая Дева с младенцем на руках. «Что за картина! что за чудная живопись! — рассуждал он, — вот, кажется, говорит! кажется, живая! А дитя святое! и ручки прижало! и усмехается, бедное! А краски! Боже ты мой, какие краски! тут вохры, я думаю, и на копейку не пошло, всё ярь да бакан; а голубая так и горит! Важная работа! должно быть, грунт наведен был блейвасом. Сколь, однако ж, ни удивительны сии малевания, но эта медная ручка, — продолжал он, подходя к двери и щупая замок, — еще большего достойна удивления. Эк какая чистая выделка! Это всё, я думаю, немецкие кузнецы, за самые дорогие цены делали...»

Может быть, долго еще бы рассуждал кузнец, если бы лакей с галунами не толкнул его под руку и не напомнил, чтобы он не отставал от других. Запорожцы прошли еще две залы и остановились. Тут велено им было дожидаться. В зале толпилось несколько генералов в шитых золотом мундирах. Запорожцы поклонились на все стороны и стали в кучу.

Минуту спустя вошел в сопровождении целой свиты величественного росту, довольно плотный человек в гетьманском мундире, в желтых сапожках. Волосы на нем были растрепаны, один глаз немного крив, на лице изображалась какая-то надменная величавость, во всех движениях видна была привычка повелевать. Все генералы, которые расхаживали довольно спесиво в золотых мундирах, засуетились и с низкими поклонами, казалось, ловили его слово и даже малейшее движение, чтобы сейчас лететь выполнять его. Но гетьман не обратил даже и внимания, едва кивнул головою и подошел к запорожцам.

Запорожцы отвесили все поклон в ноги.

— Все ли вы здесь? — спросил он протяжно, произнося слова немного в нос.

— *Та вси, батько!* — отвечали запорожцы, кланяясь снова.

— Не забудете говорить так, как я вас учил?

— Нет, батько, не позабудем.

— Это царь? — спросил кузнец одного из запорожцев.

— Куда тебе царь! это сам Потемкин, — отвечал тот.

В другой комнате послышались голоса, и кузнец не знал, куда деть свои глаза от множества вошедших дам в атласных платьях с длинными хвостами и придворных в шитых золотом кафтанах и с пучками назади. Он только видел один блеск и больше ничего. Запорожцы вдруг все пали на землю и закричали в один голос:

— Помилуй, мамо! помилуй!

Кузнец, не видя ничего, растянулся и сам со всем усердием на полу.

— Встаньте! — прозвучал над ними повелительный и вместе приятный голос. Некоторые из придворных засуетились и толкали запорожцев.

— Не встанем, мамо! не встанем! умрем, а не встанем! — кричали запорожцы.

Потемкин кусал себе губы, наконец подошел сам и повелительно шепнул одному из запорожцев. Запорожцы поднялись.

Тут осмелился и кузнец поднять голову и увидел стоявшую перед собою небольшого росту женщину, несколько даже дородную, напудренную, с голубыми глазами, и вместе с тем величественно улыбающимся видом, который так умел покорять себе всё и мог только принадлежать одной царствующей женщине.

— Светлейший обещал меня познакомить сегодня с моим народом, которого я до сих пор еще не видала, — говорила дама с голубыми глазами, рассматривая с любопытством запорожцев. — Хорошо ли вас здесь содержат? — продолжала она, подходя ближе.

— *Та спасиби, мамо!* Провиянт дают хороший, хотя бараны здешние совсем не то, что у нас на Запорожьи, — почему ж не жить как-нибудь?..

Потемкин поморщился, видя, что запорожцы говорят совершенно не то, чему он их учил...

Один из запорожцев, приосанясь, выступил вперед:

— Помилуй, мамо! зачем губишь верный народ? чем прогневили? Разве держали мы руку поганого татарина; разве соглашались в чем-либо с турчином; разве изменили тебе делом или помышлением? За что ж немилость? Прежде слышали мы, что приказываешь везде строить крепости от нас; после слышали, что хочешь *поворотить в карабинеры;* теперь слышим новые напасти. Чем виновато запорожское войско? тем ли, что перевело твою армию чрез Перекоп и помогло твоим енералам порубать крымцев?..

Потемкин молчал и небрежно чистил небольшою щеточкою свои бриллианты, которыми были унизаны его руки.

— Чего же хотите вы? — заботливо спросила Екатерина.

Запорожцы значительно взглянули друг на друга. «Теперь пора! царица спрашивает, чего хотите!» — сказал сам себе кузнец и вдруг повалился на землю.

— Ваше царское величество, не прикажите казнить, прикажите миловать. Из чего, не во гнев будь сказано вашей царской милости, сделаны черевички, что на ногах ваших? я думаю, ни один швец ни в одном государстве на свете не сумеет так сделать. Боже ты мой, что, если бы моя жинка надела такие черевики!

Государыня засмеялась. Придворные засмеялись тоже. Потемкин и хмурился и улыбался вместе. Запорожцы начали толкать под руку кузнеца, думая, не с ума ли он сошел.

— Встань! — сказала ласково государыня. — Если так тебе хочется иметь такие башмаки, то это нетрудно сделать. Принесите ему сей же час башмаки самые дорогие, с золотом! Право, мне очень нравится это простодушие! Вот вам, — продолжала государыня, устремив глаза на стоявшего подалее от других средних лет человека с полным, но несколько бледным лицом, которого скромный кафтан с большими перламутровыми пуговицами показывал, что он не принадлежал к числу придворных, — предмет, достойный остроумного пера вашего!

— Вы, ваше императорское величество, слишком милостивы. Сюда нужно по крайней мере Лафонтена! — отвечал, поклонясь, человек с перламутровыми пуговицами.

— По чести скажу вам: я до сих пор без памяти от вашего «Бригадира». Вы удивительно хорошо читаете! Однако ж, — продолжала государыня, обращаясь снова к запорожцам, — я слышала, что на Сече у вас никогда не женятся.

— *Як же, мамо!* ведь человеку, сама знаешь, без жинки нельзя жить, — отвечал тот самый запорожец, который разговаривал с кузнецом; и кузнец удивился, слыша, что этот запорожец, зная так хорошо грамотный язык, говорит с царицею, как будто нарочно, самым грубым, обыкновенно называемым мужицким наречием. «Хитрый народ! — подумал он сам в себе, — верно, недаром он делает».

— Мы не чернецы, — продолжал запорожец, — а люди грешные. Падки, как и всё честное христианство, до скоромного. Есть у нас немало таких, которые имеют жен, только не живут с ними на Сече. Есть такие, что имеют жен в Польше; есть такие, что имеют жен в Украине; есть такие, что имеют жен и в Турещине.

В это время кузнецу принесли башмаки.

— Боже ты мой, что за украшение! — вскрикнул он радостно, ухватив башмаки. — Ваше царское величество! Что ж, когда башмаки такие на ногах и в них, чаятельно, ваше благородие, ходите и на лед *ковзаться,* какие ж должны быть самые ножки? думаю, по малой мере из чистого сахара.

Государыня, которая точно имела самые стройные и прелестные ножки, не могла не улыбнуться, слыша такой комплимент из уст простодушного кузнеца, который в своем запорожском платье мог почесться красавцем, несмотря на смуглое лицо.

Обрадованный таким благосклонным вниманием, кузнец уже хотел было расспросить хорошенько царицу о всем: правда ли, что цари едят один только мед да сало, и тому подобное; но, почувствовав, что запорожцы толкают его под бока, решился замолчать. И когда государыня, обратившись к старикам, начала расспрашивать, как у них живут на Сече, какие обычаи водятся, — он, отошедши назад, нагнулся к карману, сказал тихо: «Выноси меня отсюда скорее!» — и вдруг очутился за шлагбаумом.

— Утонул! ей-богу, утонул! вот чтобы я не сошла с этого места, если не утонул! — лепетала толстая ткачиха, стоя в куче диканьских баб посреди улицы.

— Что ж, разве я лгунья какая? разве я у кого-нибудь корову украла? разве я сглазила кого, что ко мне не имеют веры? — кричала баба в козацкой свитке, с фиолетовым носом, размахивая руками. — Вот чтобы мне воды не захотелось пить, если старая Переперчиха не видела собственными глазами, как повесился кузнец!

— Кузнец повесился? вот тебе на! — сказал голова, выходивший от Чуба, остановился и протеснился ближе к разговаривавшим.

— Скажи лучше, чтоб тебе водки не захотелось пить, старая пьяница! — отвечала ткачиха, — нужно быть такой сумасшедшей, как ты, чтобы повеситься! Он утонул! утонул в пролубе! Это я так знаю, как то, что ты была сейчас у шинкарки.

— Срамница! вишь, чем стала попрекать! — гневно возразила баба с фиолетовым носом. — Молчала бы, негодница! Разве я не знаю, что к тебе дьяк ходит каждый вечер?

Ткачиха вспыхнула.

— Что дьяк? к кому дьяк? что ты врешь?

— Дьяк? — пропела, теснясь к спорившим, дьячиха, в тулупе из заячьего меха, крытом синею китайкою. — Я дам знать дьяка! кто это говорит — дьяк?

— А вот к кому ходит дьяк! — сказала баба с фиолетовым носом, указывая на ткачиху.

— Так это ты, сука, — сказала дьячиха, подступая к ткачихе, — так это ты, ведьма, напускаешь ему туман и поишь нечистым зельем, чтобы ходил к тебе?

— Отвяжись от меня, сатана! — говорила, пятясь, ткачиха.

— Вишь, проклятая ведьма, чтоб ты не дождала детей своих видеть, негодная! тьфу!.. — Тут дьячиха плюнула прямо в глаза ткачихе.

Ткачиха хотела и себе сделать то же, но вместо того плюнула в небритую бороду голове, который, чтобы лучше всё слышать, подобрался к самим спорившим.

— А, скверная баба! — закричал голова, обтирая полою лицо и поднявши кнут. Это движение заставило всех разойтиться с ругательствами в разные стороны. — Экая мерзость! — повторял он, продолжая обтираться. — Так кузнец утонул! Боже ты мой! а какой важный живописец был! какие ножи крепкие, серпы, плуги умел выковывать! что за сила была! Да, — продолжал он задумавшись, — таких людей мало у нас на селе. То-то я, еще сидя в проклятом мешке, замечал, что бедняжка был крепко не в духе. Вот тебе и кузнец! был, а теперь и нет! а я собирался было подковать свою рябую кобылу!..

И, будучи полон таких христианских мыслей, голова тихо побрел в свою хату.

Оксана смутилась, когда до нее дошли такие вести. Она мало верила глазам Переперчихи и толкам баб, она знала, что кузнец довольно набожен, чтобы решиться погубить свою душу. Но что, если он, в самом деле, ушел с намерением никогда не возвращаться в село? А вряд ли и в другом месте где найдется такой молодец, как кузнец! Он же так любил ее! он долее всех выносил ее капризы! Красавица всю ночь под своим одеялом поворачивалась с правого бока на левый, с левого на правый — и не могла заснуть. То, разметавшись в обворожительной наготе, которую ночной мрак скрывал даже от нее самой, она почти вслух бранила себя; то, приутихнув, решалась ни о чем не думать — и всё думала. И вся горела, и к утру влюбилась по уши в кузнеца.

Чуб не изъявил ни радости, ни печали об участи Вакулы. Его мысли заняты были одним: он никак не мог позабыть вероломства Солохи и сонный не переставал бранить ее.

Настало утро. Вся церковь еще до света была полна народа. Пожилые женщины в белых намитках, в белых суконных свитках набожно крестились у самого входа церковного. Дворянки в зеленых и желтых кофтах, а иные даже в синих кунтушах с золотыми назади усами, стояли впереди их. Дивчата, у которых на головах намотана была целая лавка лент, а на шее монист, крестов и дукатов, старались пробраться еще ближе к иконостасу. Но впереди всех стояли дворяне и простые мужики с усами, с чубами, с толстыми шеями и только что выбритыми подбородками, все большею частию в кобеняках, из-под которых выказывалась белая, а у иных и синяя свитка. На всех лицах, куда ни взглянь, виден был праздник. Голова облизывался, воображая, как он разговеется колбасою; дивчата помышляли о том, как они будут *ковзаться* с хлопцами на льду; старухи усерднее, нежели когда-либо, шептали молитвы. По всей церкви слышно было, как козак Свербыгуз клал поклоны. Одна только Оксана стояла как будто не своя; молилась и не молилась. На сердце у нее столпилось столько разных чувств, одно другого досаднее, одно другого печальнее, что лицо ее выражало одно только сильное смущение; слезы дрожали на глазах. Дивчата не могли понять этому причины и не подозревали, чтобы виною был кузнец. Однако ж не одна Оксана была занята кузнецом. Все миряне заметили, что праздник как будто не праздник; что как будто всё чего-то недостает. Как на беду, дьяк после путешествия в мешке охрип и дребезжал едва слышным голосом; правда, приезжий певчий славно брал баса, но куда бы лучше, если бы и кузнец был, который всегда, бывало, как только пели «Отче наш» или «Иже херувимы», всходил на крылос и выводил оттуда тем же самым напевом, каким поют и в Полтаве. К тому же он один исправлял должность церковного титара. Уже отошла заутреня; после заутрени отошла обедня... куда ж это, в самом деле, запропастился кузнец?

Еще быстрее в остальное время ночи несся черт с кузнецом назад. И мигом очутился Вакула около своей хаты. В это время пропел петух. «Куда? — закричал он, ухватя за хвост хотевшего убежать черта, — постой, приятель, еще не всё: я еще не поблагодарил тебя». Тут, схвативши хворостину, отвесил он ему три удара, и бедный черт припустил бежать, как мужик, которого только что выпарил заседатель. Итак, вместо того чтобы провесть, соблазнить и одурачить других, враг человеческого рода был сам одурачен. После сего Вакула вошел в сени, зарылся в сено и проспал до обеда. Проснувшись, он испугался, когда увидел, что солнце уже высоко: «Я проспал заутреню и обедню!» Тут благочестивый кузнец погрузился в уныние, рассуждая, что это, верно, Бог нарочно, в наказание за грешное его намерение погубить свою душу, наслал сон, который не дал даже ему побывать в такой торжественный праздник в церкви. Но, однако ж, успокоив себя тем, что в следующую неделю исповедается в этом попу и с сегодняшнего же дня начнет бить по пятидесяти поклонов через весь год, заглянул он в хату: но в ней не было никого. Видно, Солоха еще не возвращалась. Бережно вынул он из пазухи башмаки и снова изумился дорогой работе и чудному происшествию минувшей ночи; умылся, оделся как можно лучше, надел то самое платье, которое достал от запорожцев, вынул из сундука новую шапку решетиловских смушек с синим верхом, которой не надевал еще ни разу с того времени, как купил ее еще в бытность в Полтаве; вынул также новый всех цветов пояс; положил всё это вместе с нагайкою в платок и отправился прямо к Чубу.

Чуб выпучил глаза, когда вошел к нему кузнец, и не знал, чему дивиться: тому ли, что кузнец воскрес, тому ли, что кузнец смел к нему придти, или тому, что он нарядился таким щеголем и запорожцем. Но еще больше изумился он, когда Вакула развязал платок и положил перед ним новехонькую шапку и пояс, какого не видано было на селе, а сам повалился ему в ноги и проговорил умоляющим голосом:

— Помилуй, батько! не гневись! вот тебе и нагайка: бей, сколько душа пожелает. Отдаюсь сам, во всем каюсь; бей, да не гневись только! ты ж когда-то братался с покойным батьком, вместе хлеб-соль ели и магарыч пили.

Чуб не без тайного удовольствия видел, как кузнец, который никому на селе в ус не дул, сгибал в руке пятаки и подковы, как гречневые блины, тот самый кузнец лежал у ног его. Чтоб еще больше не уронить себя, Чуб взял нагайку и ударил его три раза по спине.

— Ну, будет с тебя, вставай! старых людей всегда слушай! Забудем всё, что было меж нами! ну, теперь говори, чего тебе хочется?

— Отдай, батько, за меня Оксану!

Чуб немного подумал, поглядел на шапку и пояс: шапка была чудная, пояс также не уступал ей; вспомнил о вероломной Солохе и сказал решительно:

— *Добре!* присылай сватов!

— Ай! — вскрикнула Оксана, переступив через порог и увидев кузнеца, и вперила с изумлением и радостью в него очи.

— Погляди, какие я тебе принес черевики! — сказал Вакула, — те самые, которые носит царица.

— Нет! нет! мне не нужно черевиков! — говорила она, махая руками и не сводя с него очей, — я и без черевиков... — Далее она не договорила и покраснела.

Кузнец подошел ближе, взял ее за руку; красавица и очи потупила. Еще никогда не была она так чудно хороша. Восхищенный кузнец тихо поцеловал ее, и лицо ее пуще загорелось, и она стала еще лучше.

Проезжал через Диканьку блаженной памяти архиерей, хвалил место, на котором стоит село, и, проезжая по улице, остановился перед новою хатою.

— А чья это такая размалеванная хата? — спросил преосвященный у стоявшей близ дверей красивой женщины с дитятей на руках.

— Кузнеца Вакулы! — сказала ему, кланяясь, Оксана, потому что это именно была она.

— Славно! славная работа! — сказал преосвященный, разглядывая двери и окна. А окна все были обведены кругом красною краскою; на дверях же везде были козаки на лошадях, с трубками в зубах.

Но еще больше похвалил преосвященный Вакулу, когда узнал, что он выдержал церковное покаяние и выкрасил даром весь левый крылос зеленою краскою с красными цветами. Это, однако ж, не всё: на стене сбоку, как войдешь в церковь, намалевал Вакула черта в аду, такого гадкого, что все плевали, когда проходили мимо; а бабы, как только расплакивалось у них на руках дитя, подносили его к картине и говорили: *«Он бачь, яка кака намалевана!»* И дитя, удерживая слезенки, косилось на картину и жалось к груди своей матери.

СТРАШНАЯ МЕСТЬ

I

Шумит, гремит конец Киева: есаул Горобець празднует свадьбу своего сына. Наехало много людей к есаулу в гости. В старину любили хорошенько поесть, еще лучше любили попить, а еще лучше любили повеселиться. Приехал на гнедом коне своем и запорожец Микитка прямо с разгульной попойки с Перешляя поля, где поил он семь дней и семь ночей королевских шляхтичей красным вином. Приехал и названый брат есаула, Данило Бурульбаш, с другого берега Днепра, где, промеж двумя горами, был его хутор, с молодою женою Катериною и с годовым сыном. Дивилися гости белому лицу пани Катерины, черным, как немецкий бархат, бровям, нарядной сукне и исподнице из голубого полутабенеку, сапогам с серебряными подковами; но еще больше дивились тому, что не приехал вместе с нею старый отец. Всего только год жил он на Заднепровьи, а двадцать один пропадал без вести и воротился к дочке своей, когда уже та вышла замуж и родила сына. Он, верно, много нарассказал бы дивного. Да как и не рассказать, бывши так долго в чужой земле! Там всё не так: и люди не те, и церквей Христовых нет... Но он не приехал.

Гостям поднесли варенуху с изюмом и сливами и на немалом блюде коровай. Музыканты принялись за исподку его, спеченную вместе с деньгами, и, на время притихнув, положили возле себя цимбалы, скрипки и бубны. Между тем молодицы и дивчата, утершись шитыми платками, выступали снова из рядов своих; а парубки, схватившись в боки, гордо озираясь на стороны, готовы были понестись им навстречу, — как старый есаул вынес две иконы благословить молодых. Те иконы достались ему от честного схимника, старца Варфоломея. Не богата на них утварь, не горит ни серебро, ни золото, но никакая нечистая сила не посмеет прикоснуться к тому, у кого они в доме. Приподняв иконы вверх, есаул готовился сказать короткую молитву... как вдруг закричали, перепугавшись, игравшие на земле дети, а вслед за ними попятился народ, и все показывали со страхом пальцами на стоявшего посреди их козака. Кто он таков — никто не знал. Но уже он протанцевал на славу козачка и уже успел насмешить обступившую его толпу. Когда же есаул поднял иконы, вдруг всё лицо его переменилось: нос вырос и наклонился на сторону, вместо карих, запрыгали зеленые очи, губы засинели, подбородок задрожал и заострился, как копье, изо рта выбежал клык, из-за головы поднялся горб, и стал козак — старик.

— Это он! это он! — кричали в толпе, тесно прижимаясь друг к другу.

— Колдун показался снова! — кричали матери, хватая на руки детей своих.

Величаво и сановито выступил вперед есаул и сказал громким голосом, выставив против него иконы:

— Пропади, образ сатаны, тут тебе нет места! — И, зашипев и щелкнув, как волк, зубами, пропал чудный старик.

Пошли, пошли и зашумели, как море в непогоду, толки и речи между народом.

— Что это за колдун? — спрашивали молодые и небывалые люди.

— Беда будет! — говорили старые, крутя головами. И везде, по всему широкому подворью есаула, стали собираться в кучки и слушать истории про чудного колдуна. Но все почти говорили разно, и наверно никто не мог рассказать про него.

На двор выкатили бочку меду и не мало поставили ведер грецкого вина. Всё повеселело снова. Музыканты грянули; дивчата, молодицы, лихое козачество в ярких жупанах понеслись. Девяностолетнее и столетнее старье, подгуляв, пустилось и себе приплясывать, поминая недаром пропавшие годы. Пировали до поздней ночи, и пировали так, как теперь уже не пируют. Стали гости расходиться, но мало побрело восвояси: много осталось ночевать у есаула на широком дворе; а еще больше козачества заснуло само, непрошеное, под лавками, на полу, возле коня, близ хлева; где пошатнулась с хмеля козацкая голова, там и лежит и храпит на весь Киев.

II

Тихо светит по всему миру: то месяц показался из-за горы. Будто дамасскою дорогою и белою, как снег, кисеею покрыл он гористый берег Днепра, и тень ушла еще далее в чащу сосен.

Посереди Днепра плыл дуб. Сидят впереди два хлопца; черные козацкие шапки набекрень, и под веслами, как будто от огнива огонь, летят брызги во все стороны.

Отчего не поют козаки? Не говорят ни о том, как уже ходят по Украине ксендзы и перекрещивают козацкий народ в католиков; ни о том, как два дни билась при Соленом озере орда. Как им петь, как говорить про лихие дела: пан их Данило призадумался, и рукав кармазинного жупана опустился из дуба и черпает воду; пани их Катерина тихо колышет дитя и не сводит с него очей, а на незастланную полотном нарядную сукню серою пылью валится вода.

Любо глянуть с середины Днепра на высокие горы, на широкие луга, на зеленые леса! Горы те — не горы: подошвы у них нет, внизу их, как и вверху, острая вершина, и под ними и над ними высокое небо. Те леса, что стоят на холмах, не леса: то волосы, поросшие на косматой голове лесного деда. Под нею в воде моется борода, и под бородою, и над волосами высокое небо. Те луга — не луга: то зеленый пояс, перепоясавший посередине круглое небо, и в верхней половине и в нижней половине прогуливается месяц.

Не глядит пан Данило по сторонам, глядит он на молодую жену свою.

— Что, моя молодая жена, моя золотая Катерина, вдалася в печаль?

— Я не в печаль вдалася, пан мой Данило! Меня устрашили чудные рассказы про колдуна. Говорят, что он родился таким страшным... и никто из детей сызмала не хотел играть с ним. Слушай, пан Данило, как страшно говорят: что будто ему всё чудилось, что все смеются над ним. Встретится ли под темный вечер с каким-нибудь человеком, и ему тотчас показывалось, что он открывает рот и выскаливает зубы. И на другой день находили мертвым того человека. Мне чудно, мне страшно было, когда я слушала эти рассказы, — говорила Катерина, вынимая платок и вытирая им лицо спавшего на руках дитяти. На платке были вышиты ею красным шелком листья и ягоды.

Пан Данило ни слова и стал поглядывать на темную сторону, где далеко из-за леса чернел земляной вал, из-за вала подымался старый замок. Над бровями разом вырезались три морщины; левая рука гладила молодецкие усы.

— Не так еще страшно, что колдун, — говорил он, — как страшно то, что он недобрый гость. Что ему за блажь пришла притащиться сюда? Я слышал, что хотят ляхи строить какую-то крепость, чтобы перерезать нам дорогу к запорожцам. Пусть это правда... Я размету чертовское гнездо, если только пронесется слух, что у него какой-нибудь притон. Я сожгу старого колдуна, так что и воронам нечего будет расклевать. Однако ж, думаю, он не без золота и всякого добра. Вот где живет этот дьявол! Если у него водится золото... Мы сейчас будем плыть мимо крестов — это кладбище! тут гниют его нечистые деды. Говорят, они все готовы были себя продать за денежку сатане с душою и ободранными жупанами. Если ж у него точно есть золото, то мешкать нечего теперь: не всегда на войне можно добыть...

— Знаю, что затеваешь ты. Ничего не предвещает доброго мне встреча с ним. Но ты так тяжело дышишь, так сурово глядишь, очи твои так угрюмо надвинулись бровями!..

— Молчи, баба! — с сердцем сказал Данило. — С вами кто свяжется, сам станет бабой. Хлопец, дай мне огня в люльку! — Тут оборотился он к одному из гребцов, который, выколотивши из своей люльки горячую золу, стал перекладывать ее в люльку своего пана. — Пугает меня колдуном! — продолжал пан Данило. — Козак, слава Богу, ни чертей, ни ксендзов не боится. Много было бы проку, если бы мы стали слушаться жен. Не так ли, хлопцы? наша жена — люлька да острая сабля!

Катерина замолчала, потупивши очи в сонную воду; а ветер дергал воду рябью, и весь Днепр серебрился, как волчья шерсть середи ночи.

Дуб повернул и стал держаться лесистого берега.

На берегу виднелось кладбище: ветхие кресты толпились в кучку. Ни калина не растет меж ними, ни трава не зеленеет, только месяц греет их с небесной вышины.

— Слышите ли, хлопцы, крики? Кто-то зовет нас на помощь! — сказал пан Данило, оборотясь к гребцам своим.

— Мы слышим крики, и кажется, с той стороны, — разом сказали хлопцы, указывая на кладбище.

Но всё стихло. Лодка поворотила и стала огибать выдавшийся берег. Вдруг гребцы опустили весла и недвижно уставили очи. Остановился и пан Данило: страх и холод прорезался в козацкие жилы.

Крест на могиле зашатался, и тихо поднялся из нее высохший мертвец. Борода до пояса; на пальцах когти длинные, еще длиннее самих пальцев. Тихо поднял он руки вверх. Лицо всё задрожало у него и покривилось. Страшную муку, видно, терпел он. «Душно мне! душно!» — простонал он диким, нечеловечьим голосом. Голос его, будто нож, царапал сердце, и мертвец вдруг ушел под землю. Зашатался другой крест, и опять вышел мертвец, еще страшнее, еще выше прежнего; весь зарос, борода по колена и еще длиннее костяные когти. Еще диче закричал он: «Душно мне!» — и ушел под землю. Пошатнулся третий крест, поднялся третий мертвец. Казалось, одни только кости поднялись высоко над землею. Борода по самые пяты; пальцы с длинными когтями вонзились в землю. Страшно протянул он руки вверх, как будто хотел достать месяца, и закричал так, как будто кто-нибудь стал пилить его желтые кости...

Дитя, спавшее на руках у Катерины, вскрикнуло и пробудилось. Сама пани вскрикнула. Гребцы пороняли шапки в Днепр. Сам пан вздрогнул.

Всё вдруг пропало, как будто не бывало; однако ж долго хлопцы не брались за весла.

Заботливо поглядел Бурульбаш на молодую жену, которая в испуге качала на руках кричавшее дитя, прижал ее к сердцу и поцеловал в лоб.

— Не пугайся, Катерина! Гляди: ничего нет! — говорил он, указывая по сторонам. — Это колдун хочет устрашить людей, чтобы никто не добрался до нечистого гнезда его. Баб только одних он напугает этим! Дай сюда на руки мне сына! — При сем слове поднял пан Данило своего сына вверх и поднес к губам. — Что, Иван, ты не боишься колдунов? «Нет, говори, тятя, я козак». Полно же, перестань плакать! домой приедем! Приедем домой — мать накормит кашею, положит тебя спать в люльку, запоет:

Люли, люли, люли!
Люли, сынку, люли!
Да вырастай, вырастай в забаву!
Козачеству на славу,
Ворожонькам в расправу!

Слушай, Катерина, мне кажется, что отец твой не хочет жить в ладу с нами. Приехал угрюмый, суровый, как будто сердится... Ну, недоволен, зачем и приезжать. Не хотел выпить за козацкую волю! не покачал на руках дитяти! Сперва было я ему хотел поверить всё, что лежит на сердце, да не берет что-то, и речь заикнулась. Нет, у него не козацкое сердце! Козацкие сердца, когда встретятся где, как не выбьются из груди друг другу навстречу!.. Что, мои любые хлопцы, скоро берег? Ну, шапки я вам дам новые. Тебе, Стецько, дам выложенную бархатом с золотом; я ее снял вместе с головою у татарина. Весь его снаряд достался мне; одну только его душу я выпустил на волю. Ну, причаливай! Вот, Иван, мы и приехали, а ты всё плачешь! Возьми его, Катерина!

Все вышли. Из-за горы показалась соломенная кровля; то дедовские хоромы пана Данила. За ними еще гора, а там уже и поле, а там хоть сто верст пройди, не сыщешь ни одного козака.

Хутор пана Данила между двумя горами, в узкой долине, сбегающей к Днепру. Невысокие у него хоромы: хата на вид, как и у простых козаков, и в ней одна светлица; но есть где поместиться там и ему, и жене его, и старой прислужнице, и десяти отборным молодцам. Вокруг стен вверху идут дубовые полки. Густо на них стоят миски, горшки для трапезы. Есть меж ними и кубки серебряные, и чарки, оправленные в золото, дарственные и добытые на войне. Ниже висят дорогие мушкеты, сабли, пищали, копья. Волею и неволею перешли они от татар, турок и ляхов; немало зато и вызубрены. Глядя на них, пан Данило как будто по значкам припоминал свои схватки. Под стеною, внизу, дубовые гладко вытесанные лавки. Возле них, перед лежанкою, висит на веревках, продетых в кольцо, привинченное к потолку, люлька. Во всей светлице пол гладко убитый и смазанный глиною. На лавках спит с женою пан Данило. На лежанке старая прислужница. В люльке тешится и убаюкивается малое дитя. На полу покотом ночуют молодцы. Но козаку лучше спать на гладкой земле при вольном небе; ему не пуховик и не перина нужна; он мостит себе под голову свежее сено и вольно протягивается на траве. Ему весело, проснувшись среди ночи, взглянуть на высокое, засеянное звездами небо и вздрогнуть от ночного холода, принесшего свежесть козацким косточкам. Дотягиваясь и бормоча сквозь сон, закуривает он люльку и закутывается крепче в теплый кожух.

Не рано проснулся Бурульбаш после вчерашнего веселья и, проснувшись, сел в углу на лавке и начал натачивать новую, вымененную им, турецкую саблю; а пани Катерина принялась вышивать золотом шелковый рушник. Вдруг вошел Катеринин отец, рассержен, нахмурен, с заморскою люлькою в зубах, приступил к дочке и сурово стал выспрашивать ее: что за причина тому, что так поздно воротилась она домой.

— Про эти дела, тесть, не ее, а меня спрашивать! Не жена, а муж отвечает. У нас уже так водится, не погневайся! — говорил Данило, не оставляя своего дела. — Может, в иных неверных землях этого не бывает — я не знаю.

Краска выступила на суровом лице тестя, и очи дико блеснули.

— Кому ж, как не отцу, смотреть за своею дочкой! — бормотал он про себя. — Ну, я тебя спрашиваю: где таскался до поздней ночи?

— А вот это дело, дорогой тесть! На это я тебе скажу, что я давно уже вышел из тех, которых бабы пеленают. Знаю, как сидеть на коне. Умею держать в руках и саблю острую. Еще кое-что умею... Умею никому и ответа не давать в том, что делаю.

— Я вижу, Данило, я знаю, ты желаешь ссоры! Кто скрывается, у того, верно, на уме недоброе дело.

— Думай себе что хочешь, — сказал Данило, — думаю и я себе. Слава Богу, ни в одном еще бесчестном деле не был; всегда стоял за веру православную и отчизну, — не так, как иные бродяги, таскаются Бог знает где, когда православные бьются насмерть, а после нагрянут убирать не ими засеянное жито. На униатов даже не похожи: не заглянут в Божию церковь. Таких бы нужно допросить порядком, где они таскаются.

— Э, козак! знаешь ли ты... я плохо стреляю: всего за сто сажен пуля моя пронизывает сердце. Я и рублюсь незавидно: от человека остаются куски мельче круп, из которых варят кашу.

— Я готов, — сказал пан Данило, бойко перекрестивши воздух саблею, как будто знал, на что ее выточил.

— Данило! — закричала громко Катерина, ухватившись его за руку и повиснув на ней. — Вспомни, безумный, погляди, на кого ты подымаешь руку! Батько, твои волосы белы, как снег, а ты разгорелся, как неразумный хлопец!

— Жена! — крикнул грозно пан Данило, — ты знаешь, я не люблю этого. Ведай свое бабье дело!

Сабли страшно звукнули; железо рубило железо, и искрами, будто пылью, обсыпали себя козаки. С плачем ушла Катерина в особую светлицу, кинулась в постель и закрыла уши, чтобы не слышать сабельных ударов. Но не так худо бились козаки, чтобы можно было заглушить их удары. Сердце ее хотело разорваться на части. По всему ее телу слышала она, как проходили звуки: тук, тук. «Нет, не вытерплю, не вытерплю... Может, уже алая кровь бьет ключом из белого тела. Может, теперь изнемогает мой милый; а я лежу здесь!» И вся бледная, едва переводя дух, вошла в хату.

Ровно и страшно бились козаки. Ни тот, ни другой не одолевает. Вот наступает Катеринин отец — подается пан Данило. Наступает пан Данило — подается суровый отец, и опять наравне. Кипят. Размахнулись... ух! сабли звенят... и, гремя, отлетели в сторону клинки.

— Благодарю тебя, Боже! — сказала Катерина и вскрикнула снова, когда увидела, что козаки взялись за мушкеты. Поправили кремни, взвели курки.

Выстрелил пан Данило — не попал. Нацелился отец... Он стар, он видит не так зорко, как молодой; однако ж не дрожит его рука. Выстрел загремел... Пошатнулся пан Данило. Алая кровь выкрасила левый рукав козацкого жупана.

— Нет! — закричал он, — я не продам так дешево себя. Не левая рука, а правая атаман. Висит у меня на стене турецкий пистолет; еще ни разу во всю жизнь не изменял он мне. Слезай с стены, старый товарищ! покажи другу услугу! — Данило протянул руку.

— Данило! — закричала в отчаянии, схвативши его за руки и бросившись ему в ноги, Катерина. — Не за себя молю. Мне один конец: та недостойная жена, которая живет после своего мужа; Днепр, холодный Днепр будет мне могилою... Но погляди на сына, Данило, погляди на сына! Кто пригреет бедное дитя? Кто приголубит его? Кто выучит его летать на вороном коне, биться за волю и веру, пить и гулять по-козацки? Пропадай, сын мой, пропадай! Тебя не хочет знать отец твой! гляди, как он отворачивает лицо свое. О! я теперь знаю тебя! ты зверь, а не человек! у тебя волчье сердце, а душа лукавой гадины. Я думала, что у тебя капля жалости есть, что в твоем каменном теле человечье чувство горит. Безумно же я обманулась. Тебе это радость принесет. Твои кости станут танцевать в гробе с веселья, когда услышат, как нечестивые звери ляхи кинут в пламя твоего сына, когда сын твой будет кричать под ножами и окропом. О, я знаю тебя! Ты рад бы из гроба встать и раздувать шапкою огонь, взвихрившийся под ним!

— Постой, Катерина! ступай, мой ненаглядный Иван, я поцелую тебя! Нет, дитя мое, никто не тронет волоска твоего. Ты вырастешь на славу отчизны; как вихорь будешь ты летать перед козаками, с бархатною шапочкою на голове, с острою саблею в руке. Дай, отец, руку! Забудем бывшее между нами. Что сделал перед тобою неправого — винюсь. Что же ты не даешь руки? — говорил Данило отцу Катерины, который стоял на одном месте, не выражая на лице своем ни гнева, ни примирения.

— Отец! — вскричала Катерина, обняв и поцеловав его. — Не будь неумолим, прости Данила: он не огорчит больше тебя!

— Для тебя только, моя дочь, прощаю! — отвечал

он, поцеловав ее и блеснув странно очами. Катерина немного вздрогнула: чуден показался ей и поцелуй, и странный блеск очей. Она облокотилась на стол, на котором перевязывал раненую свою руку пан Данило, передумывая, что худо и не по-козацки сделал, просивши прощения, не будучи ни в чем виноват.

IV

Блеснул день, но не солнечный: небо хмурилось, и тонкий дождь сеялся на поля, на леса, на широкий Днепр. Проснулась пани Катерина, но не радостна: очи заплаканы, и вся она смутна и неспокойна.

— Муж мой милый, муж дорогой, чудный мне сон снился!

— Какой сон, моя любая пани Катерина?

— Снилось мне, чудно, право, и так живо, будто наяву, — снилось мне, что отец мой есть тот самый урод, которого мы видали у есаула. Но прошу тебя, не верь сну. Каких глупостей не привидится! Будто я стояла перед ним, дрожала вся, боялась, и от каждого слова его стонали мои жилы. Если б ты слышал, что он говорил...

— Что же он говорил, моя золотая Катерина?

— Говорил: «Ты посмотри на меня, Катерина, я хорош! Люди напрасно говорят, что я дурен. Я буду тебе славным мужем. Посмотри, как я поглядываю очами!» Тут навел он на меня огненные очи, я вскрикнула и пробудилась.

— Да, сны много говорят правды. Однако ж знаешь ли ты, что за горою не так спокойно? Чуть ли не ляхи стали выглядывать снова. Мне Горобець прислал сказать, чтобы я не спал. Напрасно только он заботится; я и без того не сплю. Хлопцы мои в эту ночь срубили двенадцать засеков. Посполитство будем угощать свинцовыми сливами, а шляхтичи потанцуют и от батогов.

— А отец знает об этом?

— Сидит у меня на шее твой отец! я до сих пор разгадать его не могу. Много, верно, он грехов наделал в чужой земле. Что ж, в самом деле, за причина: живет около месяца и хоть бы раз развеселился, как добрый козак! Не захотел выпить меду! слышишь, Катерина, не захотел меду выпить, который я вытрусил у брестовских жидов. Эй, хлопец! — крикнул пан Данило. — Беги, малый, в погреб да принеси жидовского меду! Горелки даже не пьет! Экая пропасть! мне кажется, пани Катерина, что он и в Господа Христа не верует. А, как тебе кажется?

— Бог знает что говоришь ты, пан Данило!

— Чудно, пани! — продолжал Данило, принимая глиняную кружку от козака, — поганые католики даже падки до водки; одни только турки не пьют. Что, Стецько, много хлебнул меду в подвале?

— Попробовал только, пан!

— Лжешь, собачий сын! вишь, как мухи напали на усы! Я по глазам вижу, что хватил с полведра. Эх, козаки! что за лихой народ! всё готов товарищу, а хмельное высушит сам. Я, пани Катерина, что-то давно уже был пьян. А?

— Вот давно! а в прошедший...

— Не бойся, не бойся, больше кружки не выпью! А вот и турецкий игумен влазит в дверь! — проговорил он сквозь зубы, увидя нагнувшегося, чтобы войти в дверь, тестя.

— А что ж это, моя дочь! — сказал отец, снимая с головы шапку и поправив пояс, на котором висела сабля с чудными каменьями, — солнце уже высоко, а у тебя обед не готов.

— Готов обед, пан отец, сейчас поставим! Вынимай горшок с галушками! — сказала пани Катерина старой прислужнице, обтиравшей деревянную посуду. — Постой, лучше я сама выну, — продолжала Катерина, — а ты позови хлопцев.

Все сели на полу в кружок: против покута пан отец, по левую руку пан Данило, по правую руку пани Катерина и десять наивернейших молодцов в синих и желтых жупанах.

— Не люблю я этих галушек! — сказал пан отец, немного поевши и положивши ложку, — никакого вкуса нет!

«Знаю, что тебе лучше жидовская лапша», — подумал про себя Данило.

— Отчего же, тесть, — продолжал он вслух, — ты говоришь, что вкуса нет в галушках? Худо сделаны, что ли? Моя Катерина так делает галушки, что и гетьману редко достается есть такие. А брезгать ими нечего. Это христианское кушанье! Все святые люди и угодники Божии едали галушки.

Ни слова отец; замолчал и пан Данило.

Подали жареного кабана с капустою и сливами.

— Я не люблю свинины! — сказал Катеринин отец, выгребая ложкою капусту.

— Для чего же не любить свинины? — сказал Данило. — Одни турки и жиды не едят свинины.

Еще суровее нахмурился отец.

Только одну лемишку с молоком и ел старый отец и потянул вместо водки из фляжки, бывшей у него в пазухе, какую-то черную воду.

Пообедавши, заснул Данило молодецким сном и проснулся только около вечера; сел и стал писать листы в козацкое войско: а пани Катерина начала качать ногою люльку, сидя на лежанке. Сидит пан Данило, глядит левым глазом на писание, а правым в окошко. А из окошка далеко блестят горы и Днепр. За Днепром синеют леса. Мелькает сверху прояснившееся ночное небо. Но не далеким небом и не синим лесом любуется пан Данило: глядит он на выдавшийся мыс, на котором чернел старый замок. Ему почудилось, будто блеснуло в замке огнем узенькое окошко. Но всё тихо. Это, верно, показалось ему. Слышно только, как глухо шумит внизу Днепр и с трех сторон, один за другим, отдаются удары мгновенно пробудившихся волн. Он не бунтует. Он, как старик, ворчит и ропщет; ему всё не мило; всё переменилось около него; тихо враждует он с прибрежными горами, лесами, лугами и несет на них жалобу в Черное море.

Вот по широкому Днепру зачернела лодка, и в замке снова как будто блеснуло что-то. Потихоньку свистнул Данило, и выбежал на свист верный хлопец.

— Бери, Стецько, с собою скорее острую саблю да винтовку да ступай за мною!

— Ты идешь? — спросила пани Катерина.

— Иду, жена. Нужно обсмотреть все места, всё ли в порядке.

— Мне, однако ж, страшно оставаться одной. Меня сон так и клонит. Что, если мне приснится то же самое? я даже не уверена, точно ли то сон был, — так это происходило живо.

— С тобою старуха остается; а в сенях и на дворе спят козаки!

— Старуха спит уже, а козакам что-то не верится. Слушай, пан Данило, замкни меня в комнате, а ключ возьми с собою. Мне тогда не так будет страшно; а козаки пусть лягут перед дверями.

— Пусть будет так! — сказал Данило, стирая пыль с винтовки и сыпля на полку порох.

Верный Стецько уже стоял одетый во всей козацкой сбруе. Данило надел смушевую шапку, закрыл окошко, задвинул засовами дверь, замкнул и вышел потихоньку из двора, промеж спавшими своими козаками, в горы.

Небо почти всё прочистилось. Свежий ветер

чуть-чуть навевал с Днепра. Если бы не слышно было издали стенания чайки, то всё бы казалось онемевшим. Но вот почудился шорох... Бурульбаш с верным слугою тихо спрятался за терновник, прикрывавший срубленный засек. Кто-то в красном жупане, с двумя пистолетами, с саблею при боку, спускался с горы.

— Это тесть! — проговорил пан Данило, разглядывая его из-за куста. — Зачем и куда ему идти в эту пору? Стецько! не зевай, смотри в оба глаза, куда возьмет дорогу пан отец. — Человек в красном жупане сошел на самый берег и поворотил к выдавшемуся мысу. — А! вот куда! — сказал пан Данило. — Что, Стецько, ведь он как раз потащился к колдуну в дупло.

— Да, верно, не в другое место, пан Данило! иначе мы бы видели его на другой стороне. Но он пропал около замка.

— Постой же, вылезем, а потом пойдем по следам. Тут что-нибудь да кроется. Нет, Катерина, я говорил тебе, что отец твой недобрый человек; не так он и делал всё, как православный.

Уже мелькнули пан Данило и его верный хлопец на выдавшемся берегу; вот уже их и не видно; непробудный лес, окружавший замок, спрятал их. Верхнее окошко тихо засветилось. Внизу стоят козаки и думают, как бы влезть им: ни ворот, ни дверей не видно. Со двора, верно, есть ход; но как войти туда? Издали слышно, как гремят цепи и бегают собаки.

— Что я думаю долго! — сказал пан Данило, увидя перед окном высокий дуб. — Стой тут, малый! я полезу на дуб; с него прямо можно глядеть в окошко.

Тут снял он с себя пояс, бросил вниз саблю, чтоб не звенела, и, ухватясь за ветви, поднялся вверх. Окошко всё еще светилось. Присевши на сук, возле самого окна, уцепился он рукою за дерево и глядит: в комнате и свечи нет, а светит; по стенам чудные знаки, висит оружие, но всё странное: такого не носят ни турки, ни крымцы, ни ляхи, ни христиане, ни славный народ шведский. Под потолком взад и вперед мелькают нетопыри, и тень от них мелькает по стенам, по дверям, по помосту. Вот отворилась без скрипа дверь. Входит кто-то в красном жупане и прямо к столу, накрытому белою скатертью. «Это он, это тесть!» Пан Данило опустился немного ниже и прижался крепче к дереву.

Но ему некогда глядеть, смотрит ли кто в окошко, или нет. Он пришел пасмурен, не в духе, сдернул со стола скатерть — и вдруг по всей комнате тихо разлился прозрачно-голубой свет. Только не смешавшиеся волны прежнего бледно-золотого переливались, ныряли, словно в голубом море, и тянулись слоями, будто на мраморе. Тут поставил он на стол горшок и начал кидать в него какие-то травы.

Пан Данило стал вглядываться и не заметил уже на нем красного жупана; вместо того показались на нем широкие шаровары, какие носят турки; за поясом пистолеты; на голове какая-то чудная шапка, исписанная вся не русскою и не польскою грамотою. Глянул в лицо — и лицо стало переменяться: нос вытянулся и повиснул над губами; рот в минуту раздался до ушей; зуб выглянул изо рта, нагнулся на сторону, — и стал перед ним тот самый колдун, который показался на свадьбе у есаула. «Правдив сон твой, Катерина!» — подумал Бурульбаш.

Колдун стал прохаживаться вокруг стола, знаки стали быстрее переменяться на стене, а нетопыри залетали сильнее вниз и вверх, взад и вперед. Голубой свет становился реже, реже и совсем как будто потухнул. И светлица осветилась уже тонким розовым светом. Казалось, с тихим звоном разливался чудный свет по всем углам, и вдруг пропал, и стала тьма.

Слышался только шум, будто ветер в тихий час вечера наигрывал, кружась по водному зеркалу, нагибая еще ниже в воду серебряные ивы. И чудится пану Даниле, что в светлице блестит месяц, ходят звезды, неясно мелькает темно-синее небо, и холод ночного воздуха пахнул даже ему в лицо. И чудится пану Даниле (тут он стал щупать себя за усы, не спит ли), что уже не небо в светлице, а его собственная опочивальня: висят на стене его татарские и турецкие сабли; около стен полки, на полках домашняя посуда и утварь; на столе хлеб и соль; висит люлька... но вместо образов выглядывают страшные лица; на лежанке... но сгустившийся туман покрыл всё, и стало опять темно. И опять с чудным звоном осветилась вся светлица розовым светом, и опять стоит колдун неподвижно в чудной чалме своей. Звуки стали сильнее и гуще, тонкий розовый свет становился ярче, и что-то белое, как будто облако, веяло посреди хаты; и чудится пану Даниле, что облако то не облако, что то стоит женщина; только из чего она: из воздуха, что ли, выткана? Отчего же она стоит и земли не трогает, и не опершись ни на что, и сквозь нее просвечивает розовый свет, и мелькают на стене знаки? Вот она как-то пошевелила прозрачною головою своею: тихо светятся ее бледно-голубые очи; волосы вьются и падают по плечам ее, будто светло-серый туман; губы бледно алеют, будто сквозь белопрозрачное утреннее небо льется едва приметный алый свет зари; брови слабо темнеют... Ах! это Катерина! Тут почувствовал Данило, что члены у него сковались; он силился говорить, но губы шевелились без звука.

Неподвижно стоял колдун на своем месте.

— Где ты была? — спросил он, и стоявшая перед ним затрепетала.

— О! зачем ты меня вызвал? — тихо простонала она. — Мне было так радостно. Я была в том самом месте, где родилась и прожила пятнадцать лет. О, как хорошо там! Как зелен и душист тот луг, где я играла в детстве: и полевые цветочки те же, и хата наша, и огород! О, как обняла меня добрая мать моя! Какая любовь у ней в очах! Она приголубливала меня, целовала в уста и щеки, расчесывала частым гребнем мою русую косу... Отец! — тут она вперила в колдуна бледные очи, — зачем ты зарезал мать мою?

Грозно колдун погрозил пальцем.

— Разве я тебя просил говорить про это? — И воздушная красавица задрожала. — Где теперь пани твоя?

— Пани моя, Катерина, теперь заснула, а я и обрадовалась тому, вспорхнула и полетела. Мне давно хотелось увидеть мать. Мне вдруг сделалось пятнадцать лет. Я вся стала легка, как птица. Зачем ты меня вызвал?

— Ты помнишь всё то, что я говорил тебе вчера? — спросил колдун так тихо, что едва можно было расслушать.

— Помню, помню; но чего бы не дала я, чтобы только забыть это! Бедная Катерина! она многого не знает из того, что знает душа ее.

«Это Катеринина душа», — подумал пан Данило; но всё еще не смел пошевелиться.

— Покайся, отец! Не страшно ли, что после каждого убийства твоего мертвецы поднимаются из могил?

— Ты опять за старое! — грозно прервал колдун. — Я поставлю на своем, я заставлю тебя сделать, что мне хочется. Катерина полюбит меня!..

— О, ты чудовище, а не отец мой! — простонала она. — Нет, не будет по-твоему! Правда, ты взял нечистыми чарами твоими власть вызывать душу и мучить ее; но один только Бог может заставлять ее делать то, что ему угодно. Нет, никогда Катерина, доколе я буду держаться в ее теле, не решится на богопротивное дело. Отец, близок Страшный суд! Если б ты и не отец мой был, и тогда бы не заставил меня изменить моему любому, верному мужу. Если бы муж мой и не был мне верен и мил, и тогда бы не изменила ему, потому что Бог не любит клятвопреступных и неверных душ.

Тут вперила она бледные очи свои в окошко, под которым сидел пан Данило, и недвижно остановилась...

— Куда ты глядишь? Кого ты там видишь? — закричал колдун.

Воздушная Катерина задрожала. Но уже пан Данило был давно на земле и пробирался с своим верным Стецьком в свои горы. «Страшно, страшно!» — говорил он про себя, почувствовав какую-то робость в козацком сердце, и скоро прошел двор свой, на котором так же крепко спали козаки, кроме одного, сидевшего на стороже и курившего люльку. Небо всё было засеяно звездами.

V

— Как хорошо ты сделал, что разбудил меня! — говорила Катерина, протирая очи шитым рукавом своей сорочки и разглядывая с ног до головы стоявшего перед нею мужа. — Какой страшный сон мне виделся! Как тяжело дышала грудь моя! Ух!.. мне казалось, что я умираю...

— Какой же сон, уж не этот ли? — И стал Бурульбаш рассказывать жене своей всё им виденное.

— Ты как это узнал, мой муж? — спросила, изумившись, Катерина. — Но нет, многое мне не известно из того, что ты рассказываешь. Нет, мне не снилось, чтобы отец убил мать мою; ни мертвецов, ничего не виделось мне. Нет, Данило, ты не так рассказываешь. Ах, как страшен отец мой!

— И не диво, что тебе многое не виделось. Ты не знаешь и десятой доли того, что знает душа. Знаешь ли, что отец твой антихрист? Еще в прошлом году, когда собирался я вместе с ляхами на крымцев (тогда еще я держал руку этого неверного народа), мне говорил игумен Братского монастыря, — он, жена, святой человек, — что антихрист имеет власть вызывать душу каждого человека; а душа гуляет по своей воле, когда заснет он, и летает вместе с архангелами около Божией светлицы. Мне с первого разу не показалось лицо твоего отца. Если бы я знал, что у тебя такой отец, я бы не женился на тебе; я бы кинул тебя и не принял бы на душу греха, породнившись с антихристовым племенем.

— Данило! — сказала Катерина, закрыв лицо руками и рыдая, — я ли виновна в чем перед тобою? Я ли изменила тебе, мой любый муж? Чем же навела на себя гнев твой? Не верно разве служила тебе? сказала ли противное слово, когда ты ворочался навеселе с молодецкой пирушки? тебе ли не родила чернобрового сына?..

— Не плачь, Катерина, я тебя теперь знаю и не брошу ни за что. Грехи все лежат на отце твоем.

— Нет, не называй его отцом моим! Он не отец мне. Бог свидетель, я отрекаюсь от него, отрекаюсь от отца! Он антихрист, богоотступник! Пропадай он, тони он — не подам руки спасти его. Сохни он от тайной травы — не подам воды напиться ему. Ты у меня отец мой!

VI

В глубоком подвале у пана Данила, за тремя замками, сидит колдун, закованный в железные цепи; а подале над Днепром горит бесовский его замок, и алые, как кровь, волны хлебещут и толпятся вокруг старинных стен. Не за колдовство и не за богопротивные дела сидит в глубоком подвале колдун. Им судия Бог. Сидит он за тайное предательство, за сговоры с врагами православной русской земли — продать католикам украинский народ и выжечь христианские церкви. Угрюм колдун; дума черная, как ночь, у него в голове. Всего только один день остается жить ему, а завтра пора распрощаться с миром. Завтра ждет его казнь. Не совсем легкая казнь его ждет: это еще милость, когда сварят его живого в котле или сдерут с него грешную кожу. Угрюм колдун, поникнул головою. Может быть, он уже и кается перед смертным часом, только не такие грехи его, чтобы Бог простил ему. Вверху перед ним узкое окно, переплетенное железными палками. Гремя цепями, подвелся он к окну поглядеть, не пройдет ли его дочь. Она кротка, не памятозлобна, как голубка, не умилосердится ли над отцом... Но никого нет. Внизу бежит дорога; по ней никто не пройдет. Пониже ее гуляет Днепр; ему ни до кого нет дела: он бушует, и унывно слышать колоднику однозвучный шум его.

Вот кто-то показался по дороге — это козак! И тяжело вздохнул узник. Опять все пусто. Вот кто-то вдали спускается... Развевается зеленый кунтуш... горит на голове золотой кораблик... Это она! Еще ближе приникнул он к окну. Вот уже подходит близко...

— Катерина! дочь! умилосердись, подай милостыню!..

Она нема, она не хочет слушать, она и глаз не наведет на тюрьму, и уже прошла, уже и скрылась. Пусто во всем мире. Унывно шумит Днепр. Грусть залегает в сердце. Но ведает ли эту грусть колдун?

День клонится к вечеру. Уже солнце село. Уже и нет его. Уже и вечер: свежо; где-то мычит вол; откуда-то навеваются звуки, — верно, где-нибудь народ идет с работы и веселится; по Днепру мелькает лодка... кому нужда до колодника! Блеснул на небе серебряный серп. Вот кто-то идет с противной стороны по дороге. Трудно разглядеть в темноте. Это возвращается Катерина.

— Дочь, Христа ради! и свирепые волченята не станут рвать свою мать! дочь, хотя взгляни на преступного отца своего! — Она не слушает и идет. — Дочь, ради несчастной матери!.. — Она остановилась. — Приди принять последнее мое слово!

— Зачем ты зовешь меня, богоотступник? Не называй меня дочерью! Между нами нет никакого родства. Чего ты хочешь от меня ради несчастной моей матери?

— Катерина! Мне близок конец, я знаю, меня твой муж хочет привязать к кобыльему хвосту и пустить по полю, а может, еще и страшнейшую выдумает казнь...

— Да разве есть на свете казнь, равная твоим грехам? Жди ее; никто не станет просить за тебя.

— Катерина! меня не казнь страшит, но муки на том свете... Ты невинна, Катерина, душа твоя будет летать в рае около Бога; а душа богоотступного отца твоего будет гореть в огне вечном, и никогда не угаснет тот огонь: всё сильнее и сильнее будет он разгораться; ни капли росы никто не уронит, ни ветер не пахнет...

— Этой казни я не властна умалить, — сказала Катерина, отвернувшись.

— Катерина! постой на одно слово: ты можешь спасти мою душу. Ты не знаешь еще, как добр и милосерд Бог. Слышала ли ты про апостола Павла, какой был он грешный человек, но после покаялся и стал святым.

— Что я могу сделать, чтобы спасти твою душу? — сказала Катерина, — мне ли, слабой женщине, об этом подумать!

— Если бы мне удалось отсюда выйти, я бы всё кинул. Покаюсь: пойду в пещеры, надену на тело жесткую власяницу, день и ночь буду молиться Богу. Не только скоромного, не возьму рыбы в рот! не постелю одежды, когда стану спать! и всё буду молиться, всё молиться! И когда не снимет с меня милосердие Божие хотя сотой доли грехов, закопаюсь по шею в землю или замуруюсь в каменную стену; не возьму ни пищи, ни пития и умру; а всё добро свое отдам чернецам, чтобы сорок дней и сорок ночей правили по мне панихиду.

Задумалась Катерина.

— Хотя я отопру, но мне не расковать твоих цепей.

— Я не боюсь цепей, — говорил он. — Ты говоришь, что они заковали мои руки и ноги? Нет, я напустил им в глаза туман и вместо руки протянул сухое дерево. Вот я, гляди, на мне нет теперь ни одной цепи! — сказал он, выходя на середину. — Я бы и стен этих не побоялся и прошел бы сквозь них, но муж твой и не знает, какие это стены. Их строил святой схимник, и никакая нечистая сила не может отсюда вывесть колодника, не отомкнув тем самым ключом, которым замыкал святой свою келью. Такую самую келью вырою и я себе, неслыханный грешник, когда выйду на волю.

— Слушай, я выпущу тебя; но если ты меня обманываешь, — сказала Катерина, остановившись пред дверью, — и вместо того, чтобы покаяться, станешь опять братом черту?

— Нет, Катерина, мне не долго остается жить уже. Близок и без казни мой конец. Неужели ты думаешь, что я предам сам себя на вечную муку?

Замки загремели.

— Прощай! храни тебя Бог милосердый, дитя мое! — сказал колдун, поцеловав ее.

— Не прикасайся ко мне, неслыханный грешник,

уходи скорее!.. — говорила Катерина. Но его уже не было.

— Я выпустила его, — сказала она, испугавшись и дико осматривая стены. — Что я стану теперь отвечать мужу? Я пропала. Мне живой теперь остается зарыться в могилу! — и, зарыдав, почти упала она на пень, на котором сидел колодник. — Но я спасла душу, — сказала она тихо. — Я сделала богоугодное дело. Но муж мой... я в первый раз обманула его. О, как страшно, как трудно будет мне перед ним говорить неправду. Кто-то идет! Это он! муж! — вскрикнула она отчаянно и без чувств упала на землю.

VII

— Это я, моя родная дочь! Это я, мое серденько! — услышала Катерина, очнувшись, и увидела перед собою старую прислужницу. Баба, наклонившись, казалось, что-то шептала и, протянув над нею иссохшую руку свою, опрыскивала ее холодною водою.

— Где я? — говорила Катерина, подымаясь и оглядываясь. — Передо мною шумит Днепр, за мною горы... куда завела меня ты, баба?

— Я тебя не завела, а вывела; вынесла на руках моих из душного подвала. Замкнула ключиком, чтобы тебе не досталось чего от пана Данила.

— Где же ключ? — сказала Катерина, поглядывая на свой пояс. — Я его не вижу.

— Его отвязал муж твой, поглядеть на колдуна, дитя мое.

— Поглядеть?.. Баба, я пропала! — вскрикнула Катерина.

— Пусть Бог милует нас от этого, дитя мое! Молчи только, моя паняночка, никто ничего не узнает!

— Он убежал, проклятый антихрист! Ты слышала, Катерина? он убежал! — сказал пан Данило, приступая к жене своей. Очи метали огонь; сабля, звеня, тряслась при боку его.

Помертвела жена.

— Его выпустил кто-нибудь, мой любый муж? — проговорила она дрожа.

— Выпустил, правда твоя; но выпустил черт. Погляди, вместо него бревно заковано в железо. Сделал же Бог так, что черт не боится козачьих лап! Если бы только думу об этом держал в голове хоть один из моих козаков и я бы узнал... я бы и казни ему не нашел!

— А если бы я?.. — невольно вымолвила Катерина и, испугавшись, остановилась.

— Если бы ты вздумала, тогда бы ты не жена мне была. Я бы тебя зашил тогда в мешок и утопил бы на самой середине Днепра!..

Дух занялся у Катерины, и ей чудилось, что волоса стали отделяться на голове ее.

VIII

На пограничной дороге, в корчме, собрались ляхи и пируют уже два дни. Что-то немало всей сволочи. Сошлись, верно, на какой-нибудь наезд: у иных и мушкеты есть; чокают шпоры, брякают сабли. Паны веселятся и хвастают, говорят про небывалые дела свои, насмехаются над православьем, зовут народ украинский своими холопьями и важно крутят усы, и важно, задравши головы, разваливаются на лавках. С ними и ксендз вместе. Только и ксендз у них на их же стать, и с виду даже не похож на христианского попа: пьет и гуляет с ними и говорит нечестивым языком своим срамные речи. Ни в чем не уступает им и челядь: позакидали назад рукава оборванных жупанов своих и ходят козырем, как будто бы что путное. Играют в карты, бьют картами один другого по носам. Набрали с собою чужих жен.

Крик, драка!.. Паны беснуются и отпускают штуки: хватают за бороду жида, малюют ему на нечестивом лбу крест; стреляют в баб холостыми зарядами и танцуют краковяк с нечестивым попом своим. Не бывало такого соблазна на русской земле и от татар. Видно, уже ей Бог определил за грехи терпеть такое посрамление! Слышно между общим содомом, что говорят про заднепровский хутор пана Данила, про красавицу жену его... Не на доброе дело собралась эта шайка!

IX

Сидит пан Данило за столом в своей светлице, подпершись локтем, и думает. Сидит на лежанке пани Катерина и поет песню.

— Чего-то грустно мне, жена моя! — сказал пан Данило. — И голова болит у меня, и сердце болит. Как-то тяжело мне! Видно, где-то недалеко уже ходит смерть моя.

«О мой ненаглядный муж! приникни ко мне головою своею! Зачем ты приголубливаешь к себе такие черные думы», — подумала Катерина, да не посмела сказать. Горько ей было, повинной голове, принимать мужние ласки.

— Слушай, жена моя! — сказал Данило, — не оставляй сына, когда меня не будет. Не будет тебе от Бога счастия, если ты кинешь его, ни в том, ни в этом свете. Тяжело будет гнить моим костям в сырой земле; а еще тяжелее будет душе моей.

— Что говоришь ты, муж мой! не ты ли издевался над нами, слабыми женами? а теперь сам говоришь, как слабая жена. Тебе еще долго нужно жить.

— Нет, Катерина, чует душа близкую смерть. Что-то грустно становится на свете. Времена лихие приходят. Ох, помню, помню я годы; им, верно, не воротиться! Он был еще жив, честь и слава нашего войска, старый Конашевич! как будто перед очами моими проходят теперь козацкие полки! Это было золотое время, Катерина! Старый гетьман сидел на вороном коне. Блестела в руке булава; вокруг сердюки; по сторонам шевелилось красное море запорожцев. Стал говорить гетьман — и всё стало как вкопанное. Заплакал старичина, как зачал воспоминать нам прежние дела и сечи. Эх, если б ты знала, Катерина, как резались мы тогда с турками! На голове моей виден и доныне рубец. Четыре пули пролетело в четырех местах сквозь меня. И ни одна из ран не зажила совсем. Сколько мы тогда набрали золота! Дорогие каменья шапками черпали козаки. Каких коней, Катерина, если б ты знала, каких коней мы тогда угнали! Ох, не воевать уже мне так! Кажется, и не стар, и телом бодр, а меч козацкий вываливается из рук, живу без дела, и сам не знаю, для чего живу. Порядку нет в Украине: полковники и есаулы грызутся, как собаки, между собою. Нет старшей головы над всеми. Шляхетство наше всё переменило на польский обычай, переняло лукавство... продало душу, принявши унию. Жидовство угнетает бедный народ. О время, время! минувшее время! куда подевались вы, лета мои?.. Ступай, малый, в подвал, принеси мне кухоль меду! Выпью за прежнюю долю и за давние годы!

— Чем будем принимать гостей, пан? С луговой стороны идут ляхи! — сказал, вошедши в хату, Стецько.

— Знаю, зачем идут они, — вымолвил Данило, подымаясь с места. — Седлайте, мои верные слуги, коней! надевайте сбрую! сабли наголо! не забудьте набрать и свинцового толокна. С честью нужно встретить гостей!

Но еще не успели козаки сесть на коней и зарядить мушкеты, а уже ляхи, будто упавший осенью с дерева на землю лист, усеяли собою гору.

— Э, да тут есть с кем переведаться! — сказал Данило, поглядывая на толстых панов, важно качавшихся впереди на конях в золотой сбруе. — Видно, еще раз доведется нам погулять на славу! Натешься же, козацкая душа, в последний раз! Гуляйте, хлопцы, пришел наш праздник!

И пошла по горам потеха. И запировал пир: гуляют мечи, летают пули, ржут и топочут кони. От крику безумеет голова; от дыму слепнут очи. Всё перемешалось. Но козак чует, где друг, где недруг; прошумит ли пуля — валится лихой седок с коня; свистнет сабля — катится по земле голова, бормоча языком несвязные речи.

Но виден в толпе красный верх козацкой шапки пана Данила; мечется в глаза золотой пояс на синем жупане; вихрем вьётся грива вороного коня. Как птица, мелькает он там и там; покрикивает и машет дамасской саблей, и рубит с правого и левого плеча. Руби, козак! гуляй, козак! тешь молодецкое сердце; но не заглядывайся на золотые сбруи и жупаны! топчи под ноги золото и каменья! Коли, козак! гуляй, козак! но оглянись назад: нечестивые ляхи зажигают уже хаты и угоняют напуганный скот. И, как вихорь, поворотил пан Данило назад, и шапка с красным верхом мелькает уже возле хат, и редеет вокруг его толпа.

Не час, не другой бьются ляхи и козаки. Не много становится тех и других. Но не устает пан Данило: сбивает с седла длинным копьем своим, топчет лихим конем пеших; уже очищается двор, уже начали разбегаться ляхи; уже обдирают козаки с убитых золотые жупаны и богатую сбрую; уже пан Данило сбирается в погоню и взглянул, чтобы созвать своих... и весь закипел от ярости: ему показался Катеринин отец. Вот он стоит на горе и целит на него мушкет. Данило погнал коня прямо к нему... Козак, на гибель идешь!.. Мушкет гремит — и колдун пропал за горою. Только верный Стецько видел, как мелькнула красная одежда и чудная шапка. Зашатался козак и свалился на землю. Кинулся верный Стецько к своему пану, — лежит пан его, протянувшись на земле и закрывши ясные очи. Алая кровь закипела на груди. Но, видно, почуял верного слугу своего. Тихо приподнял веки, блеснул очами: «Прощай, Стецько! скажи Катерине, чтобы не покидала сына! Не покидайте и вы его, мои верные слуги!» — и затих. Вылетела козацкая душа из дворянского тела; посинели уста. Спит козак непробудно.

Зарыдал верный слуга и машет рукою Катерине: «Ступай, пани, ступай: подгулял твой пан. Лежит он пьянехонек на сырой земле. Долго не протрезвиться ему!»

Всплеснула руками Катерина и повалилась, как сноп, на мертвое тело. «Муж мой, ты ли лежишь тут, закрывши очи? Встань, мой ненаглядный сокол, протяни ручку свою! приподымись! погляди хоть раз на твою Катерину, пошевели устами, вымолви хоть одно словечко!.. Но ты молчишь, ты молчишь, мой ясный пан! Ты посинел, как Черное море. Сердце твое не бьется! Отчего ты такой холодный, мой пан? видно, не горючи мои слезы, невмочь им согреть тебя! Видно, не громок плач мой, не разбудить им тебя! Кто же поведет теперь полки твои? Кто понесется на твоем вороном конике, громко загукает и замашет саблей пред козаками? Козаки, козаки! где честь и слава ваша? Лежит честь и слава ваша, закрывши очи, на сырой земле. Похороните же меня, похороните вместе с ним! засыпьте мне очи землею! надавите мне кленовые доски на белые груди! Мне не нужна больше красота моя!»

Плачет и убивается Катерина; а даль вся покрывается пылью: скачет старый есаул Горобець на помощь.

X

Чуден Днепр при тихой погоде, когда вольно и плавно мчит сквозь леса и горы полные воды свои. Ни зашелохнет; ни прогремит. Глядишь, и не знаешь, идет или не идет его величавая ширина, и чудится, будто весь вылит он из стекла, и будто голубая зеркальная дорога, без меры в ширину, без конца в длину, реет и вьется по зеленому миру. Любо тогда и жаркому солнцу оглядеться с вышины и погрузить лучи в холод стеклянных вод и прибережным лесам ярко отсветиться в водах. Зеленокудрые! они толпятся вместе с полевыми цветами к водам и, наклонившись, глядят в них и не наглядятся, и не налюбуются светлым своим зраком, и усмехаются к нему, и приветствуют его, кивая ветвями. В середину же Днепра они не смеют глянуть: никто, кроме солнца и голубого неба, не глядит в него. Редкая птица долетит до середины Днепра. Пышный! ему нет равной реки в мире. Чуден Днепр и при теплой летней ночи, когда всё засыпает — и человек, и зверь, и птица; а Бог один величаво озирает небо и землю и величаво сотрясает ризу. От ризы сыплются звезды. Звезды горят и светят над миром и все разом отдаются в Днепре. Всех их держит Днепр в темном лоне своем. Ни одна не убежит от него; разве погаснет на небе. Черный лес, унизанный спящими воронами, и древле разломанные горы, свесясь, силятся закрыть его хотя длинною тенью своею, — напрасно! Нет ничего в мире, что бы могло прикрыть Днепр. Синий, синий, ходит он плавным разливом и середь ночи, как середь дня, виден за столько вдаль, за сколько видеть может человечье око. Нежась и прижимаясь ближе к берегам от ночного холода, дает он по себе серебряную струю; и она вспыхивает, будто полоса дамасской сабли; а он, синий, снова заснул. Чуден и тогда Днепр, и нет реки, равной ему в мире! Когда же пойдут горами по небу синие тучи, черный лес шатается до корня, дубы трещат и молния, изламываясь между туч, разом осветит целый мир — страшен тогда Днепр! Водяные холмы гремят, ударяясь о горы, и с блеском и стоном отбегают назад, и плачут, и заливаются вдали. Так убивается старая мать козака, выпровожая своего сына в войско. Разгульный и бодрый, едет он на вороном коне, подбоченившись и молодецки заломив шапку; а она, рыдая, бежит за ним, хватает его за стремя, ловит удила, и ломает над ним руки, и заливается горючими слезами.

Дико чернеют промеж ратующими волнами обгорелые пни и камни на выдавшемся берегу. И бьется об берег, подымаясь вверх и опускаясь вниз, пристающая лодка. Кто из козаков осмелился гулять в челне в то время, когда рассердился старый Днепр? Видно, ему не ведомо, что он глотает как мух людей.

Лодка причалила, и вышел из нее колдун. Невесел он; ему горька тризна, которую свершили козаки над убитым своим паном. Не мало поплатились ляхи: сорок четыре пана со всею сбруею и жупанами да тридцать три холопа изрублены в куски; а остальных вместе с конями угнали в плен продать татарам.

По каменным ступеням спустился он, между обгорелыми пнями, вниз, где, глубоко в земле, вырыта была у него землянка. Тихо вошел он, не скрипнувши дверью, поставил на стол, закрытый скатертью, горшок и стал бросать длинными руками своими какие-то неведомые травы; взял кухоль, выделанный из какого-то чудного дерева, почерпнул им воды и стал лить, шевеля губами и творя какие-то заклинания. Показался розовый свет в светлице; и страшно было глянуть тогда ему в лицо: оно казалось кровавым, глубокие морщины только чернели на нем, а глаза были как в огне. Нечестивый грешник! уже и борода давно поседела, и лицо изрыто морщинами, и высох весь, а всё еще творит богопротивный умысел. Посреди хаты стало веять белое облако, и что-то похожее на радость сверкнуло в лице его. Но отчего же вдруг стал он недвижим, с разинутым ртом, не смея пошевелиться, и отчего волосы щетиною поднялись на его голове? В облаке перед ним светилось чье-то чудное лицо. Непрошеное, незваное явилось оно к нему в гости; чем далее, выяснивалось больше и вперило неподвижные очи. Черты его, брови, глаза, губы — всё незнакомое ему. Никогда во всю жизнь свою он его не видывал. И страшного, кажется, в нем мало, а непреодолимый ужас напал на него. А незнакомая дивная голова сквозь облако так же неподвижно глядела на него. Облако уже и пропало; а неведомые черты еще резче выказывались, и острые очи не отрывались от него. Колдун весь побелел как полотно. Диким, не своим голосом вскрикнул, опрокинул горшок... Всё пропало.

XI

— Спокой себя, моя любая сестра! — говорил старый есаул Горобець. — Сны редко говорят правду.

— Приляг, сестрица! — говорила молодая его невестка. — Я позову старуху, ворожею; против ее никакая сила не устоит. Она выльет переполох тебе.

— Ничего не бойся! — говорил сын его, хватаясь за саблю, — никто тебя не обидит.

Пасмурно, мутными глазами глядела на всех Катерина и не находила речи. «Я сама устроила себе погибель. Я выпустила его». Наконец она сказала:

— Мне нет от него покоя! Вот уже десять дней я у вас в Киеве, а горя ни капли не убавилось. Думала, буду хоть в тишине растить на месть сына... Страшен, страшен привиделся он мне во сне! Боже сохрани и вам увидеть его! Сердце мое до сих пор бьется.

«Я зарублю твое дитя, Катерина, — кричал он, — если не выйдешь за меня замуж!..» — и, зарыдав, кинулась она к колыбели, а испуганное дитя протянуло ручонки и кричало.

Кипел и сверкал сын есаула от гнева, слыша такие речи. Расходился и сам есаул Горобець:

— Пусть попробует он, окаянный антихрист, прийти сюда; отведает, бывает ли сила в руках старого козака. Бог видит, — говорил он, подымая кверху прозорливые очи, — не летел ли я подать руку брату Данилу? Его святая воля! застал уже на холодной постеле, на которой много, много улеглось козацкого народа. Зато разве не пышна была тризна по нем? выпустили ли хоть одного ляха живого? Успокойся же, дитя мое! никто не посмеет тебя обидеть, разве ни меня не будет, ни моего сына.

Кончив слова свои, старый есаул пришел к колыбели, и дитя, увидевши висевшую на ремне у него в серебряной оправе красную люльку и гаман с блестящим огнивом, протянуло к нему ручонки и засмеялось.

— По отцу пойдет, — сказал старый есаул, снимая с себя люльку и отдавая ему, — еще от колыбели не отстал, а уже думает курить люльку.

Тихо вздохнула Катерина и стала качать колыбель. Сговорились провесть ночь вместе, и мало погодя уснули все. Уснула и Катерина.

На дворе и в хате всё было тихо; не спали только козаки, стоявшие на стороже. Вдруг Катерина, вскрикнув, проснулась, и за нею проснулись все. «Он убит, он зарезан!» — кричала она и кинулась к колыбели.

Все обступили колыбель и окаменели от страха, увидевши, что в ней лежало неживое дитя. Ни звука не вымолвил ни один из них, не зная, что думать о неслыханном злодействе.

XII

Далеко от Украинского края, проехавши Польшу, минуя и многолюдный город Лемберг, идут рядами высоковерхие горы. Гора за горою, будто каменными цепями, перекидывают они вправо и влево землю и обковывают ее каменною толщей, чтобы не прососало шумное и буйное море. Идут каменные цепи в Валахию и в Седмиградскую область, и громадою стали в виде подковы между галичским и венгерским народом. Нет таких гор в нашей стороне. Глаз не смеет оглянуть их; а на вершину иных не заходила и нога человечья. Чуден и вид их: не задорное ли море выбежало в бурю из широких берегов, вскинуло вихрем безобразные волны, и они, окаменев, остались недвижимы в воздухе? Не оборвались ли с неба тяжелые тучи и загромоздили собою землю? ибо и на них такой же серый цвет, а белая верхушка блестит и искрится при солнце. Еще до Карпатских гор услышишь русскую молвь, и за горами еще кой-где отзовется как будто родное слово; а там уже и вера не та, и речь не та. Живет немалолюдный народ венгерский; ездит на конях, рубится и пьет не хуже козака;— а за конную сбрую и дорогие кафтаны не скупится вынимать из кармана червонцы. Раздольны и велики есть между горами озера. Как стекло, недвижимы они и, как зеркало, отдают в себе голые вершины гор и зеленые их подошвы.

Но кто среди ночи, блещут или не блещут звезды, едет на огромном вороном коне? какой богатырь с нечеловечьим ростом скачет под горами, над озерами, отсвечивается с исполинским конем в недвижных водах, и бесконечная тень его страшно мелькает по горам? Блещут чеканенные латы; на плече пика; гремит при седле сабля; шелом надвинут; усы чернеют; очи закрыты; ресницы опущены — он спит. И, сонный, держит повода; и за ним сидит на том же коне младенец паж и также спит и, сонный, держится за богатыря. Кто он, куда, зачем едет? — кто его знает. Не день, не два уже он переезжает горы. Блеснет день, взойдет солнце, его не видно; изредка только замечали горцы, что по горам мелькает чья-то длинная тень, а небо ясно, и тучи не пройдет по нем. Чуть же ночь наведет темноту, снова он виден и отдается в озерах, и за ним, дрожа, скачет тень его. Уже проехал много он гор и взъехал на Криван. Горы этой нет выше между Карпатом; как царь подымается она над другими. Тут остановился конь и всадник, и еще глубже погрузился в сон, и тучи, спустясь, закрыли его.

XIII

«Тс... тише, баба! не стучи так, дитя мое заснуло. Долго кричал сын мой, теперь спит. Я пойду в лес, баба! Да что же ты так глядишь на меня? Ты страшна: у тебя из глаз вытягиваются железные клещи... ух, какие длинные! и горят, как огонь! Ты, верно, ведьма! О, если ты ведьма, то пропади отсюда! ты украдешь моего сына. Какой бестолковый этот есаул: он думает, мне весело жить в Киеве; нет, здесь и муж мой и сын, кто же будет смотреть за хатой? Я ушла так тихо, что ни кошка, ни собака не услышала. Ты хочешь, баба, сделаться молодою — это совсем нетрудно: нужно танцевать только; гляди, как я танцую...» — И, проговорив такие несвязные речи, уже неслась Катерина, безумно поглядывая на все стороны и упираясь руками в боки. С визгом притопывала она ногами; без меры, без такта звенели серебряные подковы. Незаплетенные черные косы метались по белой шее. Как птица, не останавливаясь, летела она, размахивая руками и кивая головою, и казалось, будто, обессилев, или грянется наземь, или вылетит из мира.

Печально стояла старая няня, и слезами налились ее глубокие морщины; тяжкий камень лежал на сердце у верных хлопцев, глядевших на свою пани. Уже совсем ослабела она и лениво топала ногами на одном месте, думая, что танцует горлицу. «А у меня монисто есть, парубки! — сказала она, наконец остановившись, — а у вас нет!.. Где муж мой? — вскричала она вдруг, выдхватив из-за пояса турецкий кинжал. — О! это не такой нож, какой нужно. — При этом и слезы и тоска показались у ней на лице. — У отца моего далеко сердце: он не достанет до него. У него сердце из железа выковано. Ему выковала одна ведьма на пекельном огне. Что ж нейдет отец мой? разве он не знает, что пора заколоть его? Видно, он хочет, чтоб я сама пришла... — И, не докончив, чудно засмеялася. — Мне пришла на ум забавная история: я вспомнила, как погребали моего мужа. Ведь его живого погребли... какой смех забирал меня!.. Слушайте, слушайте!» И вместо слов начала она петь песню:

Бижить возок кровавенький:
У тим возку козак лежить,
Постреляный, порубаный.
В правій ручці дротик держить,
С того дроту крівця біжить;
Біжить ріка кровавая.
Над річкою явор стоїть,
Над явором ворон кряче.
За козаком мати плаче.
Не плачь, мати, не журися!
Бо вже твій сын оженився,
Та взяв жінку паняночку,
В чистом полі земляночку,
І без дверець, без оконець.
Та вже пісні вишов конець.
Танціовала рыба з раком...
А хто мене не полюбить, трясця его матерь!

Так перемешивались у ней все песни. Уже день и два живет она в своей хате и не хочет слышать о

Киеве, и не молится, и бежит от людей, и с утра до позднего вечера бродит по темным дубравам. Острые сучья царапают белое лицо и плечи; ветер треплет расплетенные косы; давние листья шумят под ногами ее — ни на что не глядит она. В час, когда вечерняя заря тухнет, еще не являются звезды, не горит месяц, а уже страшно ходить в лесу: по деревьям царапаются и хватаются за сучья некрещеные дети, рыдают, хохочут, катятся клубом по дорогам и в широкой крапиве; из днепровских волн выбегают вереницами погубившие свои души девы; волосы льются с зеленой головы на плечи, вода, звучно журча, бежит с длинных волос на землю, и дева светится сквозь воду, как будто бы сквозь стеклянную рубашку; уста чудно усмехаются, щеки пылают, очи выманивают душу... она сгорела бы от любви, она зацеловала бы... Беги, крещеный человек! уста ее — лед, постель — холодная вода; она защекочет тебя и утащит в реку. Катерина не глядит ни на кого, не боится, безумная, русалок, бегает поздно с ножом своим и ищет отца.

С ранним утром приехал какой-то гость, статный собою, в красном жупане, и осведомляется о пане Даниле; слышит всё, утирает рукавом заплаканные очи и пожимает плечами. Он-де воевал вместе с покойным Бурульбашем; вместе рубились они с крымцами и турками; ждал ли он, чтобы такой конец был пана Данила. Рассказывает еще гость о многом другом и хочет видеть пани Катерину.

Катерина сначала не слушала ничего, что говорил гость; напоследок стала, как разумная, вслушиваться в его речи. Он повел про то, как они жили вместе с Данилом, будто брат с братом; как укрылись раз под греблею от крымцев... Катерина всё слушала и не спускала с него очей.

«Она отойдет! — думали хлопцы, глядя на нее. —

Этот гость вылечит ее! она уже слушает, как разумная!»

Гость начал рассказывать между тем, как пан Данило, в час откровенной беседы, сказал ему: «Гляди, брат Копрян: когда волею Божией не будет меня на свете, возьми к себе жену, и пусть будет она твоею женою...»

Страшно вонзила в него очи Катерина. «А! — вскрикнула она, — это он! это отец!» — и кинулась на него с ножом.

Долго боролся тот, стараясь вырвать у нее нож. Наконец вырвал, замахнулся — и совершилось страшное дело: отец убил безумную дочь свою.

Изумившиеся козаки кинулись было на него; но колдун уже успел вскочить на коня и пропал из виду.

XIV

За Киевом показалось неслыханное чудо. Все паны и гетьманы собирались дивиться сему чуду: вдруг стало видимо далеко во все концы света. Вдали засинел Лиман, за Лиманом разливалось Черное море. Бывалые люди узнали и Крым, горою подымавшийся из моря, и болотный Сиваш. По левую руку видна была земля Галичская.

— А то что такое? — допрашивал собравшийся народ старых людей, указывая на далеко мерещившиеся на небе и больше похожие на облака серые и белые верхи.

— То Карпатские горы! — говорили старые люди, — меж ними есть такие, с которых век не сходит снег, а тучи пристают и ночуют там.

Тут показалось новое диво: облака слетели с самой высокой горы, и на вершине ее показался во всей рыцарской сбруе человек на коне, с закрытыми очами, и так виден, как бы стоял вблизи.

Тут, меж дивившимся со страхом народом, один вскочил на коня и, дико озираясь по сторонам, как будто ища очами, не гонится ли кто за ним, торопливо, во всю мочь, погнал коня своего. То был колдун. Чего же так перепугался он? Со страхом вглядевшись в чудного рыцаря, узнал он в нем то же самое лицо, которое, незваное, показалось ему, когда он ворожил. Сам не мог он разуметь, отчего в нем всё смутилось при таком виде, и, робко озираясь, мчался он на коне, покамест не застигнул его вечер и не проглянули звезды. Тут поворотил он домой, может быть, допросить нечистую силу, что значит такое диво. Уже он хотел перескочить с конем через узкую реку, выступившую рукавом середи дороги, как вдруг конь на всем скаку остановился, заворотил к нему морду и, чудо, засмеялся! белые зубы страшно блеснули двумя рядами во мраке. Дыбом поднялись волоса на голове колдуна. Дико закричал он и заплакал, как исступленный, и погнал коня прямо к Киеву. Ему чудилось, что всё со всех сторон бежало ловить его: деревья, обступивши темным лесом и как будто живые, кивая черными бородами и вытягивая длинные ветви, силились задушить его; звезды, казалось, бежали впереди перед ним, указывая всем на грешника; сама дорога, чудилось, мчалась по следам его. Отчаянный колдун летел в Киев к святым местам.

XV

Одиноко сидел в своей пещере перед лампадою схимник и не сводил очей с Святой книги. Уже много лет, как он затворился в своей пещере. Уже сделал себе и дощатый гроб, в который ложился спать вместо постели. Закрыл святой старец свою книгу и стал молиться... Вдруг вбежал человек чудного, страшного вида. Изумился святой схимник в первый раз и отступил, увидев такого человека. Весь дрожал он, как осиновый лист; очи дико косились; страшный огонь пугливо сыпался из очей; дрожь наводило на душу уродливое его лицо.

— Отец, молись! молись! — закричал он отчаянно, — молись о погибшей душе! — и грянулся на землю.

Святой схимник перекрестился, достал книгу, развернул — и в ужасе отступил назад и выронил книгу.

— Нет, неслыханный грешник! нет тебе помилования! беги отсюда! не могу молиться о тебе!

— Нет? — закричал, как безумный, грешник.

— Гляди: святые буквы в книге налились кровью. Еще никогда в мире не бывало такого грешника!

— Отец, ты смеешься надо мною!

— Иди, окаянный грешник! не смеюсь я над тобою. Боязнь овладевает мною. Не добро быть человеку с тобою вместе!

— Нет, нет! ты смеешься, не говори... я вижу, как раздвинулся рот твой: вот белеют рядами твои старые зубы!..

И, как бешеный, кинулся он — и убил святого схимника.

Что-то тяжко застонало, и стон перенесся через поле и лес. Из-за леса поднялись тощие, сухие руки с длинными когтями; затряслись и пропали.

И уже ни страха, ничего не чувствовал он. Всё чудится ему как-то смутно. В ушах шумит, в голове шумит, как будто от хмеля; и всё, что ни есть перед глазами, покрывается как бы паутиною. Вскочивши на коня, поехал он прямо в Канев, думая оттуда через Черкасы направить путь к татарам прямо в Крым, сам не зная для чего. Едет он уже день, другой, а Канева всё нет. Дорога та самая; пора бы ему уже давно показаться, но Канева не видно. Вдали блеснули верхушки церквей. Но это не Канев, а Шумск. Изумился колдун, видя, что он заехал совсем в другую сторону. Погнал коня назад к Киеву, и через день показался город; но не Киев, а Галич, город еще далее от Киева, чем Шумск, и уже недалеко от венгров. Не зная, что делать, поворотил он коня снова назад, но чувствует снова, что едет в противную сторону и всё вперед. Не мог бы ни один человек в свете рассказать, что было на душе у колдуна; а если бы он заглянул и увидел, что там деялось, то уже недосыпал бы он ночей и не засмеялся бы ни разу. То была не злость, не страх и не лютая досада. Нет такого слова на свете, которым бы можно было его назвать. Его жгло, пекло, ему хотелось бы весь свет вытоптать конем своим, взять всю землю от Киева до Галича с людьми, со всем и затопить ее в Черном море. Но не от злобы хотелось ему это сделать; нет, сам он не знал отчего. Весь вздрогнул он, когда уже показались близко перед ним Карпатские горы и высокий Криван, накрывший свое темя, будто шапкою, серою тучею; а конь всё несся и уже рыскал по горам. Тучи разом очистились, и перед ним показался в страшном величии всадник. Он силится остановиться, крепко натягивает удила; дико ржал конь, подымая гриву, и мчался к рыцарю. Тут чудится колдуну, что всё в нем замерло, что недвижный всадник шевелится и разом открыл свои очи; увидел несшегося к нему колдуна и засмеялся. Как гром, рассыпался дикий смех по горам и зазвучал в сердце колдуна, потрясши всё, что было внутри его. Ему чудилось, что будто кто-то сильный влез в него и ходил внутри его и бил молотами по сердцу, по жилам... так страшно отдался в нем этот смех!

Ухватил всадник страшною рукою колдуна и поднял его на воздух. Вмиг умер колдун и открыл после смерти очи. Но уже был мертвец, и глядел, как мертвец. Так страшно не глядит ни живой, ни воскресший. Ворочал он по сторонам мертвыми глазами и увидел поднявшихся мертвецов от Киева, и от земли Галичской, и от Карпата, как две капли воды схожих лицом на него.

Бледны, бледны, один другого выше, один другого костистей, стали они вокруг всадника, державшего в руке страшную добычу. Еще раз засмеялся рыцарь и кинул ее в пропасть. И все мертвецы вскочили в пропасть, подхватили мертвеца и вонзили в него свои зубы. Еще один, всех выше, всех страшнее, хотел подняться из земли; но не мог, не в силах был этого сделать, так велик вырос он в земле; а если бы поднялся, то опрокинул бы и Карпат, и Седмиградскую и Турецкую землю; немного только подвинулся он, и пошло от того трясение по всей земле. И много поопрокидывалось везде хат. И много задавило народу.

Слышится часто по Карпату свист, как будто тысяча мельниц шумит колесами на воде. То в безвыходной пропасти, которой не видал еще ни один человек, страшащийся проходить мимо, мертвецы грызут мертвеца. Нередко бывало по всему миру, что земля тряслась от одного конца до другого: то оттого делается, толкуют грамотные люди, что есть где-то близ моря гора, из которой выхватывается пламя и текут горящие реки. Но старики, которые живут и в Венгрии, и в Галичской земле, лучше знают это и говорят: что то хочет подняться выросший в земле великий, великий мертвец и трясет землю.

XVI

В городе Глухове собрался народ около старца бандуриста и уже с час слушал, как слепец играл на бандуре. Еще таких чудных песен и так хорошо не пел ни один бандурист. Сперва повел он про прежнюю гетьманщину, за Сагайдачного и Хмельницкого. Тогда иное было время: козачество было в славе, топтало конями неприятелей, и никто не смел посмеяться над ним. Пел и веселые песни старец и поваживал своими очами на народ, как будто зрящий; а пальцы, с приделанными к ним костями, летали как муха по струнам, и казалось, струны сами играли; а кругом народ, старые люди, понурив головы, а молодые, подняв очи на старца, не смели и шептать между собою.

— Постойте, — сказал старец, — я вам запою про одно давнее дело.

Народ сдвинулся еще теснее, и слепец запел:

«За пана Степана, князя Седмиградского, был князь Седмиградский королем и у ляхов, жило два козака: Иван да Петро. Жили они так, как брат с братом. «Гляди, Иван, всё, что ни добудешь, — всё пополам. Когда кому веселье — веселье и другому; когда кому горе — горе и обоим; когда кому добыча — пополам добычу; когда кто в полон попадет — другой продай всё и дай выкуп, а не то сам ступай в полон». И правда, всё, что ни доставали козаки, всё делили пополам; угоняли ли чужой скот, или коней, всё делили пополам.

* * *

Воевал король Степан с турчином. Уже три недели воюет он с турчином, а всё не может его выгнать. А у турчина был паша такой, что сам с десятью янычарами мог порубить целый полк. Вот объявил король Степан, что, если сыщется смельчак и приведет к нему того пашу живого или мертвого, даст ему одному столько жалованья, сколько дает на всё войско. «Пойдем, брат, ловить пашу!» — сказал брат Иван Петру. И поехали козаки, один в одну сторону, другой в другую.

Поймал ли бы еще, или не поймал Петро, а уже Иван ведет пашу арканом за шею к самому королю. «Бравый молодец!» — сказал король Степан и приказал выдать ему одному такое жалованье, какое получает всё войско; и приказал отвесть ему земли там, где он задумает себе, и дать скота, сколько пожелает. Как получил Иван жалованье от короля, в тот же день разделил всё поровну между собою и Петром. Взял Петро половину королевского жалованья, но не мог вынесть того, что Иван получил такую честь от короля, и затаил глубоко на душе месть.

* * *

Ехали оба рыцаря на жалованную королем землю, за Карпат. Посадил козак Иван с собою на коня своего сына, привязав его к себе. Уже настали сумерки — они всё едут. Младенец заснул, стал дремать и сам Иван. Не дремли, козак, по горам дороги опасные!.. Но у козака такой конь, что сам везде знает дорогу, не спотыкнется и не оступится. Есть между горами провал, в провале дна никто не видал; сколько от земли до неба, столько до дна того провала. Понад самым провалом дорога — два человека еще могут проехать, а трое ни за что. Стал бережно ступать конь с дремавшим козаком. Рядом ехал Петро, весь дрожал и притаил дух от радости. Оглянулся и толкнул названого брата в провал. И конь с козаком и младенцем полетел в провал.

* * *

Ухватился, однако ж, козак за сук, и один только конь полетел на дно. Стал он карабкаться, с сыном за плечами, вверх; немного уже не добрался, поднял глаза и увидел, что Петро наставил пику, чтобы

215

столкнуть его назад. «Боже ты мой праведный, лучше б мне не подымать глаз, чем видеть, как родной брат наставляет пику столкнуть меня назад. Брат мой милый! коли меня пикой, когда уже мне так написано на роду, но возьми сына! чем безвинный младенец виноват, чтобы ему пропасть такою лютою смертью?» Засмеялся Петро и толкнул его пикой, и козак с младенцем полетел на дно. Забрал себе Петро всё добро и стал жить, как паша. Табунов ни у кого таких не было, как у Петра. Овец и баранов нигде столько не было. И умер Петро.

* * *

Как умер Петро, призвал Бог души обоих братьев, Петра и Ивана, на суд. «Великий есть грешник сей человек! — сказал Бог. — Иване! не выберу я ему скоро казни; выбери ты сам ему казнь!» Долго думал Иван, вымышляя казнь, и, наконец, сказал: «Великую обиду нанес мне сей человек: предал своего брата, как Иуда, и лишил меня честного моего рода и потомства на земле. А человек без честного рода и потомства, что хлебное семя, кинутое в землю и пропавшее даром в земле. Всходу нет — никто и не узнает, что кинуто было семя.

* * *

Сделай же, Боже, так, чтобы всё потомство его не имело на земле счастья! чтобы последний в роде был такой злодей, какого еще и не бывало на свете! И от каждого его злодейства чтобы деды и прадеды его не нашли бы покоя в гробах и, терпя муку, неведомую на свете, подымались бы из могил! А Иуда Петро чтобы не в силах был подняться и оттого терпел бы муку еще горшую; и ел бы, как бешеный, землю, и корчился бы под землею!

И когда придет час меры в злодействах тому человеку, подыми меня, Боже, из того провала на коне на самую высокую гору, и пусть придет он ко мне, и брошу я его с той горы в самый глубокий провал, и все мертвецы, его деды и прадеды, где бы ни жили при жизни, чтобы все потянулись от разных сторон земли грызть его за те муки, что он наносил им, и вечно бы его грызли, и повеселился бы я, глядя на его муки! А Иуда Петро чтобы не мог подняться из земли, чтобы рвался грызть и себе, но грыз бы самого себя, а кости его росли бы, чем дальше, больше, чтобы чрез то еще сильнее становилась его боль. Та мука для него будет самая страшная: ибо для человека нет большей муки, как хотеть отмстить, и не мочь отмстить».

* * *

«Страшна казнь, тобою выдуманная, человече! — сказал Бог. — Пусть будет всё так, как ты сказал, но и ты сиди вечно там на коне своем, и не будет тебе царствия небесного, покамест ты будешь сидеть там на коне своем!» И то всё так сбылось, как было сказано: и доныне стоит на Карпате на коне дивный рыцарь, и видит, как в бездонном провале грызут мертвецы мертвеца, и чует, как лежащий под землею мертвец растет, гложет в страшных муках свои кости и страшно трясет всю землю...»

Уже слепец кончил свою песню; уже снова стал перебирать струны; уже стал петь смешные присказки про Хому и Ерему, про Сткляра Стокозу... но старые и малые всё еще не думали очнуться и долго стояли, потупив головы, раздумывая о страшном, в старину случившемся деле.

ИВАН ФЕДОРОВИЧ ШПОНЬКА
И ЕГО ТЕТУШКА

С этой историей случилась история: нам рассказывал ее приезжавший из Гадяча Степан Иванович Курочка. Нужно вам знать, что память у меня — невозможно сказать, что за дрянь: хоть говори, хоть не говори, всё одно. То же самое, что в решето воду лей. Зная за собою такой грех, нарочно просил его списать ее в тетрадку. Ну, дай Бог ему здоровья, человек он был всегда добрый для меня, взял и списал. Положил я ее в маленький столик; вы, думаю, его хорошо знаете: он стоит в углу, когда войдешь в дверь... Да, я и позабыл, что вы у меня никогда не были. Старуха моя, с которой живу уже лет тридцать вместе, грамоте сроду не училась, — нечего и греха таить. Вот замечаю я, что она пирожки печет на какой-то бумаге. Пирожки она, любезные читатели, удивительно хорошо печет; лучших пирожков вы нигде не будете есть. Посмотрел как-то на сподку пирожка, смотрю: писаные слова. Как будто сердце у меня знало, прихожу к столику — тетрадки и половины нет! Остальные листки все растаскала на пироги. Что прикажешь делать? на старости лет не подраться же!

Прошлый год случилось проезжать чрез Гадяч. Нарочно еще, не доезжая города, завязал узелок, чтобы не забыть попросить об этом Степана Ивановича. Этого мало: взял обещание с самого себя — как только чихну в городе, то чтобы при этом вспомнить о нем. Все напрасно. Проехал чрез город, и чихнул, и высморкался в платок, а всё позабыл; да уже вспомнил, как верст за шесть отъехал от заставы. Нечего делать, пришлось печатать без конца. Впрочем, если кто желает непременно знать, о чем говорится далее в этой повести, то ему стоит только нарочно приехать в Гадяч и попросить Степана Ивановича. Он с большим удовольствием расскажет ее, хоть, пожалуй, снова от начала до конца. Живет он недалеко возле каменной церкви. Тут есть сейчас маленький переулок: как только поворотишь в переулок, то будут вторые или третьи ворота. Да вот лучше: когда увидите на дворе большой шест с перепелом и выйдет навстречу вам толстая баба в зеленой юбке (он, не мешает сказать, ведет жизнь холостую), то это его двор. Впрочем, вы можете его встретить на базаре, где бывает он каждое утро до девяти часов, выбирает рыбу и зелень для своего стола и разговаривает с отцом Антипом или с жидом-откупщиком. Вы его тотчас узнаете, потому что ни у кого нет, кроме него, панталон из цветной выбойки и китайчатого желтого сюртука. Вот еще вам примета: когда ходит он, то всегда размахивает руками. Еще покойный тамошний заседатель, Денис Петрович, всегда, бывало, увидевши его издали, говорил: «Глядите, глядите, вон идет ветряная мельница!»

I

ИВАН ФЕДОРОВИЧ ШПОНЬКА

Уже четыре года, как Иван Федорович Шпонька в отставке и живет в хуторе своем Вытребеньках. Когда был он еще Ванюшею, то обучался в гадячском поветовом училище, и надобно сказать, что был преблагонравный и престарательный мальчик. Учитель российской грамматики, Никифор Тимофеевич Деепричастие, говаривал, что если бы все у него были так старательны, как Шпонька, то он не носил бы с собою в класс кленовой линейки, которою, как сам он признавался, уставал бить по рукам ленивцев и шалунов. Тетрадка у него всегда была чистенькая, кругом облинеенная, нигде ни пятнышка. Сидел он всегда смирно, сложив руки и уставив глаза на учителя, и никогда не привешивал сидевшему впереди его товарищу на спину бумажек, не резал скамьи и не играл до прихода учителя в *тесной бабы*. Когда кому нужда была в ножике очинить перо, то он немедленно обращался к Ивану Федоровичу, зная, что у него всегда водился ножик, и Иван Федорович, тогда еще просто Ванюша, вынимал его из небольшого кожаного чехольчика, привязанного к петле своего серенького сюртука, и просил только не скоблить пера острием ножика, уверяя, что для этого есть тупая сторона. Такое благонравие скоро привлекло на него внимание даже самого учителя латинского языка, которого один кашель в сенях, прежде нежели высовывалась в дверь его фризовая шинель и лицо, изукрашенное оспою, наводил страх на весь класс. Этот страшный учитель, у которого на кафедре всегда лежало два пучка розг и половина слушателей стояла на коленях, сделал Ивана Федоровича аудитором, несмотря на то, что в классе было много с гораздо лучшими способностями.

Тут не можно пропустить одного случая, сделавшего влияние на всю его жизнь. Один из вверенных ему учеников, чтобы склонить своего аудитора написать ему в списке *scit,* тогда как он своего урока в зуб не знал, принес в класс завернутый в бумагу, облитый маслом блин. Иван Федорович, хотя и держался справедливости, но на эту пору был голоден и не мог противиться обольщению; взял блин, поставил перед собою книгу и начал есть. И так был занят этим, что даже не заметил, как в классе сделалась вдруг мертвая тишина. Тогда только с ужасом очнулся он, когда страшная рука, протянувшись из фризовой шинели, ухватила его за ухо и вытащила на средину класса. «Подай сюда блин! Подай, говорят тебе, негодяй!» — сказал грозный учитель, схватил пальцами масляный блин и выбросил его за окно, строго запретив бегавшим по двору школьникам поднимать его. После этого тут же высек он пребольно Ивана Федоровича по рукам. И дело: руки виноваты, зачем брали, а не другая часть тела. Как бы то ни было, только с этих пор робость, и без того неразлучная с ним, увеличилась еще более. Может быть, это самое происшествие было причиною того, что он не имел никогда желания вступить в штатскую службу, видя на опыте, что не всегда удается хоронить концы.

Было уже ему без малого пятнадцать лет, когда перешел он во второй класс, где вместо сокращенного катехизиса и четырех правил арифметики принялся он за пространный, за книгу о должностях человека и за дроби. Но, увидевши, что чем дальше в лес, тем больше дров, и получивши известие, что батюшка приказал долго жить, пробыл еще два года и, с согласия матушки, вступил потом в П*** пехотный полк.

П*** пехотный полк был совсем не такого сорта, к какому принадлежат многие пехотные полки; и, несмотря на то, что он большею частию стоял по деревням, однако ж был на такой ноге, что не уступал иным и кавалерийским. Большая часть офицеров пила выморозки и умела таскать жидов за пейсики не хуже гусаров; несколько человек даже танцевали мазурку, и полковник П*** полка никогда не упускал случая заметить об этом, разговаривая с кем-нибудь в обществе. «У меня-с, — говорил он обыкновенно, трепля себя по брюху после каждого слова, — многие пляшут-с мазурку; весьма многие-с; очень многие-с». Чтоб еще более показать читателям образованность П*** пехотного полка, мы прибавим, что двое из офицеров были страшные игроки в банк и проигрывали мундир, фуражку, шинель, темляк и даже исподнее платье, что не везде и между кавалеристами можно сыскать.

Обхождение с такими товарищами, однако же, ничуть не уменьшило робости Ивана Федоровича. И так как он не пил выморозок, предпочитая им рюмку водки пред обедом и ужином, не танцевал мазурки и не играл в банк, то, натурально, должен был всегда оставаться один. Таким образом, когда другие разъезжали на обывательских по мелким помещикам, он, сидя на своей квартире, упражнялся в занятиях, сродных одной кроткой и доброй душе: то чистил пуговицы, то читал гадательную книгу, то ставил мышеловки по углам своей комнаты, то, наконец, скинувши мундир, лежал на постеле. Зато не было никого исправнее Ивана Федоровича в полку. И взводом своим он так командовал, что ротный командир всегда ставил его в образец. Зато в скором времени, спустя одиннадцать лет после получения прапорщичьего чина, произведен он был в подпоручики.

В продолжение этого времени он получил известие, что матушка скончалась; а тетушка, родная сестра матушки, которую он знал только потому, что она привозила ему в детстве и посылала даже в Гадяч сушеные груши и деланные ею самою превкусные пряники (с матушкой она была в ссоре, и потому Иван Федорович после не видал ее), — эта тетушка, по своему добродушию, взялась управлять небольшим его имением, о чем известила его в свое время письмом. Иван Федорович, будучи совершенно уверен в благоразумии тетушки, начал по-прежнему исполнять свою службу. Иной на его месте, получивши такой чин, возгордился бы; но гордость совершенно была ему неизвестна, и, сделавшись подпоручиком, он был тот же самый Иван Федорович, каким был некогда и в прапорщичьем чине. Пробыв четыре года после этого замечательного для него события, он готовился выступить вместе с полком из Могилевской губернии в Великороссию, как получил письмо такого содержания:

«Любезный племянник,
Иван Федорович!

Посылаю тебе белье: пять пар нитяных карпеток и четыре рубашки тонкого холста; да еще хочу поговорить с тобою о деле: так как ты уже имеешь чин немаловажный, что, думаю, тебе известно, и пришел в такие лета, что пора и хозяйством позаняться, то в воинской службе тебе незачем более служить. Я уже стара и не могу всего присмотреть в твоем хозяйстве; да и действительно, многое притом имею тебе открыть лично. Приезжай, Ванюша! В ожидании подлинного удовольствия тебя видеть, остаюсь многолюбящая твоя тетка

Василиса Цупчевська.

Чудная в огороде у нас выросла репа, больше похожа на картофель, чем на репу».

Через неделю после получения этого письма Иван Федорович написал такой ответ:

«Милостивая государыня, тетушка
Василиса Кашпоровна!

Много благодарю вас за присылку белья. Особенно карпетки у меня очень старые, что даже денщик штопал их четыре раза и очень оттого стали узкие.

Насчет вашего мнения о моей службе я совершенно согласен с вами и третьего дня подал отставку. А как только получу увольнение, то найму извозчика. Прежней вашей комиссии, насчет семян пшеницы, сибирской арнаутки, не мог исполнить: во всей Могилевской губернии нет такой. Свиней же здесь кормят большею частию брагой, подмешивая немного выигравшегося пива.

С совершенным почтением, милостивая государыня тетушка, пребываю племянником

Иваном Шпонькою».

Наконец Иван Федорович получил отставку с чином поручика, нанял за сорок рублей жида от Могилева до Гадяча и сел в кибитку в то самое время, когда деревья оделись молодыми, еще редкими листьями, вся земля ярко зазеленела свежею зеленью и по всему полю пахло весною.

II

ДОРОГА

В дороге ничего не случилось слишком замечательного. Ехали с небольшим две недели. Может быть, еще и этого скорее приехал бы Иван Федорович, но набожный жид шабашовал по субботам и, накрывшись своею попоной, молился весь день. Впрочем, Иван Федорович, как уже имел я случай заметить прежде, был такой человек, который не допускал к себе скуки. В то время развязывал он чемодан, вынимал белье, рассматривал его хорошенько: так ли вымыто, так ли сложено; снимал осторожно пушок с нового мундира, сшитого уже без погончиков, и снова всё это укладывал наилучшим образом.

Книг он, вообще сказать, не любил читать; а если заглядывал иногда в гадательную книгу, так это потому, что любил встречать там знакомое, читанное уже несколько раз. Так городской житель отправляется каждый день в клуб, не для того, чтобы услышать там что-нибудь новое, но чтобы встретить тех приятелей, с которыми он уже с незапамятных времен привык болтать в клубе. Так чиновник с большим наслаждением читает адрес-календарь по нескольку раз в день, не для каких-нибудь дипломатических затей, но его тешит до крайности печатная роспись имен. «А! Иван Гаврилович такой-то! — повторяет он глухо про себя. — А! вот и я! гм!..» И на следующий раз снова перечитывает его с теми же восклицаниями.

После двухнедельной езды Иван Федорович достигнул деревушки, находившейся в ста верстах от Гадяча. Это было в пятницу. Солнце давно уже зашло, когда он въехал с кибиткою и с жидом на постоялый двор.

Этот постоялый двор ничем не отличался от других, выстроенных по небольшим деревушкам. В них обыкновенно с большим усердием потчуют путешественника сеном и овсом, как будто бы он был почтовая лошадь. Но если бы он захотел позавтракать, как обыкновенно завтракают порядочные люди, то сохранил бы в ненарушимости свой аппетит до другого случая. Иван Федорович, зная всё это, заблаговременно запасся двумя вязками бубликов и колбасою и, спросивши рюмку водки, в которой не бывает недостатка ни в одном постоялом дворе, начал свой ужин, усевшись на лавке перед дубовым столом, неподвижно вкопанным в глиняный пол.

В продолжение этого времени послышался стук брички. Ворота заскрипели; но бричка долго не въезжала на двор. Громкий голос бранился со старухою, содержавшею трактир. «Я взъеду, — услышал Иван

Федорович, — но если хоть один клоп укусит меня в твоей хате, то прибью, ей-богу прибью, старая колдунья! и за сено ничего не дам!»

Минуту спустя дверь отворилась и вошел, или, лучше сказать, влез толстый человек в зеленом сюртуке. Голова его неподвижно покоилась на короткой шее, казавшейся еще толще от двухэтажного подбородка. Казалось, и с виду он принадлежал к числу тех людей, которые не ломали никогда головы над пустяками и которых вся жизнь катилась по маслу.

— Желаю здравствовать, милостивый государь! — проговорил он, увидевши Ивана Федоровича.

Иван Федорович безмолвно поклонился.

— А позвольте спросить, с кем имею честь говорить? — продолжал толстый приезжий.

При таком допросе Иван Федорович невольно поднялся с места и стал ввытяжку, что обыкновенно он делывал, когда спрашивал его о чем полковник.

— Отставной поручик Иван Федоров Шпонька, — отвечал он.

— А смею ли спросить, в какие места изволите ехать?

— В собственный хутор-с, Вытребеньки.

— Вытребеньки! — воскликнул строгий допросчик. — Позвольте, милостивый государь, позвольте! — говорил он, подступая к нему и размахивая руками, как будто бы кто-нибудь его не допускал или он продирался сквозь толпу, и, приблизившись, принял Ивана Федоровича в объятия и облобызал сначала в правую, потом в левую и потом снова в правую щеку. Ивану Федоровичу очень понравилось это лобызание, потому что губы его приняли большие щеки незнакомца за мягкие подушки.

— Позвольте, милостивый государь, познакомиться! — продолжал толстяк. — Я помещик того же Гадячского повета и ваш сосед. Живу от хутора вашего Вытребеньки не дальше пяти верст, в селе Хорты-ще; а фамилия моя Григорий Григорьевич Сторчен-ко. Непременно, непременно, милостивый государь, и знать вас не хочу, если не приедете в гости в село Хортыще. Я теперь спешу по надобности... А что это? — проговорил он кротким голосом вошедшему своему жокею, мальчику в козацкой свитке с запла-танными локтями, с недоумевающею миною ставив-шему на стол узлы и ящики. — Что это? что? — и голос Григория Григорьевича незаметно делался грознее и грознее. — Разве я это сюда велел ставить тебе, любезный? разве я это сюда говорил ставить тебе, подлец? разве я не говорил тебе наперед разо-греть курицу, мошенник? Пошел! — вскрикнул он, топнув ногою. — Постой, рожа! где погребец со што-фиками? Иван Федорович! — говорил он, наливая в рюмку настойки, — прошу покорно лекарственной!

— Ей-богу-с, не могу... я уже имел случай... — проговорил Иван Федорович с запинкою.

— И слушать не хочу, милостивый государь! — возвысил голос помещик. — И слушать не хочу! С места не сойду, покамест не выкушаете...

Иван Федорович, увидевши, что нельзя отказать-ся, не без удовольствия выпил.

— Это курица, милостивый государь, — продол-жал толстый Григорий Григорьевич, разрезывая ее ножом в деревянном ящике. — Надобно вам сказать, что повариха моя Явдоха иногда любит куликнуть и оттого часто пересушивает. Эй, хлопче! — тут оборо-тился он к мальчику в козацкой свитке, принесшему перину и подушки, — постели постель мне на полу посереди хаты! Смотри же, сена повыше наклади под подушку! да выдерни у бабы из мычки клочок пень-ки, заткнуть мне уши на ночь! Надобно вам знать, милостивый государь, что я имею обыкновение за-тыкать на ночь уши с того проклятого случая, когда в одной русской корчме залез мне в левое ухо таракан. Проклятые кацапы, как я после узнал, едят даже щи с тараканами. Невозможно описать, что происходило со мною: в ухе так и щекочет, так и щекочет... ну, хоть на стену! Мне помогла уже в наших местах простая старуха. И чем бы вы думали? просто зашептыванием. Что вы скажете, милостивый государь, о лекарях? Я думаю, что они просто морочат и дурачат нас. Иная старуха в двадцать раз лучше знает всех этих лекарей.

— Действительно, вы изволите говорить совершенную-с правду. Иная точно бывает... — Тут он остановился, как бы не прибирая далее приличного слова.

Не мешает здесь и мне сказать, что он вообще не был щедр на слова. Может быть, это происходило от робости, а может, и от желания выразиться красивее.

— Хорошенько, хорошенько перетряси сено! — говорил Григорий Григорьевич своему лакею. — Тут сено такое гадкое, что, того и гляди, как-нибудь попадет сучок. Позвольте, милостивый государь, пожелать спокойной ночи! Завтра уже не увидимся: я выезжаю до зари. Ваш жид будет шабашовать, потому что завтра суббота, и потому вам нечего вставать рано. Не забудьте же моей просьбы: и знать вас не хочу, когда не приедете в село Хортыще.

Тут камердинер Григория Григорьевича стащил с него сюртук и сапоги и натянул вместо того халат, и Григорий Григорьевич повалился на постель, и казалось — огромная перина легла на другую.

— Эй, хлопче! куда же ты, подлец? Поди сюда, поправь мне одеяло! Эй, хлопче, подмости под голову сена! да что, коней уже напоили? Еще сена! сюда, под этот бок! да поправь, подлец, хорошенько одеяло! Вот так, еще! ох!..

Тут Григорий Григорьевич еще вздохнул раза два

и пустил страшный носовой свист по всей комнате, всхрапывая по временам так, что дремавшая на лежанке старуха, пробудившись, вдруг смотрела в оба глаза на все стороны, но, не видя ничего, успокоивалась и засыпала снова.

На другой день, когда проснулся Иван Федорович, уже толстого помещика не было. Это было одно только замечательное происшествие, случившееся с ним на дороге. На третий день после этого приближался он к своему хуторку.

Тут почувствовал он, что сердце в нем сильно забилось, когда выглянула, махая крыльями, ветряная мельница и когда, по мере того как жид гнал своих кляч на гору, показывался внизу ряд верб. Живо и ярко блестел сквозь них пруд и дышал свежестью. Здесь когда-то он купался, в этом самом пруде он когда-то с ребятишками брел по шею в воде за раками. Кибитка взъехала на греблю, и Иван Федорович увидел тот же самый старинный домик, покрытый очеретом; те же самые яблони и черешни, по которым он когда-то украдкою лазил. Только что въехал он на двор, как сбежались со всех сторон собаки всех сортов: бурые, черные, серые, пегие. Некоторые с лаем кидались под ноги лошадям, другие бежали сзади, заметив, что ось вымазана салом; один, стоя возле кухни и накрыв лапою кость, заливался во всё горло; другой лаял издали и бегал взад и вперед, помахивая хвостом и как бы приговаривая: «Посмотрите, люди крещеные, какой я прекрасный молодой человек!» Мальчишки в запачканных рубашках бежали глядеть. Свинья, прохаживавшаяся по двору с шестнадцатью поросенками, подняла вверх с испытующим видом свое рыло и хрюкнула громче обыкновенного. На дворе лежало на земле множество рядён с пшеницею, просом и ячменем, сушившихся на солнце. На крыше тоже немало сушилось разного рода трав: петровых батогов, нечуй-ветера и других.

Иван Федорович так был занят рассматриванием этого, что очнулся тогда только, когда пегая собака укусила слазившего с козел жида за икру. Сбежавшаяся дворня, состоявшая из поварихи, одной бабы и двух девок в шерстяных исподницах, после первых восклицаний: *«Та се ж паныч наш!»* — объявила, что тетушка садила в огороде пшеничку, вместе с девкою Палашкою и кучером Омельком, исправлявшим часто должность огородника и сторожа. Но тетушка, которая еще издали завидела рогожную кибитку, была уже здесь. И Иван Федорович изумился, когда она почти подняла его на руках, как бы не доверяя, та ли это тетушка, которая писала к нему о своей дряхлости и болезни.

III

ТЕТУШКА

Тетушка Василиса Кашпоровна в это время имела лет около пятидесяти. Замужем она никогда не была и обыкновенно говорила, что жизнь девическая для нее дороже всего. Впрочем, сколько мне помнится, никто и не сватал ее. Это происходило оттого, что все мужчины чувствовали при ней какую-то робость и никак не имели духу сделать ей признание. «Весьма с большим характером Василиса Кашпоровна!» — говорили женихи, и были совершенно правы, потому что Василиса Кашпоровна хоть кого умела сделать тише травы. Пьяницу мельника, который совершенно был ни к чему не годен, она, собственною своею мужественною рукою дергая каждый день за чуб, без всякого постороннего средства, умела сделать золотом, а не человеком. Рост она имела почти исполинский, дородность и силу совершенно соразмерную. Казалось, что природа сделала непростительную ошибку, определив ей носить темно-коричневый по будням капот с мелкими оборками и красную кашемировую шаль в день Светлого воскресенья и своих именин, тогда как ей более всего шли бы драгунские усы и длинные ботфорты. Зато занятия ее совершенно соответствовали ее виду: она каталась сама на лодке, гребя веслом искуснее всякого рыболова; стреляла дичь; стояла неотлучно над косарями; знала наперечет число дынь и арбузов на баштане; брала пошлину по пяти копеек с воза, проезжавшего через ее греблю; взлезала на дерево и трусила груши; била ленивых вассалов своею страшною рукою и подносила достойным рюмку водки из той же грозной руки. Почти в одно время она бранилась, красила пряжу, бегала на кухню, делала квас, варила медовое варенье и хлопотала весь день и везде поспевала. Следствием этого было то, что маленькое именьице Ивана Федоровича, состоявшее из осьмнадцати душ по последней ревизии, процветало в полном смысле сего слова. К тому ж она слишком горячо любила своего племянника и тщательно собирала для него копейку.

По приезде домой жизнь Ивана Федоровича решительно изменилась и пошла совершенно другою дорогою. Казалось, натура именно создала его для управления осьмнадцатидушным имением. Сама тетушка заметила, что он будет хорошим хозяином, хотя, впрочем, не во все еще отрасли хозяйства позволяла ему вмешиваться. «*Воно ще молода дытына,* — обыкновенно она говаривала, несмотря на то, что Ивану Федоровичу было без малого сорок лет, — где ему всё знать!»

Однако ж он неотлучно бывал в поле при жнецах и косарях, и это доставляло наслаждение неизъяснимое его кроткой душе. Единодушный взмах десятка и более блестящих кос; шум падающей стройными рядами травы; изредка заливающиеся песни жниц, то веселые, как встреча гостей, то заунывные, как разлука; спокойный, чистый вечер, и что за вечер! как волен и свеж воздух! как тогда оживлено всё: степь краснеет, синеет и горит цветами; перепелы, дрофы, чайки, кузнечики, тысячи насекомых, и от них свист, жужжание, треск, крик и вдруг стройный хор; и всё не молчит ни на минуту. А солнце садится и кроется. У! как свежо и хорошо! По полю, то там, то там, раскладываются огни и ставят котлы, и вкруг котлов садятся усатые косари; пар от галушек несется. Сумерки сереют... Трудно рассказать, что делалось тогда с Иваном Федоровичем. Он забывал, присоединясь к косарям, отведать их галушек, которые очень любил, и стоял недвижимо на одном месте, следя глазами пропадавшую в небе чайку или считая копы нажатого хлеба, унизывавшие поле.

В непродолжительном времени об Иване Федоровиче везде пошли речи, как о великом хозяине. Тетушка не могла нарадоваться своим племянником и никогда не упускала случая им похвастаться. В один день, — это было уже по окончании жатвы, и именно в конце июля, — Василиса Кашпоровна, взявши Ивана Федоровича с таинственным видом за руку, сказала, что она теперь хочет поговорить с ним о деле, которое с давних пор уже ее занимает.

— Тебе, любезный Иван Федорович, — так она начала, — известно, что в твоем хуторе осьмнадцать душ; впрочем, это по ревизии, а без того, может, наберется больше, может, будет до двадцати четырех. Но не об этом дело. Ты знаешь тот лесок, что за нашею левадою, и, верно, знаешь за тем же лесом широкий луг: в нем двадцать без малого десятин; а травы столько, что можно каждый год продавать больше чем на сто рублей, особенно если, как говорят, в Гадяче будет конный полк.

— Как же-с, тетушка, знаю: трава очень хорошая.

— Это я сама знаю, что очень хорошая; но знаешь ли ты, что вся эта земля, по-настоящему, твоя? Что ж ты так выпучил глаза? Слушай, Иван Федорович! Ты помнишь Степана Кузьмича? Что я говорю: помнишь! Ты тогда был таким маленьким, что не мог выговорить даже его имени. Куда ж! Я помню, когда приехала на самое Пущенье, перед Филипповкою, и взяла было тебя на руки, то ты чуть не испортил мне всего платья; к счастию, что успела передать тебя мамке Матрене. Такой ты тогда был гадкий!.. Но не об этом дело. Вся земля, которая за нашим хутором, и самое село Хортыще было Степана Кузьмича. Он, надобно тебе объявить, еще тебя не было на свете, как начал ездить к твоей матушке, — правда, в такое время, когда отца твоего не бывало дома. Но я, однако ж, это не в укор ей говорю, — упокой Господи ее душу! — хотя покойница была всегда не права против меня. Но не об этом дело. Как бы то ни было, только Степан Кузьмич сделал тебе дарственную запись на то самое имение, об котором я тебе говорила. Но покойница твоя матушка, между нами будь сказано, была пречудного нрава. Сам черт, Господи прости меня за это гадкое слово, не мог бы понять ее. Куда она дела эту запись — один Бог знает. Я думаю, просто, что она в руках этого старого холостяка Григория Григорьевича Сторченка. Этой пузатой шельме досталось всё его имение. Я готова ставить Бог знает что, если он не утаил записи.

— Позвольте-с доложить, тетушка: не тот ли это Сторченко, с которым я познакомился на станции?

Тут Иван Федорович рассказал про свою встречу.

— Кто его знает! — отвечала, немного подумав, тетушка. — Может быть, он и не негодяй. Правда, он всего только полгода как переехал к нам жить; в такое время человека не узнаешь. Старуха-то, матушка его, я слышала, очень разумная женщина и, говорят, большая мастерица солить огурцы. Ковры собственные девки ее умеют отлично хорошо выделывать. Но так как ты говоришь, что он тебя хорошо принял, то поезжай к нему! Может быть, старый грешник послушается совести и отдаст, что принадлежит не ему. Пожалуй, можешь поехать и в бричке, только проклятая дитвора повыдергивала сзади все гвозди. Нужно будет сказать кучеру Омельке, чтобы прибил везде получше кожу.

— Для чего, тетушка? Я возьму повозку, в которой вы ездите иногда стрелять дичь.

Этим окончился разговор.

IV

ОБЕД

В обеденную пору Иван Федорович въехал в село Хортыще и немного оробел, когда стал приближаться к господскому дому. Дом этот был длинный и не под очеретяною, как у многих окружных помещиков, но под деревянною крышею. Два амбара в дворе тоже под деревянною крышею; ворота дубовые. Иван Федорович похож был на того франта, который, заехав на бал, видит всех, куда ни оглянется, одетых щеголеватее его. Из почтения он остановил свой возок возле амбара и подошел пешком к крыльцу.

— А! Иван Федорович! — закричал толстый Григорий Григорьевич, ходивший по двору в сюртуке, но без галстука, жилета и подтяжек. Однако ж и этот наряд, казалось, обременял его тучную ширину, потому что пот катился с него градом. — Что ж вы говорили, что сейчас, как только увидитесь с тетушкой, приедете, да и не приехали? — После сих слов губы

Ивана Федоровича встретили те же самые знакомые подушки.

— Большею частию занятия по хозяйству... Я-с приехал к вам на минутку, собственно, по делу...

— На минутку? Вот этого-то не будет. Эй, хлопче! — закричал толстый хозяин, и тот же самый мальчик в козацкой свитке выбежал из кухни. — Скажи Касьяну, чтобы ворота сейчас запер, слышишь, запер крепче! А коней вот этого пана распряг бы сию минуту! Прошу в комнату; здесь такая жара, что у меня вся рубашка мокра.

Иван Федорович, вошедши в комнату, решился не терять напрасно времени и, несмотря на свою робость, наступать решительно.

— Тетушка имела честь... сказывала мне, что дарственная запись покойного Степана Кузьмича...

Трудно изобразить, какую неприятную мину сделало при этих словах обширное лицо Григория Григорьевича.

— Ей-богу, ничего не слышу! — отвечал он. — Надобно вам сказать, что у меня в левом ухе сидел таракан. В русских избах проклятые кацапы везде поразводили тараканов. Невозможно описать никаким пером, что за мучение было. Так вот и щекочет, так и щекочет. Мне помогла уже одна старуха самым простым средством...

— Я хотел сказать... — осмелился прервать Иван Федорович, видя, что Григорий Григорьевич с умыслом хочет поворотить речь на другое, — что в завещании покойного Степана Кузьмича упоминается, так сказать, о дарственной записи... по ней следует-с мне...

— Я знаю, это вам тетушка успела наговорить. Это ложь, ей-богу ложь! Никакой дарственной записи дядюшка не делал. Хотя, правда, в завещании и упоминается о какой-то записи; но где же она?

235

никто не представил ее. Я вам это говорю потому, что искренно желаю вам добра. Ей-богу, это ложь!

Иван Федорович замолчал, рассуждая, что, может быть, и в самом деле тетушке так только показалось.

— А вот идет сюда матушка с сестрами! — сказал Григорий Григорьевич, — следовательно, обед готов. Пойдемте! — При сем он потащил Ивана Федоровича за руку в комнату, в которой стояли на столе водка и закуски.

В то самое время вошла старушка, низенькая, совершенный кофейник в чепчике, с двумя барышнями — белокурой и черноволосой. Иван Федорович, как воспитанный кавалер, подошел сначала к старушкиной ручке, а после к ручкам обеих барышень.

— Это, матушка, наш сосед, Иван Федорович Шпонька! — сказал Григорий Григорьевич.

Старушка смотрела пристально на Ивана Федоровича, или, может быть, только казалась смотревшею. Впрочем, это была совершенная доброта. Казалось, она так и хотела спросить Ивана Федоровича: сколько вы на зиму насоливаете огурцов?

— Вы водку пили? — спросила старушка.

— Вы, матушка, верно, не выспались, — сказал Григорий Григорьевич, — кто ж спрашивает гостя, пил ли он? Вы потчуйте только, а пили ли мы, или нет, это наше дело. Иван Федорович! прошу, золототысячниковой или трохимовской сивушки, какой вы лучше любите? Иван Иванович, а ты что стоишь? — произнес Григорий Григорьевич, оборотившись назад, и Иван Федорович увидел подходившего к водке Ивана Ивановича, в долгополом сюртуке с огромным стоячим воротником, закрывавшим весь его затылок, так что голова его сидела в воротнике, как будто в бричке.

Иван Иванович подошел к водке, потер руки, рассмотрел хорошенько рюмку, налил, поднес к свету, вылил разом из рюмки всю водку в рот, но, не проглатывая, пополоскал ею хорошенько во рту, после чего уже проглотил и, закусивши хлебом с солеными опенками, оборотился к Ивану Федоровичу.

— Не с Иваном ли Федоровичем, господином Шпонькою, имею честь говорить?

— Так точно-с, — отвечал Иван Федорович.

— Очень много изволили перемениться с того времени, как я вас знаю. Как же, — продолжал Иван Иванович, — я еще помню вас вот какими! — При этом поднял он ладонь на аршин от пола. — Покойный батюшка ваш, дай Боже ему царствие небесное, редкий был человек. Арбузы и дыни всегда бывали у него такие, каких теперь нигде не найдете. Вот хоть бы и тут, — продолжал он, отводя его в сторону, — подадут вам за столом дыни. Что это за дыни? — смотреть не хочется! Верите ли, милостивый государь, что у него были арбузы, — произнес он с таинственным видом, расставляя руки, как будто бы хотел обхватить толстое дерево, — ей-богу, вот какие!

— Пойдемте за стол! — сказал Григорий Григорьевич, взявши Ивана Федоровича за руку.

Все вышли в столовую. Григорий Григорьевич сел на обыкновенном своем месте, в конце стола, завесившись огромною салфеткою и походя в этом виде на тех героев, которых рисуют цирюльники на своих вывесках. Иван Федорович, краснея, сел на указанное ему место против двух барышень; а Иван Иванович не преминул поместиться возле него, радуясь душевно, что будет кому сообщать свои познания.

— Вы напрасно взяли куприк, Иван Федорович! Это индейка! — сказала старушка, обратившись к Ивану Федоровичу, которому в это время поднес блюдо деревенский официант в сером фраке с черною заплатою. — Возьмите спинку!

— Матушка! ведь вас никто не просит мешаться! — произнес Григорий Григорьевич. — Будьте уверены, что гость сам знает, что ему взять! Иван Федорович, возьмите крылышко, вон другое, с пупком! Да что ж вы так мало взяли? Возьмите стегнышко! Ты что разинул рот с блюдом? Проси! Становись, подлец, на колени! Говори сейчас: «Иван Федорович, возьмите стегнышко!»

— Иван Федорович, возьмите стегнышко! — проревел, став на колени, официант с блюдом.

— Гм, что это за индейки! — сказал вполголоса Иван Иванович с видом пренебрежения, оборотившись к своему соседу. — Такие ли должны быть индейки! Если бы вы увидели у меня индеек! Я вас уверяю, что жиру в одной больше, чем в десятке таких, как эти. Верите ли, государь мой, что даже противно смотреть, когда ходят они у меня по двору, так жирны!..

— Иван Иванович, ты лжешь! — произнес Григорий Григорьевич, вслушавшись в его речь.

— Я вам скажу, — продолжал всё так же своему соседу Иван Иванович, показывая вид, будто бы он не слышал слов Григория Григорьевича, — что прошлый год, когда я отправлял их в Гадяч, давали по пятидесяти копеек за штуку. И то еще не хотел брать.

— Иван Иванович, я тебе говорю, что ты лжешь! — произнес Григорий Григорьевич, для лучшей ясности — по складам и громче прежнего.

Но Иван Иванович, показывая вид, будто это совершенно относилось не к нему, продолжал так же, но только гораздо тише.

— Именно, государь мой, не хотел брать. В Гадяче ни у одного помещика...

— Иван Иванович! ведь ты глуп, и больше ничего, — громко сказал Григорий Григорьевич. — Ведь Иван Федорович знает всё это лучше тебя и, верно, не поверит тебе.

Тут Иван Иванович совершенно обиделся, замолчал и принялся убирать индейку, несмотря на то, что она не так была жирна, как те, на которые противно смотреть.

Стук ножей, ложек и тарелок заменил на время разговор; но громче всего слышалось высмактывание Григорием Григорьевичем мозгу из бараньей кости.

— Читали ли вы, — спросил Иван Иванович после некоторого молчания, высовывая голову из своей брички к Ивану Федоровичу, — книгу «Путешествие Коробейникова ко святым местам»? Истинное услаждение души и сердца! Теперь таких книг не печатают. Очень сожалетельно, что не посмотрел, которого году.

Иван Федорович, услышавши, что дело идет о книге, прилежно начал набирать себе соусу.

— Истинно удивительно, государь мой, как подумаешь, что простой мещанин прошел все места эти. Более трех тысяч верст, государь мой! Более трех тысяч верст! Подлинно, его сам Господь сподобил побывать в Палестине и Иерусалиме.

— Так вы говорите, что он, — сказал Иван Федорович, который много наслышался о Иерусалиме еще от своего денщика, — был и в Иерусалиме?..

— О чем вы говорите, Иван Федорович? — произнес с конца стола Григорий Григорьевич.

— Я, то есть, имел случай заметить, что какие есть на свете далекие страны! — сказал Иван Федорович, будучи сердечно доволен тем, что выговорил столь длинную и трудную фразу.

— Не верьте ему, Иван Федорович! — сказал Григорий Григорьевич, не вслушавшись хорошенько, — всё врет!

Между тем обед кончился. Григорий Григорьевич отправился в свою комнату, по обыкновению, немножко всхрапнуть; а гости пошли вслед за старушкою хозяйкою и барышнями в гостиную, где тот самый стол, на котором оставили они, выходя обедать, водку, как бы превращением каким, покрылся блюдечками с вареньем разных сортов и блюдами с арбузами, вишнями и дынями.

Отсутствие Григория Григорьевича заметно было во всем. Хозяйка сделалась словоохотнее и открывала сама, без просьбы, множество секретов насчет делания пастилы и сушения груш. Даже барышни стали говорить; но белокурая, которая казалась моложе шестью годами своей сестры и которой по виду было около двадцати пяти лет, была молчаливее.

Но более всех говорил и действовал Иван Иванович. Будучи уверен, что его теперь никто не собьет и не смешает, он говорил и об огурцах, и о посеве картофеля, и о том, какие в старину были разумные люди — куда против теперешних! — и о том, как всё, чем далее, умнеет и доходит к выдумыванию мудрейших вещей. Словом, это был один из числа тех людей, которые с величайшим удовольствием любят позаняться услаждающим душу разговором и будут говорить обо всем, о чем только можно говорить. Если разговор касался важных и благочестивых предметов, то Иван Иванович вздыхал после каждого слова, кивая слегка головою; ежели до хозяйственных, то высовывал голову из своей брички и делал такие мины, глядя на которые, кажется, можно было прочитать, как нужно делать грушевый квас, как велики те дыни, о которых он говорил, и как жирны те гуси, которые бегают у него по двору.

Наконец с великим трудом, уже ввечеру, удалось Ивану Федоровичу распрощаться. И, несмотря на свою сговорчивость и на то, что его насильно оставляли ночевать, он устоял-таки в своем намерении ехать, и уехал.

НОВЫЙ ЗАМЫСЕЛ ТЕТУШКИ

— Ну что? выманил у старого лиходея запись? — Таким вопросом встретила Ивана Федоровича тетушка, которая с нетерпением дожидалась его уже несколько часов на крыльце и не вытерпела, наконец, чтоб не выбежать за ворота.

— Нет, тетушка! — сказал Иван Федорович, слезая с повозки, — у Григория Григорьевича нет никакой записи.

— И ты поверил ему! Врет он, проклятый! Когда-нибудь попаду, право, поколочу его собственными руками. О, я ему поспущу жиру! Впрочем, нужно наперед поговорить с нашим подсудком, нельзя ли судом с него стребовать... Но не об этом теперь дело. Ну, что ж, обед был хороший?

— Очень... да, весьма, тетушка.

— Ну, какие ж были кушанья, расскажи? Старуха-то, я знаю, мастерица присматривать за кухней.

— Сырники были со сметаною, тетушка. Соус с голубями, начиненными...

— А индейка со сливами была? — спросила тетушка, потому что сама была большая искусница приготовлять это блюдо.

— Была и индейка!.. Весьма красивые барышни, сестрицы Григория Григорьевича, особенно белокурая!

— А! — сказала тетушка и посмотрела пристально на Ивана Федоровича, который, покраснев, потупил глаза в землю. Новая мысль быстро промелькнула в ее голове. — Ну, что ж? — спросила она с любопытством и живо, — какие у ней брови?

Не мешает заметить, что тетушка всегда ставляла первую красоту женщины в бровях.

— Брови, тетушка, совершенно-с такие, какие,

вы рассказывали, в молодости были у вас. И по всему лицу небольшие веснушки.

— А! — сказала тетушка, будучи довольна замечанием Ивана Федоровича, который, однако ж, не имел и в мыслях сказать этим комплимент. — Какое ж было на ней платье? хотя, впрочем, теперь трудно найти таких плотных материй, какая вот хоть бы, например, у меня на этом капоте. Но не об этом дело. Ну, что ж, ты говорил о чем-нибудь с нею?

— То есть как?.. я-с, тетушка? Вы, может быть, уже думаете...

— А что ж? что тут диковинного? так Богу угодно! Может быть, тебе с нею на роду написано жить парочкою.

— Я не знаю, тетушка, как вы можете это говорить. Это доказывает, что вы совершенно не знаете меня...

— Ну вот, уже и обиделся! — сказала тетушка. «Ще молода дытына, — подумала она про себя, — ничего не знает! нужно их свести вместе, пусть познакомятся!»

Тут тетушка пошла заглянуть в кухню и оставила Ивана Федоровича. Но с этого времени она только и думала о том, как увидеть скорее своего племянника женатым и понянчить маленьких внучков. В голове ее громоздились одни только приготовления к свадьбе, и заметно было, что она во всех делах суетилась гораздо более, нежели прежде, хотя, впрочем, эти дела более шли хуже, нежели лучше. Часто, делая какое-нибудь пирожное, которое вообще она никогда не доверяла кухарке, она, позабывшись и воображая, что возле нее стоит маленький внучек, просящий пирога, рассеянно протягивала к нему руку с лучшим куском, а дворовая собака, пользуясь этим, схватывала лакомый кусок и своим громким чваканьем выводила ее из задумчивости, за что и бывала всегда бита кочергою. Даже оставила она любимые свои занятия и не ездила на охоту, особливо когда вместо куропатки застрелила ворону, чего никогда прежде с нею не бывало.

Наконец, спустя дня четыре после этого, все увидели выкаченную из сарая на двор бричку. Кучер Омелько, он же огородник и сторож, еще с раннего утра стучал молотком и приколачивал кожу, отгоняя беспрестанно собак, лизавших колеса. Долгом почитаю предуведомить читателей, что это была именно та самая бричка, в которой еще ездил Адам; и потому, если кто будет выдавать другую за адамовскую, то это сущая ложь и бричка непременно поддельная. Совершенно неизвестно, каким образом спаслась она от Потопа. Должно думать, что в Ноевом ковчеге был особенный для нее сарай. Жаль очень, что читателям нельзя описать живо ее фигуры. Довольно сказать, что Василиса Кашпоровна была очень довольна ее архитектурою и всегда изъявляла сожаление, что вывелись из моды старинные экипажи. Самое устройство брички, немного набок, то есть так, что правая сторона ее была гораздо выше левой, ей очень нравилось, потому что с одной стороны может, как она говорила, влезать малорослый, а с другой — великорослый. Впрочем, внутри брички могло поместиться штук пять малорослых и трое таких, как тетушка.

Около полудня Омелько, управившись около брички, вывел из конюшни тройку лошадей, немного чем моложе брички, и начал привязывать их веревкою к величественному экипажу. Иван Федорович и тетушка, один с левой стороны, другая с правой, влезли в бричку, она тронулась. Попадавшиеся на дороге мужики, видя такой богатый экипаж (тетушка очень редко выезжала в нем), почтительно останавливались, снимали шапки и кланялись в пояс.

Часа через два кибитка остановилась пред крыльцом, — думаю, не нужно говорить: пред крыльцом дома Сторченка. Григория Григорьевича не было дома. Старушка с барышнями вышла встретить гостей в столовую. Тетушка подошла величественным шагом, с большою ловкостию отставила одну ногу вперед и сказала громко:

— Очень рада, государыня моя, что имею честь лично доложить вам мое почтение. А вместе с решпектом позвольте поблагодарить за хлебосольство ваше к племяннику моему Ивану Федоровичу, который много им хвалится. Прекрасная у вас гречиха, сударыня! я видела ее, подъезжая к селу. А позвольте узнать, сколько коп вы получаете с десятины?

После сего последовало всеобщее лобызание. Когда же уселись в гостиной, то старушка хозяйка начала:

— Насчет гречихи я не могу вам сказать: это часть Григория Григорьевича. Я уже давно не занимаюсь этим; да и не могу: уже стара! В старину у нас, бывало, я помню, гречиха была по пояс; теперь Бог знает что. Хотя, впрочем, и говорят, что теперь всё лучше. — Тут старушка вздохнула. И какому-нибудь наблюдателю послышался бы в этом вздохе вздох старинного осьмнадцатого столетия.

— Я слышала, моя государыня, что у вас собственные ваши девки отличные умеют выделывать ковры, — сказала Василиса Кашпоровна и этим задела старушку за самую чувствительную струну. При этих словах она как будто оживилась, и речи у ней полились о том, как должно красить пряжу, как приготовлять для этого нитку. С ковров быстро съехал разговор на соление огурцов и сушение груш. Словом, не прошло часу, как обе дамы так разговорились между собою, будто век были знакомы. Василиса Кашпоровна многое уже начала говорить с нею таким тихим голосом, что Иван Федорович ничего не мог расслушать.

— Да не угодно ли посмотреть? — сказала, вставая, старушка хозяйка.

За нею встали барышни и Василиса Кашпоровна, и все потянулись в девичью. Тетушка, однако ж, дала знак Ивану Федоровичу остаться и сказала что-то тихо старушке.

— Машенька! — сказала старушка, обращаясь к белокурой барышне, — останься с гостем да поговори с ним, чтобы гостю не было скучно!

Белокурая барышня осталась и села на диван. Иван Федорович сидел на своем стуле как на иголках, краснел и потуплял глаза; но барышня, казалось, вовсе этого не замечала и равнодушно сидела на диване, рассматривая прилежно окна и стены или следуя глазами за кошкою, трусливо пробегавшею под стульями.

Иван Федорович немного ободрился и хотел было начать разговор; но казалось, что все слова свои растерял он на дороге. Ни одна мысль не приходила на ум.

Молчание продолжалось около четверти часа. Барышня всё так же сидела.

Наконец Иван Федорович собрался с духом:

— Летом очень много мух, сударыня! — произнес он полудрожащим голосом.

— Чрезвычайно много! — отвечала барышня. — Братец нарочно сделал хлопушку из старого маменькиного башмака; но всё еще очень много.

Тут разговор опять прекратился. И Иван Федорович никаким образом уже не находил речи.

Наконец хозяйка с тетушкою и чернявою барышнею возвратились. Поговоривши еще немного, Василиса Кашпоровна распростилась с старушкою и барышнями, несмотря на все приглашения остаться ночевать. Старушка и барышни вышли на крыльцо проводить гостей и долго еще кланялись выглядывавшим из брички тетушке и племяннику.

— Ну, Иван Федорович! о чем же вы говорили вдвоем с барышнею? — спросила дорогою тетушка.

— Весьма скромная и благонравная девица Марья Григорьевна! — сказал Иван Федорович.

— Слушай, Иван Федорович! я хочу поговорить с тобою сурьезно. Ведь тебе, славу Богу, тридцать осьмой год. Чин ты уже имеешь хороший. Пора подумать и об детях! Тебе непременно нужна жена...

— Как, тетушка! — вскричал, испугавшись, Иван Федорович. — Как жена! Нет-с, тетушка, сделайте милость... Вы совершенно в стыд меня приводите... я еще никогда не был женат... Я совершенно не знаю, что с нею делать!

— Узнаешь, Иван Федорович, узнаешь, — промолвила, улыбаясь, тетушка и подумала про себя: «*Куды ж! ще зовсим молода дытына,* ничего не знает!» — Да, Иван Федорович! — продолжала она вслух, — лучшей жены нельзя сыскать тебе, как Марья Григорьевна. Тебе же она притом очень понравилась. Мы уже насчет этого много переговорили с старухою: она очень рада видеть тебя своим зятем; еще неизвестно, правда, что скажет этот греходей Григорьевич. Но мы не посмотрим на него, и пусть только он вздумает не отдать приданого, мы его судом...

В это время бричка подъехала к двору, и древние клячи ожили, чуя близкое стойло.

— Слушай, Омелько! коням дай прежде отдохнуть хорошенько, а не веди тотчас, распрягши, к водопою! они лошади горячие. Ну, Иван Федорович, — продолжала, вылезая, тетушка, — я советую тебе хорошенько подумать об этом. Мне еще нужно забежать в кухню, я позабыла Солохе заказать ужин, а она, негодная, я думаю, сама и не подумала об этом.

Но Иван Федорович стоял, как будто громом оглушенный. Правда, Марья Григорьевна очень недурная барышня; но жениться!.. это казалось ему так странно, так чудно, что он никак не мог подумать без страха. Жить с женою!.. непонятно! Он не один будет в своей комнате, но их должно быть везде двое!.. Пот проступал у него на лице, по мере того чем более углублялся он в размышление.

Ранее обыкновенного лег он в постель, но, несмотря на все старания, никак не мог заснуть. Наконец желанный сон, этот всеобщий успокоитель, посетил его; но какой сон! еще несвязнее сновидений он никогда не видывал. То снилось ему, что вкруг него всё шумит, вертится, а он бежит, бежит, не чувствует под собою ног... вот уже выбивается из сил... Вдруг кто-то хватает его за ухо. «Ай! кто это?» — «Это я, твоя жена!» — с шумом говорил ему какой-то голос. И он вдруг пробуждался. То представлялось ему, что он уже женат, что всё в домике их так чудно, так странно: в его комнате стоит вместо одинокой — двойная кровать. На стуле сидит жена. Ему странно; он не знает, как подойти к ней, что говорить с нею, и замечает, что у нее гусиное лицо. Нечаянно поворачивается он в сторону и видит другую жену, тоже с гусиным лицом. Поворачивается в другую сторону — стоит третья жена. Назад — еще одна жена. Тут его берет тоска. Он бросился бежать в сад; но в саду жарко. Он снял шляпу, видит: и в шляпе сидит жена. Пот выступил у него на лице. Полез в карман за платком — и в кармане жена; вынул из уха хлопчатую бумагу — и там сидит жена... То вдруг он прыгал на одной ноге, а тетушка, глядя на него, говорила с важным видом: «Да, ты должен прыгать, потому что ты теперь уже женатый человек». Он к ней — но тетушка уже не тетушка, а колокольня. И чувствует, что его кто-то тащит веревкою на колокольню. «Кто это тащит меня?» — жалобно проговорил Иван Федорович. «Это я, жена твоя, тащу тебя, потому что ты колокол». — «Нет, я не колокол, я Иван Федорович!» — кричал он. «Да, ты колокол», — говорил, проходя мимо, полковник П*** пехотного полка. То вдруг снилось ему, что жена вовсе не человек, а какая-то шерстяная материя; что он в Могилеве приходит в лавку к купцу. «Какой прикажете материи? — говорит купец. — Вы возьмите жены, это самая модная материя! очень добротная! из нее все теперь шьют себе сюртуки». Купец меряет и режет жену. Иван Федорович берет под мышку, идет к жиду, портному. «Нет, — говорит жид, — это дурная материя! Из нее никто не шьет себе сюртука...»

В страхе и беспамятстве просыпался Иван Федорович. Холодный пот лился с него градом.

Как только встал он поутру, тотчас обратился к гадательной книге, в конце которой один добродетельный книгопродавец, по своей редкой доброте и бескорыстию, поместил сокращенный снотолкователь. Но там совершенно не было ничего, даже хотя немного похожего на такой бессвязный сон.

Между тем в голове тетушки созрел совершенно новый замысел, о котором узнаете в следующей главе.

ЗАКОЛДОВАННОЕ МЕСТО

*Быль, рассказанная дьячком ***ской церкви*

Ей-богу, уже надоело рассказывать! Да что вы думаете? Право, скучно: рассказывай, да и рассказывай, и отвязаться нельзя! Ну, извольте, я расскажу, только, ей-ей, в последний раз. Да, вот вы говорили насчет того, что человек может совладать, как говорят, с нечистым духом. Оно конечно, то есть, если хорошенько подумать, бывают на свете всякие случаи... Однако ж не говорите этого. Захочет обморочить дьявольская сила, то обморочит; ей-богу, обморочит! Вот извольте видеть: нас всех у отца было четверо. Я тогда был еще дурень. Всего мне было лет одиннадцать; так нет же, не одиннадцать: я помню как теперь, когда раз побежал было на четвереньках и стал лаять по-собачьи, батько закричал на меня, покачав головою: «Эй, Фома, Фома! тебя женить пора, а ты дуреешь, как молодой лошак!» Дед был еще тогда жив и на ноги, — пусть ему легко икнется на том свете, — довольно крепок. Бывало, вздумает...

Да что ж эдак рассказывать? Один выгребает из печки целый час уголь для своей трубки, другой зачем-то побежал за комору. Что, в самом деле!.. Добро бы поневоле, а то ведь сами же напросились. Слушать так слушать!

Батько еще в начале весны повез в Крым на продажу табак. Не помню только, два или три воза снарядил он. Табак был тогда в цене. С собою взял он трехгодового брата — приучать заранее чумаковать. Нас осталось: дед, мать, я, да брат, да еще брат. Дед засеял баштан на самой дороге и перешел жить в курень; взял и нас с собою гонять воробьев и сорок с баштану. Нам это было нельзя сказать чтобы худо. Бывало, наешься в день столько огурцов, дынь, репы, цыбули, гороху, что в животе, ей-богу, как будто петухи кричат. Ну, оно притом же и прибыльно. Проезжие толкутся по дороге, всякому захочется полакомиться арбузом или дынею. Да из окрестных хуторов, бывало, нанесут на обмен кур, яиц, индеек. Житье было хорошее.

Но деду более всего любо было то, что чумаков каждый день возов пятьдесят проедет. Народ, знаете, бывалый: пойдет рассказывать — только уши развешивай! А деду это всё равно, что голодному галушки. Иной раз, бывало, случится встреча с старыми знакомыми, — деда всякий уже знал, — можете посудить сами, что бывает, когда соберется старье: тара, тара, тогда-то да тогда-то, такое-то да такое-то было... Ну, и разольются! вспомянут Бог знает когдашнее.

Раз, — ну вот, право, как будто теперь случилось, — солнце стало уже садиться; дед ходил по баштану и снимал с кавунов листья, которыми прикрывал их днем, чтоб не попеклись на солнце.

— Смотри, Остап! — говорю я брату, — вон чумаки едут!

— Где чумаки? — сказал дед, положивши значок на большой дыне, чтобы на случай не съели хлопцы.

По дороге тянулось точно возов шесть. Впереди шел чумак уже с сизыми усами. Не дошедши шагов — как бы вам сказать — на десять, он остановился.

— Здорово, Максим! Вот привел Бог где увидеться!

Дед прищурил глаза:

— А! здорово, здорово! откуда Бог несет? И Болячка здесь? здорово, здорово, брат! Что за дьявол! да тут все: и Крутотрыщенко! и Печерыця! и Ковелек! и Стецько! Здорово! А, га, га! го, го!.. — И пошли целоваться!

Волов распрягли и пустили пастись на траву. Возы оставили на дороге; а сами сели все в кружок впереди куреня и закурили люльки. Но куда уже тут до люлек? за россказнями да за раздобарами вряд ли и по одной досталось. После полдника стал дед потчевать гостей дынями. Вот каждый, взявши по дыне, обчистил ее чистенько ножиком (калачи все были тертые, мыкали немало, знали уже, как едят в свете; пожалуй, и за панский стол хоть сейчас готовы сесть), обчистивши хорошенько, проткнул каждый пальцем дырочку, выпил из нее кисель, стал резать по кусочкам и класть в рот.

— Что ж вы, хлопцы, — сказал дед, — рты свои разинули? танцуйте, собачьи дети! Где, Остап, твоя сопилка? А ну-ка козачка! Фома, берись в боки! ну! вот так! гей, гоп!

Я был тогда малый подвижной. Старость проклятая! теперь уже не пойду так; вместо всех выкрутасов, ноги только спотыкаются. Долго глядел дед на нас, сидя с чумаками. Я замечаю, что у него ноги не постоят на месте: так, как будто их что-нибудь дергает.

— Смотри, Фома, — сказал Остап, — если старый хрен не пойдет танцевать!

Что ж вы думаете? не успел он сказать — не вытерпел старичина! захотелось, знаете, прихвастнуть пред чумаками.

— Вишь, чертовы дети! разве так танцуют? Вот как танцуют! — сказал он, поднявшись на ноги, протянув руки и ударив каблуками.

Ну, нечего сказать, танцевать-то он танцевал так,

хоть бы и с гетьманшею. Мы посторонились, и пошел хрен вывертывать ногами по всему гладкому месту, которое было возле грядки с огурцами. Только что дошел, однако ж, до половины и хотел разгуляться и выметнуть ногами на вихорь какую-то свою штуку, — не подымаются ноги, да и только! Что за пропасть! Разогнался снова, дошел до середины — не берет! что хочь делай: не берет, да и не берет! ноги как деревянные стали! «Вишь, дьявольское место! вишь, сатанинское наваждение! впутается же Ирод, враг рода человеческого!»

Ну, как наделать сраму перед чумаками? Пустился снова и начал чесать дробно, мелко, любо глядеть; до середины — нет! не вытанцывается, да и полно!

— А, шельмовский сатана! чтоб ты подавился гнилою дынею! чтоб еще маленьким издохнул, собачий сын! вот на старость наделал стыда какого!..

И в самом деле сзади кто-то засмеялся. Оглянулся: ни баштану, ни чумаков, ничего; назади, впереди, по сторонам — гладкое поле.

— Э! ссс... вот тебе на!

Начал прищуривать глаза — место, кажись, не совсем незнакомое: сбоку лес, из-за леса торчал какой-то шест и виделся прочь далеко в небе. Что за пропасть! да это голубятня, что у попа в огороде! С другой стороны тоже что-то сереет; вгляделся: гумно волостного писаря. Вот куда затащила нечистая сила! Поколесивши кругом, наткнулся он на дорожку. Месяца не было; белое пятно мелькало вместо него сквозь тучу. «Быть завтра большому ветру!» — подумал дед. Глядь, в стороне от дорожки на могилке вспыхнула свечка.

— Вишь! — стал дед и руками подперся в боки, и глядит: свечка потухла; вдали и немного подалее загорелась другая. — Клад! — закричал дед. — Я ставлю Бог знает что, если не клад! — и уже поплевал было в руки, чтобы копать, да спохватился, что нет при нем ни заступа, ни лопаты. — Эх, жаль! ну, кто знает, может быть, стоит только поднять дерн, а он тут и лежит, голубчик! Нечего делать, назначить по крайней мере место, чтобы не позабыть после!

Вот, перетянувши сломленную, видно вихрем, порядочную ветку дерева, навалил он ее на ту могилку, где горела свечка, и пошел по дорожке. Молодой дубовый лес стал редеть; мелькнул плетень. «Ну, так! не говорил ли я, — подумал дед, — что это попова левада? Вот и плетень его! теперь и версты нет до баштана».

Поздненько, однако ж, пришел он домой и галушек не захотел есть. Разбудивши брата Остапа, спросил только, давно ли уехали чумаки, и завернулся в тулуп. И когда тот начал было спрашивать:

— А куда тебя, дед, черти дели сегодня?

— Не спрашивай, — сказал он, завертываясь еще крепче, — не спрашивай, Остап; не то поседеешь! — И захрапел так, что воробьи, которые забрались было на баштан, поподымались с перепугу на воздух. Но где уж там ему спалось! Нечего сказать, хитрая была бестия, дай Боже ему царствие небесное! — умел отделаться всегда. Иной раз такую запоет песню, что губы станешь кусать.

На другой день, чуть только стало смеркаться в поле, дед надел свитку, подпоясался, взял под мышку заступ и лопату, надел на голову шапку, выпил кухоль сировцу, утер губы полою и пошел прямо к попову огороду. Вот минул и плетень, и низенький дубовый лес. Промеж деревьев вьется дорожка и выходит в поле. Кажись, та самая. Вышел и на поле — место точь-в-точь вчерашнее: вон и голубятня торчит; но гумна не видно. «Нет, это не то место. То, стало быть, подалее; нужно, видно, поворотить к гумну!» Поворотил назад, стал идти другою дорогою — гумно видно, а голубятни нет! Опять поворотил поближе к голубятне — гумно спряталось. В поле, как нарочно, стал накрапывать дождик. Побежал снова к гумну — голубятня пропала; к голубятне — гумно пропало.

— А чтоб ты, проклятый сатана, не дождал детей своих видеть!

А дождь пустился, как будто из ведра.

Вот, скинувши новые сапоги и обвернувши в хустку, чтобы не покоробились от дождя, задал он такого бегуна, как будто панский иноходец. Влез в курень, промокши насквозь, накрылся тулупом и принялся ворчать что-то сквозь зубы и приголубливать черта такими словами, каких я еще отроду не слыхивал. Признаюсь, я бы, верно, покраснел, если бы случилось это среди дня.

На другой день проснулся, смотрю: уже дед ходит по баштану, как ни в чем не бывало, и прикрывает лопухом арбузы. За обедом опять старичина разговорился, стал пугать меньшего брата, что он обменяет его на кур вместо арбуза; а пообедавши, сделал сам из дерева пищик и начал на нем играть; и дал нам забавляться дыню, свернувшуюся в три погибели, словно змею, которую называл он турецкою. Теперь таких дынь я нигде и не видывал. Правда, семена ему что-то издалека достались.

Ввечеру, уже повечерявши, дед пошел с заступом прокопать новую грядку для поздних тыкв. Стал проходить мимо того заколдованного места, не вытерпел, чтобы не проворчать сквозь зубы: «Проклятое место!» — взошел на середину, где не вытанцывалось позавчера, и ударил в сердцах заступом. Глядь, вокруг него опять то же самое поле: с одной стороны торчит голубятня, а с другой гумно. «Ну, хорошо, что догадался взять с собою заступ. Вон и дорожка! вон и могилка стоит! вон и ветка навалена! вон-вон горит и свечка! Как бы только не ошибиться».

Потихоньку побежал он, поднявши заступ вверх, как будто бы хотел им попотчевать кабана, затесавшегося на баштан, и остановился перед могилкою. Свечка погасла; на могиле лежал камень, заросший травою. «Этот камень нужно поднять!» — подумал дед и начал обкапывать его со всех сторон. Велик проклятый камень! вот, однако ж, упершись крепко ногами в землю, пихнул он его с могилы. «Гу!» — пошло по долине. «Туда тебе и дорога! Теперь живее пойдет дело».

Тут дед остановился, достал рожок, насыпал на кулак табаку и готовился было поднести к носу, как вдруг над головою его «чихи!» — чихнуло что-то так, что покачнулись деревья и деду забрызгало всё лицо.

— Отворотился хоть бы в сторону, когда хочешь чихнуть! — проговорил дед, протирая глаза. Осмотрелся — никого нет. — Нет, не любит, видно, черт табаку! — продолжал он, кладя рожок в пазуху и принимаясь за заступ. — Дурень же он, а такого табаку ни деду, ни отцу его не доводилось нюхать!

Стал копать — земля мягкая, заступ так и уходит. Вот что-то звукнуло. Выкидавши землю, увидел он котел.

— А, голубчик, вот где ты! — вскрикнул дед, подсовывая под него заступ.

— А, голубчик, вот где ты! — запищал птичий нос, клюнувши котел.

Посторонился дед и выпустил заступ.

— А, голубчик, вот где ты! — заблеяла баранья голова с верхушки дерева.

— А, голубчик, вот где ты! — заревел медведь, высунувши из-за дерева свое рыло.

Дрожь проняла деда.

— Да тут страшно слово сказать! — проворчал он про себя.

— Тут страшно слово сказать! — пискнул птичий нос.

— Страшно слово сказать! — заблеяла баранья голова.

— Слово сказать! — ревнул медведь.

— Гм... — сказал дед, и сам перепугался.

— Гм! — пропищал нос.

— Гм! — проблеял баран.

— Гум! — заревел медведь.

Со страхом оборотился он: Боже ты мой, какая ночь! ни звезд, ни месяца; вокруг провалы; под ногами круча без дна; над головою свесилась гора и вот-вот, кажись, так и хочет оборваться на него! И чудится деду, что из-за нее мигает какая-то харя: у! у! нос — как мех в кузнице; ноздри — хоть по ведру воды влей в каждую! губы, ей-богу, как две колоды! красные очи выкатились наверх, и еще и язык высунула и дразнит!

— Черт с тобою! — сказал дед, бросив котел. — На тебе и клад твой! Экая мерзостная рожа! — и уже ударился было бежать, да огляделся и стал, увидевши, что всё было по-прежнему. — Это только пугает нечистая сила!

Принялся снова за котел — нет, тяжел! Что делать? Тут же не оставить! Вот, собравши все силы, ухватился он за него руками.

— Ну, разом, разом! еще, еще! — и вытащил! — Ух! Теперь понюхать табаку!

Достал рожок; прежде, однако ж, чем стал насыпать, осмотрелся хорошенько, нет ли кого. Кажись, что нет; но вот чудится ему, что пень дерева пыхтит и дуется, показываются уши, наливаются красные глаза, ноздри раздулись, нос поморщился и вот так и собирается чихнуть. «Нет, не понюхаю табаку, — подумал дед, спрятавши рожок, — опять заплюет сатана очи!» Схватил скорее котел и давай бежать, сколько доставало духу; только слышит, что сзади что-то так и чешет прутьями по ногам... «Ай! ай, ай!» — покрикивал только дед, ударив во всю мочь; и как добежал до попова огорода, тогда только перевел немного дух.

«Куда это зашел дед?» — думали мы, дожидаясь часа три. Уже с хутора давно пришла мать и принесла горшок горячих галушек. Нет, да и нет деда! Стали опять вечерять сами. После вечери вымыла мать горшок и искала глазами, куда бы вылить помои, потому что вокруг все были гряды; как видит, идет прямо к ней навстречу кухва. На небе было-таки темненько. Верно, кто-нибудь из хлопцев, шаля, спрятался сзади и подталкивает ее.

— Вот кстати, сюда вылить помои! — сказала и вылила горячие помои.

— Ай! — закричало басом.

Глядь — дед. Ну, кто его знает! Ей-богу, думали, что бочка лезет. Признаюсь, хоть оно и грешно немного, а право, смешно показалось, когда седая голова деда вся была окунута в помои и обвешана корками с арбузов и дыней.

— Вишь, чертова баба! — сказал дед, утирая голову полою, — как опарила! как будто свинью перед Рождеством! Ну, хлопцы, будет вам теперь на бублики! Будете, собачьи дети, ходить в золотых жупанах! Посмотрите-ка, посмотрите сюда, что я вам принес! — сказал дед и открыл котел.

Что ж бы, вы думали, такое там было? Ну, по малой мере, подумавши хорошенько, а? золото? Вот то-то, что не золото: сор, дрязг... стыдно сказать, что такое. Плюнул дед, кинул котел и руки после того вымыл.

И с той пор заклял дед и нас верить когда-либо черту.

— И не думайте! — говорил он часто нам, — всё, что ни скажет враг Господа Христа, всё солжет, собачий сын! У него правды и на копейку нет!

И, бывало, чуть только услышит старик, что в ином месте не спокойно:

— А ну-те, ребята, давайте крестить! — закричит к нам. — Так его! так его! хорошенько! — и начнет класть кресты. А то проклятое место, где не вытанцывалось, загородил плетнем, велел кидать всё, что ни есть непотребного, весь бурьян и сор, который выгребал из баштана.

Так вот как морочит нечистая сила человека! Я знаю хорошо эту землю: после того нанимали ее у батька под баштан соседние козаки. Земля славная! и урожай всегда бывал на диво; но на заколдованном месте никогда не было ничего доброго. Засеют как следует, а арбуз — не арбуз, тыква — не тыква, огурец — не огурец... черт знает что такое!

МИРГОРОД

Повести, служащие
продолжением
«Вечеров на хуторе
близ Диканьки»

Миргород нарочито невеликий при реке Хороле город. Имеет 1 канатную фабрику, 1 кирпичный завод, 4 водяных и 45 ветряных мельниц.

География Зябловского

Хотя в Миргороде пекутся бублики из черного теста, но довольно вкусны.

Из записок одного путешественника

ЧАСТЬ ПЕРВАЯ

СТАРОСВЕТСКИЕ ПОМЕЩИКИ

Я очень люблю скромную жизнь тех уединенных владетелей отдаленных деревень, которых в Малороссии обыкновенно называют старосветскими, которые, как дряхлые живописные домики, хороши своею пестротою и совершенною противоположностью с новым гладеньким строением, которого стен не промыл еще дождь, крыши не покрыла зеленая плесень и лишенное щекатурки крыльцо не выказывает своих красных кирпичей. Я иногда люблю сойти на минуту в сферу этой необыкновенно уединенной жизни, где ни одно желание не перелетает за частокол, окружающий небольшой дворик, за плетень сада, наполненного яблонями и сливами, за деревенские избы, его окружающие, пошатнувшиеся на сторону, осененные вербами, бузиною и грушами. Жизнь их скромных владетелей так тиха, так тиха, что на минуту забываешься и думаешь, что страсти, желания и неспокойные порождения злого духа, возмущающие мир, вовсе не существуют и ты их видел только в блестящем, сверкающем сновидении. Я отсюда вижу низенький домик с галереею из маленьких почернелых деревянных столбиков, идущею вокруг всего дома, чтобы можно было во время грома и града затворить ставни окон, не замочась дождем. За ним душистая черемуха, целые ряды низеньких фруктовых дерев, потопленных багрянцем вишен и яхонтовым морем слив, покрытых свинцовым матом; развесистый клен, в тени которого разостлан для отдыха ковер; перед домом просторный двор с низенькою свежею травкою, с протоптанною дорожкою от амбара до кухни и от кухни до барских покоев; длинношейный гусь, пьющий воду с молодыми и нежными, как пух, гусятами; частокол, обвешанный связками сушеных груш и яблок и проветривающимися коврами; воз с дынями, стоящий возле амбара; отпряженный вол, лениво лежащий возле него, — всё это для меня имеет неизъяснимую прелесть, может быть, оттого, что я уже не вижу их и что нам мило всё то, с чем мы в разлуке. Как бы то ни было, но даже тогда, когда бричка моя подъезжала к крыльцу этого домика, душа принимала удивительно приятное и спокойное состояние; лошади весело подкатывали под крыльцо, кучер преспокойно слезал с козел и набивал трубку, как будто бы он приезжал в собственный дом свой; самый лай, который поднимали флегматические барбосы, бровки и жучки, был приятен моим ушам. Но более всего мне нравились самые владетели этих скромных уголков, старички, старушки, заботливо выходившие навстречу. Их лица мне представляются и теперь иногда в шуме и толпе среди модных фраков, и тогда вдруг на меня находит полусон и мерещится былое. На лицах у них всегда написана такая доброта, такое радушие и чистосердечие, что невольно отказываешься, хотя по крайней мере на короткое время, от всех дерзких мечтаний и незаметно переходишь всеми чувствами в низменную буколическую жизнь.

Я до сих пор не могу позабыть двух старичков прошедшего века, которых, увы! теперь уже нет, но душа моя полна еще до сих пор жалости, и чувства мои странно сжимаются, когда вообразу себе, что приеду со временем опять на их прежнее, ныне опустелое жилище и увижу кучу развалившихся хат, заглохший пруд, заросший ров на том месте, где стоял низенький домик, — и ничего более. Грустно! мне заранее грустно! Но обратимся к рассказу.

Афанасий Иванович Товстогуб и жена его Пульхерия Ивановна Товстогубиха, по выражению окружных мужиков, были те старики, о которых я начал рассказывать. Если бы я был живописец и хотел изобразить на полотне Филемона и Бавкиду, я бы никогда не избрал другого оригинала, кроме их. Афанасию Ивановичу было шестьдесят лет; Пульхерии Ивановне пятьдесят пять. Афанасий Иванович был высокого роста, ходил всегда в бараньем тулупчике, покрытом камлотом, сидел согнувшись и всегда почти улыбался, хотя бы рассказывал или просто слушал. Пульхерия Ивановна была несколько сурьезна, почти никогда не смеялась; но на лице и в глазах ее было написано столько доброты, столько готовности угостить вас всем, что было у них лучшего, что вы, верно, нашли бы улыбку уже чересчур приторною для ее доброго лица. Легкие морщины на их лицах были расположены с такою приятностию, что художник, верно бы, украл их. По ним можно было, казалось, читать всю жизнь их, ясную, спокойную жизнь, которую вели старые национальные, простосердечные и вместе богатые, фамилии, всегда составляющие противоположность тем низким малороссиянам, которые выдираются из дегтярей, торгашей, наполняют, как саранча, палаты и присутственные места, дерут последнюю копейку с своих же земляков, наводняют Петербург ябедниками, наживают, наконец, капитал и торжественно прибавляют к фамилии своей, оканчивающейся на *о,* слог *въ.* Нет, они не были похожи на эти презренные и жалкие творения, так же как и все малороссийские старинные и коренные фамилии.

Нельзя было глядеть без участия на их взаимную любовь. Они никогда не говорили друг другу *ты,* но всегда *вы:* вы, Афанасий Иванович; вы, Пульхерия Ивановна. «Это вы продавили стул, Афанасий Иванович?» — «Ничего, не сердитесь, Пульхерия Ивановна: это я». Они никогда не имели детей, и оттого вся привязанность их сосредоточивалась на них же самих. Когда-то, в молодости, Афанасий Иванович служил в компанейцах, был после секунд-майором, но это уже было очень давно, уже прошло, уже сам Афанасий Иванович почти никогда не вспоминал об этом. Афанасий Иванович женился тридцати лет, когда был молодцом и носил шитый камзол; он даже увез довольно ловко Пульхерию Ивановну, которую родственники не хотели отдать за него; но и об этом уже он очень мало помнил, по крайней мере никогда не говорил.

Все эти давние, необыкновенные происшествия заменились спокойною и уединенною жизнию, теми дремлющими и вместе какими-то гармоническими грезами, которые ощущаете вы, сидя на деревенском балконе, обращенном в сад, когда прекрасный дождь роскошно шумит, хлопая по древесным листьям, стекая журчащими ручьями и наговаривая дрему на ваши члены, а между тем радуга крадется из-за деревьев и в виде полуразрушенного свода светит матовыми семью цветами на небе. Или когда укачивает вас коляска, ныряющая между зелеными кустарниками, а степной перепел гремит и душистая трава вместе с хлебными колосьями и полевыми цветами лезет в дверцы коляски, приятно ударяя вас по рукам и лицу.

Он всегда слушал с приятною улыбкою гостей, приезжавших к нему, иногда и сам говорил, но больше расспрашивал. Он не принадлежал к числу тех стариков, которые надоедают вечными похвалами старому времени или порицаниями нового. Он, напротив, расспрашивая вас, показывал большое любопытство и участие к обстоятельствам вашей собственной жизни, удачам и неудачам, которыми обыкновенно интересуются все добрые старики, хотя оно несколько похоже на любопытство ребенка, который в то время, когда говорит с вами, рассматривает печатку ваших часов. Тогда лицо его, можно сказать, дышало добротою.

Комнаты домика, в котором жили наши старички, были маленькие, низенькие, какие обыкновенно встречаются у старосветских людей. В каждой комнате была огромная печь, занимавшая почти третью часть ее. Комнатки эти были ужасно теплы, потому что и Афанасий Иванович и Пульхерия Ивановна очень любили теплоту. Топки их были все проведены в сени, всегда почти до самого потолка наполненные соломою, которую обыкновенно употребляют в Малороссии вместо дров. Треск этой горящей соломы и освещение делают сени чрезвычайно приятными в зимний вечер, когда пылкая молодежь, прозябнувши от преследования за какой-нибудь смуглянкой, вбегает в них, похлопывая в ладоши. Стены комнаты убраны были несколькими картинами и картинками в старинных узеньких рамах. Я уверен, что сами хозяева давно позабыли их содержание, и если бы некоторые из них были унесены, то они бы, верно, этого не заметили. Два портрета было больших, писанных масляными красками. Один представлял какого-то архиерея, другой Петра III. Из узеньких рам глядела герцогиня Лавальер, запачканная мухами. Вокруг окон и над дверями находилось множество небольших картинок, которые как-то привыкаешь почитать за пятна на стене и потому их вовсе не рассматриваешь. Пол почти во всех комнатах был глиняный, но так чисто вымазанный и содержавшийся с такою опрятностию, с какою, верно, не содержится ни один паркет в богатом доме, лениво подметаемый невыспавшимся господином в ливрее.

Комната Пульхерии Ивановны была вся уставлена сундуками, ящиками, ящичками и сундучочками. Множество узелков и мешков с семенами, цветочными, огородными, арбузными, висело по стенам. Множество клубков с разноцветной шерстью, лоскутков старинных платьев, шитых за полстолетие, были укладены по углам в сундучках и между сундучками. Пульхерия Ивановна была большая хозяйка и собирала всё, хотя иногда сама не знала, на что оно потом употребится.

Но самое замечательное в доме — были поющие двери. Как только наставало утро, пение дверей раздавалось по всему дому. Я не могу сказать, отчего они пели: перержавевшие ли петли были тому виною, или сам механик, делавший их, скрыл в них какой-нибудь секрет, — но замечательно то, что каждая дверь имела свой особенный голос: дверь, ведущая в спальню, пела самым тоненьким дискантом; дверь в столовую хрипела басом; но та, которая была в сенях, издавала какой-то странный дребезжащий и вместе стонущий звук, так что, вслушиваясь в него, очень ясно, наконец, слышалось: «батюшки, я зябну!» Я знаю, что многим очень не нравится этот звук; но я его очень люблю, и если мне случится иногда здесь услышать скрип дверей, тогда мне вдруг так и запахнет деревнею, низенькой комнаткой, озаренной свечкой в старинном подсвечнике, ужином, уже стоящим на столе, майскою темною ночью, глядящею из сада, сквозь растворенное окно, на стол, уставленный приборами, соловьем, обдающим сад, дом и дальнюю реку своими раскатами, страхом и шорохом ветвей... и Боже, какая длинная навевается мне тогда вереница воспоминаний!

Стулья в комнате были деревянные, массивные, какими обыкновенно отличается старина; они были все с высокими выточенными спинками, в натуральном виде, без всякого лака и краски; они не были даже обиты материею и были несколько похожи на те стулья, на которые и доныне садятся архиереи. Трехугольные столики по углам, четырехугольные перед диваном и зеркалом в тоненьких золотых рамах, выточенных листьями, которых мухи усеяли черными точками, ковер перед диваном с птицами, похожими на цветы, и цветами, похожими на птиц, — вот всё почти убранство невзыскательного домика, где жили мои старики.

Девичья была набита молодыми и немолодыми девушками в полосатых исподницах, которым иногда Пульхерия Ивановна давала шить какие-нибудь безделушки и заставляла чистить ягоды, но которые большею частию бегали на кухню и спали. Пульхерия Ивановна почитала необходимостию держать их в доме и строго смотрела за их нравственностью. Но, к чрезвычайному ее удивлению, не проходило нескольких месяцев, чтобы у которой-нибудь из ее девушек стан не делался гораздо полнее обыкновенного; тем более это казалось удивительно, что в доме почти никого не было из холостых людей, выключая разве только комнатного мальчика, который ходил в сером полуфраке, с босыми ногами, и если не ел, то уж верно спал. Пульхерия Ивановна обыкновенно бранила виновную и наказывала строго, чтобы вперед этого не было. На стеклах окон звенело страшное множество мух, которых всех покрывал толстый бас шмеля, иногда сопровождаемый пронзительными визжаниями ос; но, как только подавали свечи, вся эта ватага отправлялась на ночлег и покрывала черною тучею весь потолок.

Афанасий Иванович очень мало занимался хозяйством, хотя, впрочем, ездил иногда к косарям и жнецам и смотрел довольно пристально на их работу; всё бремя правления лежало на Пульхерии Ивановне. Хозяйство Пульхерии Ивановны состояло в беспрестанном отпирании и запирании кладовой, в солении, сушении, варении бесчисленного множества фруктов и растений. Ее дом был совершенно похож на химическую лабораторию. Под яблонею вечно был разложен огонь, и никогда почти не снимался с железного треножника котел или медный таз с вареньем, желе, пастилою, деланными на меду, на сахаре и не помню еще на чем. Под другим деревом кучер вечно перегонял в медном лембике водку на персиковые листья, на черемуховый цвет, на золототысячник, на вишневые косточки, и к концу этого процесса совершенно не был в состоянии поворотить языком, болтал такой вздор, что Пульхерия Ивановна ничего не могла понять, и отправлялся на кухню спать. Всей этой дряни наваривалось, насоливалось, насушивалось такое множество, что, вероятно, она потопила бы, наконец, весь двор, потому что Пульхерия Ивановна всегда сверх расчисленного на потребление любила приготовлять еще на запас, если бы большая половина этого не съедалась дворовыми девками, которые, забираясь в кладовую, так ужасно там объедались, что целый день стонали и жаловались на животы свои.

В хлебопашество и прочие хозяйственные статьи вне двора Пульхерия Ивановна мало имела возможности входить. Приказчик, соединившись с войтом, обкрадывали немилосердным образом. Они завели обыкновение входить в господские леса, как в свои собственные, наделывали множество саней и продавали их на ближней ярмарке; кроме того, все толстые дубы они продавали на сруб для мельниц соседним козакам. Один только раз Пульхерия Ивановна пожелала обревизовать свои леса. Для этого были запряжены дрожки с огромными кожаными фартуками, от которых, как только кучер встряхивал вожжами и лошади, служившие еще в милиции, трогались с своего места, воздух наполнялся странными звуками, так что вдруг были слышны и флейта, и бубны, и барабан; каждый гвоздик и железная скобка звенели до того, что возле самых мельниц было слышно, как пани выезжала со двора, хотя это расстояние было не менее двух верст. Пульхерия Ивановна не могла не заметить страшного опустошения в лесу и потери тех дубов, которые она еще в детстве знавала столетними.

— Отчего это у тебя, Ничипор, — сказала она, обратясь к своему приказчику, тут же находившемуся, — дубки сделались так редкими? Гляди, чтобы у тебя волосы на голове не стали редки.

— Отчего редки? — говаривал обыкновенно приказчик, — пропали! Так-таки совсем пропали: и громом побило, и черви проточили, — пропали, пани, пропали.

Пульхерия Ивановна совершенно удовлетворялась этим ответом и, приехавши домой, давала повеление удвоить только стражу в саду около шпанских вишен и больших зимних дуль.

Эти достойные правители, приказчик и войт, нашли вовсе излишним привозить всю муку в барские амбары, а что с бар будет довольно и половины; наконец и эту половину привозили они заплесневшую или подмоченную, которая была обракована на ярмарке. Но сколько ни обкрадывали приказчик и войт, как ни ужасно жрали все в дворе, начиная от ключницы до свиней, которые истребляли страшное множество слив и яблок и часто собственными мордами толкали дерево, чтобы стряхнуть с него целый дождь фруктов, сколько ни клевали их воробьи и вороны, сколько вся дворня ни носила гостинцев своим кумовьям в другие деревни и даже таскала из амбаров старые полотна и пряжу, что всё обращалось ко всемирному источнику, то есть к шинку, сколько ни крали гости, флегматические кучера и лакеи, — но благословенная земля производила всего в таком множестве, Афанасию Ивановичу и Пульхерии Ивановне так мало было нужно, что все эти страшные хищения казались вовсе незаметными в их хозяйстве.

Оба старичка, по старинному обычаю старосветских помещиков, очень любили покушать. Как только занималась заря (они всегда вставали рано) и как только двери заводили свой разноголосный концерт, они уже сидели за столиком и пили кофий. Напившись кофию, Афанасий Иванович выходил в сени и, стряхнувши платком, говорил: «Киш, киш! пошли, гуси, с крыльца!» На дворе ему обыкновенно попадался приказчик. Он, по обыкновению, вступал с ним в разговор, расспрашивал о работах с величайшею подробностью и такие сообщал ему замечания и приказания, которые удивили бы всякого необыкновенным познанием хозяйства, и какой-нибудь новичок не осмелился бы и подумать, чтобы можно было украсть у такого зоркого хозяина. Но приказчик его был обстрелянная птица: он знал, как нужно отвечать, а еще более, как нужно хозяйничать.

После этого Афанасий Иванович возвращался в покои и говорил, приблизившись к Пульхерии Ивановне:

— А что, Пульхерия Ивановна, может быть, пора закусить чего-нибудь?

— Чего же бы теперь, Афанасий Иванович, закусить? разве коржиков с салом, или пирожков с маком, или, может быть, рыжиков соленых?

— Пожалуй, хоть и рыжиков, или пирожков, — отвечал Афанасий Иванович, и на столе вдруг являлась скатерть с пирожками и рыжиками.

За час до обеда Афанасий Иванович закушивал снова, выпивал старинную серебряную чарку водки, заедал грибками, разными сушеными рыбками и прочим. Обедать садились в двенадцать часов. Кроме блюд и соусников, на столе стояло множество горшочков с замазанными крышками, чтобы не могло выдохнуться какое-нибудь аппетитное изделие старинной вкусной кухни. За обедом обыкновенно шел разговор о предметах, самых близких к обеду.

— Мне кажется, как будто эта каша, — говаривал обыкновенно Афанасий Иванович, — немного пригорела; вам этого не кажется, Пульхерия Ивановна?

— Нет, Афанасий Иванович; вы положите побольше масла, тогда она не будет казаться пригорелою, или вот возьмите этого соусу с грибками и подлейте к ней.

— Пожалуй, — говорил Афанасий Иванович, подставляя свою тарелку, — попробуем, как оно будет.

После обеда Афанасий Иванович шел отдохнуть один часик, после чего Пульхерия Ивановна приносила разрезанный арбуз и говорила:

— Вот попробуйте, Афанасий Иванович, какой хороший арбуз.

— Да вы не верьте, Пульхерия Ивановна, что он красный в средине, — говорил Афанасий Иванович, принимая порядочный ломоть, — бывает что и красный, да нехороший.

Но арбуз немедленно исчезал. После этого Афанасий Иванович съедал еще несколько груш и отправлялся погулять по саду вместе с Пульхерией Ивановной. Пришедши домой, Пульхерия Ивановна отправлялась по своим делам, а он садился под навесом, обращенным к двору, и глядел, как кладовая беспрестанно показывала и закрывала свою внутренность и девки, толкая одна другую, то вносили, то выносили кучу всякого дрязгу в деревянных ящиках, решетах, ночевках и в прочих фруктохранилищах. Немного погодя он посылал за Пульхерией Ивановной или сам отправлялся к ней и говорил:

— Чего бы такого поесть мне, Пульхерия Ивановна?

— Чего же бы такого? — говорила Пульхерия Ивановна, — разве я пойду скажу, чтобы вам принесли вареников с ягодами, которых приказала я нарочно для вас оставить?

— И то добре, — отвечал Афанасий Иванович.

— Или, может быть, вы съели бы киселику?

— И то хорошо, — отвечал Афанасий Иванович. После чего всё это немедленно было приносимо и, как водится, съедаемо.

Перед ужином Афанасий Иванович еще кое-чего закушивал. В половине десятого садились ужинать. После ужина тотчас отправлялись опять спать, и всеобщая тишина водворялась в этом деятельном и вместе спокойном уголке. Комната, в которой спали Афанасий Иванович и Пульхерия Ивановна, была так жарка, что редкий был бы в состоянии остаться в ней несколько часов. Но Афанасий Иванович еще сверх того, чтобы было теплее, спал на лежанке, хотя сильный жар часто заставлял его несколько раз вставать среди ночи и прохаживаться по комнате. Иногда Афанасий Иванович, ходя по комнате, стонал.

Тогда Пульхерия Ивановна спрашивала:

— Чего вы стонете, Афанасий Иванович?

— Бог его знает, Пульхерия Ивановна, так как будто немного живот болит, — говорил Афанасий Иванович.

— А не лучше ли вам чего-нибудь съесть, Афанасий Иванович?

— Не знаю, будет ли оно хорошо, Пульхерия Ивановна! впрочем, чего ж бы такого съесть?

— Кислого молочка или жиденького узвару с сушеными грушами.

— Пожалуй, разве так только, попробовать, — говорил Афанасий Иванович.

Сонная девка отправлялась рыться по шкафам, и Афанасий Иванович съедал тарелочку; после чего он обыкновенно говорил:

— Теперь так как будто сделалось легче.

Иногда, если было ясное время и в комнатах довольно тепло натоплено, Афанасий Иванович, развеселившись, любил пошутить над Пульхериею Ивановною и поговорить о чем-нибудь постороннем.

— А что, Пульхерия Ивановна, — говорил он, — если бы вдруг загорелся дом наш, куда бы мы делись?

— Вот это Боже сохрани! — говорила Пульхерия Ивановна, крестясь.

— Ну, да положим, что дом наш сгорел, куда бы мы перешли тогда?

— Бог знает что вы говорите, Афанасий Иванович! как можно, чтобы дом мог сгореть: Бог этого не попустит.

— Ну, а если бы сгорел?

— Ну, тогда бы мы перешли в кухню. Вы бы заняли на время ту комнатку, которую занимает ключница.

— А если бы и кухня сгорела?

— Вот еще! Бог сохранит от такого попущения, чтобы вдруг и дом, и кухня сгорели! Ну, тогда в кладовую, покамест выстроился бы новый дом.

— А если бы и кладовая сгорела?

— Бог знает что вы говорите! я и слушать вас не

хочу! Грех это говорить, и Бог наказывает за такие речи.

Но Афанасий Иванович, довольный тем, что подшутил над Пульхериею Ивановною, улыбался, сидя на своем стуле.

Но интереснее всего казались для меня старички в то время, когда бывали у них гости. Тогда всё в их доме принимало другой вид. Эти добрые люди, можно сказать, жили для гостей. Всё, что у них ни было лучшего, всё это выносилось. Они наперерыв старались угостить вас всем, что только производило их хозяйство. Но более всего приятно мне было то, что во всей их услужливости не было никакой приторности. Это радушие и готовность так кротко выражались на их лицах, так шли к ним, что поневоле соглашался на их просьбы. Они были следствие чистой, ясной простоты их добрых, бесхитростных душ. Это радушие вовсе не то, с каким угощает вас чиновник казенной палаты, вышедший в люди вашими стараниями, называющий вас благодетелем и ползающий у ног ваших. Гость никаким образом не был отпускаем в тот же день: он должен был непременно переночевать.

— Как можно такою позднею порою отправляться в такую дальнюю дорогу! — всегда говорила Пульхерия Ивановна (гость обыкновенно жил в трех или в четырех верстах от них).

— Конечно, — говорил Афанасий Иванович, — неравно всякого случая: нападут разбойники или другой недобрый человек.

— Пусть Бог милует от разбойников! — говорила Пульхерия Ивановна. — И к чему рассказывать эдакое на ночь. Разбойники не разбойники, а время темное, не годится совсем ехать. Да и ваш кучер, я знаю вашего кучера, он такой тендитный да маленький, его всякая кобыла побьет; да притом теперь он уже, верно, наклюкался и спит где-нибудь.

И гость должен был непременно остаться; но, впрочем, вечер в низенькой теплой комнате, радушный, греющий и усыпляющий рассказ, несущийся пар от поданного на стол кушанья, всегда питательного и мастерски изготовленного, бывает для него наградою. Я вижу как теперь, как Афанасий Иванович согнувшись сидит на стуле с всегдашнею своею улыбкой и слушает со вниманием и даже наслаждением гостя! Часто речь заходила и об политике. Гость, тоже весьма редко выезжавший из своей деревни, часто с значительным видом и таинственным выражением лица выводил свои догадки и рассказывал, что француз тайно согласился с англичанином выпустить опять на Россию Бонапарта, или просто рассказывал о предстоящей войне, и тогда Афанасий Иванович часто говорил, как будто не глядя на Пульхерию Ивановну:

— Я сам думаю пойти на войну; почему ж я не могу идти на войну?

— Вот уже и пошел! — прерывала Пульхерия Ивановна. — Вы не верьте ему, — говорила она, обращаясь к гостю. — Где уже ему, старому, идти на войну! Его первый солдат застрелит! Ей-богу, застрелит! Вот так-таки прицелится и застрелит.

— Что ж, — говорил Афанасий Иванович, — и я его застрелю.

— Вот слушайте только, что он говорит! — подхватывала Пульхерия Ивановна, — куда ему идти на войну! И пистоли его давно уже заржавели и лежат в коморе. Если б вы их видели: там такие, что, прежде еще нежели выстрелят, разорвет их порохом. И руки себе поотобьет, и лицо искалечит, и навеки несчастным останется!

— Что ж, — говорил Афанасий Иванович, — я

куплю себе новое вооружение. Я возьму саблю или козацкую пику.

— Это всё выдумки. Так вот вдруг придет в голову и начнет рассказывать, — подхватывала Пульхерия Ивановна с досадою. — Я и знаю, что он шутит, а всё-таки неприятно слушать. Вот этакое он всегда говорит, иной раз слушаешь, слушаешь, да и страшно станет.

Но Афанасий Иванович, довольный тем, что несколько напугал Пульхерию Ивановну, смеялся, сидя согнувшись на своем стуле.

Пульхерия Ивановна для меня была занимательнее всего тогда, когда подводила гостя к закуске.

— Вот это, — говорила она, снимая пробку с графина, — водка, настоенная на деревий и шалфей. Если у кого болят лопатки или поясница, то очень помогает. Вот это на золототысячник: если в ушах звенит и по лицу лишаи делаются, то очень помогает. А вот эта — перегнанная на персиковые косточки; вот возьмите рюмку, какой прекрасный запах. Если как-нибудь, вставая с кровати, ударится кто об угол шкафа или стола и набежит на лбу гугля, то стоит только одну рюмочку выпить перед обедом — и всё как рукой снимет, в ту же минуту всё пройдет, как будто вовсе не бывало.

После этого такой перечет следовал и другим графинам, всегда почти имевшим какие-нибудь целебные свойства. Нагрузивши гостя всею этою аптекою, она подводила его ко множеству стоявших тарелок.

— Вот это грибки с чебрецом! это с гвоздиками и волошскими орехами; солить их выучила меня туркеня, в то время, когда еще турки были у нас в плену. Такая была добрая туркеня, и незаметно совсем, чтобы турецкую веру исповедовала. Так совсем и ходит, почти как у нас; только свинины не ела: говорит, что у них как-то там в законе запрещено... Вот это грибки с смородинным листом и мушкатным орехом! А вот это большие травянки: я их еще в первый раз отваривала в уксусе; не знаю, каковы-то они; я узнала секрет от отца Ивана. В маленькой кадушке прежде всего нужно разостлать дубовые листья и потом посыпать перцем и селитрою и положить еще что бывает на нечуй-витере цвет, так этот цвет взять и хвостиками разостлать вверх. А вот это пирожки! это пирожки с сыром! это с урдою! а вот это те, которые Афанасий Иванович очень любит, с капустою и гречневою кашею.

— Да, — прибавлял Афанасий Иванович, — я их очень люблю; они мягкие и немножко кисленькие.

Вообще Пульхерия Ивановна была чрезвычайно в духе, когда бывали у них гости. Добрая старушка! Она вся была отдана гостям. Я любил бывать у них, и хотя объедался страшным образом, как и все, гостившие у них, хотя мне это было очень вредно, однако ж я всегда бывал рад к ним ехать. Впрочем, я думаю, что не имеет ли самый воздух в Малороссии какого-то особенного свойства, помогающего пищеварению, потому что если бы здесь вздумал кто-нибудь таким образом накушаться, то, без сомнения, вместо постели очутился бы лежащим на столе.

Добрые старички! Но повествование мое приближается к весьма печальному событию, изменившему навсегда жизнь этого мирного уголка. Событие это покажется тем более разительным, что произошло от самого маловажного случая. Но по странному устройству вещей, всегда ничтожные причины родили великие события, и наоборот — великие предприятия оканчивались ничтожными следствиями. Какой-нибудь завоеватель собирает все силы своего государства, воюет несколько лет, полководцы его прославляются, и, наконец, всё это оканчивается приобретением клочка земли, на котором негде посеять картофеля; а иногда, напротив, два какие-нибудь колбасника двух городов подерутся между собою за вздор, и ссора объемлет, наконец, города, потом села и деревни, а там и целое государство. Но оставим эти рассуждения: они не идут сюда. Притом я не люблю рассуждений, когда они остаются только рассуждениями.

У Пульхерии Ивановны была серенькая кошечка, которая всегда почти лежала, свернувшись клубком, у ее ног. Пульхерия Ивановна иногда ее гладила и щекотала пальцем по ее шейке, которую балованая кошечка вытягивала как можно выше. Нельзя сказать, чтобы Пульхерия Ивановна слишком любила ее, но просто привязалась к ней, привыкши ее всегда видеть. Афанасий Иванович, однако ж, часто подшучивал над такою привязанностию:

— Я не знаю, Пульхерия Ивановна, что вы такого находите в кошке. На что она? Если бы вы имели собаку, тогда бы другое дело: собаку можно взять на охоту, а кошка на что?

— Уж молчите, Афанасий Иванович, — говорила Пульхерия Ивановна, — вы любите только говорить и больше ничего. Собака нечистоплотна, собака нагадит, собака перебьет всё, а кошка тихое творение, она никому не сделает зла.

Впрочем, Афанасию Ивановичу было всё равно, что кошки, что собаки; он для того только говорил так, чтобы немножко подшутить над Пульхерией Ивановной.

За садом находился у них большой лес, который был совершенно пощажен предприимчивым приказчиком, — может быть, оттого, что стук топора доходил бы до самых ушей Пульхерии Ивановны. Он был глух, запущен, старые древесные стволы были закрыты разросшимся орешником и походили на мохнатые лапы голубей. В этом лесу обитали дикие коты. Лесных диких котов не должно смешивать с теми удальцами, которые бегают по крышам домов. Находясь в городах, они, несмотря на крутой нрав свой, гораздо более цивилизованны, нежели обитатели лесов. Это, напротив того, большею частию народ мрачный и дикий; они всегда ходят тощие, худые, мяукают грубым, необработанным голосом. Они подрываются иногда подземным ходом под самые амбары и крадут сало, являются даже в самой кухне, прыгнувши внезапно в растворенное окно, когда заметят, что повар пошел в бурьян. Вообще никакие благородные чувства им не известны; они живут хищничеством и душат маленьких воробьев в самых их гнездах. Эти коты долго обнюхивались сквозь дыру под амбаром с кроткою кошечкою Пульхерии Ивановны и, наконец, подманили ее, как отряд солдат подманивает глупую крестьянку. Пульхерия Ивановна заметила пропажу кошки, послала искать ее, но кошка не находилась. Прошло три дня; Пульхерия Ивановна пожалела, наконец вовсе о ней позабыла. В один день, когда она ревизовала свой огород и возвращалась с нарванными своею рукою зелеными свежими огурцами для Афанасия Ивановича, слух ее был поражен самым жалким мяуканьем. Она, как будто по инстинкту, произнесла: «Кис, кис!» — и вдруг из бурьяна вышла ее серенькая кошка, худая, тощая; заметно было, что она несколько уже дней не брала в рот никакой пищи. Пульхерия Ивановна продолжала звать ее, но кошка стояла перед нею, мяукала и не смела близко подойти; видно было, что она очень одичала с того времени. Пульхерия Ивановна пошла вперед, продолжая звать кошку, которая боязливо шла за нею до самого забора. Наконец, увидевши прежние, знакомые места, вошла и в комнату. Пульхерия Ивановна тотчас приказала подать ей молока и мяса и, сидя перед нею, наслаждалась жадностию бедной своей фаворитки, с какою она глотала кусок за куском и хлебала молоко. Серенькая беглянка почти в глазах ее растолстела и ела уже не так жадно. Пульхерия Ивановна протянула руку, чтобы погладить ее, но неблагодарная, видно, уже слишком свыклась с хищными котами или набралась романических правил, что бедность при любви лучше палат, а коты были голы как соколы; как бы то ни было, она выпрыгнула в окошко, и никто из дворовых не мог поймать ее.

Задумалась старушка. «Это смерть моя приходила за мною!» — сказала она сама себе, и ничто не могло ее рассеять. Весь день она была скучна. Напрасно Афанасий Иванович шутил и хотел узнать, отчего она так вдруг загрустила: Пульхерия Ивановна была безответна или отвечала совершенно не так, чтобы можно было удовлетворить Афанасия Ивановича. На другой день она заметно похудела.

— Что это с вами, Пульхерия Ивановна? Уж не больны ли вы?

— Нет, я не больна, Афанасий Иванович! Я хочу вам объявить одно особенное происшествие: я знаю, что я этим летом умру; смерть моя уже приходила за мною!

Уста Афанасия Ивановича как-то болезненно искривились. Он хотел, однако ж, победить в душе своей грустное чувство и, улыбнувшись, сказал:

— Бог знает что вы говорите, Пульхерия Ивановна! Вы, верно, вместо декохта, что часто пьете, выпили персиковой.

— Нет, Афанасий Иванович, я не пила персиковой, — сказала Пульхерия Ивановна.

И Афанасию Ивановичу сделалось жалко, что он так пошутил над Пульхерией Ивановной, и он смотрел на нее, и слеза повисла на его реснице.

— Я прошу вас, Афанасий Иванович, чтобы вы

исполнили мою волю, — сказала Пульхерия Ивановна. — Когда я умру, то похороните меня возле церковной ограды. Платье наденьте на меня серенькое — то, что с небольшими цветочками по коричневому полю. Атласного платья, что с малиновыми полосками, не надевайте на меня: мертвой уже не нужно платье. На что оно ей? А вам оно пригодится: из него сошьете себе парадный халат, на случай когда приедут гости, то чтобы можно было вам прилично показаться и принять их.

— Бог знает что вы говорите, Пульхерия Ивановна! — говорил Афанасий Иванович, — когда-то еще будет смерть, а вы уже стращаете такими словами.

— Нет, Афанасий Иванович, я уже знаю, когда моя смерть. Вы, однако ж, не горюйте за мною: я уже старуха и довольно пожила, да и вы уже стары, мы скоро увидимся на том свете.

Но Афанасий Иванович рыдал, как ребенок.

— Грех плакать, Афанасий Иванович! Не грешите и Бога не гневите своею печалью. Я не жалею о том, что умираю. Об одном только жалею я (тяжелый вздох прервал на минуту речь ее): я жалею о том, что не знаю, на кого оставить вас, кто присмотрит за вами, когда я умру. Вы как дитя маленькое: нужно, чтобы любил вас тот, кто будет ухаживать за вами.

При этом на лице ее выразилась такая глубокая, такая сокрушительная сердечная жалость, что я не знаю, мог ли бы кто-нибудь в то время глядеть на нее равнодушно.

— Смотри мне, Явдоха, — говорила она, обращаясь к ключнице, которую нарочно велела позвать, — когда я умру, чтобы ты глядела за паном, чтобы берегла его, как глаза своего, как свое родное дитя. Гляди, чтобы на кухне готовилось то, что он любит. Чтобы белье и платье ты ему подавала всегда чистое; чтобы, когда гости случатся, ты принарядила его прилично, а то, пожалуй, он иногда выйдет в старом халате, потому что и теперь часто позабывает он, когда праздничный день, а когда будничный. Не своди с него глаз, Явдоха, я буду молиться за тебя на том свете, и Бог наградит тебя. Не забывай же, Явдоха; ты уже стара, тебе не долго жить, не набирай греха на душу. Когда же не будешь за ним присматривать, то не будет тебе счастия на свете. Я сама буду просить Бога, чтобы не давал тебе благополучной кончины. И сама ты будешь несчастна, и дети твои будут несчастны, и весь род ваш не будет иметь ни в чем благословения Божия.

Бедная старушка! она в то время не думала ни о той великой минуте, которая ее ожидает, ни о душе своей, ни о будущей своей жизни; она думала только о бедном своем спутнике, с которым провела жизнь и которого оставляла сирым и бесприютным. Она с необыкновенною расторопностию распорядила всё таким образом, чтобы после нее Афанасий Иванович не заметил ее отсутствия. Уверенность ее в близкой своей кончине так была сильна, и состояние души ее так было к этому настроено, что действительно чрез несколько дней она слегла в постелю и не могла уже принимать никакой пищи. Афанасий Иванович весь превратился во внимательность и не отходил от ее постели. «Может быть, вы чего-нибудь бы покушали, Пульхерия Ивановна?» — говорил он, с беспокойством смотря в глаза ей. Но Пульхерия Ивановна ничего не говорила. Наконец, после долгого молчания, как будто хотела она что-то сказать, пошевелила губами — и дыхание ее улетело.

Афанасий Иванович был совершенно поражен. Это так казалось ему дико, что он даже не заплакал. Мутными глазами глядел он на нее, как бы не понимая значения трупа.

Покойницу положили на стол, одели в то самое

платье, которое она сама назначила, сложили ей руки крестом, дали в руки восковую свечу, — он на всё это глядел бесчувственно. Множество народа всякого звания наполнило двор, множество гостей приехало на похороны, длинные столы расставлены были по двору; кутья, наливки, пироги покрывали их кучами; гости говорили, плакали, глядели на покойницу, рассуждали о ее качествах, смотрели на него, — но он сам на всё это глядел странно. Покойницу понесли наконец, народ повалил следом, и он пошел за нею; священники были в полном облачении, солнце светило, грудные ребенки плакали на руках матерей, жаворонки пели, дети в рубашонках бегали и резвились по дороге. Наконец гроб поставили над ямой, ему велели подойти и поцеловать в последний раз покойницу; он подошел, поцеловал, на глазах его показались слезы, — но какие-то бесчувственные слезы. Гроб опустили, священник взял заступ и первый бросил горсть земли, густой протяжный хор дьячка и двух пономарей пропел вечную память под чистым, безоблачным небом, работники принялись за заступы, и земля уже покрыла и сровняла яму, — в это время он пробрался вперед; все расступились, дали ему место, желая знать его намерение. Он поднял глаза свои, посмотрел смутно и сказал: «Так вот это вы уже и погребли ее! зачем?!» Он остановился и не докончил своей речи.

Но когда возвратился он домой, когда увидел, что пусто в его комнате, что даже стул, на котором сидела Пульхерия Ивановна, был вынесен, — он рыдал, рыдал сильно, рыдал неутешно, и слезы, как река, лились из его тусклых очей.

Пять лет прошло с того времени. Какого горя не уносит время? Какая страсть уцелеет в неровной битве с ним? Я знал одного человека в цвете юных еще сил, исполненного истинного благородства и достоинств, я знал его влюбленным нежно, страстно, бешено, дерзко, скромно, и при мне, при моих глазах почти, предмет его страсти — нежная, прекрасная, как ангел, — была поражена ненасытною смертию. Я никогда не видал таких ужасных порывов душевного страдания, такой бешеной, палящей тоски, такого пожирающего отчаяния, какие волновали несчастного любовника. Я никогда не думал, чтобы мог человек создать для себя такой ад, в котором ни тени, ни образа и ничего, что бы сколько-нибудь походило на надежду... Его старались не выпускать с глаз; от него спрятали все орудия, которыми бы он мог умертвить себя. Две недели спустя он вдруг победил себя: начал смеяться, шутить; ему дали свободу, и первое, на что он употребил ее, это было — купить пистолет. В один день внезапно раздавшийся выстрел перепугал ужасно его родных. Они вбежали в комнату и увидели его распростертого, с раздробленным черепом. Врач, случившийся тогда, об искусстве которого гремела всеобщая молва, увидел в нем признаки существования, нашел рану не совсем смертельною, и он, к изумлению всех, был вылечен. Присмотр за ним увеличили еще более. Даже за столом не клали возле него ножа и старались удалить всё, чем бы мог он себя ударить; но он в скором времени нашел новый случай и бросился под колеса проезжавшего экипажа. Ему растрощило руку и ногу; но он опять был вылечен. Год после этого я видел его в одном многолюдном зале: он сидел за столом, весело говорил: «петит-уверт», закрывши одну карту, и за ним стояла, облокотившись на спинку его стула, молоденькая жена его, перебирая его марки.

По истечении сказанных пяти лет после смерти Пульхерии Ивановны я, будучи в тех местах, заехал в хуторок Афанасия Ивановича, навестить моего старинного соседа, у которого когда-то приятно проводил день и всегда объедался лучшими изделиями радушной хозяйки. Когда я подъехал ко двору, дом мне показался вдвое старее, крестьянские избы совсем легли набок — без сомнения, так же, как и владельцы их; частокол и плетень в дворе были совсем разрушены, и я видел сам, как кухарка выдергивала из него палки для затопки печи, тогда как ей нужно было сделать два шага лишних, чтобы достать тут же наваленного хвороста. Я с грустью подъехал к крыльцу; те же самые барбосы и бровки, уже слепые или с перебитыми ногами, залаяли, поднявши вверх свои волнистые, обвешанные репейниками хвосты. Навстречу вышел старик. Так это он! я тотчас же узнал его; но он согнулся уже вдвое против прежнего. Он узнал меня и приветствовал с тою же знакомою мне улыбкою. Я вошел за ним в комнаты; казалось, всё было в них по-прежнему; но я заметил во всем какой-то странный беспорядок, какое-то ощутительное отсутствие чего-то; словом, я ощутил в себе те странные чувства, которые овладевают нами, когда мы вступаем в первый раз в жилище вдовца, которого прежде знали нераздельным с подругою, сопровождавшею его всю жизнь. Чувства эти бывают похожи на то, когда видим перед собою без ноги человека, которого всегда знали здоровым. Во всем видно было отсутствие заботливой Пульхерии Ивановны: за столом подали один нож без черенка; блюда уже не были приготовлены с таким искусством. О хозяйстве я не хотел и спросить, боялся даже и взглянуть на хозяйственные заведения.

Когда мы сели за стол, девка завязала Афанасия Ивановича салфеткою, — и очень хорошо сделала, потому что без того он бы весь халат свой запачкал соусом. Я старался его чем-нибудь занять и рассказывал ему разные новости; он слушал с тою же улыбкою, но по временам взгляд его был совершенно бесчувствен, и мысли в нем не бродили, но исчезали. Часто поднимал он ложку с кашею и, вместо того чтобы подносить ко рту, подносил к носу, вилку свою, вместо того чтобы воткнуть в кусок цыпленка, он тыкал в графин, и тогда девка, взявши его за руку, наводила на цыпленка. Мы иногда ожидали по нескольку минут следующего блюда. Афанасий Иванович уже сам замечал это и говорил: «Что это так долго не несут кушанья?» Но я видел сквозь щель в дверях, что мальчик, разносивший нам блюда, вовсе не думал о том и спал, свесивши голову на скамью.

«Вот это то кушанье, — сказал Афанасий Иванович, когда подали нам *мнишки* со сметаною, — это то кушанье, — продолжал он, и я заметил, что голос его начал дрожать и слеза готовилась выглянуть из его свинцовых глаз, но он собирал все усилия, желая удержать ее. — Это то кушанье, которое по... по... покой... покойни...» — и вдруг брызнул слезами. Рука его упала на тарелку, тарелка опрокинулась, полетела и разбилась, соус залил его всего; он сидел бесчувственно, бесчувственно держал ложку, и слезы, как ручей, как немолчно текущий фонтан, лились, лились ливмя на застилавшую его салфетку.

«Боже! — думал я, глядя на него, — пять лет всеистребляющего времени — старик уже бесчувственный, старик, которого жизнь, казалось, ни разу не возмущало ни одно сильное ощущение души, которого вся жизнь, казалось, состояла только из сидения на высоком стуле, из ядения сушеных рыбок и груш, из добродушных рассказов, — и такая долгая, такая жаркая печаль! Что же сильнее над нами: страсть или привычка? Или все сильные порывы, весь вихорь наших желаний и кипящих страстей — есть только следствие нашего яркого возраста и только по тому одному кажутся глубоки и сокрушительны?» Что бы ни было, но в это время мне казались детскими все наши страсти против этой долгой, медленной, почти бесчувственной привычки. Несколько раз силился он выговорить имя покойницы, но на половине слова спокойное и обыкновенное лицо его судорожно исковеркивалось, и плач дитяти поражал меня в самое сердце. Нет, это не те слезы, на которые обыкновенно так щедры старички, представляющие вам жалкое свое положение и несчастия; это были также не те слезы, которые они роняют за стаканом пуншу; нет! это были слезы, которые текли не спрашиваясь, сами собою, накопляясь от едкости боли уже охладевшего сердца.

Он не долго после того жил. Я недавно услышал об его смерти. Странно, однако же, то, что обстоятельства кончины его имели какое-то сходство с кончиною Пульхерии Ивановны. В один день Афанасий Иванович решился немного пройтись по саду. Когда он медленно шел по дорожке с обыкновенною своею беспечностию, вовсе не имея никакой мысли, с ним случилось странное происшествие. Он вдруг услышал, что позади его произнес кто-то довольно явственным голосом: «Афанасий Иванович!» Он оборотился, но никого совершенно не было, посмотрел во все стороны, заглянул в кусты — нигде никого. День был тих, и солнце сияло. Он на минуту задумался; лицо его как-то оживилось, и он, наконец, произнес: «Это Пульхерия Ивановна зовет меня!»

Вам, без сомнения, когда-нибудь случалось слышать голос, называющий вас по имени, который простолюдины объясняют тем, что душа стосковалась за человеком и призывает его, и после которого следует неминуемо смерть. Признаюсь, мне всегда был страшен этот таинственный зов. Я помню, что в детстве часто его слышал: иногда вдруг позади меня кто-то явственно произносил мое имя. День обык-

287

новенно в это время был самый ясный и солнечный; ни один лист в саду на дереве не шевелился, тишина была мертвая, даже кузнечик в это время переставал кричать; ни души в саду; но, признаюсь, если бы ночь самая бешеная и бурная, со всем адом стихий, настигла меня одного среди непроходимого леса, я бы не так испугался ее, как этой ужасной тишины среди безоблачного дня. Я обыкновенно тогда бежал с величайшим страхом и занимавшимся дыханием из сада, и тогда только успокоивался, когда попадался мне навстречу какой-нибудь человек, вид которого изгонял эту страшную сердечную пустыню.

Он весь покорился своему душевному убеждению, что Пульхерия Ивановна зовет его; он покорился с волею послушного ребенка, сохнул, кашлял, таял, как свечка, и, наконец, угас так, как она, когда уже ничего не осталось, что бы могло поддержать бедное ее пламя. «Положите меня возле Пульхерии Ивановны», — вот всё, что произнес он перед своею кончиною.

Желание его исполнили и похоронили возле церкви, близ могилы Пульхерии Ивановны. Гостей было меньше на похоронах, но простого народа и нищих было такое же множество. Домик барский уже сделался вовсе пуст. Предприимчивый приказчик вместе с войтом перетащили в свои избы все оставшиеся старинные вещи и рухлядь, которую не могла утащить ключница. Скоро приехал, неизвестно откуда, какой-то дальний родственник, наследник имения, служивший прежде поручиком, не помню в каком полку, страшный реформатор. Он увидел тотчас величайшее расстройство и упущение в хозяйственных делах; всё это решился он непременно искоренить, исправить и ввести во всем порядок. Накупил шесть прекрасных английских серпов, приколотил к каждой избе особенный номер и, наконец, так хорошо распорядился, что имение через шесть месяцев взято было в опеку. Мудрая опека (из одного бывшего заседателя и какого-то штабс-капитана в полинялом мундире) перевела в непродолжительное время всех кур и все яйца. Избы, почти совсем лежавшие на земле, развалились вовсе; мужики распьянствовались и стали большею частию числиться в бегах. Сам же настоящий владетель, который, впрочем, жил довольно мирно с своею опекою и пил вместе с нею пунш, приезжал очень редко в свою деревню и проживал недолго. Он до сих пор ездит по всем ярмаркам в Малороссии; тщательно осведомляется о ценах на разные большие произведения, продающиеся оптом, как-то: муку, пеньку, мед и прочее, но покупает только небольшие безделушки, как-то: кремешки, гвоздь прочищать трубку и вообще всё то, что не превышает всем оптом своим цены одного рубля.

ТАРАС БУЛЬБА

I

— А поворотись-ка, сын! Экой ты смешной какой! Что это на вас за поповские подрясники? И эдак все ходят в академии? — Такими словами встретил старый Бульба двух сыновей своих, учившихся в киевской бурсе и приехавших домой к отцу.

Сыновья его только что слезли с коней. Это были два дюжие молодца, еще смотревшие исподлобья, как недавно выпущенные семинаристы. Крепкие, здоровые лица их были покрыты первым пухом волос, которого еще не касалась бритва. Они были очень смущены таким приемом отца и стояли неподвижно, потупив глаза в землю.

— Стойте, стойте! Дайте мне разглядеть вас хорошенько, — продолжал он, поворачивая их, — какие же длинные на вас свитки[1]! Экие свитки! Таких свиток еще и на свете не было. А побеги который-нибудь из вас! я посмотрю, не шлепнется ли он на землю, запутавшися в полы.

— Не смейся, не смейся, батьку! — сказал, наконец, старший из них.

— Смотри ты, какой пышный! А отчего ж бы не смеяться?

— Да так, хоть ты мне и батько, а как будешь смеяться, то, ей-богу, поколочу!

---

[1] Верхняя одежда у южных россиян.

— Ах ты, сякой-такой сын! Как, батька?.. — сказал Тарас Бульба, отступивши с удивлением несколько шагов назад.

— Да хоть и батька. За обиду не посмотрю и не уважу никого.

— Как же хочешь ты со мною биться? разве на кулаки?

— Да уж на чем бы то ни было.

— Ну, давай на кулаки! — говорил Тарас Бульба, засучив рукава, — посмотрю я, что за человек ты в кулаке!

И отец с сыном, вместо приветствия после давней отлучки, начали насаживать друг другу тумаки и в бока, и в поясницу, и в грудь, то отступая и оглядываясь, то вновь наступая.

— Смотрите, добрые люди: одурел старый! совсем спятил с ума! — говорила бледная, худощавая и добрая мать их, стоявшая у порога и не успевшая еще обнять ненаглядных детей своих. — Дети приехали домой, больше году их не видали, а он задумал невесть что: на кулаки биться!

— Да он славно бьется! — говорил Бульба, остановившись. — Ей-богу, хорошо! — продолжал он, немного оправляясь, — так, хоть бы даже и не пробовать. Добрый будет козак! Ну, здорово, сынку! почеломкаемся! — И отец с сыном стали целоваться. — Добре, сынку! Вот так колоти всякого, как меня тузил. Никому не спускай! А всё-таки на тебе смешное убранство: что это за веревка висит? А ты, бейбас, что стоишь и руки опустил? — говорил он, обращаясь к младшему, — что ж ты, собачий сын, не колотишь меня?

— Вот еще что выдумал! — говорила мать, обнимавшая между тем младшего. — И придет же в голову этакое, чтобы дитя родное било отца. Да будто и до того теперь: дитя молодое, проехало столько пути, утомилось... (это дитя было двадцати с лишком лет и ровно в сажень ростом). Ему бы теперь нужно опочить и поесть чего-нибудь, а он заставляет его биться!

— Э, да ты мазунчик, как я вижу! — говорил Бульба. — Не слушай, сынку, матери: она — баба, она ничего не знает. Какая вам нежба? Ваша нежба — чистое поле да добрый конь: вот ваша нежба! А видите вот эту саблю? вот ваша матерь! Это всё дрянь, чем набивают головы ваши; и академия, и все те книжки, буквари, и философия — всё это *ка зна що,* я плевать на всё это!.. — Здесь Бульба пригнал в строку такое слово, которое даже не употребляется в печати. — А вот, лучше я вас на той же неделе отправлю на Запорожье. Вот где наука так наука! Там вам школа; там только наберетесь разуму.

— И всего только одну неделю быть им дома? — говорила жалостно, со слезами на глазах, худощавая старуха мать. — И погулять им, бедным, не удастся; не удастся и дому родного узнать, и мне не удастся наглядеться на них!

— Полно, полно выть, старуха! Козак не на то, чтобы возиться с бабами. Ты бы спрятала их обоих себе под юбку, да и сидела бы на них, как на куриных яйцах. Ступай, ступай, да ставь нам скорее на стол всё, что есть. Не нужно пампушек, медовиков, маковников и других пундиков; тащи нам всего барана, козу давай, меды сорокалетние! Да горелки побольше, не с выдумками горелки, не с изюмом и всякими вытребеньками, а чистой, пенной горелки, чтобы играла и шипела, как бешеная.

Бульба повел сыновей своих в светлицу, откуда проворно выбежали две красивые девки прислужницы в червонных монистах, прибиравшие комнаты. Они, как видно, испугались приезда паничей, не любивших спускать никому, или же просто хотели со-

292

блюсти свой женский обычай: вскрикнуть и броситься опрометью, увидевши мужчину, и потом долго закрываться от сильного стыда рукавом. Светлица была убрана во вкусе того времени, о котором живые намеки остались только в песнях да в народных думах, уже не поющихся более на Украине бородатыми старцами-слепцами в сопровождении тихого треньканья бандуры, в виду обступившего народа; во вкусе того бранного, трудного времени, когда начались разыгрываться схватки и битвы на Украине за унию. Всё было чисто, вымазано цветной глиною. На стенах — сабли, нагайки, сетки для птиц, невода и ружья, хитро обделанный рог для пороху, золотая уздечка на коня и путы с серебряными бляхами. Окна в светлице были маленькие, с круглыми тусклыми стеклами, какие встречаются ныне только в старинных церквах, сквозь которые иначе нельзя было глядеть, как приподняв надвижное стекло. Вокруг окон и дверей были красные отводы. На полках по углам стояли кувшины, бутыли и фляжки зеленого и синего стекла, резные серебряные кубки, позолоченные чарки всякой работы: венецейской, турецкой, черкесской, зашедшие в светлицу Бульбы всякими путями, через третьи и четвертые руки, что было весьма обыкновенно в те удалые времена. Берестовые скамьи вокруг всей комнаты; огромный стол под образами в парадном углу; широкая печь с запечьями, уступами и выступами, покрытая цветными пестрыми изразцами, — всё это было очень знакомо нашим двум молодцам, приходившим каждый год домой на каникулярное время; приходившим потому, что у них не было еще коней, и потому, что не в обычае было позволять школярам ездить верхом. У них были только длинные чубы, за которые мог выдрать их всякий козак, носивший оружие.

Бульба только при выпуске их послал им из табуна своего пару молодых жеребцов.

Бульба по случаю приезда сыновей велел созвать всех сотников и весь полковой чин, кто только был налицо; и когда пришли двое из них и есаул Дмитро Товкач, старый его товарищ, он им тот же час представил сыновей, говоря: «Вот, смотрите, какие молодцы! На Сечь их скоро пошлю». Гости поздравили и Бульбу и обоих юношей и сказали им, что доброе дело делают и что нет лучшей науки для молодого человека, как Запорожская Сечь.

— Ну ж, паны-браты, садись всякий, где кому лучше, за стол. Ну, сынки! прежде всего выпьем горелки! — так говорил Бульба. — Боже, благослови! Будьте здоровы, сынки: и ты, Остап, и ты, Андрий! Дай же Боже, чтоб вы на войне всегда были удачливы! Чтобы бусурманов били, и турков бы били, и татарву били бы; когда и ляхи начнут что против веры нашей чинить, то и ляхов бы били! Ну, подставляй свою чарку; что, хороша горелка? А как по-латыни горелка? То-то, сынку, дурни были латынцы: они и не знали, есть ли на свете горелка. Как, бишь, того звали, что латинские вирши писал? Я грамоте разумею не сильно, а потому и не знаю. Гораций, что ли?

«Вишь, какой батько! — подумал про себя старший сын, Остап, — всё старый, собака, знает, а еще и прикидывается».

— Я думаю, архимандрит не давал вам и понюхать горелки, — продолжал Тарас. — А признайтесь, сынки, крепко стегали вас березовыми и свежим вишняком по спине и по всему, что ни есть у козака? А может, так как вы сделались уже слишком разумные, так, может, и плетюганами пороли? Чай, не только по субботам, а доставалось и в середу и в четверги?

— Нечего, батько, вспоминать, что было, — отвечал хладнокровно Остап, — что было, то прошло!

— Пусть теперь попробует! — сказал Андрий, — пускай только теперь кто-нибудь зацепит. Вот пусть только подвернется теперь какая-нибудь татарва, будет знать она, что за вещь козацкая сабля!

— Добре, сынку! ей-богу, добре! Да когда на то пошло, то и я с вами еду! ей-богу, еду! Какого дьявола мне здесь ждать? Чтоб я стал гречкосеем, домоводом, глядеть за овцами да за свиньями да бабиться с женой? Да пропади она: я козак, не хочу! Так что же, что нет войны? Я так поеду с вами на Запорожье, погулять. Ей-богу, поеду! — И старый Бульба мало-помалу горячился, горячился, наконец рассердился совсем, встал из-за стола и, приосанившись, топнул ногою. — Завтра же едем! Зачем откладывать! Какого врага мы можем здесь высидеть? На что нам эта хата? К чему нам все это? На что эти горшки? — Сказавши это, он начал колотить и швырять горшки и фляжки.

Бедная старушка, привыкшая уже к таким поступкам своего мужа, печально глядела, сидя на лавке. Она не смела ничего говорить; но, услыша о таком страшном для нее решении, она не могла удержаться от слез; взглянула на детей своих, с которыми угрожала ей такая скорая разлука, — и никто бы не мог описать всей безмолвной силы ее горести, которая, казалось, трепетала в глазах ее и в судорожно сжатых губах.

Бульба был упрям страшно. Это был один из тех характеров, которые могли возникнуть только в тяжелый XV век на полукочующем углу Европы, когда вся Южная первобытная Россия, оставленная своими князьями, была опустошена, выжжена дотла неукротимыми набегами монгольских хищников; когда, лишившись дома и кровли, стал здесь отважен человек; когда на пожарищах, в виду грозных соседей и вечной опасности, селился он и привыкал глядеть им прямо в очи, разучившись знать, существует ли какая боязнь на свете; когда бранным пламенем объялся древле-мирный славянский дух и завелось козачество — широкая, разгульная замашка русской природы, — и когда все поречья, перевозы, прибрежные пологие и удобные места усеялись козаками, которым и счету никто не ведал, и смелые товарищи их были вправе отвечать султану, пожелавшему знать о числе их: «Кто их знает! у нас их раскидано по всему степу: что байрак, то козак» (что маленький пригорок, там уж и козак). Это было точно необыкновенное явленье русской силы: его вышибло из народной груди огниво бед. Вместо прежних уделов, мелких городков, наполненных псарями и ловчими, вместо враждующих и торгующих городами мелких князей возникли грозные селения, курени и околицы, связанные общей опасностью и ненавистью против нехристианских хищников. Уже известно всем из истории, как их вечная борьба и беспокойная жизнь спасли Европу от неукротимых набегов, грозивших ее опрокинуть. Короли польские, очутившиеся, наместо удельных князей, властителями сих пространных земель, хотя отдаленными и слабыми, поняли значенье козаков и выгоды таковой бранной сторожевой жизни. Они поощряли их и льстили сему расположению. Под их отдаленною властью гетманы, избранные из среды самих же козаков, преобразовали околицы и курени в полки и правильные округи. Это не было строевое собранное войско, его бы никто не увидал; но в случае войны и общего движенья в восемь дней, не больше, всякий являлся на коне, во всем своем вооружении, получа один только червонец платы от короля, — и в две недели набиралось такое войско, какого бы не в силах были набрать никакие рекрутские наборы. Кончился поход — воин уходил в луга и пашни, на днепровские перевозы, ловил рыбу, торговал, варил пиво и был вольный козак. Современные иноземцы дивились тогда справедливо необыкновенным способностям его. Не было ремесла, которого бы не знал козак: накурить вина, снарядить телегу, намолоть пороху, справить кузнецкую, слесарную работу и, в прибавку к тому, гулять напропалую, пить и бражничать, как только может один русский, — всё это было ему по плечу. Кроме рейстровых козаков, считавших обязанностью являться во время войны, можно было во всякое время, в случае большой потребности, набрать целые толпы охочекомонных: стоило только есаулам пройти по рынкам и площадям всех сел и местечек и прокричать во весь голос, ставши на телегу: «Эй вы, пивники, броварники! полно вам пиво варить, да валяться по запечьям, да кормить своим жирным телом мух! Ступайте славы рыцарской и чести добиваться! Вы, плугари, гречкосеи, овцепасы, баболюбы! полно вам за плугом ходить да пачкать в земле свои желтые чоботы, да подбираться к жинкам и губить силу рыцарскую! Пора доставать козацкой славы!» И слова эти были как искры, падавшие на сухое дерево. Пахарь ломал свой плуг, бровари и пивовары кидали свои кади и разбивали бочки, ремесленник и торгаш посылал к черту и ремесло и лавку, бил горшки в доме. И всё, что ни было, садилось на коня. Словом, русский характер получил здесь могучий, широкий размах, дюжую наружность.

Тарас был один из числа коренных, старых полковников: весь был он создан для бранной тревоги и отличался грубой прямотой своего нрава. Тогда влияние Польши начинало уже оказываться на русском дворянстве. Многие перенимали уже польские обычаи, заводили роскошь, великолепные прислуги, соколов, ловчих, обеды, дворы. Тарасу было это не по сердцу. Он любил простую жизнь козаков и перессорился с теми из своих товарищей, которые были наклонны к варшавской стороне, называя их холопьями польских панов. Вечно неугомонный, он считал себя законным защитником православия. Самоуправно входил в села, где только жаловались на притеснения арендаторов и на прибавку новых пошлин с дыма. Сам с своими козаками производил над ними расправу и положил себе правилом, что в трех случаях всегда следует взяться за саблю, именно: когда комиссары не уважили в чем старшин и стояли пред ними в шапках, когда поглумились над православием и не почтили предковского закона и, наконец, когда враги были бусурманы и турки, против которых он считал во всяком случае позволительным поднять оружие во славу христианства.

Теперь он тешил себя заранее мыслью, как он явится с двумя сыновьями своими на Сечь и скажет: «Вот посмотрите, каких я молодцов привел к вам!»; как представит их всем старым, закаленным в битвах товарищам; как поглядит на первые подвиги их в ратной науке и бражничестве, которое почитал тоже одним из главных достоинств рыцаря. Он сначала хотел было отправить их одних. Но при виде их свежести, рослости, могучей телесной красоты вспыхнул воинский дух его, и он на другой же день решился ехать с ними сам, хотя необходимостью этого была одна упрямая воля. Он уже хлопотал и отдавал приказы, выбирал коней и сбрую для молодых сыновей, наведывался и в конюшни и в амбары, отобрал слуг, которые должны были завтра с ними ехать. Есаулу Товкачу передал свою власть вместе с крепким наказом явиться сей же час со всем полком, если только он подаст из Сечи какую-нибудь весть. Хотя он был и навеселе и в голове его еще бродил хмель, однако ж не забыл ничего. Даже отдал приказ напоить коней и всыпать им в ясли крупной и лучшей пшеницы, и пришел усталый от своих забот.

— Ну, дети, теперь надобно спать, а завтра будем делать то, что Бог даст. Да не стели нам постель! Нам не нужна постель. Мы будем спать на дворе.

Ночь еще только что обняла небо, но Бульба всегда ложился рано. Он развалился на ковре, накрылся бараньим тулупом, потому что ночной воздух был довольно свеж и потому что Бульба любил укрыться потеплее, когда был дома. Он вскоре захрапел, и за ним последовал весь двор; всё, что ни лежало в разных его углах, захрапело и запело; прежде всего заснул сторож, потому что более всех напился для приезда паничей.

Одна бедная мать не спала. Она приникла к изголовью дорогих сыновей своих, лежавших рядом; она расчесывала гребнем их молодые, небрежно всклоченные кудри и смачивала их слезами; она глядела на них вся, глядела всеми чувствами, вся превратилась в одно зрение и не могла наглядеться. Она вскормила их собственною грудью, она возрастила, взлелеяла их — и только на один миг видит их перед собою. «Сыны мои, сыны мои милые! что будет с вами? что ждет вас?» — говорила она, и слезы остановились в морщинах, изменивших ее когда-то прекрасное лицо. В самом деле, она была жалка, как всякая женщина того удалого века. Она миг только жила любовью, только в первую горячку страсти, в первую горячку юности, — и уже суровый прельститель ее покидал ее для сабли, для товарищей, для бражничества. Она видела мужа в год два-три дня, и потом несколько лет о нем не бывало слуху. Да и когда виделась с ним, когда они жили вместе, что за жизнь ее была? Она терпела оскорбления, даже побои; она видела из милости только оказываемые ласки, она была какое-то странное существо в этом сборище безженных рыцарей, на которых разгульное Запорожье набрасывало суровый колорит свой. Молодость без наслаждения мелькнула перед нею, и ее прекрасные свежие щеки и перси без лобзаний отцвели и покрылись преждевременными морщинами. Вся любовь, все чувства, всё, что есть нежного и страстного в женщине, всё обратилось у ней в одно материнское чувство. Она с жаром, с страстью, с слезами, как степная чайка, вилась над детьми своими. Ее сыновей, ее милых сыновей берут от нее, берут для того, чтобы не увидеть их никогда! Кто знает, может быть, при первой битве татарин срубит им головы и она не будет знать, где лежат брошенные тела их, которые расклюет хищная подорожная птица; а за каждую каплю крови их она отдала бы всё. Рыдая, глядела она им в очи, которые всемогущий сон начинал уже смыкать, и думала: «Авось-либо Бульба, проснувшись, отсрочит денька на два отъезд; может быть, он задумал оттого так скоро ехать, что много выпил».

Месяц с вышины неба давно уже озарял весь двор, наполненный спящими, густую кучу верб и высокий бурьян, в котором потонул частокол, окружавший двор. Она всё сидела в головах милых сыновей своих, ни на минуту не сводила с них глаз и не думала о сне. Уже кони, чуя рассвет, все полегли на траву и перестали есть; верхние листья верб начали лепетать, и мало-помалу лепечущая струя спустилась по ним до самого низу. Она просидела до самого света, вовсе не была утомлена и внутренне желала, чтобы ночь протянулась как можно дольше. Со степи понеслось звонкое ржание жеребенка; красные полосы ясно сверкнули на небе.

Бульба вдруг проснулся и вскочил. Он очень хорошо помнил всё, что приказывал вчера.

— Ну, хлопцы, полно спать! Пора, пора! Напойте

коней! А где старá? (Так он обыкновенно называл жену свою.) Живее, стара, готовь нам есть: путь лежит великий!

Бедная старушка, лишенная последней надежды, уныло поплелась в хату. Между тем как она со слезами готовила всё, что нужно к завтраку, Бульба раздавал свои приказания, возился на конюшне и сам выбирал для детей своих лучшие убранства. Бурсаки вдруг преобразились: на них явились, вместо прежних запачканных сапогов, сафьянные красные, с серебряными подковами; шаровары шириною в Черное море, с тысячью складок и со сборами, перетянулись золотым очкуром; к очкуру прицеплены были длинные ремешки, с кистями и прочими побрякушками, для трубки. Казакин алого цвета, сукна яркого, как огонь, опоясался узорчатым поясом; чеканные турецкие пистолеты были задвинуты за пояс; сабля брякала по ногам. Их лица, еще мало загоревшие, казалось, похорошели и побелели: молодые черные усы теперь как-то ярче оттеняли белизну их и здоровый, мощный цвет юности; они были хороши под черными бараньими шапками с золотым верхом. Бедная мать! Она как увидела их, она и слова не могла промолвить, и слезы остановились в глазах ее.

— Ну, сыны, всё готово! нечего мешкать! — произнес, наконец, Бульба. — Теперь, по обычаю христианскому, нужно перед дорогою всем присесть.

Все сели, не выключая даже и хлопцев, стоявших почтительно у дверей.

— Теперь благослови, мать, детей своих! — сказал Бульба. — Моли Бога, чтобы они воевали храбро, защищали бы всегда честь лыцарскую[1], чтобы стояли всегда за веру Христову, а не то — пусть лучше пропадут, чтобы и духу их не было на свете! Подойдите,

---

[1] Рыцарскую.

дети, к матери: молитва материнская и на воде и на земле спасает.

Мать, слабая как мать, обняла их, вынула две небольшие иконы, надела им, рыдая, на шею.

— Пусть хранит вас... Божья Матерь... Не забывайте, сынки, мать вашу... пришлите хоть весточку о себе... — Далее она не могла говорить.

— Ну, пойдем, дети! — сказал Бульба.

У крыльца стояли оседланные кони. Бульба вскочил на своего Черта, который бешено отшатнулся, почувствовав на себе двадцатипудовое бремя, потому что Тарас был чрезвычайно тяжел и толст.

Когда увидела мать, что уже и сыны ее сели на коней, она кинулась к меньшому, у которого в чертах лица выражалось более какой-то нежности; она схватила его за стремя, она прилипнула к седлу его и с отчаяньем в глазах не выпускала его из рук своих. Два дюжих козака взяли ее бережно и унесли в хату. Но, когда выехали они за ворота, она со всею легкостию дикой козы, несообразной ее летам, выбежала за ворота, с непостижимою силою остановила лошадь и обняла одного из сыновей с какою-то помешанною, бесчувственною горячностию; ее опять увели.

Молодые козаки ехали смутно и удерживали слезы, боясь отца, который, с своей стороны, был тоже несколько смущен, хотя старался этого не показывать. День был серый; зелень сверкала ярко; птицы щебетали как-то вразлад. Они, проехавши, оглянулись назад; хутор их как будто ушел в землю; только видны были над землей две трубы скромного их домика да вершины дерев, по сучьям которых они лазили, как белки; один только дальний луг еще стлался перед ними, — тот луг, по которому они могли припомнить всю историю своей жизни, от лет, когда катались по росистой траве его, до лет, когда поджидали в нем чернобровую козачку, боязливо перелетавшую через него с помощию своих свежих, быстрых ног. Вот уже один только шест над колодцем с привязанным вверху колесом от телеги одиноко торчит в небе; уже равнина, которую они проехали, кажется издали горою и всё собою закрыла. — Прощайте и детство, и игры, и всё, и всё!

II

Все три всадника ехали молчаливо. Старый Тарас думал о давнем: перед ним проходила его молодость, его лета, его протекшие лета, о которых всегда плачет козак, желавший бы, чтобы вся жизнь его была молодость. Он думал о том, кого он встретит на Сечи из своих прежних сотоварищей. Он вычислял, какие уже перемерли, какие живут еще. Слеза тихо круглилась на его зенице, и поседевшая голова его уныло понурилась.

Сыновья его были заняты другими мыслями. Но нужно сказать поболее о сыновьях его. Они были отданы по двенадцатому году в Киевскую академию, потому что все почетные сановники тогдашнего времени считали необходимостью дать воспитание своим детям, хотя это делалось с тем, чтобы после совершенно позабыть его. Они тогда были, как все поступавшие в бурсу, дики, воспитаны на свободе, и там уже они обыкновенно несколько шлифовались и получали что-то общее, делавшее их похожими друг на друга. Старший, Остап, начал с того свое поприще, что в первый год еще бежал. Его возвратили, высекли страшно и засадили за книгу. Четыре раза закапывал он свой букварь в землю, и четыре раза, отодравши его бесчеловечно, покупали ему новый. Но, без сомнения, он повторил бы и в пятый, если бы отец не дал ему торжественного обещания продержать его в монастырских служках целые двадцать лет и не поклялся наперед, что он не увидит Запорожья вовеки, если не выучится в академии всем наукам. Любопытно, что это говорил тот же самый Тарас Бульба, который бранил всю ученость и советовал, как мы уже видели, детям вовсе не заниматься ею. С этого времени Остап начал с необыкновенным старанием сидеть за скучною книгою и скоро стал наряду с лучшими. Тогдашний род учения страшно расходился с образом жизни: эти схоластические, грамматические, риторические и логические тонкости решительно не прикасались к времени, никогда не применялись и не повторялись в жизни. Учившиеся им ни к чему не могли привязать своих познаний, хотя бы даже менее схоластических. Самые тогдашние ученые более других были невежды, потому что вовсе были удалены от опыта. Притом же это республиканское устройство бурсы, это ужасное множество молодых, дюжих, здоровых людей — всё это должно было им внушить деятельность совершенно вне их учебного занятия. Иногда плохое содержание, иногда частые наказания голодом, иногда многие потребности, возбуждающиеся в свежем, здоровом, крепком юноше, — всё это, соединившись, рождало в них ту предприимчивость, которая после развивалась на Запорожье. Голодная бурса рыскала по улицам Киева и заставляла всех быть осторожными. Торговки, сидевшие на базаре, всегда закрывали руками своими пироги, бублики, семечки из тыкв, как орлицы детей своих, если только видели проходившего бурсака. Консул, долженствовавший, по обязанности своей, наблюдать над подведомственными ему сотоварищами, имел такие страшные карманы в своих шароварах, что мог поместить туда всю лавку зазевавшейся торговки. Эти бурсаки составляли совершенно отдельный мир; в круг высший, состоявший из польских и русских дворян, они не допускались. Сам воевода, Адам Кисель, несмотря на оказываемое покровительство академии, не вводил их в общество и приказывал держать их построже. Впрочем, это наставление было вовсе излишне, потому что ректор и профессоры-монахи не жалели лоз и плетей, и часто ликторы по их приказанию пороли своих консулов так жестоко, что те несколько недель почесывали свои шаровары. Многим из них это было вовсе ничего и казалось немного чем крепче хорошей водки с перцем; другим, наконец, сильно надоедали такие беспрестанные припарки, и они убегали на Запорожье, если умели найти дорогу и если не были перехватываемы на пути. Остап Бульба, несмотря на то, что начал с большим старанием учить логику и даже богословие, никак не избавлялся неумолимых розг. Естественно, что всё это должно было как-то ожесточить характер и сообщить ему твердость, всегда отличавшую козаков. Остап считался всегда одним из лучших товарищей. Он редко предводительствовал другими в дерзких предприятиях — обобрать чужой сад или огород, но зато он был всегда одним из первых, приходивших под знамена предприимчивого бурсака, и никогда, ни в каком случае, не выдавал своих товарищей. Никакие плети и розги не могли заставить его это сделать. Он был суров к другим побуждениям, кроме войны и разгульной пирушки; по крайней мере никогда почти о другом не думал. Он был прямодушен с равными. Он имел доброту в таком виде, в каком она могла только существовать при таком характере и в тогдашнее время. Он душевно был тронут слезами бедной матери, и это одно только его смущало и заставляло задумчиво опустить голову.

Меньшой брат его, Андрий, имел чувства несколько живее и как-то более развитые. Он учился охотнее и без напряжения, с каким обыкновенно принимается тяжелый и сильный характер. Он был изобретательнее своего брата; чаще являлся предводителем довольно опасного предприятия и иногда с помощью изобретательного ума своего умел увертываться от наказания, тогда как брат его Остап, отложивши всякое попечение, скидал с себя свитку и ложился на пол, вовсе не думая просить о помиловании. Он также кипел жаждою подвига, но вместе с нею душа его была доступна и другим чувствам. Потребность любви вспыхнула в нем живо, когда он перешел за восемнадцать лет. Женщина чаще стала представляться горячим мечтам его; он, слушая философические диспуты, видел ее поминутно, свежую, черноокую, нежную. Пред ним беспрерывно мелькали ее сверкающие, упругие перси, нежная, прекрасная, вся обнаженная рука; самое платье, облипавшее вокруг ее девственных и вместе мощных членов, дышало в мечтах его каким-то невыразимым сладострастием. Он тщательно скрывал от своих товарищей эти движения страстной юношеской души, потому что в тогдашний век было стыдно и бесчестно думать козаку о женщине и любви, не отведав битвы. Вообще в последние годы он реже являлся предводителем какой-нибудь ватаги, но чаще бродил один где-нибудь в уединенном закоулке Киева, потопленном в вишневых садах, среди низеньких домиков, заманчиво глядевших на улицу. Иногда он забирался и в улицу аристократов, в нынешнем старом Киеве, где жили малороссийские и польские дворяне и домы были выстроены с некоторою прихотливостию. Один раз, когда он зазевался, наехала почти на него колымага какого-то польского пана, и сидевший на козлах возница с престрашными усами хлыснул его довольно исправно бичом. Молодой бурсак вскипел: с безумною смелостию схватил он мощною рукою своею за заднее колесо и остановил колымагу. Но кучер, опасаясь разделки, ударил по лошадям, они рванули — и Андрий, к счастию успевший отхватить руку, шлепнулся на землю, прямо лицом в грязь. Самый звонкий и гармонический смех раздался над ним. Он поднял глаза и увидел стоявшую у окна красавицу, какой еще не видывал отроду: черноглазую и белую, как снег, озаренный утренним румянцем солнца. Она смеялась от всей души, и смех придавал сверкающую силу ее ослепительной красоте. Он оторопел. Он глядел на нее, совсем потерявшись, рассеянно обтирая с лица своего грязь, которою еще более замазывался. Кто бы была эта красавица? Он хотел было узнать от дворни, которая толпою, в богатом убранстве, стояла за воротами, окружив игравшего молодого бандуриста. Но дворня подняла смех, увидевши его запачканную рожу, и не удостоила его ответом. Наконец он узнал, что это была дочь приехавшего на время ковенского воеводы. В следующую же ночь, с свойственною одним бурсакам дерзостью, он пролез чрез частокол в сад, взлез на дерево, которое раскидывалось ветвями на самую крышу дома; с дерева перелез он на крышу и через трубу камина пробрался прямо в спальню красавицы, которая в это время сидела перед свечою и вынимала из ушей своих дорогие серьги. Прекрасная полячка так испугалась, увидевши вдруг перед собою незнакомого человека, что не могла произнесть ни одного слова; но когда приметила, что бурсак стоял потупив глаза и не смея от робости пошевелить рукою, когда узнала в нем того же самого, который хлопнулся перед ее глазами на улице, смех вновь овладел ею. Притом в чертах Андрия ничего не было страшного: он был очень хорош собою. Она от души смеялась и долго забавлялась над ним. Красавица была ветрена, как полячка, но глаза ее, глаза чудесные, пронзительно-ясные, бросали взгляд долгий, как постоянство. Бурсак не мог пошевелить рукою и был связан, как в мешке, когда дочь воеводы смело подошла к нему, надела ему на голову свою блистательную диадему, повесила на губы ему серьги и накинула на него кисейную прозрачную шемизетку с фестонами, вышитыми золотом. Она убирала его и делала с ним тысячу разных глупостей с развязностию дитяти, которою отличаются ветреные полячки и которая повергла бедного бурсака в еще большее смущение. Он представлял смешную фигуру, раскрывши рот и глядя неподвижно в ее ослепительные очи. Раздавшийся в это время у дверей стук испугал ее. Она велела ему спрятаться под кровать, и как только беспокойство прошло, она кликнула свою горничную, пленную татарку, и дала ей приказание осторожно вывесть его в сад и оттуда отправить через забор. Но на этот раз бурсак наш не так счастливо перебрался через забор: проснувшийся сторож хватил его порядочно по ногам, и собравшаяся дворня долго колотила его уже на улице, покамест быстрые ноги не спасли его. После этого проходить возле дома было очень опасно, потому что дворня у воеводы была очень многочисленна. Он встретил ее еще раз в костеле: она заметила его и очень приятно усмехнулась, как давнему знакомому. Он видел ее вскользь еще один раз, и после этого воевода ковенский скоро уехал, и вместо прекрасной черноглазой полячки выглядывало из окон какое-то толстое лицо. Вот о чем думал Андрий, повесив голову и потупив глаза в гриву коня своего.

А между тем степь уже давно приняла их всех в свои зеленые объятия, и высокая трава, обступивши, скрыла их, и только козачьи черные шапки одни мелькали между ее колосьями.

— Э, э, э! что же это вы, хлопцы, так притихли? — сказал, наконец, Бульба, очнувшись от своей задумчивости. — Как будто какие-нибудь чернецы! Ну, разом все думки к нечистому! Берите в зубы люльки, да закурим, да пришпорим коней, да полетим так, чтобы и птица не угналась за нами!

И козаки, принагнувшись к коням, пропали в траве. Уже и черных шапок нельзя было видеть; одна только струя сжимаемой травы показывала след их быстрого бега.

Солнце выглянуло давно на расчищенном небе и живительным, теплотворным светом своим облило степь. Всё, что смутно и сонно было на душе у козаков, вмиг слетело; сердца их встрепенулись, как птицы.

Степь, чем далее, тем становилась прекраснее. Тогда весь юг, всё то пространство, которое составляет нынешнюю Новороссию, до самого Черного моря, было зеленою, девственною пустынею. Никогда плуг не проходил по неизмеримым волнам диких растений. Одни только кони, скрывавшиеся в них, как в лесу, вытоптывали их. Ничего в природе не могло быть лучшего. Вся поверхность земли представлялася зелено-золотым океаном, по которому брызнули миллионы разных цветов. Сквозь тонкие, высокие стебли травы сквозили голубые, синие и лиловые волошки; желтый дрок выскакивал вверх своею пирамидальною верхушкою; белая кашка зонтикообразными шапками пестрела на поверхности; занесенный Бог весть откуда колос пшеницы наливался в гуще. Под тонкими их корнями шныряли куропатки, вытянув свои шеи. Воздух был наполнен тысячью разных птичьих свистов. В небе неподвижно стояли ястребы, распластав свои крылья и неподвижно устремив глаза свои в траву. Крик двигавшейся в стороне тучи диких гусей отдавался Бог знает в каком дальнем озере. Из травы подымалась мерными взмахами чайка и роскошно купалась в синих волнах воздуха. Вон она пропала в вышине и только мелькает одною черною точкою. Вон она перевернулась крылами и блеснула перед солнцем. Черт вас возьми, степи, как вы хороши!

Наши путешественники останавливались только на несколько минут для обеда, причем ехавший с ними отряд из десяти козаков слезал с лошадей, отвязывал деревянные баклажки с горелкою и тыквы, употребляемые вместо сосудов. Ели только хлеб с салом или коржи, пили только по одной чарке, единственно для подкрепления, потому что Тарас Бульба не позволял никогда напиваться в дороге, и продолжали путь до вечера. Вечером вся степь совершенно переменялась. Всё пестрое пространство ее охватывалось последним ярким отблеском солнца и постепенно темнело, так что видно было, как тень перебегала по нем, и она становилась темно-зеленою; испарения подымались гуще, каждый цветок, каждая травка испускала амбру, и вся степь курилась благовонием. По небу, изголуба-темному, как будто исполинскою кистью наляпаны были широкие полосы из розового золота; изредка белели клоками легкие и прозрачные облака, и самый свежий, обольстительный, как морские волны, ветерок едва колыхался по верхушкам травы и чуть дотрогивался до щек. Вся музыка, звучавшая днем, утихала и сменялась другою. Пестрые суслики выпалзывали из нор своих, становились на задние лапки и оглашали степь свистом. Трещание кузнечиков становилось слышнее. Иногда слышался из какого-нибудь уединенного озера крик лебедя и, как серебро, отдавался в воздухе. Путешественники, остановившись среди полей, избирали ночлег, раскладывали огонь и ставили на него котел, в котором варили себе кулиш; пар отделялся и косвенно дымился на воздухе. Поужинав, козаки ложились спать, пустивши по траве спутанных коней своих. Они раскидывались на свитках. На них прямо глядели ночные звезды. Они слышали своим ухом весь бесчисленный мир насекомых, наполнявших траву, весь их треск, свист, стрекотанье; всё это звучно раздавалось среди ночи, очищалось в свежем воздухе и убаюкивало дремлющий слух. Если же кто-нибудь из них подымался и вставал на время, то ему представлялась степь усеянною блестящими искрами светящихся червей. Иногда ночное небо в разных местах освещалось дальним заревом от выжигаемого по лугам и рекам сухого тростника, и темная вереница лебедей, летевших на север, вдруг освещалась серебряно-розовым светом, и тогда казалось, что красные платки летали по темному небу.

Путешественники ехали без всяких приключений. Нигде не попадались им деревья, всё та же бесконечная, вольная, прекрасная степь. По временам только в стороне синели верхушки отдаленного леса, тянувшегося по берегам Днепра. Один только раз Тарас указал сыновьям на маленькую, черневшую в дальней траве точку, сказавши: «Смотрите, детки, вон скачет татарин!» Маленькая головка с усами уставила издали прямо на них узенькие глаза свои, понюхала воздух, как гончая собака, и, как серна, пропала, увидевши, что козаков было тринадцать человек. «А ну, дети, попробуйте догнать татарина!.. И не пробуйте — вовеки не поймаете: у него конь быстрее моего Черта». Однако ж Бульба взял предосторожность, опасаясь где-нибудь скрывшейся засады. Они прискакали к небольшой речке, называвшейся Татаркою, впадающей в Днепр, кинулись в воду с конями своими и долго плыли по ней, чтобы скрыть след свой, и тогда уже, выбравшись на берег, они продолжали далее путь.

Чрез три дни после этого они были уже недалеко от места, бывшего предметом их поездки. В воздухе вдруг захолодело; они почувствовали близость Днепра. Вот он сверкает вдали и темною полосою отделился от горизонта. Он веял холодными волнами и расстилался ближе, ближе и, наконец, обхватил половину всей поверхности земли. Это было то место Днепра, где он, дотоле спертый порогами, брал, наконец, свое и шумел, как море, разлившись по воле; где брошенные в средину его острова вытесняли его еще далее из берегов и волны его стлались широко по земле, не встречая ни утесов, ни возвышений. Козаки сошли с коней своих, взошли на паром и чрез три часа плавания были уже у берегов острова Хортицы, где была тогда Сечь, так часто переменявшая свое жилище.

Куча народу бранилась на берегу с перевозчиками. Козаки оправили коней. Тарас приосанился, стянул на себе покрепче пояс и гордо провел рукою по усам. Молодые сыны его тоже осмотрели себя с ног до головы с каким-то страхом и неопределенным удовольствием, и все вместе въехали в предместье, находившееся за полверсты от Сечи. При въезде их оглушили пятьдесят кузнецких молотов, ударявших в двадцати пяти кузницах, покрытых дерном и вырытых в земле. Сильные кожевники сидели под навесом крылец на улице и мяли своими дюжими руками бычачьи кожи. Крамари под ятками сидели с кучами кремней, огнивами и порохом. Армянин развесил дорогие платки. Татарин ворочал на рожнах бараньи катки с тестом. Жид, выставив вперед свою голову, цедил из бочки горелку. Но первый, кто попался им навстречу, это был запорожец, спавший на самой середине дороги, раскинув руки и ноги. Тарас Бульба не мог не остановиться и не полюбоваться на него.

— Эх, как важно развернулся! Фу ты, какая пышная фигура! — говорил он, остановивши коня.

В самом деле, это была картина довольно смелая:

запорожец как лев растянулся на дороге. Закинутый гордо чуб его захватывал на пол-аршина земли. Шаровары алого дорогого сукна были запачканы дегтем для показания полного к ним презрения. Полюбовавшись, Бульба пробирался далее по тесной улице, которая была загромождена мастеровыми, тут же отправлявшими ремесло свое, и людьми всех наций, наполнявшими это предместие Сечи, которое было похоже на ярмарку и которое одевало и кормило Сечь, умевшую только гулять да палить из ружей.

Наконец они миновали предместие и увидели несколько разбросанных куреней, покрытых дерном или, по-татарски, войлоком. Иные уставлены были пушками. Нигде не видно было забора или тех низеньких домиков с навесами на низеньких деревянных столбиках, какие были в предместье. Небольшой вал и засека, не хранимые решительно никем, показывали страшную беспечность. Несколько дюжих запорожцев, лежавших с трубками в зубах на самой дороге, посмотрели на них довольно равнодушно и не сдвинулись с места. Тарас осторожно проехал с сыновьями между них, сказавши: «Здравствуйте, панове!» «Здравствуйте и вы!» — отвечали запорожцы. Везде, по всему полю, живописными кучами пестрел народ. По смуглым лицам видно было, что все они были закалены в битвах, испробовали всяких невзгод. Так вот она, Сечь! Вот то гнездо, откуда вылетают все те гордые и крепкие, как львы! Вот откуда разливается воля и козачество на всю Украйну!

Путники выехали на обширную площадь, где обыкновенно собиралась рада. На большой опрокинутой бочке сидел запорожец без рубашки; он держал в руках ее и медленно зашивал на ней дыры. Им опять перегородила дорогу целая толпа музыкантов, в средине которых отплясывал молодой запорожец, заломивши шапку чертом и вскинувши руками. Он кричал только: «Живее играйте, музыканты! Не жалей, Фома, горелки православным христианам!» И Фома, с подбитым глазом, мерял без счету каждому пристававшему по огромнейшей кружке. Около молодого запорожца четверо старых вырабатывали довольно мелко ногами, вскидывались, как вихорь, на сторону, почти на голову музыкантам, и вдруг, опустившись, неслись вприсядку и били круто и крепко своими серебряными подковами плотно убитую землю. Земля глухо гудела на всю округу, и в воздухе далече отдавались гопаки и тропаки, выбиваемые звонкими подковами сапогов. Но один всех живее вскрикивал и летел вслед за другими в танце. Чуприна развевалась по ветру, вся открыта была сильная грудь; теплый зимний кожух был надет в рукава, и пот градом лил с него, как из ведра. «Да сними хоть кожух! — сказал, наконец, Тарас. — Видишь, как парит!» «Не можно!» — кричал запорожец. «Отчего?» — «Не можно; у меня уж такой нрав: что скину, то пропью». А шапки уж давно не было на молодце, ни пояса на кафтане, ни шитого платка: все пошло, куда следует. Толпа росла; к танцующим приставали другие, и нельзя было видеть без внутреннего движенья, как всё отдирало танец самый вольный, самый бешеный, какой только видел когда-либо свет и который, по своим мощным изобретателям, назван козачком.

«Эх, если бы не конь! — вскрикнул Тарас, — пустился бы, право, пустился бы сам в танец!»

А между тем в народе стали попадаться и степенные, уваженные по заслугам всею Сечью, седые, старые чубы, бывавшие не раз старшинами. Тарас скоро встретил множество знакомых лиц. Остап и Андрий слышали только приветствия: «А, это ты, Печерица! Здравствуй, Козолуп!» — «Откуда Бог несет тебя,

Тарас?» — «Ты как сюда зашел, Долото?» — «Здорово, Кирдяга! Здорово, Густый! Думал ли я видеть тебя, Ремень?» И витязи, собравшиеся со всего разгульного мира Восточной России, целовались взаимно; и тут понеслись вопросы: «А что Касьян? Что Бородавка? Что Колопер? Что Пидсышок?» И слышал только в ответ Тарас Бульба, что Бородавка повешен в Толопане, что с Колопера содрали кожу под Кизикирменом, что Пидсышкова голова посолена в бочке и отправлена в самый Царьград. Понурил голову старый Бульба и раздумчиво говорил: «Добрые были козаки!»

III

Уже около недели Тарас Бульба жил с сыновьями своими на Сечи. Остап и Андрий мало занимались военною школою. Сечь не любила затруднять себя военными упражнениями и терять время; юношество воспитывалось и образовывалось в ней одним опытом, в самом пылу битв, которые оттого были почти беспрерывны. Промежутки козаки почитали скучным занимать изучением какой-нибудь дисциплины, кроме разве стрельбы в цель да изредка конной скачки и гоньбы за зверем в степях и лугах; всё прочее время отдавалось гульбе — признаку широкого размета душевной воли. Вся Сечь представляла необыкновенное явление. Это было какое-то беспрерывное пиршество, бал, начавшийся шумно и потерявший конец свой. Некоторые занимались ремеслами, иные держали лавочки и торговали; но большая часть гуляла с утра до вечера, если в карманах звучала возможность и добытое добро не перешло еще в руки торгашей и шинкарей. Это общее пиршество имело в себе что-то околдовывающее. Оно не было сборище бражников, напивавшихся с горя, но было просто бешеное разгулье веселости.

Всякий приходящий сюда позабывал и бросал всё, что дотоле его занимало. Он, можно сказать, плевал на свое прошедшее и беззаботно предавался воле и товариществу таких же, как сам, гуляк, не имевших ни родных, ни угла, ни семейства, кроме вольного неба и вечного пира души своей. Это производило ту бешеную веселость, которая не могла бы родиться ни из какого другого источника. Рассказы и болтовня среди собравшейся толпы, лениво отдыхавшей на земле, часто так были смешны и дышали такою силою живого рассказа, что нужно было иметь всю хладнокровную наружность запорожца, чтобы сохранять неподвижное выражение лица, не моргнув даже усом, — резкая черта, которою отличается доныне от других братьев своих южный россиянин. Веселость была пьяна, шумна, но при всем том это не был черный кабак, где мрачно-искажающим весельем забывается человек; это был тесный круг школьных товарищей. Разница была только в том, что вместо сидения за указкой и пошлых толков учителя они производили набег на пяти тысячах коней; вместо луга, где играют в мяч, у них были неохраняемые, беспечные границы, в виду которых татарин выказывал быструю свою голову и неподвижно, сурово глядел турок в зеленой чалме своей. Разница та, что вместо насильной воли, соединившей их в школе, они сами собою кинули отцов и матерей и бежали из родительских домов; что здесь были те, у которых уже моталась около шеи веревка и которые вместо бледной смерти увидели жизнь, — и жизнь во всем разгуле; что здесь были те, которые, по благородному обычаю, не могли удержать в кармане своем копейки; что здесь были те, которые дотоле червонец считали богатством, у которых, по милости арендаторов-жидов, карманы можно было выворотить без всякого опасения что-нибудь выронить. Здесь были все бурсаки, не вытерпевшие академических лоз и не вынесшие из школы ни одной буквы; но вместе с ними здесь были и те, которые знали, что такое Гораций, Цицерон и Римская республика. Тут было много тех офицеров, которые потом отличались в королевских войсках; тут было множество образовавшихся опытных партизанов, которые имели благородное убеждение мыслить, что всё равно, где бы ни воевать, только бы воевать, потому что неприлично благородному человеку быть без битвы. Много было и таких, которые пришли на Сечь с тем, чтобы потом сказать, что они были на Сечи и уже закаленные рыцари. Но кого тут не было? Эта странная республика была именно потребностию того века. Охотники до военной жизни, до золотых кубков, богатых парчей, дукатов и реалов во всякое время могли найти здесь работу. Одни только обожатели женщин не могли найти здесь ничего, потому что даже в предместье Сечи не смела показываться ни одна женщина.

Остапу и Андрию казалось чрезвычайно странным, что при них же приходила на Сечь гибель народа, и хоть бы кто-нибудь спросил: откуда эти люди, кто они и как их зовут. Они приходили сюда, как будто бы возвращаясь в свой собственный дом, из которого только за час пред тем вышли. Пришедший являлся только к кошевому, который обыкновенно говорил:

— Здравствуй! Что, во Христа веруешь?
— Верую! — отвечал приходивший.
— И в Троицу святую веруешь?
— Верую!
— И в церковь ходишь?
— Хожу!
— А ну, перекрестись!
Пришедший крестился.

— Ну, хорошо, — отвечал кошевой, — ступай же, в который сам знаешь, курень.

Этим оканчивалась вся церемония. И вся Сечь молилась в одной церкви и готова была защищать ее до последней капли крови, хотя и слышать не хотела о посте и воздержании. Только побуждаемые сильною корыстию жиды, армяне и татары осмеливались жить и торговать в предместье, потому что запорожцы никогда не любили торговаться, а сколько рука вынула из кармана денег, столько и платили. Впрочем, участь этих корыстолюбивых торгашей была очень жалка. Они были похожи на тех, которые селились у подошвы Везувия, потому что, как только у запорожцев не ставало денег, то удалые разбивали их лавочки и брали всегда даром. Сечь состояла из шестидесяти с лишком куреней, которые очень походили на отдельные, независимые республики, а еще более походили на школу и бурсу детей, живущих на всем готовом. Никто ничем не заводился и не держал у себя. Всё было на руках у куренного атамана, который за это обыкновенно носил название батька. У него были на руках деньги, платья, весь харч, саламата, каша и даже топливо; ему отдавали деньги под сохран. Нередко происходила ссора у куреней с куренями. В таком случае дело тот же час доходило до драки. Курени покрывали площадь и кулаками ломали друг другу бока, пока одни не пересиливали, наконец, и не брали верх, и тогда начиналась гульня. Такова была эта Сечь, имевшая столько приманок для молодых людей.

Остап и Андрий кинулись со всею пылкостию юношей в это разгульное море и забыли вмиг и отцовский дом, и бурсу, и всё, что волновало прежде душу, и предались новой жизни. Всё занимало их: разгульные обычаи Сечи и немногосложная управа и законы, которые казались им иногда даже слишком строгими среди такой своевольной республики. Если козак проворовался, украл какую-нибудь безделицу, это считалось уже поношением всему козачеству: его, как бесчестного, привязывали к позорному столбу и клали возле него дубину, которою всякий проходящий обязан был нанести ему удар, пока таким образом не забивали его насмерть. Не платившего должника приковывали цепью к пушке, где должен был он сидеть до тех пор, пока кто-нибудь из товарищей не решался его выкупить и заплатить за него долг. Но более всего произвела впечатленья на Андрия страшная казнь, определенная за смертоубийство. Тут же, при нем, вырыли яму, опустили туда живого убийцу и сверх него поставили гроб, заключавший тело им убиенного, и потом обоих засыпали землею. Долго потом всё чудился ему страшный обряд казни и всё представлялся этот заживо засыпанный человек вместе с ужасным гробом.

Скоро оба молодые козака стали на хорошем счету у козаков. Часто вместе с другими товарищами своего куреня, а иногда со всем куренем и с соседними куренями, выступали они в степи для стрельбы несметного числа всех возможных степных птиц, оленей и коз или же выходили на озера, реки и протоки, отведенные по жребию каждому куреню, закидывать невода, сети и тащить богатые тони на продовольствие всего куреня. Хотя и не было тут науки, на которой пробуется козак, но они стали уже заметны между другими молодыми прямою удалью и удачливостью во всем. Бойко и метко стреляли в цель, переплывали Днепр против течения — дело, за которое новичок принимался торжественно в козацкие круги.

Но старый Тарас готовил другую им деятельность. Ему не по душе была такая праздная жизнь — настоящего дела хотел он. Он всё придумывал, как бы поднять Сечь на отважное предприятие, где бы можно было разгуляться как следует рыцарю. Наконец в один день пришел к кошевому и сказал ему прямо:

— Что, кошевой, пора бы погулять запорожцам?

— Негде погулять, — отвечал кошевой, вынувши изо рта маленькую трубку и сплюнув на сторону.

— Как негде? Можно пойти на Турещину или на Татарву.

— Не можно ни в Турещину, ни в Татарву, — отвечал кошевой, взявши опять хладнокровно в рот свою трубку.

— Как не можно?

— Так. Мы обещали султану мир.

— Да ведь он бусурмен: и Бог, и Святое писание велит бить бусурменов.

— Не имеем права. Если б не клялись еще нашею верою, то, может быть, и можно было бы; а теперь нет, не можно.

— Как не можно? Как же ты говоришь: не имеем права? Вот у меня два сына, оба молодые люди. Еще ни разу ни тот, ни другой не был на войне, а ты говоришь, не имеем права; а ты говоришь, не нужно идти запорожцам.

— Ну, уж не следует так.

— Так, стало быть, следует, чтобы пропадала даром козацкая сила, чтобы человек сгинул, как собака, без доброго дела, чтобы ни отчизне, ни всему христианству не было от него никакой пользы? Так на что же мы живем, на какого черта мы живем? растолкуй ты мне это. Ты человек умный, тебя недаром выбрали в кошевые, растолкуй ты мне, на что мы живем?

Кошевой не дал ответа на этот запрос. Это был упрямый козак. Он немного помолчал и потом сказал:

— А войне всё-таки не бывать.

— Так не бывать войне? — спросил опять Тарас.

— Нет.

— Так уж и думать об этом нечего?

— И думать об этом нечего.

— Постой же ты, чертов кулак! — сказал Бульба про себя, — ты у меня будешь знать! — И положил тут же отмстить кошевому.

Сговорившися с тем и другим, задал он всем попойку, и хмельные козаки, в числе нескольких человек, повалили прямо на площадь, где стояли привязанные к столбу литавры, в которые обыкновенно били сбор на раду. Не нашедши палок, хранившихся всегда у довбиша, они схватили по полену в руки и начали колотить в них. На бой прежде всего прибежал довбиш, высокий человек с одним только глазом, несмотря, однако ж, на то, страшно заспанным.

— Кто смеет бить в литавры? — закричал он.

— Молчи! возьми свои палки, да и колоти, когда тебе велят! — отвечали подгулявшие старшины.

Довбиш вынул тотчас из кармана палки, которые он взял с собою, очень хорошо зная окончание подобных происшествий. Литавры грянули, — и скоро на площадь, как шмели, стали собираться черные кучи запорожцев. Все собрались в кружок, и после третьего боя показались, наконец, старшины: кошевой с палицей в руке — знаком своего достоинства, судья с войсковою печатью, писарь с чернильницею и есаул с жезлом. Кошевой и старшины сняли шапки и раскланялись на все стороны козакам, которые гордо стояли, подпершись руками в бока.

— Что значит это собранье? Чего хотите, панове? — сказал кошевой. Брань и крики не дали ему говорить.

— Клади палицу! Клади, чертов сын, сей же час палицу! Не хотим тебя больше! — кричали из толпы козаки.

321

Некоторые из трезвых куреней хотели, как казалось, противиться; но курени, и пьяные и трезвые, пошли на кулаки. Крик и шум сделались общими.

Кошевой хотел было говорить, но, зная, что разъярившаяся, своевольная толпа может за это прибить его насмерть, что всегда почти бывает в подобных случаях, поклонился очень низко, положил палицу и скрылся в толпе.

— Прикажете, панове, и нам положить знаки достоинства? — сказали судья, писарь и есаул и готовились тут же положить чернильницу, войсковую печать и жезл.

— Нет, вы оставайтесь! — закричали из толпы, — нам нужно было только прогнать кошевого, потому что он баба, а нам нужно человека в кошевые.

— Кого же выберете теперь в кошевые? — сказали старшины.

— Кукубенка выбрать! — кричала часть.

— Не хотим Кукубенка! — кричала другая. — Рано ему, еще молоко на губах не обсохло!

— Шило пусть будет атаманом! — кричали одни. — Шила посадить в кошевые!

— В спину тебе шило! — кричала с бранью толпа. — Что он за козак, когда проворовался, собачий сын, как татарин? К черту в мешок пьяницу Шила!

— Бородатого, Бородатого посадим в кошевые!

— Не хотим Бородатого! К нечистой матери Бородатого!

— Кричите Кирдягу! — шепнул Тарас Бульба некоторым.

— Кирдягу! Кирдягу! — кричала толпа. — Бородатого! Бородатого! Кирдягу! Шила! К черту с Шилом! Кирдягу!

Все кандидаты, услышавши произнесенными свои имена, тотчас же вышли из толпы, чтобы не подать никакого повода думать, будто бы они помогали личным участьем своим в избрании.

— Кирдягу! Кирдягу! — раздавалось сильнее прочих. — Бородатого!

Дело принялись доказывать кулаками, и Кирдяга восторжествовал.

— Ступайте за Кирдягою! — закричали.

Человек десяток козаков отделилось тут же из толпы; некоторые из них едва держались на ногах — до такой степени успели нагрузиться, — и отправились прямо к Кирдяге, объявить ему о его избрании.

Кирдяга, хотя престарелый, но умный козак, давно уже сидел в своем курене и как будто бы не ведал ни о чем происходившем.

— Что, панове, что вам нужно? — спросил он.

— Иди, тебя выбрали в кошевые!..

— Помилосердствуйте, панове! — сказал Кирдяга. — Где мне быть достойну такой чести! Где мне быть кошевым! Да у меня и разума не хватит к отправленью такой должности. Будто уже никого лучшего не нашлось в целом войске?

— Ступай же, говорят тебе! — кричали запорожцы. Двое из них схватили его под руки, и, как он ни упирался ногами, но был, наконец, притащен на площадь, сопровождаемый бранью, подталкиваньем сзади кулаками, пинками и увещаньями. — Не пяться же, чертов сын! Принимай же честь, собака, когда тебе дают ее!

Таким образом введен был Кирдяга в козачий круг.

— Что, панове? — провозгласили во весь народ приведшие его. — Согласны ли вы, чтобы сей козак был у нас кошевым?

— Все согласны! — закричала толпа, и от крику долго гремело всё поле.

Один из старшин взял палицу и поднес ее новоизбранному кошевому. Кирдяга, по обычаю, тотчас же отказался. Старшина поднес в другой раз. Кирдяга отказался и в другой раз, и потом уже, за третьим разом, взял палицу. Ободрительный крик раздался по всей толпе, и вновь далеко загудело от козацкого крика всё поле. Тогда выступило из средины народа четверо самых старых, седоусых и седочупрынных козаков (слишком старых не было на Сечи, ибо никто из запорожцев не умирал своею смертью) и, взявши каждый в руки земли, которая на ту пору от бывшего дождя растворилась в грязь, положили ее ему на голову. Стекла с головы его мокрая земля, потекла по усам и по щекам и всё лицо замазала ему грязью. Но Кирдяга стоял не сдвинувшись и благодарил козаков за оказанную честь.

Таким образом кончилось шумное избрание, которому, неизвестно, были ли так рады другие, как рад был Бульба: этим он отомстил прежнему кошевому; к тому же и Кирдяга был старый его товарищ и бывал с ним в одних и тех же сухопутных и морских походах, деля суровости и труды боевой жизни. Толпа разбрелась тут же праздновать избранье, и поднялась гульня, какой еще не видывали дотоле Остап и Андрий. Винные шинки были разбиты; мед, горелка и пиво забирались просто, без денег; шинкари были уже рады и тому, что сами остались целы. Вся ночь прошла в криках и песнях, славивших подвиги. И взошедший месяц долго еще видел толпы музыкантов, проходивших по улицам с бандурами, турбанами, круглыми балалайками, и церковных песельников, которых держали на Сечи для пенья в церкви и для восхваления запорожских дел. Наконец хмель и утомленье стали одолевать крепкие головы. И видно было, как то там, то в другом месте падал на землю козак. Как товарищ, обнявши товарища, расчувствовавшись и даже заплакавши, валился вместе с ним. Там гурьбою улегалась целая куча; там выбирал иной, как бы получше ему улечься, и лег прямо на деревянную колоду. Последний, который был покрепче, еще выводил какие-то бессвязные речи; наконец и того подкосила хмельная сила, и тот повалился. И заснула вся Сечь.

IV

А на другой день Тарас Бульба уже совещался с новым кошевым, как поднять запорожцев на какое-нибудь дело. Кошевой был умный и хитрый козак, знал вдоль и поперек запорожцев и сначала сказал: «Не можно клятвы преступить, никак не можно». А потом, помолчавши, прибавил: «Ничего, можно; клятвы мы не преступим, а так кое-что придумаем. Пусть только соберется народ, да не то, чтобы по моему приказу, а просто своею охотою. Вы уж знаете, как это сделать. А мы с старшинами тотчас и прибежим на площадь, будто бы ничего не знаем».

Не прошло часу после их разговора, как уже грянули в литавры. Нашлись вдруг и хмельные и неразумные козаки. Миллион козацких шапок высыпал вдруг на площадь. Поднялся говор: «Кто?.. Зачем?.. Из-за какого дела пробили сбор?» Никто не отвечал. Наконец в том и в другом углу стало раздаваться: «Вот пропадает даром козацкая сила: нет войны!.. Вот старшины забайбачились наповал, позаплыли жиром очи!.. Нет, видно, правды на свете!» Другие козаки слушали сначала, а потом и сами стали говорить: «А и вправду нет никакой правды на свете!» Старшины казались изумленными от таких речей. Наконец кошевой вышел вперед и сказал:

— Позвольте, панове запорожцы, речь держать!
— Держи!
— Вот в рассуждении того теперь идет речь, пано-

ве добродийство, — да вы, может быть, и сами лучше это знаете, — что многие запорожцы позадолжались в шинки жидам и своим братьям столько, что ни один черт теперь и веры неймет. Потом опять в рассуждении того пойдет речь, что есть много таких хлопцев, которые еще и в глаза не видали, что такое война, тогда как молодому человеку, — и сами знаете, панове, — без войны не можно пробыть. Какой и запорожец из него, если он еще ни разу не бил бусурмана?

«Он хорошо говорит», — подумал Бульба.

— Не думайте, панове, чтобы я, впрочем, говорил это для того, чтобы нарушить мир: сохрани Бог! Я только так это говорю. Притом же у нас храм Божий — грех сказать, что такое: вот сколько лет уже, как, по милости Божией, стоит Сечь, а до сих пор не то уже чтобы снаружи церковь, но даже образа без всякого убранства. Хотя бы серебряную ризу кто догадался им выковать! Они только то и получили, что отказали в духовной иные козаки. Да и даяние их было бедное, потому что почти всё пропили еще при жизни своей. Так я всё веду речь эту не к тому, чтобы начать войну с бусурманами: мы обещали султану мир, и нам бы великий был грех, потому что мы клялись по закону нашему.

— Что ж он путает такое? — сказал про себя Бульба.

— Да, так видите, панове, что войны не можно начать. Рыцарская честь не велит. А по своему бедному разуму, вот что я думаю: пустить с челнами одних молодых, пусть немного пошарпают берега Натолии. Как думаете, панове?

— Веди, веди всех! — закричала со всех сторон толпа. — За веру мы готовы положить головы!

Кошевой испугался; он ничуть не хотел подымать всего Запорожья: разорвать мир ему казалось в этом случае делом неправым.

— Позвольте, панове, еще одну речь держать?

— Довольно! — кричали запорожцы, — лучше не скажешь!

— Когда так, то пусть будет так. Я слуга вашей воли. Уж дело известное, и по Писанью известно, что глас народа — глас Божий. Уж умнее того нельзя выдумать, что весь народ выдумал. Только вот что: вам известно, панове, что султан не оставит безнаказанно то удовольствие, которым потешатся молодцы. А мы тем временем были бы наготове, и силы у нас были бы свежие, и никого б не побоялись. А во время отлучки и татарва может напасть: они, турецкие собаки, в глаза не кинутся и к хозяину на дом не посмеют придти, а сзади укусят за пяты, да и больно укусят. Да если уж пошло на то, чтобы говорить правду, у нас и челнов нет столько в запасе, да и пороху не намолото в таком количестве, чтобы можно было всем отправиться. А я, пожалуй, я рад: я слуга вашей воли.

Хитрый атаман замолчал. Кучи начали переговариваться, куренные атаманы совещаться; пьяных, к счастию, было немного, и потому решились послушаться благоразумного совета.

В тот же час отправились несколько человек на противуположный берег Днепра, в войсковую скарбницу, где, в неприступных тайниках, под водою и в камышах, скрывалась войсковая казна и часть добытых у неприятеля оружий. Другие все бросились к челнам, осматривать их и снаряжать в дорогу. Вмиг толпою народа наполнился берег. Несколько плотников явились с топорами в руках. Старые, загорелые, широкоплечие, дюженогие запорожцы, с проседью в усах и черноусые, засучив шаровары, стояли по колени в воде и стягивали челны с берега крепким канатом. Другие таскали готовые сухие бревна и всякие деревья. Там обшивали досками челн; там, переворотивши его вверх дном, конопатили и смолили; там увязывали к бокам других челнов, по козацкому обычаю, связки длинных камышей, чтобы не затопило челнов морскою волною; там, дальше по всему прибрежью, разложили костры и кипятили в медных казанах смолу на заливанье судов. Бывалые и старые поучали молодых. Стук и рабочий крик подымался по всей окружности; весь колебался и двигался живой берег.

В это время большой паром начал причаливать к берегу. Стоявшая на нем толпа людей еще издали махала руками. Это были козаки в оборванных свитках. Беспорядочный наряд — у многих ничего не было, кроме рубашки и коротенькой трубки в зубах, — показывал, что они или только что избегнули какой-нибудь беды, или же до того загулялись, что прогуляли всё, что ни было на теле. Из среды их отделился и стал впереди приземистый, плечистый козак, человек лет пятидесяти. Он кричал и махал рукою сильнее всех, но за стуком и криками рабочих не было слышно его слов.

— А с чем приехали? — спросил кошевой, когда паром приворотил к берегу.

Все рабочие, остановив свои работы и подняв топоры и долота, смотрели в ожидании.

— С бедою! — кричал с парома приземистый козак.

— С какою?

— Позвольте, панове запорожцы, речь держать?

— Говори!

— Или хотите, может быть, собрать раду?

— Говори, мы все тут.

Народ весь стеснился в одну кучу.

— А вы разве ничего не слыхали о том, что делается на гетьманщине?

— А что? — произнес один из куренных атаманов.

— Э! что? Видно, вам татарин заткнул клейтухом уши, что вы ничего не слыхали.

— Говори же, что там делается?

— А то делается, что и родились и крестились, еще не видали такого.

— Да говори нам, что делается, собачий сын! — закричал один из толпы, как видно, потеряв терпение.

— Такая пора теперь завелась, что уже церкви святые теперь не наши.

— Как не наши?

— Теперь у жидов они на аренде. Если жиду вперед не заплатишь, то и обедни нельзя править.

— Что ты толкуешь?

— И если рассобачий жид не положит значка нечистою своею рукою на святой пасхе, то и святить пасхи нельзя.

— Врет он, паны-браты, не может быть того, чтобы нечистый жид клал значок на святой пасхе!

— Слушайте!.. еще не то расскажу: и ксендзы ездят теперь по всей Украине в таратайках. Да не то беда, что в таратайках, а то беда, что запрягают уже не коней, а просто православных христиан. Слушайте! еще не то расскажу: уже, говорят, жидовки шьют себе юбки из поповских риз. Вот какие дела водятся на Украине, панове! А вы тут сидите на Запорожье да гуляете, да, видно, татарин такого задал вам страху, что у вас уже ни глаз, ни ушей — ничего нет, и вы не слышите, что делается на свете.

— Стой, стой! — прервал кошевой, дотоле стоявший, потупив глаза в землю, как и все запорожцы, которые в важных делах никогда не отдавались первому порыву, но молчали и между тем в тишине совокупляли грозную силу негодования. — Стой! и я скажу слово. А что ж вы — так бы и этак поколотил черт вашего батька! — что ж вы делали сами? Разве у вас сабель не было, что ли? Как же вы попустили такому беззаконию?

— Э, как попустили такому беззаконию! А попробовали бы вы, когда пятьдесят тысяч было одних ляхов! да и — нечего греха таить — были тоже собаки и между нашими, уж приняли их веру.

— А гетьман ваш, а полковники что делали?

— Наделали полковники таких дел, что не приведи Бог и нам никому.

— Как?

— А так, что уж теперь гетьман, зажаренный в медном быке, лежит в Варшаве, а полковничьи руки и головы развозят по ярмаркам напоказ всему народу. Вот что наделали полковники!

Всколебалась вся толпа. Сначала пронеслось по всему берегу молчание, подобное тому, как бывает перед свирепою бурею, и потом вдруг поднялись речи, и весь заговорил берег.

— Как, чтобы жиды держали на аренде христианские церкви? Чтобы ксендзы запрягали в оглобли православных христиан? Как, чтобы попустить такие мучения на русской земле от проклятых недоверков? Чтобы вот так поступали с полковниками и гетьманом? Да не будет же сего, не будет!

Такие слова перелетали по всем концам. Зашумели запорожцы и почуяли свои силы. Тут уже не было волнений легкомысленного народа: волновались всё характеры тяжелые и крепкие, которые не скоро накалялись, но, накалившись, упорно и долго хранили в себе внутренний жар.

— Перевешать всю жидову! — раздалось из толпы. — Пусть же не шьют из поповских риз юбок своим жидовкам! Пусть же не ставят значков на святых пасхах! Перетопить их всех, поганцев, в Днепре!

Слова эти, произнесенные кем-то из толпы, пролетели молнией по всем головам, и толпа ринулась на предместье с желанием перерезать всех жидов.

Бедные сыны Израиля, растерявши всё присутствие своего и без того мелкого духа, прятались в пустых горелочных бочках, в печках и даже заползывали под юбки своих жидовок; но козаки везде их находили.

— Ясновельможные паны! — кричал один, высокий и длинный, как палка, жид, высунувши из кучи своих товарищей жалкую свою рожу, исковерканную страхом. — Ясновельможные паны! Слово только дайте нам сказать, одно слово! Мы такое объявим вам, чего еще никогда не слышали, такое важное, что не можно сказать, какое важное!

— Ну, пусть скажут, — сказал Бульба, который всегда любил выслушать обвиняемого.

— Ясные паны! — произнес жид. — Таких панов еще никогда не видывано. Ей-богу, никогда! Таких добрых, хороших и храбрых не было еще на свете!.. — Голос его замирал и дрожал от страха. — Как можно, чтобы мы думали про запорожцев что-нибудь нехорошее! Те совсем не наши, те, что арендаторствуют на Украине! Ей-богу, не наши! То совсем не жиды: то черт знает что. То такое, что только поплевать на него, да и бросить! Вот и они скажут то же. Не правда ли, Шлема, или ты, Шмуль?

— Ей-богу, правда! — отвечали из толпы Шлема и Шмуль в изодранных яломках, оба белые, как глина.

— Мы никогда еще, — продолжал длинный жид, — не снюхивались с неприятелями. А католиков мы и знать не хотим: пусть им черт приснится! Мы с запорожцами как братья родные...

— Как? чтобы запорожцы были с вами братья? — произнес один из толпы. — Не дождетесь, проклятые жиды! В Днепр их, панове! Всех потопить, поганцев!

Эти слова были сигналом. Жидов расхватали по рукам и начали швырять в волны. Жалобный крик раздался со всех сторон, но суровые запорожцы только смеялись, видя, как жидовские ноги в башмаках и чулках болтались на воздухе. Бедный оратор, накликавший сам на свою шею беду, выскочил из кафтана, за который было его ухватили, в одном пегом и узком камзоле, схватил за ноги Бульбу и жалким голосом молил:

— Великий господин, ясновельможный пан! я знал и брата вашего, покойного Дороша! Был воин на украшение всему рыцарству. Я ему восемьсот цехинов дал, когда нужно было выкупиться из плена у турка.

— Ты знал брата? — спросил Тарас.

— Ей-богу, знал! Великодушный был пан.

— А как тебя зовут?

— Янкель.

— Хорошо, — сказал Тарас и потом, подумав, обратился к козакам и проговорил так: — Жида будет всегда время повесить, когда будет нужно, а на сегодня отдайте его мне. — Сказавши это, Тарас повел его к своему обозу, возле которого стояли козаки его. — Ну, полезай под телегу, лежи там и не пошевелись; а вы, братцы, не выпускайте жида.

Сказавши это, он отправился на площадь, потому что давно уже собиралась туда вся толпа. Все бросили вмиг берег и снарядку челнов, ибо предстоял теперь сухопутный, а не морской поход, и не суда да козацкие чайки — понадобились телеги и кони. Теперь уже все хотели в поход, и старые и молодые; все, с совета всех старшин, куренных, кошевого и с воли всего запорожского войска, положили идти прямо на Польшу, отмстить за всё зло и посрамленье веры и козацкой славы, набрать добычи с городов, зажечь пожар по деревням и хлебам, пустить далеко по сте-

пи о себе славу. Всё тут же опоясывалось и вооружа-
лось. Кошевой вырос на целый аршин. Это уже не
был тот робкий исполнитель ветреных желаний
вольного народа; это был неограниченный повели-
тель. Это был деспот, умевший только повелевать.
Все своевольные и гульливые рыцари стройно стояли в рядах, почтительно опустив головы, не смея
поднять глаз, когда кошевой раздавал повеления;
раздавал он их тихо, не выкрикивая и не торопясь,
но с расстановкою, как старый и глубоко опытный в
деле козак, приводивший не в первый раз в исполне-
нье разумно задуманные предприятия.

— Осмотритесь, осмотритесь хорошенько все! —
так говорил он. — Исправьте возы и мазницы, ис-
пробуйте оружье. Не забирайте много с собой одежды: по сорочке и по двое шаровар на козака да по
горшку саламаты и толченого проса — больше чтоб и
не было ни у кого! Про запас будет в возах всё, что
нужно. По паре коней чтоб было у каждого козака.
Да пар двести взять волов, потому что на переправах
и топких местах нужны будут волы. Да порядку дер-
житесь, панове, больше всего. Я знаю, есть между
вас такие, что, чуть Бог пошлет какую корысть,
пошли тот же час драть китайку и дорогие оксамиты
себе на онучи. Бросьте такую чертову повадку, прочь
кидайте всякие юбки, берите одно только оружье,
коли попадется доброе, да червонцы или серебро,
потому что они емкого свойства и пригодятся во всяком случае. Да вот вам, панове, вперед говорю: если
кто в походе напьется, то никакого нет на него суда.
Как собаку, за шеяку повелю его присмыкнуть до
обозу, кто бы он ни был, хоть бы наидоблестнейший
козак изо всего войска. Как собака, будет он застре-
лен на месте и кинут безо всякого погребенья на по-
клев птицам, потому что пьяница в походе недосто-
ин христианского погребенья. Молодые, слушайте

во всем старых! Если цапнет пуля или царапнет саблей по голове или по чему-нибудь иному, не давайте большого уваженья такому делу. Размешайте заряд пороху в чарке сивухи, духом выпейте, и всё пройдет — не будет и лихорадки; а на рану, если она не слишком велика, приложите просто земли, замесивши ее прежде слюною на ладони, то и присохнет рана. Нуте же, за дело, за дело, хлопцы, да не торопясь, хорошенько принимайтесь за дело!

Так говорил кошевой, и, как только окончил он речь свою, все козаки принялись тот же час за дело. Вся Сечь отрезвилась, и нигде нельзя было сыскать ни одного пьяного, как будто бы их не было никогда между козаками... Те исправляли ободья колес и переменяли оси в телегах; те сносили на возы мешки с провиантом, на другие валили оружие; те пригоняли коней и волов. Со всех сторон раздавались топот коней, пробная стрельба из ружей, бряканье саблей, бычачье мычанье, скрип поворачиваемых возов, говор и яркий крик и понуканье. И скоро далеко-далеко вытянулся козачий табор по всему полю. И много досталось бы бежать тому, кто бы захотел пробежать от головы до хвоста его. В деревянной небольшой церкви служил священник молебен, окропил всех святою водою; все целовали крест. Когда тронулся табор и потянулся из Сечи, все запорожцы обратили головы назад.

— Прощай, наша мать! — сказали они почти в одно слово: — пусть же тебя хранит Бог от всякого несчастья!

Проезжая предместье, Тарас Бульба увидел, что жидóк его, Янкель, уже разбил какую-то ятку с навесом и продавал кремни, завертки, порох и всякие войсковые снадобья, нужные на дорогу, даже калачи и хлебы. «Каков чертов жид!» — подумал про себя Тарас и, подъехав к нему на коне, сказал:

— Дурень, что ты здесь сидишь? Разве хочешь, чтобы тебя застрелили, как воробья?

Янкель в ответ на это подошел к нему поближе и, сделав знак обеими руками, как будто хотел объявить что-то таинственное, сказал:

— Пусть пан только молчит и никому не говорит: между козацкими возами есть один мой воз; я везу всякий нужный запас для козаков и по дороге буду доставлять всякий провиант по такой дешевой цене, по какой еще ни один жид не продавал. Ей-богу, так; ей-богу, так.

Пожал плечами Тарас Бульба, подивившись бойкой жидовской натуре, и отъехал к табору.

V

Скоро весь польский юго-запад сделался добычею страха. Всюду пронеслись слухи: «Запорожцы!.. показались запорожцы!..» Всё, что могло спасаться, спасалось. Всё подымалось и разбегалось по обычаю этого нестройного, беспечного века, когда не воздвигали ни крепостей, ни замков, а как попало становил на время соломенное жилище свое человек. Он думал: «Не тратить же на избу работу и деньги, когда и без того будет она снесена татарским набегом!» Всё всполошилось: кто менял волов и плуг на коня и ружье и отправлялся в полки; кто прятался, угоняя скот и унося что только было можно унесть. Попадались иногда по дороге и такие, которые вооруженною рукою встречали гостей, но больше было таких, которые бежали заранее. Все знали, что трудно иметь дело с буйной и бранной толпой, известной под именем запорожского войска, которое в наружном своевольном неустройстве своем заключало устройство обдуманное для времени битвы. Конные ехали, не отягчая и не горяча коней, пешие шли трезво за возами, и весь табор подвигался только по ночам, отдыхая днем и выбирая для того пустыри, незаселенные места и леса, которых было тогда еще вдоволь. Засылаемы были вперед лазутчики и рассыльные узнавать и выведывать, где, что и как. И часто в тех местах, где менее всего могли ожидать их, они появлялись вдруг, — и всё тогда прощалось с жизнью. Пожары обхватывали деревни; скот и лошади, которые не угонялись за войском, были избиваемы тут же на месте. Казалось, больше пировали они, чем совершали поход свой. Дыбом стал бы ныне волос от тех страшных знаков свирепства полудикого века, которые пронесли везде запорожцы. Избитые младенцы, обрезанные груди у женщин, содранная кожа с ног по колена у выпущенных на свободу, — словом, крупною монетою отплачивали козаки прежние долги. Прелат одного монастыря, услышав о приближении их, прислал от себя двух монахов, чтобы сказать, что они не так ведут себя, как следует; что между запорожцами и правительством стоит согласие; что они нарушают свою обязанность к королю, а с тем вместе и всякое народное право.

— Скажи епископу от меня и от всех запорожцев, — сказал кошевой, — чтобы он ничего не боялся. Это козаки еще только зажигают и раскуривают свои трубки.

И скоро величественное аббатство обхватилось сокрушительным пламенем, и колоссальные готические окна его сурово глядели сквозь разделявшиеся волны огня. Бегущие толпы монахов, жидов, женщин вдруг омноголюдили те города, где какая-нибудь была надежда на гарнизон и городовое рушение. Высылаемая временами правительством запоздалая помощь, состоявшая из небольших полков, или не могла найти их, или же робела, обращала тыл при первой встрече и улетала на лихих конях своих. Случалось, что многие военачальники королевские, торжествовавшие дотоле в прежних битвах, решались, соединя свои силы, стать грудью против запорожцев. И тут-то более всего пробовали себя наши молодые козаки, чуждавшиеся грабительства, корысти и бессильного неприятеля, горевшие желанием показать себя перед старыми, помериться один на один с бойким и хвастливым ляхом, красовавшимся на горделивом коне, с летавшими по ветру откидными рукавами епанчи. Потешна была наука. Много уже они добыли себе конной сбруи, дорогих сабель и ружей. В один месяц возмужали и совершенно переродились только что оперившиеся птенцы и стали мужами. Черты лица их, в которых доселе видна была какая-то юношеская мягкость, стали теперь грозны и сильны. А старому Тарасу любо было видеть, как оба сына его были одни из первых. Остапу, казалось, был на роду написан битвенный путь и трудное знанье вершить ратные дела. Ни разу не растерявшись и не смутившись ни от какого случая, с хладнокровием, почти неестественным для двадцатидвухлетнего, он в один миг мог вымерять всю опасность и всё положение дела, тут же мог найти средство, как уклониться от нее, но уклониться с тем, чтобы потом верней преодолеть ее. Уже испытанной уверенностью стали теперь означаться его движения, и в них не могли не быть заметны наклонности будущего вождя. Крепостью дышало его тело, и рыцарские его качества уже приобрели широкую силу качеств льва.

— О! да этот будет со временем добрый полковник! — говорил старый Тарас. — Ей-ей, будет добрый полковник, да еще такой, что и батька за пояс заткнет!

Андрий весь погрузился в очаровательную музыку пуль и мечей. Он не знал, что такое значит обдумывать, или рассчитывать, или измерять заранее свои и чужие силы. Бешеную негу и упоенье он видел в битве: что-то пиршественное зрелось ему в те минуты, когда разгорится у человека голова, в глазах всё мелькает и мешается, летят головы, с громом падают на землю кони, а он несется, как пьяный, в свисте пуль, в сабельном блеске, и наносит всем удары, и не слышит нанесенных. Не раз дивился отец также и Андрию, видя, как он, понуждаемый одним только запальчивым увлечением, устремлялся на то, на что бы никогда не отважился хладнокровный и разумный, и одним бешеным натиском своим производил такие чудеса, которым не могли не изумиться старые в боях. Дивился старый Тарас и говорил:

— И это добрый — враг бы не взял его! — вояка! Не Остап, а добрый, добрый также вояка!

Войско решилось идти прямо на город Дубно, где, носились слухи, было много казны и богатых обывателей. В полтора дня поход был сделан, и запорожцы показались перед городом. Жители решились защищаться до последних сил и крайности и лучше хотели умереть на площадях и улицах перед своими порогами, чем пустить неприятеля в домы. Высокий земляной вал окружал город; где вал был ниже, там высовывалась каменная стена или дом, служивший батареей, или, наконец, дубовый частокол. Гарнизон был силен и чувствовал важность своего дела. Запорожцы жарко было полезли на вал, но были встречены сильною картечью. Мещане и городские обыватели, как видно, тоже не хотели быть праздными и стояли кучею на городском валу. В глазах их можно было читать отчаянное сопротивление; женщины тоже решились участвовать, — и на головы запорожцам полетели камни, бочки, горшки, горячий вар и, наконец, мешки песку, слепившего им очи. Запорожцы не любили иметь дело с крепостями, вести осады была не их часть. Кошевой повелел отступить и сказал:

— Ничего, паны-братья, мы отступим. Но будь я поганый татарин, а не христианин, если мы выпустим их хоть одного из города! Пусть их все передохнут, собаки, с голоду!

Войско, отступив, облегло весь город и от нечего делать занялось опустошеньем окрестностей, выжигая окружные деревни, скирды неубранного хлеба и напуская табуны коней на нивы, еще не тронутые серпом, где, как нарочно, колебались тучные колосья, плод необыкновенного урожая, наградившего в ту пору щедро всех земледельцев. С ужасом видели с города, как истреблялись средства их существования. А между тем запорожцы, протянув вокруг всего города в два ряда свои телеги, расположились так же, как и на Сечи, куренями, курили свои люльки, менялись добытым оружьем, играли в чехарду, в чет и нечет и посматривали с убийственным хладнокровием на город. Ночью зажигались костры. Кашевары варили в каждом курене кашу в огромных медных казанах. У горевших всю ночь огней стояла бессонная стража. Но скоро запорожцы начали понемногу скучать бездействием и продолжительною трезвостью, не сопряженною ни с каким делом. Кошевой велел удвоить даже порцию вина, что иногда водилось в войске, если не было трудных подвигов и движений. Молодым, и особенно сынам Тараса Бульбы, не нравилась такая жизнь. Андрий заметно скучал.

— Неразумная голова, — говорил ему Тарас. — Терпи, козак, — атаман будешь! Не тот еще добрый воин, кто не потерял духа в важном деле, а тот добрый воин, кто и на безделье не соскучит, кто всё вытерпит, и хоть ты ему что хочь, а он всё-таки поставит на своем.

Но не сойтись пылкому юноше с старцем. Другая

натура у обоих, и другими очами глядят они на то же дело.

А между тем подоспел Тарасов полк, приведенный Товкачем; с ним было еще два есаула, писарь и другие полковые чины; всех козаков набралось больше четырех тысяч. Было между ними немало и охочекомонных, которые сами поднялись, своею волею, без всякого призыва, как только услышали, в чем дело. Есаулы привезли сыновьям Тараса благословенье от старухи матери и каждому по кипарисному образу из Межигорского киевского монастыря. Надели на себя святые образа оба брата и невольно задумались, припомнив старую мать. Что-то пророчит им и говорит это благословенье? Благословенье ли на победу над врагом и потом веселый возврат на отчизну с добычей и славой, на вечные песни бандуристам, или же?.. Но неизвестно будущее, и стоит оно пред человеком подобно осеннему туману, поднявшемуся из болот. Безумно летают в нем вверх и вниз, черкая крыльями, птицы, не распознавая в очи друг друга, голубка — не видя ястреба, ястреб — не видя голубки, и никто не знает, как далеко летает он от своей погибели...

Остап уже занялся своим делом и давно отошел к куреням. Андрий же, сам не зная отчего, чувствовал какую-то духоту на сердце. Уже козаки окончили свою вечерю, вечер давно потухнул; июльская чудная ночь обняла воздух; но он не отходил к куреням, не ложился спать и глядел невольно на всю бывшую пред ним картину. На небе бесчисленно мелькали тонким и острым блеском звезды. Поле далеко было занято раскиданными по нем возами с висячими мазницами, облитыми дегтем, со всяким добром и провиантом, набранным у врага. Возле телег, под телегами и подале от телег — везде были видны разметавшиеся на траве запорожцы. Все они спали в картинных положениях: кто, подмостив себе под голову куль или шапку или употребивши просто бок своего товарища. Сабля, ружье-самопал, короткочубучная трубка с медными бляхами, железными провертками и огнивом были неотлучно при каждом козаке. Тяжелые волы лежали, подвернувши под себя ноги, большими беловатыми массами и казались издали серыми камнями, раскиданными по отлогостям поля. Со всех сторон из травы уже стал подыматься густой храп спящего воинства, на который отзывались с поля звонкими ржаньями жеребцы, негодующие на свои спутанные ноги. А между тем что-то величественное и грозное примешалось к красоте июльской ночи. Это были зарева вдали догоравших окрестностей. В одном месте пламя спокойно и величественно стлалось по небу; в другом, встретив что-то горючее и вдруг вырвавшись вихрем, оно свистело и летело вверх, под самые звезды, и оторванные охлопья его гаснули под самыми дальними небесами. Там обгорелый черный монастырь, как суровый картезианский монах, стоял грозно, выказывая при каждом отблеске мрачное свое величие. Там горел монастырский сад. Казалось, слышно было, как деревья шипели, обвиваясь дымом, и когда выскакивал огонь, он вдруг освещал фосфорическим, лилово-огненным светом спелые гроздия слив или обращал в червонное золото там и там желтевшие груши, и тут же среди их чернело висевшее на стене здания или на древесном суку тело бедного жида или монаха, погибавшее вместе с строением в огне. Над огнем вились вдали птицы, казавшиеся кучею темных мелких крестиков на огненном поле. Обложенный город, казалось, уснул. Шпицы, и кровли, и частокол, и стены его тихо вспыхивали отблесками отдаленных пожарищ. Андрий обошел козацкие ряды. Костры, у которых сидели сторожа, готовились ежеминутно

погаснуть, и самые сторожа спали, перекусивши саламаты и галушек во весь козацкий аппетит. Он подивился немного такой беспечности, подумавши:
«Хорошо, что нет близко никакого сильного неприятеля и некого опасаться». Наконец и сам подошел
он к одному из возов, взлез на него и лег на спину,
подложивши себе под голову сложенные назад руки;
но не мог заснуть и долго глядел на небо. Оно всё
было открыто пред ним; чисто и прозрачно было в
воздухе. Гущина звезд, составлявшая Млечный Путь,
поясом переходившая по небу, вся была залита светом. Временами Андрий как будто позабывался, и
какой-то легкий туман дремоты заслонял на миг
пред ним небо, и потом оно опять очищалось и
вновь становилось видно.

В это время, показалось ему, мелькнул пред ним
какой-то странный образ человеческого лица. Думая, что это было простое обаяние сна, которое сейчас же рассеется, он открыл больше глаза свои и увидел, что к нему точно наклонилось какое-то измож-
денное, высохшее лицо и смотрело прямо ему в очи.
Длинные и черные, как уголь, волосы, неприбран-
ные, растрепанные, лезли из-под темного, набро-
шенного на голову покрывала. И странный блеск
взгляда, и мертвенная смуглота лица, выступавшего
резкими чертами, заставили бы скорее подумать, что
это был призрак. Он схватился невольно рукой за
пищаль и произнес почти судорожно:

— Кто ты? Коли дух нечистый, сгинь с глаз; коли
живой человек, не в пору завел шутку, — убью с
одного прицела.

В ответ на это привидение приставило палец к
губам и, казалось, молило о молчании. Он опустил
руку и стал вглядываться в него внимательней. По
длинным волосам, шее и полуобнаженной смуглой
груди распознал он женщину. Но она была не здеш-

няя уроженка. Всё лицо было смугло, изнурено недугом; широкие скулы выступали сильно над опавшими под ними щеками; узкие очи подымались дугообразным разрезом кверху, и чем более он всматривался в черты ее, тем более находил в них что-то знакомое. Наконец он не вытерпел, чтобы не спросить:

— Скажи, кто ты? Мне кажется, как будто я знал тебя или видел где-нибудь?

— Два года назад тому в Киеве.

— Два года назад... в Киеве... — повторил Андрий, стараясь перебрать всё, что уцелело в его памяти от прежней бурсацкой жизни. Он посмотрел еще раз на нее пристально и вдруг вскрикнул во весь голос: — Ты — татарка! служанка панночки, воеводиной дочки!..

— Чшш! — произнесла татарка, сложив с умоляющим видом руки, дрожа всем телом и оборотя в то же время голову назад, чтобы видеть, не проснулся ли кто-нибудь от такого сильного вскрика, произведенного Андрием.

— Скажи, скажи, отчего, как ты здесь? — говорил Андрий, почти задыхаясь, шепотом, прерывавшимся всякую минуту от внутреннего волнения. — Где панночка? жива ли еще она?

— Она тут, в городе.

— В городе? — произнес он, едва опять не вскрикнувши, и почувствовал, что вся кровь вдруг прихлынула к сердцу. — Отчего ж она в городе?

— Оттого, что сам старый пан в городе. Он уже полтора года как сидит воеводой в Дубне.

— Что ж, она замужем? Да говори же, какая ты странная! что она теперь?..

— Она другой день ничего не ела.

— Как?..

— Ни у кого из городских жителей нет уже давно куска хлеба, все давно едят одну землю.

343

Андрий остолбенел.

— Панночка видала тебя с городского валу вместе с запорожцами. Она сказала мне: «Ступай скажи рыцарю: если он помнит меня, чтобы пришел ко мне; а не помнит — чтобы дал тебе кусок хлеба для старухи, моей матери, потому что я не хочу видеть, как при мне умрет мать. Пусть лучше я прежде, а она после меня. Проси и хватай его за колени и ноги. У него также есть старая мать, — чтоб ради ее дал хлеба!»

Много всяких чувств пробудилось и вспыхнуло в молодой груди козака.

— Но как же ты здесь? Как ты пришла?

— Подземным ходом.

— Разве есть подземный ход?

— Есть.

— Где?

— Ты не выдашь, рыцарь?

— Клянусь крестом святым!

— Спустясь в яр и перейдя проток, там, где тростник.

— И выходит в самый город?

— Прямо к городскому монастырю.

— Идем, идем сейчас!

— Но, ради Христа и святой Марии, кусок хлеба!

— Хорошо, будет. Стой здесь, возле воза, или, лучше, ложись на него: тебя никто не увидит, все спят; я сейчас ворочусь.

И он отошел к возам, где хранились запасы, принадлежавшие их куреню. Сердце его билось. Всё минувшее, всё, что было заглушено нынешними козацкими биваками, суровой бранною жизнью, — всё всплыло разом на поверхность, потопивши, в свою очередь, настоящее. Опять вынырнула перед ним, как из темной морской пучины, гордая женщина. Вновь сверкнули в его памяти прекрасные руки, очи, смеющиеся уста, густые темно-ореховые волосы, курчаво распавшиеся по грудям, и все упругие, в согласном сочетанье созданные члены девического стана. Нет, они не погасали, не исчезали в груди его, они посторонились только, чтобы дать на время простор другим могучим движеньям; но часто, часто смущался ими глубокий сон молодого козака. И часто, проснувшись, лежал он без сна на одре, не умея истолковать тому причины.

Он шел, а биение сердца становилось сильнее, сильнее при одной мысли, что увидит ее опять, и дрожали молодые колени. Пришедши к возам, он совершенно позабыл, зачем пришел: поднес руку ко лбу и долго тер его, стараясь припомнить, что ему нужно делать. Наконец вздрогнул, весь исполнился испуга: ему вдруг пришло на мысль, что она умирает от голода. Он бросился к возу и схватил несколько больших черных хлебов себе под руку, но подумал тут же, не будет ли эта пища, годная для дюжего, неприхотливого запорожца, груба и неприлична ее нежному сложению. Тут вспомнил он, что вчера кошевой попрекал кашеваров за то, что сварили за один раз всю гречневую муку на саламату, тогда как бы ее стало на добрых три раза. В полной уверенности, что он найдет вдоволь саламаты в казанах, он вытащил отцовский походный казанок и с ним отправился к кашевару их куреня, спавшему у двух десятиведерных казанов, под которыми еще теплилась зола. Заглянувши в них, он изумился, видя, что оба пусты. Нужно было нечеловеческих сил, чтобы всё это съесть, тем более что в их курене считалось меньше людей, чем в других. Он заглянул в казаны других куреней — нигде ничего. Поневоле пришла ему в голову поговорка: «Запорожцы как дети: коли мало — съедят, коли много — тоже ничего не оставят». Что делать? Был, однако же, где-то, кажется на возу отцовского полка, мешок с белым хлебом, который нашли, ограбивши монастырскую пекарню. Он прямо подошел к отцовскому возу, но на возу уже его не было: Остап взял его себе под головы и, растянувшись возле на земле, храпел на всё поле. Андрий схватил мешок одной рукой и дернул его вдруг так, что голова Остапа упала на землю, а он сам вскочил впросонках и, сидя с закрытыми глазами, закричал что было мочи: «Держите, держите чертова ляха, да ловите коня, коня ловите!» «Замолчи, я тебя убью!» — закричал в испуге Андрий, замахнувшись на него мешком. Но Остап и без того уже не продолжал речи, присмирел и пустил такой храп, что от дыхания шевелилась трава, на которой он лежал. Андрий робко оглянулся на все стороны, чтобы узнать, не пробудил ли кого-нибудь из козаков сонный бред Остапа. Одна чубатая голова, точно, приподнялась в ближнем курене и, поведя очами, скоро опустилась опять на землю. Переждав минуты две, он, наконец, отправился с своею ношею. Татарка лежала, едва дыша.

— Вставай, идем! Все спят, не бойся! Подымешь ли ты хоть один из этих хлебов, если мне будет несподручно захватить все?

Сказав это, он взвалил себе на спину мешки, стащил, проходя мимо одного воза, еще один мешок с просом, взял даже в руки те хлебы, которые хотел было отдать нести татарке, и, несколько понагнувшись под тяжестью, шел отважно между рядами спавших запорожцев.

— Андрий! — сказал старый Бульба в то время, когда он проходил мимо его.

Сердце его замерло. Он остановился и, весь дрожа, тихо произнес:

— А что?

— С тобою баба! Ей, отдеру тебя, вставши, на все бока! Не доведут тебя бабы к добру! — Сказавши это, он оперся головою на локоть и стал пристально рассматривать закутанную в покрывало татарку.

Андрий стоял ни жив ни мертв, не имея духа взглянуть в лицо отцу. И потом, когда поднял глаза и посмотрел на него, увидел, что уже старый Бульба спал, положив голову на ладонь.

Он перекрестился. Вдруг отхлынул от сердца испуг еще скорее, чем прихлынул. Когда же поворотился он, чтобы взглянуть на татарку, она стояла пред ним, подобно темной гранитной статуе, вся закутанная в покрывало, и отблеск отдаленного зарева, вспыхнув, озарил только одни ее очи, помутившиеся, как у мертвеца. Он дернул за рукав ее, и оба пошли вместе, беспрестанно оглядываясь назад, и, наконец, опустились отлогостью в низменную лощину — почти яр, называемый в некоторых местах балками, — по дну которой лениво пресмыкался проток, поросший осокой и усеянный кочками. Опустясь в сию лощину, они скрылись совершенно из виду всего поля, занятого запорожским табором. По крайней мере когда Андрий оглянулся, то увидел, что позади его крутою стеной, более чем в рост человека, вознеслась покатость. На вершине ее покачивалось несколько стебельков полевого былья, и над ними поднималась в небе луна в виде косвенно обращенного серпа из яркого червонного золота. Сорвавшийся со степи ветерок давал знать, что уже немного оставалось времени до рассвета. Но нигде не слышно было отдаленного петушьего крика: ни в городе, ни в разоренных окрестностях не оставалось давно ни одного петуха. По небольшому бревну перебрались они через проток, за которым возносился противоположный берег, казавшийся выше бывшего у них назади и выступавший совершенным обрывом. Казалось, в этом месте был крепкий и надежный сам собою пункт городской крепости; по крайней мере земляной вал был тут ниже и не выглядывал из-за него гарнизон. Но зато подальше подымалась толстая монастырская стена. Обрывистый берег весь оброс бурьяном, и по небольшой лощине между им и протоком рос высокий тростник, почти в вышину человека. На вершине обрыва видны были остатки плетня, обличавшие когда-то бывший огород. Перед ним — широкие листы лопуха; из-за него торчали лебеда, дикий колючий бодяк и подсолнечник, подымавший выше всех их свою голову. Здесь татарка скинула с себя черевики и пошла босиком, подобрав осторожно свое платье, потому что место было топко и наполнено водою. Пробираясь меж тростником, остановились они перед наваленным хворостом и фашинником. Отклонив хворост, нашли они род земляного свода — отверстие, мало чем большее отверстия, бывающего в хлебной печи. Татарка, наклонив голову, вошла первая; вслед за нею Андрий, нагнувшись сколько можно ниже, чтобы можно было пробраться с своими мешками, и скоро очутились оба в совершенной темноте.

VI

Андрий едва двигался в темном и узком земляном коридоре, следуя за татаркой и таща на себе мешки хлеба.

— Скоро нам будет видно, — сказала проводница, — мы подходим к месту, где поставила я светильник.

И точно, темные земляные стены начали понемногу озаряться. Они достигли небольшой площадки, где, казалось, была часовня; по крайней мере к стене был приставлен узенький столик в виде алтарного престола, и над ним виден был почти совершенно изгладившийся, полинявший образ католической Мадонны. Небольшая серебряная лампадка, перед ним висевшая, чуть-чуть озаряла его. Татарка наклонилась и подняла с земли оставленный медный светильник на тонкой высокой ножке, с висевшими вокруг ее на цепочках щипцами, шпилькой для поправления огня и гасильником. Взявши его, она зажгла его огнем от лампады. Свет усилился, и они, идя вместе, то освещаясь сильно огнем, то набрасываясь темною, как уголь, тенью, напоминали собою картины Жерардо della notte. Свежее, кипящее здоровьем и юностью, прекрасное лицо рыцаря представляло сильную противоположность с изнуренным и бледным лицом его спутницы. Проход стал несколько шире, так что Андрию можно было пораспрямиться. Он с любопытством рассматривал сии земляные стены, напомнившие ему киевские пещеры. Так же, как и в пещерах киевских, тут видны были углубления в стенах и стояли кое-где гробы; местами даже попадались просто человеческие кости, от сырости сделавшиеся мягкими и рассыпавшиеся в муку. Видно, и здесь также были святые люди и укрывались также от мирских бурь, горя и обольщений. Сырость местами была очень сильна: под ногами их иногда была совершенная вода. Андрий должен был часто останавливаться, чтобы дать отдохнуть своей спутнице, которой усталость возобновлялась беспрестанно. Небольшой кусок хлеба, проглоченный ею, произвел только боль в желудке, отвыкшем от пищи, и она оставалась часто без движения по нескольку минут на одном месте.

Наконец перед ними показалась маленькая железная дверь. «Ну, слава Богу, мы пришли», — сказала слабым голосом татарка, приподняла руку, чтобы постучать, — и не имела сил. Андрий ударил вместо нее сильно в дверь; раздался гул, показавший, что за дверью был большой простор. Гул этот изменялся, встретив, как казалось, высокие своды. Через минуты две загремели ключи, и кто-то, казалось, сходил по лестнице. Наконец дверь отперлась; их встретил монах, стоявший на узенькой лестнице, с ключами и свечой в руках. Андрий невольно остановился при виде католического монаха, возбуждавшего такое ненавистное презрение в козаках, поступавших с ними бесчеловечней, чем с жидами. Монах тоже несколько отступил назад, увидев запорожского козака, но слово, невнятно произнесенное татаркою, его успокоило. Он посветил им, запер за ними дверь, ввел их по лестнице вверх, и они очутились под высокими темными сводами монастырской церкви. У одного из алтарей, уставленного высокими подсвечниками и свечами, стоял на коленях священник и тихо молился. Около него с обеих сторон стояли также на коленях два молодые клирошанина в лиловых мантиях, с белыми кружевными шемизетками сверх их и с кадилами в руках. Он молился о ниспослании чуда: о спасении города, о подкреплении падающего духа, о ниспослании терпения, об удалении искусителя, нашептывающего ропот и малодушный, робкий плач на земные несчастия. Несколько женщин, похожих на привидения, стояли на коленях, опершись и совершенно положив изнеможенные головы на спинки стоявших перед ними стульев и темных деревянных лавок; несколько мужчин, прислонясь у колонн и пилястр, на которых возлегали боковые своды, печально стояли тоже на коленях. Окно с цветными стеклами, бывшее над алтарем, озарилось розовым румянцем утра, и упали от него на пол голубые, желтые и других цветов кружки света, осветившие внезапно темную церковь. Весь алтарь в своем далеком углублении показался вдруг в сиянии; кадильный дым остановился в воздухе радужно освещенным облаком. Андрий не без изумления глядел из своего темного угла на чудо, произведенное светом. В это время величественный рев органа наполнил вдруг всю церковь. Он становился гуще и гуще, разрастался, перешел в тяжелые рокоты грома и потом вдруг, обратившись в небесную музыку, понесся высоко под сводами своими поющими звуками, напоминавшими тонкие девичьи голоса, и потом опять обратился он в густой рев и гром и затих. И долго еще громовые рокоты носились, дрожа, под сводами, и дивился Андрий с полуоткрытым ртом величественной музыке.

В это время, почувствовал он, кто-то дернул его за полу кафтана. «Пора!» — сказала татарка. Они перешли через церковь, не замеченные никем, и вышли потом на площадь, бывшую перед нею. Заря уже давно румянилась на небе: всё возвещало восхождение солнца. Площадь, имевшая квадратную фигуру, была совершенно пуста; посредине ее оставались еще деревянные столики, показывавшие, что здесь был еще неделю, может быть, только назад рынок съестных припасов. Улица, которых тогда не мостили, была просто засохшая груда грязи. Площадь обступали кругом небольшие каменные и глиняные, в один этаж, домы с видными в стенах деревянными сваями и столбами во всю их высоту, косвенно перекрещенные деревянными же брусьями, как вообще строили домы тогдашние обыватели, что можно видеть и поныне еще в некоторых местах Литвы и Польши. Все они были покрыты непомерно высокими крышами со множеством слуховых окон и отдушин. На одной стороне, почти близ церкви, выше других возносилось совершенно отличное от прочих здание, вероятно, городовой магистрат или какое-нибудь правительственное место. Оно было в два этажа, и над ним вверху надстроен был в две арки бельведер, где стоял часовой; большой часовой циферблат вделан был в крышу. Площадь казалась мертвою, но Андрию почудилось какое-то слабое стенание. Рассматривая, он заметил на другой стороне ее группу из двух-трех человек, лежавших почти без всякого движения на земле. Он вперил глаза внимательней, чтобы рассмотреть, заснувшие ли это были, или умершие, и в это время наткнулся на что-то, лежавшее у ног его. Это было мертвое тело женщины, по-видимому, жидовки. Казалось, она была еще молода, хотя в искаженных, изможденных чертах ее нельзя было того видеть. На голове ее был красный шелковый платок; жемчуга или бусы в два ряда украшали ее наушники; две-три длинные, все в завитках, кудри выпадали из-под них на ее высохшую шею с натянувшимися жилами. Возле нее лежал ребенок, судорожно схвативший рукою за тощую грудь ее и скрутивший ее своими пальцами от невольной злости, не нашед в ней молока; он уже не плакал и не кричал, и только по тихо опускавшемуся и подымавшемуся животу его можно было думать, что он еще не умер, или по крайней мере еще только готовился испустить последнее дыханье. Они поворотили в улицы и были остановлены вдруг каким-то беснующимся, который, увидев у Андрия драгоценную ношу, кинулся на него, как тигр, вцепился в него, крича: «Хлеба!» Но сил не было у него, равных бешенству; Андрий оттолкнул его: он полетел на землю. Движимый состраданием, он швырнул ему один хлеб, на который тот бросился, подобно бешеной собаке, изгрыз, искусал его и тут же, на улице, в страшных судорогах испустил дух от долгой отвычки принимать пищу. Почти на каждом шагу поражали их страшные жертвы голода. Казалось, как будто, не вынося мучений в домах, многие нарочно выбежали на улицу: не ниспошлется ли в воздухе чего-нибудь, питающего силы. У ворот одного дома сидела старуха, и нельзя сказать, заснула ли она, умерла или просто позабылась: по крайней мере она уже не слышала и не видела ничего и, опустив голову на грудь, сидела недвижимо на одном и том же месте. С крыши другого дома висело вниз на веревочной петле вытянувшееся, иссохшее тело. Бедняк не мог вынести до конца страданий голода и захотел лучше произвольным самоубийством ускорить конец свой.

При виде сих поражающих свидетельств голода Андрий не вытерпел не спросить татарку:

— Неужели они, однако ж, совсем не нашли, чем пробавить жизнь? Если человеку приходит последняя крайность, тогда, делать нечего, он должен питаться тем, чем дотоле брезгал; он может питаться теми тварями, которые запрещены законом, всё может тогда пойти в снедь.

— Всё переели, — сказала татарка, — всю скотину. Ни коня, ни собаки, ни даже мыши не найдешь во всем городе. У нас в городе никогда не водилось никаких запасов, всё привозилось из деревень.

— Но как же вы, умирая такою лютою смертью, всё еще думаете оборонить город?

— Да, может быть, воевода и сдал бы, но вчера утром полковник, который в Буджаках, пустил в город ястреба с запиской, чтобы не отдавали города; что он идет на выручку с полком, да ожидает только другого полковника, чтоб идти обоим вместе. И теперь всякую минуту ждут их... Но вот мы пришли к дому.

Андрий уже издали видел дом, непохожий на другие и, как казалось, строенный каким-нибудь архитектором итальянским. Он был сложен из красивых тонких кирпичей в два этажа. Окна нижнего этажа были заключены в высоко выдавшиеся гранитные карнизы; верхний этаж состоял весь из небольших арок, образовавших галерею; между ними были видны решетки с гербами. На углах дома тоже были гербы. Наружная широкая лестница из крашеных кирпичей выходила на самую площадь. Внизу лестницы сидело по одному часовому, которые картинно и симметрически держались одной рукой за стоявшие около них алебарды, а другою подпирали наклоненные свои головы, и казалось, таким образом, более походили на изваяния, чем на живые существа. Они не спали и не дремали, но, казалось, были нечувствительны ко всему: они не обратили даже внимания на то, кто всходил по лестнице. Наверху лестницы они нашли богато убранного, всего с ног до головы вооруженного воина, державшего в руке молитвенник. Он было возвел на них истомленные очи, но татарка сказала ему одно слово, и он опустил их вновь в открытые страницы своего молитвенника. Они вступили в первую комнату, довольно просторную, служившую приемною или просто переднею. Она была наполнена вся сидевшими в разных положениях у стен солдатами, слугами, псарями, виночерпиями и прочей дворней, необходимою для показания сана польского вельможи, как военного, так и владельца собственных поместьев. Слышен был чад погаснувшей свечи. Две другие еще горели в двух огромных, почти в рост человека, подсвечниках, стоявших посередине, несмотря на то, что уже давно в решетчатое широкое окно глядело утро. Андрий уже было хотел идти прямо в широкую дубовую дверь, украшенную гербом и множеством резных украшений, но татарка дернула его за рукав и указала маленькую дверь в боковой стене. Этою вышли они в коридор и потом в комнату, которую он начал внимательно рассматривать. Свет, проходивший сквозь щель ставня, тронул кое-что: малиновый занавес, позолоченный карниз и живопись на стене. Здесь татарка указала Андрию остаться, отворила дверь в другую комнату, из которой блеснул свет огня. Он услышал шепот и тихий голос, от которого всё потряслось у него. Он видел сквозь растворившуюся дверь, как мелькнула быстро стройная женская фигура с длинною роскошною косою, упадавшею на поднятую кверху руку. Татарка возвратилась и сказала, чтобы он взошел. Он не помнил, как взошел и как затворилась за ним дверь. В комнате горели две свечи; лампада теплилась перед образом; под ним стоял высокий столик, по обычаю католическому, со ступеньками для преклонения коленей во время молитвы. Но не того искали глаза его. Он повернулся в другую сторону и увидел женщину, казалось, застывшую и окаменевшую в каком-то быстром движении. Казалось, как будто вся фигура ее хотела броситься к нему и вдруг остановилась. И он остался также изумленным пред нею. Не такой воображал он ее видеть: это была не она, не та, которую он знал прежде; ничего не было в ней похожего на ту, но вдвое прекраснее и чудеснее была она теперь, чем прежде. Тогда было в ней что-то неконченное, недовершенное, теперь это было произведение, которому художник дал последний удар кисти. Та была прелестная, ветреная девушка; эта была красавица — женщина во всей развившейся красе своей. Полное чувство выражалося в ее поднятых глазах, не отрывки, не намеки на чувство, но всё чувство. Еще слезы не успели в них высохнуть и облекли их блистающею влагою, проходившею душу. Грудь, шея и плечи заключились в те прекрасные границы, которые назначены вполне развившейся красоте; волосы, которые прежде разносились легкими кудрями по лицу ее, теперь обратились в густую роскошную косу, часть которой была подобрана, а часть разбросалась по всей длине руки и тонкими, длинными, прекрасно согнутыми волосами упадала на грудь. Казалось, все до одной изменились черты ее. Напрасно силился он в них отыскать хотя одну из тех, которые носились в его памяти, — ни одной! Как ни велика была ее бледность, но она не помрачила чудесной красы ее; напротив, казалось, как будто придала ей что-то стремительное, неотразимо-победоносное. И ощутил Андрий в своей душе благоговейную боязнь и стал неподвижен перед нею. Она, казалось, также была поражена видом козака, представшего во всей красе и силе юношеского мужества, который, казалось, и в самой неподвижности своих членов уже обличал развязную вольность движений; ясною твердостью сверкал глаз его, смелою дугою выгнулась бархатная бровь, загорелые щеки блистали всею яркостью девственного огня, и, как шелк, лоснился молодой черный ус.

— Нет, я не в силах ничем возблагодарить тебя, великодушный рыцарь, — сказала она, и весь колебался серебряный звук ее голоса. — Один Бог может возблагодарить тебя; не мне, слабой женщине...

Она потупила свои очи; прекрасными снежными полукружьями надвинулись на них веки, окраенные длинными, как стрелы, ресницами. Наклонилося всё чудесное лицо ее, и тонкий румянец оттенил его снизу. Ничего не умел сказать на это Андрий. Он хотел бы выговорить всё, что ни есть на душе, — выговорить его так же горячо, как оно было на душе, — и не мог. Почувствовал он что-то заградившее ему уста: звук отнялся у слова; почувствовал он, что не ему, воспитанному в бурсе и в бранной кочевой жизни, отвечать на такие речи, и вознегодовал на свою козацкую натуру.

В это время вошла в комнату татарка. Она уже успела нарезать ломтями принесенный рыцарем хлеб, несла его на золотом блюде и поставила перед своею панною. Красавица взглянула на нее, на хлеб и возвела очи на Андрия, — и много было в очах тех. Сей умиленный взор, выказавший изнеможенье и бессилье выразить обнявшие ее чувства, был более доступен Андрию, чем все речи. Его душе вдруг стало легко; казалось, всё развязалось у него. Душевные движенья и чувства, которые дотоле как будто кто-то удерживал тяжкою уздою, теперь почувствовали себя освобожденными, на воле и уже хотели излиться в неукротимые потоки слов, как вдруг красавица, оборотясь к татарке, беспокойно спросила:

— А мать? Ты отнесла ей?

— Она спит.

— А отцу?

— Отнесла. Он сказал, что придет сам благодарить рыцаря.

Она взяла хлеб и поднесла его ко рту. С неизъяснимым наслаждением глядел Андрий, как она ломала его блистающими пальцами своими и ела; и вдруг вспомнил о бесновавшемся от голода, который испустил дух в глазах его, проглотивши кусок хлеба. Он побледнел и, схватив ее за руку, закричал:

— Довольно! не ешь больше! Ты так долго не ела, тебе хлеб будет теперь ядовит.

И она опустила тут же свою руку, положила хлеб на блюдо и, как покорный ребенок, смотрела ему в очи. И пусть бы выразило чье-нибудь слово... но не властны выразить ни резец, ни кисть, ни высоко-могучее слово того, что видится иной раз во взорах девы, ниже того умиленного чувства, которым объемлется глядящий в такие взоры девы.

— Царица! — вскрикнул Андрий, полный и сердечных, и душевных, и всяких избытков. — Что тебе нужно? чего ты хочешь? прикажи мне! Задай мне службу самую невозможную, какая только есть на свете, — я побегу исполнять ее! Скажи мне сделать то, чего не в силах сделать ни один человек, — я сделаю, я погублю себя. Погублю, погублю! и погубить себя для тебя, клянусь Святым Крестом, мне так сладко... но не в силах сказать того! У меня три хутора, половина табунов отцовских — мои, всё, что принесла отцу мать моя, что даже от него скрывает она, — всё мое. Такого ни у кого нет теперь у козаков наших оружия, как у меня: за одну рукоять моей сабли дают мне лучший табун и три тысячи овец. И от всего этого откажусь, кину, брошу, сожгу, затоплю, если только ты вымолвишь одно слово или хотя только шевельнешь своею тонкою черною бровью! Но знаю, что, может быть, несу глупые речи и некстати, и нейдет всё это сюда, что не мне, проведшему жизнь в бурсе и на Запорожье, говорить так, как в обычае говорить там, где бывают короли, князья и всё что ни есть лучшего в вельможном рыцарстве. Вижу, что ты иное творенье Бога, нежели все мы, и далеки пред тобою все другие боярские жены и дочери-девы. Мы не годимся быть твоими рабами, только небесные ангелы могут служить тебе.

С возрастающим изумлением, вся превратившись в слух, не проронив ни одного слова, слушала дева открытую сердечную речь, в которой, как в зеркале, отражалась молодая, полная сил душа. И каждое простое слово сей речи, выговоренное голосом, летевшим прямо с сердечного дна, было облечено в силу. И выдалось вперед всё прекрасное лицо ее, отбросила она далеко назад досадные волосы, открыла уста и долго глядела с открытыми устами. Потом хотела что-то сказать и вдруг остановилась, и вспомнила, что другим назначеньем ведется рыцарь, что отец, братья и вся отчизна его стоят позади его суровыми мстителями, что страшны облегшие город запорожцы, что лютой смерти обречены все они с своим городом... И глаза ее вдруг наполнились слезами; быстро она схватила платок, шитый шелками, набросила себе на лицо его, и он в минуту стал весь влажен; и долго сидела, забросив назад свою прекрасную голову, сжав белоснежными зубами свою прекрасную нижнюю губу, — как бы внезапно почувствовав какое укушение ядовитого гада, — и не снимая с лица платка, чтобы он не видел ее сокрушительной грусти.

— Скажи мне одно слово! — сказал Андрий и взял ее за атласную руку. Сверкающий огонь пробежал по жилам его от сего прикосновенья, и жал он руку, лежавшую бесчувственно в руке его.

Но она молчала, не отнимала платка от лица своего и оставалась неподвижна.

— Отчего же ты так печальна? Скажи мне, отчего ты так печальна?

Бросила прочь она от себя платок, отдернула налезавшие на очи длинные волосы косы своей и вся разлилася в жалостных речах, выговаривая их тихим-тихим голосом, подобно когда ветер, поднявшись прекрасным вечером, пробежит вдруг по густой чаще приводного тростника: зашелестят, зазвучат и понесутся вдруг унывно-тонкие звуки, и ловит их с непонятной грустью остановившийся путник, не чуя ни погасающего вечера, ни несущихся веселых песен народа, бредущего от полевых работ и жнив, ни отдаленного тарахтанья где-то проезжающей телеги.

— Не достойна ли я вечных сожалений? Не несчастна ли мать, родившая меня на свет? Не горькая ли доля пришлась на часть мне? Не лютый ли ты палач мой, моя свирепая судьба? Всех ты привела к ногам моим: лучших дворян изо всего шляхетства, богатейших панов, графов и иноземных баронов, и всё, что ни есть цвет нашего рыцарства. Всем им было вольно любить меня, и за великое благо всякий из них почел бы любовь мою. Стоило мне только махнуть рукой, и любой из них, красивейший, прекраснейший лицом и породою, стал бы моим супругом. И ни к одному из них не причаровала ты моего сердца, свирепая судьба моя; а причаровала мое сердце, мимо лучших витязей земли нашей, к чуждому, к врагу нашему. За что же ты, Пречистая Божья Матерь, за какие грехи, за какие тяжкие преступления так неумолимо и беспощадно гонишь меня? В изобилии и роскошном избытке всего текли дни мои; лучшие, дорогие блюда и сладкие вина были мне снедью. И на что всё это было? к чему оно всё было? К тому ли, чтобы, наконец, умереть ли лютою смертью, какой не умирает последний нищий в королевстве? И мало того, что осуждена я на такую страшную участь; мало того, что перед концом своим должна видеть, как станут умирать в невыносимых муках отец и мать, для спасенья которых двадцать раз готова бы была отдать жизнь свою; мало всего этого: нужно, чтобы перед концом своим мне довелось увидать и услышать слова и любовь, какой не видала я. Нужно, чтобы он речами своими разодрал на части мое сердце, чтобы горькая моя участь была еще горше, чтобы еще жальче было мне моей молодой жизни, чтобы еще страшнее казалась мне смерть моя и чтобы еще больше, умирая, попрекала я тебя, свирепая судьба моя, и тебя — прости мое прегрешение, — Святая Божья Матерь!

И когда затихла она, безнадежное, безнадежное чувство отразилось в лице ее; ноющею грустью заговорила всякая черта его, и всё, от печально поникшего лба и опустившихся очей до слез, застывших и засохнувших по тихо пламеневшим щекам ее, — всё, казалось, говорило: «Нет счастья на лице сем!»

— Не слыхано на свете, не можно, не быть тому, — говорил Андрий, — чтобы красивейшая и лучшая из жен понесла такую горькую часть, когда она рождена на то, чтобы пред ней, как пред святыней, преклонилось всё, что ни есть лучшего на свете. Нет, ты не умрешь! Не тебе умирать! Клянусь моим рождением и всем, что мне мило на свете, ты не умрешь! Если же выйдет уже так и ничем — ни силой, ни молитвой, ни мужеством нельзя будет отклонить горькой судьбы, то мы умрем вместе; и прежде я умру, умру перед тобой, у твоих прекрасных коленей, и разве уже мертвого меня разлучат с тобою.

— Не обманывай, рыцарь, и себя и меня, — говорила она, качая тихо прекрасной головой своей, — знаю, и, к великому моему горю, знаю слишком хорошо, что тебе нельзя любить меня; и знаю я, какой долг и завет твой: тебя зовут отец, товарищи, отчизна, а мы — враги тебе.

— А что мне отец, товарищи и отчизна? — сказал Андрий, встряхнув быстро головою и выпрямив весь прямой, как надречная осокорь, стан свой. — Так если ж так, так вот что: нет у меня никого! Никого, никого! — повторил он тем же голосом и сопроводив его тем движеньем руки, с каким упругий, несокрушимый козак выражает решимость на дело, неслыханное и невозможное для другого. — Кто сказал, что моя отчизна Украина? Кто дал мне ее в отчизны? Отчизна есть то, чего ищет душа наша, что милее для нее всего. Отчизна моя — ты! Вот моя отчизна! И понесу я отчизну сию в сердце моем, понесу ее, пока станет моего веку, и посмотрю, пусть кто-нибудь из козаков вырвет ее оттуда! И всё, что ни есть, продам, отдам, погублю за такую отчизну!

На миг остолбенев, как прекрасная статуя, смотрела она ему в очи и вдруг зарыдала, и с чудною женскою стремительностью, на какую бывает только способна одна безрасчетно великодушная женщина, созданная на прекрасное сердечное движение, кинулась она к нему на шею, обхватив его снегоподобными, чудными руками, и зарыдала. В это время раздались на улице неясные крики, сопровожденные трубным и литаврным звуком. Но он не слышал их. Он слышал только, как чудные уста обдавали его благовонной теплотой своего дыханья, как слезы ее текли ручьями к нему на лицо и спустившиеся все с головы пахучие ее волосы опутали его всего своим темным и блистающим шелком.

В это время вбежала к ним с радостным криком татарка.

— Спасены, спасены! — кричала она, не помня себя. — Наши вошли в город, привезли хлеба, пшена, муки и связанных запорожцев.

Но не слышал никто из них, какие «наши» вошли в город, что привезли с собою и каких связали запорожцев. Полный не на земле вкушаемых чувств, Андрий поцеловал в сии благовонные уста, прильнувшие к щеке его; и не безответны были благовонные уста: они отозвались тем же. И в сем обоюдно-слиянном поцелуе ощутилось то, что один только раз в жизни дается чувствовать человеку.

И погиб козак! Пропал для всего козацкого рыцарства! Не видать ему больше ни Запорожья, ни отцовских хуторов своих, ни церкви Божьей! Украине не видать тоже храбрейшего из своих детей, взявшихся защищать ее. Вырвет старый Тарас седой клок волос из своей чуприны и проклянёт и день, и час, в который породил на позор себе такого сына.

VII

Шум и движение происходили в запорожском таборе. Сначала никто не мог дать верного отчета, как случилось, что войска прошли в город. Потом уже оказалось, что весь Переяславский курень, расположившийся перед боковыми городскими воротами, был пьян мертвецки; стало быть, дивиться нечего, что половина была перебита, а другая перевязана прежде, чем все могли узнать, в чем дело. Покамест ближние курени, разбуженные шумом, успели схватиться за оружие, войско уже уходило в ворота, и последние ряды отстреливались от устремившихся на них в беспорядке сонных и полупротрезвившихся запорожцев. Кошевой дал приказ собраться всем, и когда все стали в круг и затихли, снявши шапки, он сказал:

— Так вот что, панове-братове, случилось в эту ночь. Вот до чего довел хмель! Вот какое поруганье оказал нам неприятель! У вас, видно, уже такое заведение: коли позволишь удвоить порцию, так вы готовы так натянуться, что враг Христова воинства не только снимет с вас шаровары, но в самое лицо вам начихает, так вы того не услышите.

Козаки все стояли понурив головы, зная вину, один только незамайковский куренной атаман Кукубенко отозвался.

— Постой, батько! — сказал он. — Хоть оно и не в законе, чтобы сказать какое возражение, когда говорит кошевой перед лицом всего войска, да дело не так было, так нужно сказать. Ты не совсем справедливо попрекнул всё христианское войско. Козаки были бы повинны и достойны смерти, если бы напились в походе, на войне, на трудной, тяжкой работе. Но мы сидели без дела, маячились попусту перед городом. Ни поста, ни другого христианского воздержанья не было: как же может статься, чтобы на безделье не напился человек? Греха тут нет. А мы вот лучше покажем им, что такое нападать на безвинных людей. Прежде били добре, а уж теперь побьем так, что и пят не унесут домой.

Речь куренного атамана понравилась козакам. Они приподняли уже совсем было понурившиеся головы, и многие одобрительно кивнули головой, при-

молвивши: «Добре сказал Кукубенко!» А Тарас Бульба, стоявший недалеко от кошевого, сказал:

— А что, кошевой, видно, Кукубенко правду сказал? Что ты скажешь на это?

— А что скажу? Скажу: блажен и отец, родивший
такого сына! Еще не большая мудрость сказать уко-
рительное слово, но большая мудрость сказать такое
слово, которое бы, не поругавшись над бедою человека, ободрило бы его, придало бы духу ему, как
шпоры придают духу коню, освеженному водопоем.
Я сам хотел вам сказать потом утешительное слово,
да Кукубенко догадался прежде.

«Добре сказал и кошевой!» — отозвалось в рядах
запорожцев. «Доброе слово!» — повторили другие.
И самые седые, стоявшие, как сизые голуби, и те
кивнули головою и, моргнувши седым усом, тихо
сказали: «Добре сказанное слово!»

— Слушайте же, панове! — продолжал кошевой. — Брать крепость, карабкаться и подкапывать-
ся, как делают чужеземные, немецкие мастера, —
пусть ей враг прикинется! — и неприлично, и не козацкое дело. А судя по тому, что есть, неприятель
вошел в город не с большим запасом; телег что-то
было с ним немного. Народ в городе голодный; стало
быть, всё съест духом, да и коням тоже сена... уж я не
знаю, разве с неба кинет им на вилы какой-нибудь
их святой... только про это еще Бог знает; а ксендзы-
то их горазды на одни слова. За тем или за другим, а
уж они выйдут из города. Разделяйся же на три кучи
и становись на три дороги перед тремя воротами.
Перед главными воротами пять куреней, перед другими по три куреня. Дядькивский и Корсунский курень на засаду! Полковник Тарас с полком на засаду!
Тытаревский и Тымошевский курень на запас, с правого бока обоза! Щербиновский и Стебликивский
верхний — с левого боку! Да выбирайтесь из ряду,

молодцы, которые позубастее на слово, задирать неприятеля! У ляха пустоголовая натура: брани не вытерпит; и, может быть, сегодня же все они выйдут из ворот. Куренные атаманы, перегляди всякий курень свой: у кого недочет, пополни его останками Переяславского. Перегляди всё снова! Дать на опохмел всем по чарке и по хлебу на козака. Только, верно, всякий еще вчерашним сыт, ибо, некуда деть правды, понаедались все так, что дивлюсь, как ночью никто не лопнул. Да вот еще один наказ: если кто-нибудь, шинкарь, жид, продаст козаку хоть один кухоль сивухи, то я прибью ему на самый лоб свиное ухо, собаке, и повешу ногами вверх! За работу же, братцы! За работу!

Так распоряжал кошевой, и все поклонились ему в пояс и, не надевая шапок, отправились по своим возам и таборам, и, когда уже совсем далеко отошли, тогда только надели шапки. Все начали снаряжаться: пробовали сабли и палаши, насыпали порох из мешков в пороховницы, откатывали и становили возы и выбирали коней.

Уходя к своему полку, Тарас думал и не мог придумать, куда девался Андрий: полонили ли его вместе с другими и связали сонного? Только нет, не таков Андрий, чтобы отдался живым в плен. Между убитыми козаками тоже не было его видно. Задумался крепко Тарас и шел перед полком, не слыша, что его давно называл кто-то по имени.

— Кому нужно меня? — сказал он, наконец, очнувшись.

Перед ним стоял жид Янкель.

— Пан полковник, пан полковник! — говорил жид поспешным и прерывистым голосом, как будто бы хотел объявить дело, не совсем пустое. — Я был в городе, пан полковник!

Тарас посмотрел на жида и подивился тому, что он уже успел побывать в городе.

— Какой же враг тебя занес туда?

— Я тотчас расскажу, — сказал Янкель. — Как только услышал я на заре шум и козаки стали стрелять, я ухватил кафтан и, не надевая его, побежал туда бегом; дорогою уже надел его в рукава, потому что хотел поскорей узнать, отчего шум, отчего козаки на самой заре стали стрелять. Я взял и прибежал к самым городским воротам в то время, когда последнее войско входило в город. Гляжу — впереди отряда пан хорунжий Галяндович. Он человек мне знакомый: еще с третьего года задолжал сто червонных. Я за ним, будто бы затем, чтобы выправить с него долг, и вошел вместе с ними в город.

— Как же ты: вошел в город, да еще и долг хотел выправить? — сказал Бульба. — И не велел он тебя тут же повесить, как собаку?

— А ей-богу, хотел повесить, — отвечал жид, — уже было его слуги совсем схватили меня и закинули веревку на шею, но я взмолился пану, сказал, что подожду долгу, сколько пан хочет, и пообещал еще дать взаймы, как только поможет мне собрать долги с других рыцарей; ибо у пана хорунжего, — я всё скажу пану, — нет и одного червонного в кармане. Хоть у него есть и хутора, и усадьбы, и четыре замка, и степовой земли до самого Шклова, а грошей у него так, как у козака, — ничего нет. И теперь, если бы не вооружили его бреславские жиды, не в чем было бы ему и на войну выехать. Он и на сейме оттого не был...

— Что ж ты делал в городе? Видел наших?

— Как же! Наших там много: Ицка, Рахум, Самуйло, Хайвалох, еврей-арендатор...

— Пропади они, собаки! — вскрикнул, рассердившись, Тарас. — Что ты мне тычешь свое жидов-

ское племя! Я тебя спрашиваю про наших запорожцев.

— Наших запорожцев не видал. А видал одного
пана Андрия.

— Андрия видел? — вскрикнул Бульба. — Что ж
ты, где видел его? в подвале? в яме? обесчещен? связан?

— Кто же бы смел связать пана Андрия? Теперь
он такой важный рыцарь... Далибуг, я не узнал! И наплечники в золоте, и нарукавники в золоте, и зерцало в золоте, и шапка в золоте, и по поясу золото, и
везде золото, и всё золото. Так, как солнце взглянет
весною, когда в огороде всякая пташка пищит и поет
и травка пахнет, так и он весь сияет в золоте. И коня
дал ему воевода самого лучшего под верх; два ста
червонных стоит один конь.

Бульба остолбенел.

— Зачем же он надел чужое одеянье?

— Потому что лучше, потому и надел... И сам
разъезжает, и другие разъезжают; и он учит, и его
учат. Как наибогатейший польский пан!

— Кто ж его принудил?

— Я ж не говорю, чтобы его кто принудил. Разве
пан не знает, что он по своей воле перешел к ним?

— Кто перешел?

— А пан Андрий.

— Куда перешел?

— Перешел на их сторону, он уж теперь совсем
ихний.

— Врешь, свиное ухо!

— Как же можно, чтобы я врал? Дурак я разве,
чтобы врал? На свою бы голову я врал? Разве я не
знаю, что жида повесят, как собаку, коли он соврет
перед паном?

— Так это выходит, он, по-твоему, продал отчизну и веру?

— Я же не говорю этого, чтобы он продавал что: я сказал только, что он перешел к ним.

— Врешь, чертов жид! Такого дела не было на христианской земле! Ты путаешь, собака!

— Пусть трава порастет на пороге моего дома, если я путаю! Пусть всякий наплюет на могилу отца, матери, свекора, и отца отца моего, и отца матери моей, если я путаю. Если пан хочет, я даже скажу, и отчего он перешел к ним.

— Отчего?

— У воеводы есть дочка красавица. Святой Боже, какая красавица!

Здесь жид постарался, как только мог, выразить в лице своем красоту, расставив руки, прищурив глаз и покрививши набок рот, как будто чего-нибудь отведавши.

— Ну, так что же из того?

— Он для нее и сделал всё, и перешел. Коли человек влюбится, то он всё равно что подошва, которую, коли размочишь в воде, возьми согни — она и согнется.

Крепко задумался Бульба. Вспомнил он, что велика власть слабой женщины, что многих сильных погубляла она, что податлива с этой стороны природа Андрия; и стоял он долго как вкопанный на одном и том же месте.

— Слушай, пан, я все расскажу пану, — говорил жид. — Как только услышал я шум и увидел, что проходят в городские ворота, я схватил на всякий случай с собой нитку жемчуга, потому что в городе есть красавицы и дворянки, а коли есть красавицы и дворянки, сказал я себе, то хоть им и есть нечего, а жемчуг всё-таки купят. И как только хорунжего слуги пустили меня, я побежал на воеводин двор продавать жемчуг и расспросил всё у служанки-татарки. «Будет свадьба сейчас, как только прогонят запорожцев. Пан Андрий обещал прогнать запорожцев».

— И ты не убил тут же на месте его, чертова сына? — вскрикнул Бульба.

— За что же убить? Он перешел по доброй воле. Чем человек виноват? Там ему лучше, туда и перешел.

— И ты видел его в самое лицо?

— Ей-богу, в самое лицо! Такой славный вояка! Всех взрачней. Дай Бог ему здоровья, меня тотчас узнал; и когда я подошел к нему, тотчас сказал...

— Что ж он сказал?

— Он сказал... прежде кивнул пальцем, а потом уже сказал: «Янкель!» А я: «Пан Андрий!» — говорю. «Янкель! скажи отцу, скажи брату, скажи козакам, скажи запорожцам, скажи всем, что отец — теперь не отец мне, брат — не брат, товарищ — не товарищ, и что я с ними буду биться со всеми. Со всеми буду биться!»

— Врешь, чертов Иуда! — закричал, вышед из себя, Тарас. — Врешь, собака! Ты и Христа распял, проклятый Богом человек! Я тебя убью, сатана! Утекай отсюда, не то — тут же тебе и смерть! — И сказавши это, Тарас выхватил свою саблю.

Испуганный жид припустился тут же во все лопатки, как только могли вынести его тонкие, сухие икры. Долго еще бежал он без оглядки между козацким табором и потом далеко по всему чистому полю, хотя Тарас вовсе не гнался за ним, размыслив, что неразумно вымещать запальчивость на первом подвернувшемся.

Теперь припомнил он, что видел в прошлую ночь Андрия, проходившего по табору с какой-то женщиною, и поник седою головою, а всё еще не хотел верить, чтобы могло случиться такое позорное дело и чтобы собственный сын его продал веру и душу.

Наконец повел он свой полк в засаду и скрылся с ним за лесом, который один был не выжжен еще козаками. А запорожцы, и пешие и конные, выступали на три дороги к трем воротам. Один за другим валили курени: Уманский, Поповичевский, Каневский, Стебликивский, Незамайковский, Гургузив, Тытаревский, Тымошевский. Одного только Переяславского не было. Крепко курнули козаки его и прокурили свою долю. Кто проснулся связанный во вражьих руках, кто, и совсем не просыпаясь, сонный перешел в сырую землю, и сам атаман Хлиб, без шаровар и верхнего убранства, очутился в ляшском стану.

В городе услышали козацкое движенье. Все высыпали на вал, и предстала пред козаков живая картина: польские витязи, один другого красивей, стояли на валу. Медные шапки сияли, как солнца, оперенные белыми, как лебедь, перьями. На других были легкие шапочки, розовые и голубые, с перегнутыми набекрень верхами; кафтаны с откидными рукавами, шитые и золотом и просто выложенные шнурками; у тех сабли и ружья в дорогих оправах, за которые дорого приплачивались паны, — и много было всяких других убранств. Напереди стоял спесиво, в красной шапке, убранной золотом, буджаковский полковник. Грузен был полковник, всех выше и толще, и широкий дорогой кафтан в силу облекал его. На другой стороне, почти к боковым воротам, стоял другой полковник, небольшой человек, весь высохший; но малые зоркие очи глядели живо из-под густо наросших бровей, и оборачивался он скоро на все стороны, указывая бойко тонкою, сухою рукою своею, раздавая приказанья; видно было, что, несмотря на малое тело свое, знал он хорошо ратную науку. Недалеко от него стоял хорунжий, длинный-длинный, с густыми усами, и, казалось, не было у него недостатка в краске на лице. Любил пан крепкие меды и добрую пирушку. И много было видно за ними всякой шляхты, вооружившейся кто на свои червонцы, кто на королевскую казну, кто на жидовские деньги, заложив всё, что ни нашлось в дедовских замках. Немало было и всяких сенаторских нахлебников, которых брали с собою сенаторы на обеды для почета, которые крали со стола и из буфетов серебряные кубки и после сегодняшнего почета на другой день садились на козлы править конями у какого-нибудь пана. Много всяких было там. Иной раз и выпить было не на что, а на войну все принарядились.

Козацкие ряды стояли тихо перед стенами. Не было на них ни на ком золота, только разве кое-где блестело оно на сабельных рукоятях и ружейных оправах. Не любили козаки богато выряжаться на битвах; простые были на них кольчуги и свиты, и далеко чернели и червонели черные червоноверхие бараньи их шапки.

Два козака выехало вперед из запорожских рядов: один еще совсем молодой, другой постарее, оба зубастые на слова, на деле тоже не плохие козаки: Охрим Наш и Мыкыта Голокопытенко. Следом за ними выехал и Демид Попович, коренастый козак, уже давно маячивший на Сечи, бывший под Адрианополем и много натерпевшийся на веку своем: горел в огне и прибежал на Сечь с обсмаленною, почерневшею головою и выгоревшими усами. Но раздобрел вновь Попович, пустил за ухо оселедец, вырастил усы, густые и черные как смоль. И крепок был на едкое слово Попович.

— А, красные жупаны на всем войске, да хотел бы я знать, красная ли сила у войска?

— Вот я вас! — кричал сверху дюжий полковник, — всех перевяжу! Отдавайте, холопы, ружья и коней. Видели, как перевязал я ваших? Выведите им на вал запорожцев!

И вывели на вал скрученных веревками запорожцев. Впереди их был куренной атаман Хлиб, без шаровар и верхнего убранства, — так, как схватили его хмельного. И потупил в землю голову атаман, стыдясь наготы своей перед своими же козаками и того, что попал в плен, как собака, сонный. В одну ночь поседела крепкая голова его.

— Не печалься, Хлиб! Выручим! — кричали ему снизу козаки.

— Не печалься, друзьяка! — отозвался куренной атаман Бородатый. — В том нет вины твоей, что схватили тебя нагого. Беда может быть со всяким человеком; но стыдно им, что выставили тебя на позор, не прикрывши прилично наготы твоей.

— Вы, видно, на сонных людей храброе войско! — говорил, поглядывая на вал, Голокопытенко.

— Вот, погодите, обрежем мы вам чубы! — кричали им сверху.

— А хотел бы я поглядеть, как они нам обрежут чубы! — говорил Попович, поворотившись перед ними на коне. И потом, поглядевши на своих, сказал: — А что ж? Может быть, ляхи и правду говорят. Коли выведет их вон тот пузатый, им всем будет добрая защита.

— Отчего ж, ты думаешь, будет им добрая защита? — сказали козаки, зная, что Попович, верно, уже готовился что-нибудь отпустить.

— А оттого, что позади его упрячется всё войско, и уж черта с два из-за его пуза достанешь которого-нибудь копьем!

Все засмеялись козаки. И долго многие из них еще покачивали головою, говоря: «Ну уж Попович! Уж коли кому закрутит слово, так только ну...» Да уж и не сказали козаки, что такое «ну».

— Отступайте, отступайте скорей от стен! — закричал кошевой. Ибо ляхи, казалось, не выдержали едкого слова, и полковник махнул рукой.

Едва только посторонились козаки, как грянули с валу картечью. На валу засуетились, показался сам седой воевода на коне. Ворота отворились, и выступило войско. Впереди выехали ровным конным строем шитые гусары. За ними кольчужники, потом латники с копьями, потом все в медных шапках, потом ехали особняком лучшие шляхтичи, каждый одетый по-своему. Не хотели гордые шляхтичи смешаться в ряды с другими, и у которого не было команды, тот ехал один с своими слугами. Потом опять ряды, и за ними выехал хорунжий; за ним опять ряды, и выехал дюжий полковник; а позади всего уже войска выехал последним низенький полковник.

— Не давать им, не давать им строиться и становиться в ряды! — кричал кошевой. — Разом напирайте на них все курени! Оставляйте прочие ворота! Тытаревский курень, нападай сбоку! Дядькивский курень, нападай с другого! Напирайте на тыл, Кукубенко и Палывода! Мешайте, мешайте и розните их!

И ударили со всех сторон козаки, сбили и смешали их, и сами смешались. Не дали даже и стрельбы произвести; пошло дело на мечи да на копья. Все сбились в кучу, и каждому привел случай показать себя. Демид Попович трех заколол простых и двух лучших шляхтичей сбил с коней, говоря: «Вот добрые кони! Таких коней я давно хотел достать!» И выгнал коней далеко в поле, крича стоявшим козакам перенять их. Потом вновь пробился в кучу, напал опять на сбитых с коней шляхтичей, одного убил, а другому накинул аркан на шею, привязал к седлу и поволок его по всему полю, снявши с него саблю с дорогою рукоятью и отвязавши от пояса целый черенок с червонцами. Кобита, добрый козак и молодой еще, схватился тоже с одним из храбрейших в польском войске, и долго бились они. Сошлись уже в рукопашный. Одолел было уже козак и, сломивши, ударил вострым турецким ножом в грудь, но не уберегся сам. Тут же в висок хлопнула его горячая пуля. Свалил его знатнейший из панов, красивейший и древнего княжеского роду рыцарь. Как стройный тополь, носился он на буланом коне своем. И много уже показал боярской богатырской удали: двух запорожцев разрубил надвое; Федора Коржа, доброго козака, опрокинул вместе с конем, выстрелил по коню и козака достал из-за коня копьем; многим отнес головы и руки и повалил козака Кобиту, вогнавши ему пулю в висок.

— Вот с кем бы я хотел попробовать силы! — закричал незамайковский куренной атаман Кукубенко. Припустив коня, налетел прямо ему в тыл и сильно вскрикнул, так что вздрогнули все близ стоявшие от нечеловеческого крика. Хотел было поворотить вдруг своего коня лях и стать ему в лицо; но не послушался конь: испуганный страшным криком, мотнулся на сторону, и достал его ружейною пулею Кукубенко. Вошла в спинные лопатки ему горячая пуля, и свалился он с коня. Но и тут не поддался лях, всё еще силился нанести врагу удар, но ослабела упавшая вместе с саблею рука. А Кукубенко, взяв в обе руки свой тяжелый палаш, вогнал его ему в самые побледневшие уста. Вышиб два сахарные зуба палаш, рассек надвое язык, разбил горловой позвонок и вошел далеко в землю. Так и пригвоздил он его там навеки к сырой земле. Ключом хлынула вверх алая, как надречная калина, высокая дворянская кровь и выкрасила весь обшитый золотом желтый кафтан его. А Кукубенко уже кинул его и пробился с своими незамайковцами в другую кучу.

— Эх, оставил неприбранным такое дорогое убранство! — сказал уманский куренной Бородатый,
отъехавши от своих к месту, где лежал убитый Куку-
бенком шляхтич. — Я семерых убил шляхтичей
своею рукою, а такого убранства еще не видел ни на
ком.

И польстился корыстью Бородатый: нагнулся,
чтобы снять с него дорогие доспехи, вынул уже турецкий нож в оправе из самоцветных каменьев, отвязал от пояса черенок с червонцами, снял с груди
сумку с тонким бельем, дорогим серебром и девичес-
кою кудрею, сохранно сберегавшеюся на память.
И не услышал Бородатый, как налетел на него сзади
красноносый хорунжий, уже раз сбитый им с седла и
получивший добрую зазубрину на память. Размах-
нулся он со всего плеча и ударил его саблей по на-
гнувшейся шее. Не к добру повела корысть козака:
отскочила могучая голова, и упал обезглавленный
труп, далеко вокруг оросивши землю. Понеслась к
вышинам суровая козацкая душа, хмурясь и негодуя,
и вместе с тем дивуясь, что так рано вылетела из такого крепкого тела. Не успел хорунжий ухватить за
чуб атаманскую голову, чтобы привязать ее к седлу, а
уж был тут суровый мститель.

Как плавающий в небе ястреб, давши много кругов сильными крылами, вдруг останавливается рас-
пластанный на одном месте и бьет оттуда стрелой на
раскричавшегося у самой дороги самца-перепела, —
так Тарасов сын, Остап, налетел вдруг на хорунжего
и сразу накинул ему на шею веревку. Побагровело
еще сильнее красное лицо хорунжего, когда затянула
ему горло жестокая петля; схватился он было за пистолет, но судорожно сведенная рука не могла направить выстрела, и даром полетела в поле пуля. Остап
тут же, у его же седла, отвязал шелковый шнур, который возил с собою хорунжий для вязания пленных, и

его же шнуром связал его по рукам и по ногам, прицепил конец веревки к седлу и поволок его через поле, сзывая громко всех козаков Уманского куреня, чтобы шли отдать последнюю честь атаману.

Как услышали уманцы, что куренного их атамана Бородатого нет уже в живых, бросили поле битвы и прибежали прибрать его тело; и тут же стали совещаться, кого выбрать в куренные. Наконец сказали:

— Да на что совещаться? Лучше не можно поставить в куренные, как Бульбенка Остапа. Он, правда, младший всех нас, но разум у него, как у старого человека.

Остап, сняв шапку, всех поблагодарил козаков-товарищей за честь, не стал отговариваться ни молодостью, ни молодым разумом, зная, что время военное и не до того теперь, а тут же повел их прямо на кучу и уж показал им всем, что недаром выбрали его в атаманы. Почувствовали ляхи, что уже становилось дело слишком жарко, отступили и перебежали поле, чтоб собраться на другом конце его. А низенький полковник махнул на стоявшие отдельно, у самых ворот, четыре свежих сотни, и грянули оттуда картечью в козацкие кучи. Но мало кого достали: пули хватили по быкам козацким, дико глядевшим на битву. Взревели испуганные быки, поворотили на козацкие таборы, переломали возы и многих перетоптали. Но Тарас в это время, вырвавшись из засады с своим полком, с криком бросился навперейму. Поворотило назад всё бешеное стадо, испуганное криком, и метнулось на ляшские полки, опрокинуло конницу, всех смяло и рассыпало.

— О, спасибо вам, волы! — кричали запорожцы, — служили всё походную службу, а теперь и военную сослужили! — И ударили с новыми силами на неприятеля.

Много тогда перебили врагов. Многие показали

себя: Метельця, Шило, оба Пысаренки, Вовтузенко, и немало было всяких других. Увидели ляхи, что плохо, наконец, приходит, выкинули хоругвь и закричали отворять городские ворота. Со скрипом отворились обитые железом ворота и приняли толпившихся, как овец в овчарню, изнуренных и покрытых пылью всадников. Многие из запорожцев погнались было за ними, но Остап своих уманцев остановил, сказавши: «Подальше, подальше, паны-братья, от стен! Не годится близко подходить к ним». И правду сказал, потому что со стен грянули, и посыпали всем чем ни попало, и многим досталось. В это время подъехал кошевой и похвалил Остапа, сказавши: «Вот и новый атаман, а ведет войско так, как бы и старый!» Оглянулся старый Бульба поглядеть, какой там новый атаман, и увидел, что впереди всех уманцев сидел на коне Остап, и шапка заломлена набекрень, и атаманская палица в руке. «Вишь ты какой!» — сказал он, глядя на него; и обрадовался старый, и стал благодарить всех уманцев за честь, оказанную сыну.

Козаки вновь отступили, готовясь идти к таборам, а на городском валу вновь показались ляхи, уже с изорванными епанчами. Запеклася кровь на многих дорогих кафтанах, и пылью покрылися красивые медные шапки.

— Что, перевязали? — кричали им снизу запорожцы.

— Вот я вас! — кричал всё так же сверху толстый полковник, показывая веревку.

И всё еще не переставали грозить запыленные, изнуренные воины, и все, бывшие позадорнее, перекинулись с обеих сторон бойкими словами.

Наконец разошлись все. Кто расположился отдыхать, истомившись от боя; кто присыпал землей свои раны и драл на перевязки платки и дорогие одежды, снятые с убитого неприятеля. Другие же, которые были посвежее, стали прибирать тела и отдавать им последнюю почесть. Палашами и копьями копали могилы; шапками, полами выносили землю; сложили честно козацкие тела и засыпали их свежею землею, чтобы не досталось воронам и хищным орлам выклевывать им очи. А ляшские тела увязавши как попало десятками к хвостам диких коней, пустили их по всему полю и долго потом гнались за ними и хлестали их по бокам. Летели бешеные кони по бороздам, буграм, через рвы и протоки, и бились о землю покрытые кровью и прахом ляшские трупы.

Потом сели кругами все курени вечерять и долго говорили о делах и подвигах, доставшихся в удел каждому, на вечный рассказ пришельцам и потомству. Долго не ложились они. А долее всех не ложился старый Тарас, всё размышляя, что бы значило, что Андрия не было между вражьих воев. Посовестился ли Иуда выйти противу своих, или обманул жид, и попался он просто в неволю? Но тут же вспомнил он, что не в меру было наклончиво сердце Андрия на женские речи, почувствовал скорбь и заклялся сильно в душе против полячки, причаровавшей его сына. И выполнил бы он свою клятву: не поглядел бы на ее красоту, вытащил бы ее за густую, пышную косу, поволок бы ее за собою по всему полю, между всех козаков. Избились бы о землю, окровавившись и покрывшись пылью, ее чудные груди и плечи, блеском равные нетающим снегам, покрывающим горные вершины; разнес бы по частям он ее пышное, прекрасное тело. Но не ведал Бульба того, что готовит Бог человеку завтра, и стал позабываться сном, и, наконец, заснул.

А козаки всё еще говорили промеж собой, и всю ночь стояла у огней, приглядываясь пристально во все концы, трезвая, не смыкавшая очей стража.

Еще солнце не дошло до половины неба, как все запорожцы собрались в круги. Из Сечи пришла весть, что татары во время отлучки козаков ограбили в ней всё, вырыли скарб, который втайне держали козаки под землею, избили и забрали в плен всех, которые оставались, и со всеми забранными стадами и табунами направили путь прямо к Перекопу. Один только козак, Максим Голодуха, вырвался дорогою из татарских рук, заколол мирзу, отвязал у него мешок с цехинами и на татарском коне, в татарской одежде полтора дни и две ночи уходил от погони, загнал насмерть коня, пересел дорогою на другого, загнал и того, и уже на третьем приехал в запорожский табор, разведав на дороге, что запорожцы были под Дубном. Только и успел объявить он, что случилось такое зло; но отчего оно случилось, курнули ли оставшиеся запорожцы, по козацкому обычаю, и пьяными отдались в плен, и как узнали татары место, где был зарыт войсковой скарб, — того ничего не сказал он. Сильно истомился козак, распух весь, лицо пожгло и опалило ему ветром; упал он тут же и заснул крепким сном.

В подобных случаях водилось у запорожцев гнаться в ту ж минуту за похитителями, стараясь настигнуть их на дороге, потому что пленные как раз могли очутиться на базарах Малой Азии, в Смирне, на Критском острову, и, Бог знает, в каких местах не показались бы чубатые запорожские головы. Вот отчего собрались запорожцы. Все до единого стояли они в шапках, потому что пришли не с тем, чтобы слушать по начальству атаманский приказ, но совещаться, как ровные между собою.

— Давай совет прежде старшие! — закричали в толпе.

— Давай совет кошевой! — говорили другие.

И кошевой снял шапку, уж не так, как начальник, а как товарищ, благодарил всех козаков за честь и сказал:

— Много между нами есть старших и советом умнейших, но коли меня почтили, то мой совет: не терять, товарищи, времени и гнаться за татарином. Ибо вы сами знаете, что за человек татарин. Он не станет с награбленным добром ожидать нашего прихода, а мигом размытарит его, так что и следов не найдешь. Так мой совет: идти. Мы здесь уже погуляли. Ляхи знают, что такое козаки; за веру, сколько было по силам, отметили; корысти же с голодного города не много. Итак, мой совет — идти.

— Идти! — раздалось голосно в запорожских куренях.

Но Тарасу Бульбе не пришлись по душе такие слова, и навесил он еще ниже на очи свои хмурые, исчерна-белые брови, подобные кустам, выросшим по высокому темени горы, которых верхушки вплоть занес иглистый северный иней.

— Нет, не прав совет твой, кошевой! — сказал он. — Ты не так говоришь. Ты позабыл, видно, что в плену остаются наши, захваченные ляхами? Ты хочешь, видно, чтоб мы не уважили первого, святого закона товарищества: оставили бы собратьев своих на то, чтобы с них с живых содрали кожу или, исчетвертовав на части козацкое их тело, развозили бы их по городам и селам, как сделали они с гетьманом и лучшими русскими витязями на Украине. Разве мало они поругались и без того над святынею? Что ж мы такое? спрашиваю я всех вас. Что ж за козак тот, который кинул в беде товарища, кинул его, как собаку, пропасть на чужбине? Коли уж на то пошло, что всякий ни во что ставит козацкую честь, позволив себе плюнуть в седые усы свои и попрекнуть себя обидным словом, так не укорит же никто меня. Один остаюсь!

Поколебались все стоявшие запорожцы.

— А разве ты позабыл, бравый полковник, — сказал тогда кошевой, — что у татар в руках тоже наши товарищи, что если мы теперь их не выручим, то жизнь их будет продана на вечное невольничество язычникам, что хуже всякой лютой смерти? Позабыл разве, что у них теперь вся казна наша, добытая христианскою кровью?

Задумались все козаки и не знали, что сказать. Никому не хотелось из них заслужить обидную славу. Тогда вышел вперед всех старейший годами во всем запорожском войске Касьян Бовдюг. В чести был он от всех козаков; два раза уже был избираем кошевым и на войнах тоже был сильно добрый козак, но уже давно состарелся и не бывал ни в каких походах; не любил тоже и советов давать никому, а любил старый вояка лежать на боку у казацких кругов, слушая рассказы про всякие бывалые случаи и козацкие походы. Никогда не вмешивался он в их речи, а всё только слушал да прижимал пальцем золу в своей коротенькой трубке, которой не выпускал изо рта, и долго сидел он потом, прижмурив слегка очи; и не знали козаки, спал ли он, или всё еще слушал. Все походы оставался он дома, но сей раз разобрало старого. Махнул рукою по-козацки и сказал:

— А, не куды пошло! Пойду и я: может, в чем-нибудь буду пригоден козачеству!

Все козаки притихли, когда выступил он теперь перед собрание, ибо давно не слышали от него никакого слова. Всякий хотел знать, что скажет Бовдюг.

— Пришла очередь и мне сказать слово, паны-братья! — так он начал. — Послушайте, дети, старого. Мудро сказал кошевой; и, как голова козацкого войска, обязанный приберегать его и пещись о войсковом скарбе, мудрее ничего он не мог сказать. Вот что! Это пусть будет первая моя речь! А теперь послушайте, что скажет моя другая речь. А вот что скажет моя другая речь: большую правду сказал и Тарас-полковник, — дай Боже ему побольше веку и чтоб таких полковников было побольше на Украине! Первый долг и первая честь козака есть соблюсти товарищество. Сколько ни живу я на веку, не слышал я, паны-братья, чтобы козак покинул где или продал как-нибудь своего товарища. И те, и другие нам товарищи; меньше их или больше — всё равно, все товарищи, все нам дороги. Так вот какая моя речь: те, которым милы захваченные татарами, пусть отправляются за татарами, а которым милы полоненные ляхами и не хочется оставлять правого дела, пусть остаются. Кошевой по долгу пойдет с одною половиною за татарами, а другая половина выберет себе наказного атамана. А наказным атаманом, коли хотите послушать белой головы, не пригоже быть никому другому, как только одному Тарасу Бульбе. Нет из нас никого, равного ему в доблести.

Так сказал Бовдюг и затих; и обрадовались все козаки, что навел их таким образом на ум старый. Все вскинули вверх шапки и закричали:

— Спасибо тебе, батько! Молчал, молчал, долго молчал, да вот, наконец, и сказал! Недаром говорил, когда собирался в поход, что будешь пригоден козачеству: так и сделалось.

— Что, согласны вы на то? — спросил кошевой.

— Все согласны! — закричали козаки.

— Стало быть, раде конец?

— Конец раде! — кричали козаки.

— Слушайте ж теперь войскового приказа, дети! — сказал кошевой, выступил вперед и надел шапку, а все запорожцы, сколько их ни было, сняли свои шапки и остались с непокрытыми головами, утупив очи в землю, как бывало всегда между козаками, когда собирался что говорить старший.

— Теперь отделяйтесь, паны-братья! Кто хочет идти, ступай на правую сторону; кто остается, отходи на левую! Куды большая часть куреня переходит, туды и атаман; коли меньшая часть переходит, приставай к другим куреням.

И все стали переходить, кто на правую, кто на левую сторону. Которого куреня большая часть переходила, туда и куренной атаман переходил; которого малая часть, та приставала к другим куреням; и вышло без малого не поровну на всякой стороне. Захотели остаться: весь почти Незамайковский курень, большая половина Поповичевского куреня, весь Уманский курень, весь Каневский курень, бо́льшая половина Стебликивского куреня, большая половина Тымошевского куреня. Все остальные вызвались идти вдогон за татарами. Много было на обеих сторонах дюжих и храбрых козаков. Между теми, которые решились идти вслед за татарами, был Череватый, добрый старый козак, Покотыполе, Лемиш, Прокопович Хома; Демид Попович тоже перешел туда, потому что был сильно завзятого нрава козак — не мог долго высидеть на месте; с ляхами попробовал уже он дела, хотелось попробовать еще с татарами. Куренные были: Ностюган, Покрышка, Невылычкий; и много еще других славных и храбрых козаков захотело попробовать меча и могучего плеча в схватке с татарином. Немало было также сильно и сильно добрых козаков между теми, которые захотели остаться: куренные Демытрович, Кукубенко, Вертыхвист, Балабан, Бульбенко Остап. Потом много было еще других именитых и дюжих козаков: Вовтузенко, Черевыченко, Степан Гуска, Охрим Гуска, Мыкола Густый, Задорожний, Метелыця, Иван Закрутыгуба, Мосий Шило, Дёгтяренко, Сыдоренко, Пысаренко, потом другой Пысаренко, потом еще Пысаренко, и много было других добрых козаков. Все были хожалые, езжалые: ходили по анатольским берегам, по крымским солончакам и степям, по всем речкам большим и малым, которые впадали в Днепр, по всем заходам и днепровским островам; бывали в молдавской, волошской, в турецкой земле; изъездили всё Черное море двухрульными козацкими челнами; нападали в пятьдесят челнов в ряд на богатейшие и превысокие корабли, перетопили немало турецких галер и много-много выстреляли пороху на своем веку. Не раз драли на онучи дорогие паволоки и оксамиты. Не раз череши у штанных очкуров набивали всё чистыми цехинами. А сколько всякий из них пропил и прогулял добра, ставшего бы другому на всю жизнь, того и счесть нельзя. Всё спустили по-козацки, угощая весь мир и нанимая музыку, чтобы всё веселилось, что ни есть на свете. Еще и теперь у редкого из них не было закопано добра — кружек, серебряных ковшей и запястьев под камышами на днепровских островах, чтобы не довелось татарину найти его, если бы, в случае несчастья, удалось ему напасть врасплох на Сечь; но трудно было бы татарину найти его, потому что и сам хозяин уже стал забывать, в котором месте закопал его. Такие-то были козаки, захотевшие остаться и отметить ляхам за верных товарищей и Христову веру! Старый козак Бовдюг захотел также остаться с ними, сказавши: «Теперь не такие мои лета, чтобы гоняться за татарами, а тут есть место, где опочить доброю козацкою смертью. Давно уже просил я у Бога, чтобы если придется кончать жизнь, то чтобы кончить ее на войне за святое и христианское дело. Так оно и случилось. Славнейшей кончины уже не будет в другом месте для старого козака».

Когда отделились все и стали на две стороны в два ряда куренями, кошевой прошел промеж рядов и сказал:

— А что, панове-братове, довольны одна сторона другою?

— Все довольны, батько! — отвечали козаки.

— Ну, так поцелуйтесь же и дайте друг другу прощанье, ибо, Бог знает, приведется ли в жизни еще увидеться. Слушайте своего атамана, а исполняйте то, что сами знаете: сами знаете, что велит козацкая честь.

И все козаки, сколько их ни было, перецеловались между собою. Начали первые атаманы и, поведши рукою седые усы свои, поцеловались навкрест и потом взялись за руки и крепко держали руки. Хотел один другого спросить: «Что, пане-брате, увидимся или не увидимся?» — да и не спросили, замолчали, — и загадались обе седые головы. А козаки все до одного прощались, зная, что много будет работы тем и другим; но не повершили, однако ж, тотчас разлучиться, а повершили дождаться темной ночной поры, чтобы не дать неприятелю увидеть убыль в козацком войске. Потом все отправились по куреням обедать.

После обеда все, которым предстояла дорога, легли отдыхать и спали крепко и долгим сном, как будто чуя, что, может, последний сон доведется им вкусить на такой свободе. Спали до самого заходу солнечного; а как зашло солнце и немного стемнело, стали мазать телеги. Снарядясь, пустили вперед возы, а сами, пошапковавшись еще раз с товарищами, тихо пошли вслед за возами. Конница чинно, без покрика и посвиста на лошадей, слегка затопотела вслед за пешими, и скоро стало их не видно в темноте. Глухо отдавалась только конская топь да скрип иного колеса, которое еще не расходилось или не было хорошо подмазано за ночною темнотою.

Долго еще остававшиеся товарищи махали им издали руками, хотя не было ничего видно. А когда сошли и воротились по своим местам, когда увидели при высветивших ясно звездах, что половины телег уже не было на месте, что многих, многих нет, невесело стало у всякого на сердце, и все задумались против воли, утупивши в землю гульливые свои головы.

Тарас видел, как смутны стали козацкие ряды и как уныние, неприличное храброму, стало тихо обнимать козацкие головы, но молчал: он хотел дать время всему, чтобы пообыклись они и к унынью, наведенному прощаньем с товарищами, а между тем в тишине готовился разом и вдруг разбудить их всех, гикнувши по-козацки, чтобы вновь и с большею силою, чем прежде, воротилась бодрость каждому в душу, на что способна одна только славянская порода — широкая, могучая порода перед другими, что море перед мелководными реками. Коли время бурно, все превращается оно в рев и гром, бугря и подымая валы, как не поднять их бессильным рекам; коли же безветренно и тихо, яснее всех рек расстилает оно свою неоглядную склянную поверхность, вечную негу очей.

И повелел Тарас распаковать своим слугам один из возов, стоявший особняком. Больше и крепче всех других он был в козацком обозе; двойною крепкою шиною были обтянуты дебелые колеса его; грузно был он навьючен, укрыт попонами, крепкими воловьими кожами и увязан туго засмоленными веревками. В возу были всё баклаги и бочонки старого доброго вина, которое долго лежало у Тараса в погребах. Взял он его про запас, на торжественный случай, чтобы, если случится великая минута и будет всем предстоять дело, достойное на передачу потомкам, то чтобы всякому, до единого, козаку досталось выпить заповедного вина, чтобы в великую минуту великое бы и чувство овладело человеком. Услышав полковничий приказ, слуги бросились к возам, палашами перерезывали крепкие веревки, снимали толстые воловьи кожи и попоны и стаскивали с воза баклаги и бочонки.

— А берите все, — сказал Бульба, — все, сколько ни есть, берите, что у кого есть: ковш, или черпак, которым поит коня, или рукавицу, или шапку, а коли что, то и просто подставляй обе горсти.

И козаки все, сколько ни было их, брали, у кого был ковш, у кого черпак, которым поил коня, у кого рукавица, у кого шапка, а кто подставлял и так обе горсти. Всем им слуги Тарасовы, расхаживая промеж рядами, наливали из баклаг и бочонков. Но не приказал Тарас пить, пока не даст знаку, чтобы выпить им всем разом. Видно было, что он хотел что-то сказать. Знал Тарас, что, как ни сильно само по себе старое доброе вино и как ни способно оно укрепить дух человека, но если к нему да присоединится еще приличное слово, то вдвое крепче будет сила и вина и духа.

— Я угощаю вас, паны-братья, — так сказал Бульба, — не в честь того, что вы сделали меня своим атаманом, как ни велика подобная честь, не в честь также прощанья с нашими товарищами: нет, в другое время прилично то и другое; не такая теперь перед нами минута. Перед нами дела великого поту, великой козацкой доблести! Итак, выпьем, товарищи, разом выпьем поперед всего за святую православную веру: чтобы пришло, наконец, такое время, чтобы по всему свету разошлась и везде была бы одна святая вера, и все, сколько ни есть бусурманов, все бы сделались христианами! Да за одним уже разом выпьем и за Сечь, чтобы долго она стояла на погибель всему бусурманству, чтобы с каждым годом выходили из нее молодцы один одного лучше, один одного краше. Да уже вместе выпьем и за нашу собственную славу, чтобы сказали внуки и сыны тех внуков, что были когда-то такие, которые не постыдили товарищества и не выдали своих. Так за веру, пане-братове, за веру!

— За веру! — загомонели все, стоявшие в ближних рядах, густыми голосами.

— За веру! — подхватили дальние; и всё что ни было, и старое и молодое, выпило за веру.

— За Сичь! — сказал Тарас и высоко поднял над головою руку.

— За Сичь! — отдалося густо в передних рядах. — За Сичь! — сказали тихо старые, моргнувши седым усом; и, встрепенувшись, как молодые соколы, повторили молодые: — За Сичь!

И слышало далече поле, как поминали козаки свою Сичь.

— Теперь последний глоток, товарищи, за славу и всех христиан, какие живут на свете!

И все козаки, до последнего в поле, выпили последний глоток в ковшах за славу и всех христиан, какие ни есть на свете. И долго еще повторялось по всем рядам промеж всеми куренями:

— За всех христиан, какие ни есть на свете!

Уже пусто было в ковшах, а всё еще стояли козаки, поднявши руки. Хоть весело глядели очи их всех, просиявшие вином, но сильно загадались они. Не о корысти и военном прибытке теперь думали они, не о том, кому посчастливится набрать червонцев, дорогого оружья, шитых кафтанов и черкесских коней; но загадалися они — как орлы, севшие на вершинах обрывистых, высоких гор, с которых далеко видно расстилающееся беспредельно море, усыпанное, как мелкими птицами, галерами, кораблями и всякими судами, огражденное по сторонам чуть видными тонкими поморьями, с прибережными, как мошки, городами и склонившимися, как мелкая травка, лесами. Как орлы, озирали они вокруг себя очами всё поле и чернеющую вдали судьбу свою. Будет, будет всё поле с облогами и дорогами покрыто торчащими их белыми костями, щедро обмывшись козацкою их кровью и покрывшись разбитыми возами, расколотыми саблями и копьями. Далече раскинутся чубатые головы с перекрученными и запекшимися в крови чубами и запущенными книзу усами. Будут, налетев, орлы выдирать и выдергивать из них козацкие очи. Но добро великое в таком широко и вольно разметавшемся смертном ночлеге! Не погибнет ни одно великодушное дело, и не пропадет, как малая порошинка с ружейного дула, козацкая слава. Будет, будет бандурист с седою по грудь бородою, а может, еще полный зрелого мужества, но белоголовый старец, вещий духом, и скажет он про них свое густое, могучее слово. И пойдет дыбом по всему свету о них слава, к всё, что ни народится потом, заговорит о них. Ибо далеко разносится могучее слово, будучи подобно гудящей колокольной меди, в которую много повергнул мастер дорогого чистого серебра, чтобы далече по городам, лачугам, палатам и весям разносился красный звон, сзывая равно всех на святую молитву.

IX

В городе не узнал никто, что половина запорожцев выступила в погоню за татарами. С магистратской башни приметили только часовые, что потянулась часть возов за лес; но подумали, что козаки готовились сделать засаду; то же думал и французский инженер. А между тем слова кошевого не прошли даром, и в городе оказался недостаток в съестных припасах. По обычаю прошедших веков, войска не разочли, сколько им было нужно. Попробовали сделать вылазку, но половина смельчаков была тут же перебита козаками, а половина прогнана в город ни с чем. Жиды, однако же, воспользовались вылазкою и пронюхали всё: куда и зачем отправились запорожцы, и с какими военачальниками, и какие именно курени, и сколько их числом, и сколько было оставшихся на месте, и что они думают делать, — словом, чрез несколько уже минут в городе всё узнали. Полковники ободрились и готовились дать сражение. Тарас уже видел то по движенью и шуму в городе и расторопно хлопотал, строил, раздавал приказы и наказы, уставил в три таборы курени, обнесши их возами в виде крепостей, — род битвы, в которой бывали непобедимы запорожцы; двум куреням повелел забраться в засаду; убил часть поля острыми кольями, изломанным оружием, обломками копьев, чтобы при случае нагнать туда неприятельскую конницу. И когда всё было сделано, как нужно, сказал речь козакам, не для того, чтобы ободрить и освежить их, — знал, что и без того крепки они духом, — а просто самому хотелось высказать всё, что было на сердце.

— Хочется мне вам сказать, панове, что такое есть наше товарищество. Вы слышали от отцов и дедов, в какой чести у всех была земля наша: и грекам дала знать себя, и с Царьграда брала червонцы, и города были пышные, и храмы, и князья, князья русского рода, свои князья, а не католические недоверки. Всё взяли бусурманы, всё пропало. Только остались мы, сирые, да, как вдовица после крепкого мужа, сирая так же, как и мы, земля наша! Вот в какое время подали мы, товарищи, руку на братство! Вот на чем стоит наше товарищество! Нет уз святее товарищества! Отец любит свое дитя, мать любит свое дитя, дитя любит отца и мать. Но это не то, братцы: любит и зверь свое дитя. Но породниться родством по душе, а не по крови, может один только человек. Бывали и в других землях товарищи, но таких, как в Русской земле, не было таких товарищей. Вам случалось не одному помногу пропадать на чужбине; видишь — и там люди! также Божий человек, и разговоришься с ним, как с своим; а как дойдет до того, чтобы поведать сердечное слово, — видишь: нет, умные люди, да не те; такие же люди, да не те! Нет, братцы, так любить, как русская душа, — любить не то, чтобы умом или чем другим, а всем, чем дал Бог, что ни есть в тебе, а... — сказал Тарас, и махнул рукой, и потряс седою головою, и усом моргнул, и сказал: — Нет, так любить никто не может! Знаю, подло завелось теперь на земле нашей; думают только, чтобы при них были хлебные стоги, скирды да конные табуны их, да были бы целы в погребах запечатанные меды их. Перенимают черт знает какие бусурманские обычаи; гнушаются языком своим; свой с своим не хочет говорить; свой своего продает, как продают бездушную тварь на торговом рынке. Милость чужого короля, да и не короля, а паскудная милость польского магната, который желтым чеботом своим бьет их в морду, дороже для них всякого братства. Но у последнего подлюки, каков он ни есть, хоть весь извалялся он в саже и в поклонничестве, есть и у того, братцы, крупица русского чувства. И проснется оно когда-нибудь, и ударится он, горемычный, об полы руками, схватит себя за голову, проклявши громко подлую жизнь свою, готовый муками искупить позорное дело. Пусть же знают они все, что такое значит в Русской земле товарищество! Уж если на то пошло, чтобы умирать, — так никому ж из них не доведется так умирать!.. Никому, никому!.. Не хватит у них на то мышиной натуры их!

Так говорил атаман и, когда кончил речь, всё еще потрясал посеребрившеюся в козацких делах головою. Всех, кто ни стоял, разобрала сильно такая речь, дошед далеко, до самого сердца. Самые старейшие в рядах стали неподвижны, потупив седые головы в землю; слеза тихо накатывалася в старых очах; медленно отирали они ее рукавом. И потом все, как будто сговорившись, махнули в одно время рукою и потрясли бывалыми головами. Знать, видно, много напомнил им старый Тарас знакомого и лучшего, что бывает на сердце у человека, умудренного горем, трудом, удалью и всяким невзгодьем жизни, или хотя и не познавшего их, но много почуявшего молодою жемчужною душою на вечную радость старцам родителям, родившим их.

А из города уже выступало неприятельское войско, гремя в литавры и трубы, и, подбоченившись, выезжали паны, окруженные несметными слугами. Толстый полковник отдавал приказы. И стали наступать они тесно на козацкие таборы, грозя, нацеливаясь пищалями, сверкая очами и блеща медными доспехами. Как только увидели козаки, что подошли они на ружейный выстрел, все разом грянули в семипядные пищали, и, не перерывая, всё палили они из пищалей. Далеко понеслось громкое хлопанье по всем окрестным полям и нивам, сливаясь в беспрерывный гул; дымом затянуло всё поле, а запорожцы всё палили, не переводя духу: задние только заряжали да передавали передним, наводя изумление на неприятеля, не могшего понять, как стреляли козаки, не заряжая ружей. Уже не видно было за великим дымом, обнявшим то и другое воинство, не видно было, как то одного, то другого не ставало в рядах; но чувствовали ляхи, что густо летели пули, и жарко становилось дело; и когда попятились назад, чтобы посторониться от дыма и оглядеться, то многих не досчитались в рядах своих. А у козаков, может быть, другой-третий был убит на всю сотню. И всё продолжали палить козаки из пищалей, ни на минуту не давая промежутка. Сам иноземный инженер подивился такой, никогда им не виданной тактике, сказавши тут же, при всех: «Вот бравые молодцы-запорожцы! Вот как нужно биться и другим в других землях!» И дал совет поворотить тут же на табор пушки. Тяжело ревнули широкими горлами чугунные пушки; дрогнула, далеко загудевши, земля, и вдвое больше затянуло дымом всё поле. Почуяли запах пороха среди площадей и улиц в дальних и ближних городах. Но нацелившие взяли слишком высоко: раскаленные ядра выгнули слишком высокую дугу. Страшно завизжав по воздуху, перелетели они через головы всего табора и углубились далеко в землю, взорвав и взметнув высоко на воздух черную землю. Ухватил себя за волосы французский инженер при виде такого неискусства и сам принялся наводить пушки, не глядя на то, что жарили и сыпали пулями беспрерывно козаки.

Тарас видел еще издали, что беда будет всему Незамайковскому и Стебликивскому куреню, и вскрикнул зычно: «Выбирайтесь скорей из-за возов, и садись всякий на коня!» Но не поспели бы сделать то и другое козаки, если бы Остап не ударил в самую середину; выбил фитили у шести пушкарей, у четырех только не мог выбить. Отогнали его назад ляхи. А тем временем иноземный капитан сам взял в руку фитиль, чтобы выпалить из величайшей пушки, какой никто из козаков не видывал дотоле. Страшно глядела она широкою пастью, и тысяча смертей глядело оттуда. И как грянула она, а за нею следом три другие, четырекратно потрясши глухо-ответную землю, — много нанесли они горя! Не по одному козаку взрыдает старая мать, ударяя себя костистыми руками в дряхлые перси. Не одна останется вдова в Глухове, Немирове, Чернигове и других городах. Будет, сердечная, выбегать всякий день на базар, хватаясь за всех проходящих, распознавая каждого из них в очи, нет ли между их одного, милейшего всех. Но много пройдет через город всякого войска, и вечно не будет между ними одного, милейшего всех.

Так, как будто и не бывало половины Незамайковского куреня! Как градом выбивает вдруг всю ниву, где, что полновесный червонец, красовался всякий колос, так их выбило и положило.

Как же вскинулись козаки! Как схватились все! Как закипел куренной атаман Кукубенко, увидевши, что лучшей половины куреня его нет! Разом вбился он с остальными своими незамайковцами в самую середину. В гневе иссек в капусту первого попавшегося, многих конников сбил с коней, доставши копьем и конника и коня, пробрался к пушкарям и уже отбил одну пушку. А уж там, видит, хлопочет уманский куренной атаман и Степан Гуска уже отбивает главную пушку. Оставил он тех козаков и поворотил с своими в другую неприятельскую гущу. Так, где прошли незамайковцы — так там и улица, где поворотились — так уж там и переулок! Так и видно, как редели ряды и снопами валились ляхи! А у самых возов Вовтузенко, а спереди Черевиченко, а у дальних возов Дёгтяренко, а за ним куренной атаман Вертыхвист. Двух уже шляхтичей поднял на копье Дёгтяренко, да напал, наконец, на неподатливого третьего. Увертлив и крепок был лях, пышной сбруей украшен и пятьдесят одних слуг привел с собою. Погнул он крепко Дёгтяренка, сбил его на землю и уже, замахнувшись на него саблей, кричал: «Нет из вас, собак-козаков, ни одного, кто бы посмел проти-вустать мне!»

«А вот есть же!» — сказал и выступил вперед Мосий Шило. Сильный был он козак, не раз атаман-ствовал на море и много натерпелся всяких бед. Схватили их турки у самого Трапезонта и всех забра-ли невольниками на галеры, взяли их по рукам и ногам в железные цепи, не давали по целым неделям пшена и поили противной морской водою. Всё вы-носили и вытерпели бедные невольники, лишь бы не переменять православной веры. Не вытерпел атаман Мосий Шило, истоптал ногами Святой закон, сквер-ною чалмой обвил грешную голову, вошел в дове-ренность к паше, стал ключником на корабле и стар-шим над всеми невольниками. Много опечалились оттого бедные невольники, ибо знали, что если свой продаст веру и пристанет к угнетателям, то тяжелей и горше быть под его рукой, чем под всяким другим нехристом. Так и сбылось. Всех посадил Мосий Шило в новые цепи по три в ряд, прикрутил им до самых белых костей жестокие веревки; всех перебил по шеям, угощая подзатыльниками. И когда турки, обрадовавшись, что достали себе такого слугу, стали пировать и, позабыв закон свой, все перепились, он принес все шестьдесят четыре ключа и роздал не-вольникам, чтобы отмыкали себя, бросали бы цепи и кандалы в море, а брали бы наместо того сабли да ру-били турков. Много тогда набрали козаки добычи и воротились со славою в отчизну, и долго бандуристы прославляли Мосия Шила. Выбрали бы его в коше-вые, да был совсем чудной козак. Иной раз повершал такое дело, какого мудрейшему не придумать, а в другой — просто дурь одолевала козака. Пропил он и прогулял всё, всем задолжал на Сечи и, вприбавку к тому, прокрался, как уличный вор: ночью утащил из чужого куреня всю козацкую сбрую и заложил шинкарю. За такое позорное дело привязали его на базаре к столбу и положили возле дубину, чтобы всякий по мере сил своих отвесил ему по удару. Но не нашлось такого из всех запорожцев, кто бы поднял на него дубину, помня прежние его заслуги. Таков был козак Мосий Шило.

«Так есть же такие, которые бьют вас, собак!» — сказал он, кинувшись на него. И уж так-то рубились они! И наплечники, и зерцала погнулись у обоих от ударов. Разрубил на нем вражий лях железную рубашку, достав лезвием самого тела: зачервонела козацкая рубашка. Но не поглядел на то Шило, а замахнулся всей жилистой рукою (тяжела была коренастая рука) и оглушил его внезапно по голове. Разлетелась медная шапка, зашатался и грянулся лях, а Шило принялся рубить и крестить оглушенного. Не добивай, козак, врага, а лучше поворотись назад! Не поворотился козак назад, и тут же один из слуг убитого хватил его ножом в шею. Поворотился Шило и уж достал было смельчака, но он пропал в пороховом дыме. Со всех сторон поднялось хлопанье из самопалов. Пошатнулся Шило и почуял, что рана была смертельна. Упал он, наложил руку на свою рану и сказал, обратившись к товарищам: «Прощайте, паны-братья, товарищи! Пусть же стоит на вечные времена православная Русская земля и будет ей вечная честь!» И зажмурил ослабшие свои очи, и вынеслась козацкая душа из сурового тела. А там уже выезжал Задорожний с своими, ломил ряды куренной Вертыхвист и выступал Балабан.

— А что, паны? — сказал Тарас, перекликнувшись с куренными. — Есть еще порох в пороховницах? Не ослабела ли козацкая сила? Не гнутся ли козаки?

— Есть еще, батько, порох в пороховницах. Не ослабела еще козацкая сила; еще не гнутся козаки!

И наперли сильно козаки: совсем смешали все ряды. Низкорослый полковник ударил сбор и велел выкинуть восемь малеванных знамен, чтобы собрать своих, рассыпавшихся далеко по всему полю. Все бежали ляхи к знаменам; но не успели они еще выстроиться, как уже куренной атаман Кукубенко ударил вновь с своими незамайковцами в середину и напал прямо на толстопузого полковника. Не выдержал полковник и, поворотив коня, пустился вскачь; а Кукубенко далеко гнал его через всё поле, не дав ему соединиться с полком. Завидев то с бокового куреня, Степан Гуска пустился ему навпереймы, с арканом в руке, всю пригнувши голову к лошадиной шее, и, улучивши время, с одного раза накинул аркан ему на шею. Весь побагровел полковник, ухватясь за веревку обеими руками и силясь разорвать ее, но уже дюжий размах вогнал ему в самый живот гибельную пику. Там и остался он, пригвожденный к земле. Но несдобровать и Гуске! Не успели оглянуться козаки, как уже увидели Степана Гуску, поднятого на четыре копья. Только и успел сказать бедняк: «Пусть же пропадут все враги и ликует вечные веки Русская земля!» И там же испустил дух свой.

Оглянулись козаки, а уж там, сбоку, козак Метелыця угощает ляхов, шеломя того и другого; а уж там, с другого, напирает с своими атаман Невылычкий; а у возов ворочает врага и бьется Закрутыгуба; а у дальних возов третий Пысаренко отогнал уже целую ватагу. А уж там, у других возов, схватились и бьются на самых возах.

— Что, паны? — перекликнулся атаман Тарас, проехавши впереди всех. — Есть ли еще порох в пороховницах? Крепка ли еще козацкая сила? Не гнутся ли еще козаки?

— Есть еще, батько, порох в пороховницах; еще крепка козацкая сила; еще не гнутся козаки!

А уж упал с воза Бовдюг. Прямо под самое сердце пришлась ему пуля, но собрал старый весь дух свой и сказал: «Не жаль расстаться с светом. Дай Бог и всякому такой кончины! Пусть же славится до конца века Русская земля!» И понеслась к вышинам Бовдюгова душа рассказать давно отшедшим старцам, как умеют биться на Русской земле и, еще лучше того, как умеют умирать в ней за святую веру.

Балабан, куренной атаман, скоро после него грянулся также на землю. Три смертельные раны достались ему: от копья, от пули и от тяжелого палаша. А был один из доблестнейших козаков; много совершил он под своим атаманством морских походов, но славнее всех был поход к анатольским берегам. Много набрали они тогда цехинов, дорогой турецкой габы, киндяков и всяких убранств, но мыкнули горе на обратном пути: попались, сердечные, под турецкие ядра. Как хватило их с корабля — половина челнов закружилась и перевернулась, потопивши не одного в воду, но привязанные к бокам камыши спасли челны от потопления. Балабан отплыл на всех веслах, стал прямо к солнцу и чрез то сделался невиден турецкому кораблю. Всю ночь потом черпаками и шапками выбирали они воду, латая пробитые места; из козацких штанов нарезали парусов, понеслись и убежали от быстрейшего турецкого корабля. И мало того, что прибыли безбедно на Сечу, привезли еще златошвейную ризу архимандриту Межигорского киевского монастыря и на Покров, что на Запорожье, оклад из чистого серебра. И славили долго потом бандуристы удачливость козаков. Поникнул он теперь головою, почуяв предсмертные муки, и тихо сказал: «Сдается мне, паны-браты, умираю хорошею смертью: семерых изрубил, девятерых копьем исколол. Истоптал конем вдоволь, а уж не припомню, скольких достал пулею. Пусть же цветет вечно Русская земля!..» И отлетела его душа.

Козаки, козаки! не выдавайте лучшего цвета вашего войска! Уже обступили Кукубенка, уже семь человек только осталось изо всего Незамайковского куреня; уже и те отбиваются через силу; уже окровавилась на нем одежда. Сам Тарас, увидя беду его, поспешил на выручку. Но поздно подоспели козаки: уже успело ему углубиться под сердце копье прежде, чем были отогнаны обступившие его враги. Тихо склонился он на руки подхватившим его козакам, и хлынула ручьем молодая кровь, подобно дорогому вину, которое несли в склянном сосуде из погреба неосторожные слуги, поскользнулись тут же у входа и разбили дорогую сулею: всё разлилось на землю вино, и схватил себя за голову прибежавший хозяин, сберегавший его про лучший случай в жизни, чтобы если приведет Бог на старости лет встретиться с товарищем юности, то чтобы помянуть бы вместе с ним прежнее, иное время, когда иначе и лучше веселился человек... Повел Кукубенко вокруг себя очами и проговорил: «Благодарю Бога, что довелось мне умереть при глазах ваших, товарищи! Пусть же после нас живут еще лучшие, чем мы, и красуется вечно любимая Христом Русская земля!» И вылетела молодая душа. Подняли ее ангелы под руки и понесли к небесам. Хорошо будет ему там. «Садись, Кукубенко, одесную меня! — скажет ему Христос, — ты не изменил товариществу, бесчестного дела не сделал, не выдал в беде человека, хранил и сберегал мою церковь». Всех опечалила смерть Кукубенка. Уже редели сильно козацкие ряды; многих, многих храбрых уже недосчитывались; но стояли и держались еще козаки.

— А что, паны? — перекликнулся Тарас с оставшимися куренями. — Есть ли еще порох в пороховницах? Не иступились ли сабли? Не утомилась ли козацкая сила? Не погнулись ли козаки?

— Достанет еще, батько, пороху! Годятся еще сабли; не утомилась козацкая сила; не погнулись еще козаки!

И рванулись снова козаки так, как бы и потерь никаких не потерпели. Уже три только куренных атамана осталось в живых. Червонели уже всюду красные реки; высоко гатились мосты из козацких и вражьих тел. Взглянул Тарас на небо, а уж по небу потянулась вереница кречетов. Ну, будет кому-то пожива! А уж там подняли на копье Метелыцю. Уже голова другого Пысаренка, завертевшись, захлопала очами. Уже подломился и бухнулся о землю начетверо изрубленный Охрим Гуска. «Ну!» — сказал Тарас и махнул платком. Понял тот знак Остап и ударил сильно, вырвавшись из засады, в конницу. Не выдержали сильного напору ляхи, а он их гнал и нагнал прямо на место, где были убиты в землю колья и обломки копьев. Пошли спотыкаться и падать кони и лететь через их головы ляхи. А в это время корсунцы, стоявшие последние за возами, увидевши, что уже достанет ружейная пуля, грянули вдруг из самопалов. Все сбились и растерялись ляхи, и приободрились козаки. «Вот и наша победа!» — раздались со всех сторон запорожские голоса, затрубили в трубы и выкинули победную хоругвь. Везде бежали и крылись разбитые ляхи. «Ну, нет, еще не совсем победа!» — сказал Тарас, глядя на городские ворота, и сказал он правду.

Отворились ворота, и вылетел оттуда гусарский полк, краса всех конных полков. Под всеми всадниками были все как один бурые аргамаки. Впереди других понесся витязь всех бойчее, всех красивее. Так и летели черные волосы из-под медной его шапки; вился завязанный на руке дорогой шарф, шитый руками первой красавицы. Так и оторопел Тарас, когда увидел, что это был Андрий. А он между тем, объятый пылом и жаром битвы, жадный заслужить навязанный на руку подарок, понесся, как молодой борзой пес, красивейший, быстрейший и молодший всех в стае. Атукнул на него опытный охотник — и он понесся, пустив прямой чертой по воздуху свои ноги, весь покосившись набок всем телом, взрывая снег и десять раз выпереживая самого зайца в жару своего бега. Остановился старый Тарас и глядел на то, как он чистил перед собою дорогу, разгонял, рубил и сыпал удары направо и налево. Не вытерпел Тарас и закричал: «Как?.. Своих?.. Своих, чертов сын, своих бьешь?..» Но Андрий не различал, кто пред ним был, свои или другие какие; ничего не видел он. Кудри, кудри он видел, длинные, длинные кудри, и подобную речному лебедю грудь, и снежную шею, и плечи, и всё, что создано для безумных поцелуев.

«Эй, хлопьята! заманите мне только его к лесу, заманите мне только его!» — кричал Тарас. И вызвалось тот же час тридцать быстрейших козаков заманить его. И, поправив на себе высокие шапки, тут же пустились на конях прямо наперерез гусарам. Ударили сбоку на передних, сбили их, отделили от задних, дали по гостинцу тому и другому, а Голокопытенко хватил плашмя по спине Андрия, и в тот же час пустились бежать от них, сколько достало козацкой мочи. Как вскинулся Андрий! Как забунтовала по всем жилкам молодая кровь! Ударив острыми шпорами коня, во весь дух полетел он за козаками, не глядя назад, не видя, что позади всего только двадцать человек успело поспевать за ним. А козаки летели во всю прыть на конях и прямо поворотили к лесу. Разогнался на коне Андрий и чуть было уже не настигнул Голокопытенка, как вдруг чья-то сильная рука ухватила за повод его коня. Оглянулся Андрий: пред ним Тарас! Затрясся он всем телом и вдруг стал бледен...

Так школьник, неосторожно задравши своего товарища и получивши за то от него удар линейкою по лбу, вспыхивает, как огонь, бешеный выскакивает из лавки и гонится за испуганным товарищем своим, готовый разорвать его на части, и вдруг наталкивается на входящего в класс учителя: вмиг притихает бешеный порыв и упадает бессильная ярость. Подобно ему, в один миг пропал, как бы не бывал вовсе, гнев Андрия. И видел он перед собою одного только страшного отца.

— Ну, что ж теперь мы будем делать? — сказал Тарас, смотря прямо ему в очи.

Но ничего не знал на то сказать Андрий и стоял, утупивши в землю очи.

— Что, сынку, помогли тебе твои ляхи?

Андрий был безответен.

— Так продать? продать веру? продать своих? Стой же, слезай с коня!

Покорно, как ребенок, слез он с коня и остановился ни жив ни мертв перед Тарасом.

— Стой и не шевелись! Я тебя породил, я тебя и убью! — сказал Тарас и, отступивши шаг назад, снял с плеча ружье.

Бледен как полотно был Андрий; видно было, как тихо шевелились уста его и как он произносил чье-то имя; но это не было имя отчизны, или матери, или братьев — это было имя прекрасной полячки. Тарас выстрелил.

Как хлебный колос, подрезанный серпом, как молодой барашек, почуявший под сердцем смертельное железо, повис он головой и повалился на траву, не сказавши ни одного слова.

Остановился сыноубийца и глядел долго на бездыханный труп. Он был и мертвый прекрасен: мужественное лицо его, недавно исполненное силы и непобедимого для жен очарованья, всё еще выражало чудную красоту; черные брови, как траурный бархат, оттеняли его побледневшие черты.

— Чем бы не козак был? — сказал Тарас, — и станом высокий, и чернобровый, и лицо, как у дворянина, и рука была крепка в бою! Пропал, пропал бесславно, как подлая собака!

— Батько, что ты сделал? Это ты убил его? — сказал подъехавший в это время Остап.

Тарас кивнул головою.

Пристально поглядел мертвому в очи Остап. Жалко ему стало брата, и проговорил он тут же:

— Предадим же, батько, его честно земле, чтобы не поругались над ним враги и не растаскали бы его тела хищные птицы.

— Погребут его и без нас! — сказал Тарас, — будут у него плакальщики и утешницы!

И минуты две думал он, кинуть ли его на расхищенье волкам-сыромахам, или пощадить в нем рыцарскую доблесть, которую храбрый должен уважать в ком бы то ни было. Как видит, скачет к нему на коне Голокопытенко:

— Беда, атаман, окрепли ляхи, прибыла на подмогу свежая сила!..

Не успел сказать Голокопытенко, скачет Вовтузенко:

— Беда, атаман, новая валит еще сила!..

Не успел сказать Вовтузенко, Пысаренко бежит бегом, уже без коня:

— Где ты, батьку? Ищут тебя козаки. Уж убит куренной атаман Невылычкий, Задорожний убит, Черевиченко убит. Но стоят козаки, не хотят умирать, не увидев тебя в очи; хотят, чтобы взглянул ты на них перед смертным часом.

— На коня, Остап! — сказал Тарас и спешил, чтобы застать еще козаков, чтобы поглядеть еще на них, и чтобы они взглянули перед смертью на своего атамана.

Но не выехали они еще из лесу, а уж неприятельская сила окружила со всех сторон лес, и меж деревьями везде показались всадники с саблями и копьями. «Остап!.. Остап, не поддавайся!..» — кричал Тарас, а сам, схвативши саблю наголо, начал честить первых попавшихся на все боки. А на Остапа уже наскочило вдруг шестеро; но не в добрый час, видно, наскочило: с одного полетела голова, другой перевернулся, отступивши; угодило копьем в ребро третьего; четвертый был поотважней, уклонился головой от пули, и попала в конскую грудь горячая пуля, — вздыбился бешеный конь, грянулся о землю и задавил под собою всадника. «Добре, сынку!.. Добре, Остап!.. — кричал Тарас. — Вот я следом за тобою!..» А сам всё отбивался от наступавших. Рубится и бьется Тарас, сыплет гостинцы тому и другому на голову, а сам глядит всё вперед на Остапа, и видит, что уже вновь схватилось с Остапом мало не восьмеро разом. «Остап!.. Остап, не поддавайся!..» Но уж одолевают Остапа; уже один накинул ему на шею аркан, уже вяжут, уже берут Остапа. «Эх, Остап, Остап!.. — кричал Тарас, пробиваясь к нему, рубя в капусту встречных и поперечных. — Эх, Остап, Остап!..» Но как тяжелым камнем хватило его самого в ту же минуту. Всё закружилось и перевернулось в глазах его. На миг смешанно сверкнули пред ним головы, копья, дым, блески огня, сучья с древесными листьями, мелькнувшие ему в самые очи. И грохнулся он, как подрубленный дуб, на землю. И туман покрыл его очи.

X

— Долго же я спал! — сказал Тарас, очнувшись, как после трудного хмельного сна, и стараясь распознать окружавшие его предметы. Страшная слабость одолевала его члены. Едва метались пред ним стены и углы незнакомой светлицы. Наконец заметил он, что пред ним сидел Товкач и, казалось, прислушивался ко всякому его дыханию.

«Да, — подумал про себя Товкач, — заснул бы ты, может быть, и навеки!» Но ничего не сказал, погрозил пальцем и дал знак молчать.

— Да скажи же мне, где я теперь? — спросил опять Тарас, напрягая ум и стараясь припомнить бывшее.

— Молчи ж! — прикрикнул сурово на него товарищ. — Чего тебе еще хочется знать? Разве ты не видишь, что весь изрублен? Уж две недели, как мы с тобою скачем не переводя духу и как ты в горячке и жару несешь и городишь чепуху. Вот в первый раз заснул покойно. Молчи ж, если не хочешь нанести сам себе беду.

Но Тарас всё старался и силился собрать свои мысли и припомнить бывшее.

— Да ведь меня же схватили и окружили было совсем ляхи? Мне ж не было никакой возможности выбиться из толпы?

— Молчи ж, говорят тебе, чертова детина! — закричал Товкач сердито, как нянька, выведенная из терпенья, кричит неугомонному повесе ребенку. — Что пользы знать тебе, как выбрался? Довольно того, что выбрался. Нашлись люди, которые тебя не выдали, — ну, и будет с тебя! Нам еще немало ночей скакать вместе. Ты думаешь, что пошел за простого козака? Нет, твою голову оценили в две тысячи червонных.

— А Остап? — вскрикнул вдруг Тарас, понатужился приподняться и вдруг вспомнил, как Остапа схватили и связали в глазах его и что он теперь уже в ляшских руках.

И обняло горе старую голову. Сорвал и сдернул он все перевязки ран своих, бросил их далеко прочь, хотел громко что-то сказать — и вместо того понес чепуху; жар и бред вновь овладели им, и понеслись без толку и связи безумные речи.

А между тем верный товарищ стоял пред ним, бранясь и рассыпая без счету жестокие укорительные слова и упреки. Наконец схватил он его за ноги и руки, спеленал, как ребенка, поправил все перевязки, увернул его в воловью кожу, увязал в лубки и, прикрепивши веревками к седлу, помчался вновь с ним в дорогу.

— Хоть неживого, да довезу тебя! Не попущу, чтобы ляхи поглумились над твоей козацкою породою, на куски рвали бы твое тело да бросали его в воду. Пусть же хоть и будет орел высмыкать из твоего лоба очи, да пусть же степовой наш орел, а не ляшский, не тот, что прилетает из польской земли. Хоть неживого, а довезу тебя до Украйны!

Так говорил верный товарищ. Скакал без отдыху дни и ночи и привез его, бесчувственного, в самую Запорожскую Сечь. Там принялся он лечить его неутомимо травами и смачиваньями; нашел какую-то знающую жидовку, которая месяц поила его разными снадобьями, и, наконец, Тарасу стало лучше. Лекарства ли, или своя железная сила взяла верх, только он через полтора месяца стал на ноги; раны зажили, и только одни сабельные рубцы давали знать, как глубоко когда-то был ранен старый козак. Однако же заметно стал он пасмурен и печален. Три тяжелые морщины насунулись на лоб его и уже больше никогда не сходили с него. Оглянулся он теперь вокруг себя: всё новое на Сечи, все перемерли старые товарищи. Ни одного из тех, которые стояли за правое дело, за веру и братство. И те, которые отправились с кошевым в угон за татарами, и тех уже не было давно: все положили головы, все сгибли — кто положив на самом бою честную голову, кто от безводья и бесхлебья среди крымских солончаков, кто в плену пропал, не вынесши позора; и самого прежнего кошевого уже давно не было на свете, и никого из старых товарищей; и уже давно поросла травою когда-то кипевшая козацкая сила. Слышал он только, что был пир, сильный, шумный пир: вся перебита вдребезги посуда; нигде не осталось вина ни капли, расхитили гости и слуги все дорогие кубки и сосуды, — и смутный стоит хозяин дома, думая: «Лучше б и не было того пира». Напрасно старались занять и развеселить Тараса; напрасно бородатые, седые бандуристы, проходя по два и по три, расславляли его козацкие подвиги. Сурово и равнодушно глядел он на всё, и на неподвижном лице его выступала неугасимая горесть, и, тихо понурив голову, говорил он: «Сын мой! Остап мой!»

Запорожцы собирались на морскую экспедицию. Двести челнов спущены были в Днепр, и Малая Азия видела их, с бритыми головами и длинными чубами, предававшими мечу и огню цветущие берега ее; видела чалмы своих магометанских обитателей раскиданными, подобно ее бесчисленным цветам, на смоченных кровию полях и плававшими у берегов. Она видела немало запачканных дегтем запорожских шаровар, мускулистых рук с черными нагайками. Запорожцы переели и переломали весь виноград; в мечетях оставили целые кучи навозу; персидские дорогие шали употребляли вместо очкуров и опоясывали ими запачканные свитки. Долго еще после находили в тех местах запорожские коротенькие люльки. Они весело плыли назад; за ними гнался десятипушечный турецкий корабль и залпом из всех орудий своих разогнал, как птиц, утлые их челны. Третья часть их потонула в морских глубинах, но остальные снова собрались вместе и прибыли к устью Днепра с двенадцатью бочонками, набитыми цехинами. Но всё это уже не занимало Тараса. Он уходил в луга и степи, будто бы за охотою, но заряд его оставался невыстрелянным. И, положив ружье, полный тоски, садился он на морской берег. Долго сидел он там, понурив голову и всё говоря: «Остап мой! Остап мой!» Перед ним сверкало и расстилалось Черное море; в дальнем тростнике кричала чайка; белый ус его серебрился, и слеза капала одна за другою.

И не выдержал, наконец, Тарас. «Что бы ни было, пойду разведать, что он: жив ли он? в могиле? или уже и в самой могиле нет его? Разведаю во что бы ни стало!» И через неделю уже очутился он в городе Умани, вооруженный, на коне, с копьем, саблей, дорожной баклагой у седла, походным горшком с саламатой, пороховыми патронами, лошадиными путами и прочим снарядом. Он прямо подъехал к нечистому, запачканному домишке, у которого небольшие окошки едва были видны, закопченные неизвестно чем; труба заткнута была тряпкою, и дырявая крыша вся была покрыта воробьями. Куча всякого сору лежала пред самыми дверьми. Из окна выглядывала голова жидовки, в чепце с потемневшими жемчугами.

— Муж дома? — сказал Бульба, слезая с коня и привязывая повод к железному крючку, бывшему у самых дверей.

— Дома, — сказала жидовка и поспешила тот же час выйти с пшеницей в корчике для коня и стопой пива для рыцаря.

— Где же твой жид?

— Он в другой светлице, молится, — проговорила

жидовка, кланяясь и пожелав здоровья в то время, когда Бульба поднес к губам стопу.

— Оставайся здесь, накорми и напои моего коня, а я пойду поговорю с ним один. У меня до него дело.

Этот жид был известный Янкель. Он уже очутился тут арендатором и корчмарем; прибрал понемногу всех окружных панов и шляхтичей в свои руки, высосал понемногу почти все деньги и сильно означил свое жидовское присутствие в той стране. На расстоянии трех миль во все стороны не оставалось ни одной избы в порядке: всё валилось и дряхлело, всё пораспивалось, и осталась бедность да лохмотья; как после пожара или чумы, выветрился весь край. И если бы десять лет еще пожил там Янкель, то он, вероятно, выветрил бы и всё воеводство. Тарас вошел в светлицу. Жид молился, накрывшись своим довольно запачканным саваном, и оборотился, чтобы в последний раз плюнуть, по обычаю своей веры, как вдруг глаза его встретили стоявшего назади Бульбу. Так и бросились жиду прежде всего в глаза две тысячи червонных, которые были обещаны за его голову; но он постыдился своей корысти и силился подавить в себе вечную мысль о золоте, которая, как червь, обвивает душу жида.

— Слушай, Янкель! — сказал Тарас жиду, который начал перед ним кланяться и запер осторожно дверь, чтобы их не видели. — Я спас твою жизнь, — тебя бы разорвали, как собаку, запорожцы; теперь твоя очередь, теперь сделай мне услугу!

Лицо жида несколько поморщилось.

— Какую услугу? Если такая услуга, что можно сделать, то для чего не сделать?

— Не говори ничего. Вези меня в Варшаву.

— В Варшаву? Как в Варшаву? — сказал Янкель. Брови и плечи его поднялись вверх от изумления.

— Не говори мне ничего. Вези меня в Варшаву.

Что бы ни было, а я хочу еще раз увидеть его, сказать ему хоть одно слово.

— Кому сказать слово?

— Ему, Остапу, сыну моему.

— Разве пан не слышал, что уже...

— Знаю, знаю всё: за мою голову дают две тысячи червонных. Знают же они, дурни, цену ей! Я тебе пять тысяч дам. Вот тебе две тысячи сейчас, — Бульба высыпал из кожаного гамана две тысячи червонных, — а остальные — как ворочусь.

Жид тотчас схватил полотенце и накрыл им червонцы.

— Ай, славная монета! Ай, добрая монета! — говорил он, вертя один червонец в руках и пробуя на зубах. — Я думаю, тот человек, у которого пан обобрал такие хорошие червонцы, и часу не прожил на свете, пошел тот же час в реку, да и утонул там после таких славных червонцев.

— Я бы не просил тебя. Я бы сам, может быть, нашел дорогу в Варшаву; но меня могут как-нибудь узнать и захватить проклятые ляхи, ибо я не горазд на выдумки. А вы, жиды, на то уже и созданы. Вы хоть черта проведете; вы знаете все штуки; вот для чего я пришел к тебе! Да и в Варшаве я бы сам собою ничего не получил. Сейчас запрягай воз и вези меня!

— А пан думает, что так прямо взял кобылу, запряг да и «эй, ну пошел, сивка!». Думает пан, что можно так, как есть, не спрятавши, везти пана?

— Ну, так прятай, прятай, как знаешь; в порожнюю бочку, что ли?

— Ай, ай! А пан думает, разве можно спрятать его в бочку? Пан разве не знает, что всякий подумает, что в бочке горелка?

— Ну, так и пусть думает, что горелка.

— Как? Пусть думает, что горелка? — сказал жид

410

и схватил себя обеими руками за пейсики и потом поднял кверху обе руки.

— Ну, что же ты так оторопел?

— А пан разве не знает, что Бог на то создал горелку, чтобы ее всякий пробовал! Там всё лакомки, ласуны: шляхтич будет бежать верст пять за бочкой, продолбит как раз дырочку, тотчас увидит, что не течет, и скажет: «Жид не повезет порожнюю бочку; верно, тут есть что-нибудь. Схватить жида, связать жида, отобрать все деньги у жида, посадить в тюрьму жида!» Потому что всё, что ни есть недоброго, всё валится на жида; потому что жида всякий принимает за собаку; потому что думают, уж и не человек, коли жид.

— Ну, так положи меня в воз с рыбою!

— Не можно, пан; ей-богу, не можно. По всей Польше люди голодны теперь, как собаки: и рыбу раскрадут, и пана нащупают.

— Так вези меня хоть на черте, только вези!

— Слушай, слушай, пан! — сказал жид, посунувши обшлага рукавов своих и подходя к нему с растопыренными руками. — Вот что мы сделаем. Теперь строят везде крепости и замки; из Неметчины приехали французские инженеры, а потому по дорогам везут много кирпичу и камней. Пан пусть ляжет на дне воза, а верх я закладу кирпичом. Пан здоровый и крепкий с виду, и потому ему ничего, коли будет тяжеленько; а я сделаю в возу снизу дырочку, чтобы кормить пана.

— Делай, как хочешь, только вези!

И через час воз с кирпичом выехал из Умани, запряженный в две клячи. На одной из них сидел высокий Янкель, и длинные курчавые пейсики его развевались из-под жидовского яломка по мере того, как он подпрыгивал на лошади, длинный, как верста, поставленная на дороге.

XI

В то время, когда происходило описываемое событие, на пограничных местах не было еще никаких таможенных чиновников и объездчиков, этой страшной грозы предприимчивых людей, и потому всякий мог везти, что ему вздумалось. Если же кто и производил обыск и ревизовку, то делал это большею частию для своего собственного удовольствия, особливо если на возу находились заманчивые для глаз предметы и если его собственная рука имела порядочный вес и тяжесть. Но кирпич не находил охотников и въехал беспрепятственно в главные городские ворота. Бульба в своей тесной клетке мог только слышать шум, крики возниц и больше ничего. Янкель, подпрыгивая на своем коротком, запачканном пылью рысаке, поворотил, сделавши несколько кругов, в темную узенькую улицу, носившую название Грязной и вместе Жидовской, потому что здесь действительно находились жиды почти со всей Варшавы. Эта улица чрезвычайно походила на вывороченную внутренность заднего двора. Солнце, казалось, не заходило сюда вовсе. Совершенно почерневшие деревянные домы, со множеством протянутых из окон жердей, увеличивали еще более мрак. Изредка краснела между ними кирпичная стена, но и та уже во многих местах превращалась совершенно в черную. Иногда только вверху ощекатуренный кусок стены, обхваченный солнцем, блистал нестерпимою для глаз белизною. Тут всё состояло из сильных резкостей: трубы, тряпки, шелуха, выброшенные разбитые чаны. Всякий, что только было у него негодного, швырял на улицу, доставляя прохожим возможные удобства питать все чувства свои этою дрянью. Сидящий на коне всадник чуть-чуть не доставал рукою жердей, протянутых через улицу из одного дома в другой, на которых висели жидовские чулки, коротенькие панталонцы и копченый гусь. Иногда довольно смазливенькое личико еврейки, убранное потемневшими бусами, выглядывало из ветхого окошка. Куча жиденков, запачканных, оборванных, с курчавыми волосами, кричала и валялась в грязи. Рыжий жид, с веснушками по всему лицу, делавшими его похожим на воробьиное яйцо, выглянул из окна, тотчас заговорил с Янкелем на своем тарабарском наречии, и Янкель тотчас въехал в один двор. По улице шел другой жид, остановился, вступил тоже в разговор, и когда Бульба выкарабкался, наконец, из-под кирпича, он увидел трех жидов, говоривших с большим жаром.

Янкель обратился к нему и сказал, что всё будет сделано, что его Остап сидит в городской темнице, и хотя трудно уговорить стражей, но, однако ж, он надеется доставить ему свидание.

Бульба вошел с тремя жидами в комнату.

Жиды начали опять говорить между собою на своем непонятном языке. Тарас поглядывал на каждого из них. Что-то, казалось, сильно потрясло его: на грубом и равнодушном лице его вспыхнуло какое-то сокрушительное пламя надежды, — надежды той, которая посещает иногда человека в последнем градусе отчаяния; старое сердце его начало сильно биться, как будто у юноши.

— Слушайте, жиды! — сказал он, и в словах его было что-то восторженное. — Вы всё на свете можете сделать, выкопаете хоть из дна морского; и пословица давно уже говорит, что жид самого себя украдет, когда только захочет украсть. Освободите мне моего Остапа! Дайте случай убежать ему от дьявольских рук. Вот я этому человеку обещал двенадцать тысяч червонных, — я прибавляю еще двенадцать. Все, какие у меня есть, дорогие кубки и закопанное в земле золото, хату и последнюю одежду продам и заключу с вами контракт на всю жизнь, с тем чтобы всё, что ни добуду на войне, делить с вами пополам.

— О, не можно, любезный пан, не можно! — сказал со вздохом Янкель.

— Нет, не можно! — сказал другой жид. Все три жида взглянули один на другого.

— А попробовать? — сказал третий, боязливо поглядывая на двух других, — может быть, Бог даст.

Все три жида заговорили по-немецки. Бульба, как ни наострял свой слух, ничего не мог отгадать; он слышал только часто произносимое слово «Мардохай», и больше ничего.

— Слушай, пан! — сказал Янкель, — нужно посоветоваться с таким человеком, какого еще никогда не было на свете. У-у! то такой мудрый, как Соломон; и когда он ничего не сделает, то уж никто на свете не сделает. Сиди тут; вот ключ, и не впускай никого!

Жиды вышли на улицу.

Тарас запер дверь и смотрел в маленькое окошечко на этот грязный жидовский проспект. Три жида остановились посредине улицы и стали говорить довольно азартно; к ним присоединился скоро четвертый, наконец и пятый. Он слышал опять повторяемое: «Мардохай, Мардохай». Жиды беспрестанно посматривали в одну сторону улицы; наконец в конце ее из-за одного дрянного дома показалась нога в жидовском башмаке и замелькали фалды полукафтанья. «А, Мардохай, Мардохай!» — закричали все жиды в один голос. Тощий жид, несколько короче Янкеля, но гораздо более покрытый морщинами, с преогромною верхнею губою, приблизился к нетерпеливой толпе, и все жиды наперерыв спешили рассказывать ему, причем Мардохай несколько раз поглядывал на маленькое окошечко, и Тарас догадывался, что речь шла о нем. Мардохай размахивал руками, слушал, перебивал речь, часто плевал на сторону и, подымая фалды полукафтанья, засовывал в карман руку и вынимал какие-то побрякушки, причем показывал прескверные свои панталоны. Наконец все жиды подняли такой крик, что жид, стоявший на стороже, должен был дать знак к молчанию, и Тарас уже начал опасаться за свою безопасность, но, вспомнивши, что жиды не могут иначе рассуждать, как на улице, и что их языка сам демон не поймет, он успокоился.

Минуты две спустя жиды вместе вошли в его комнату. Мардохай приблизился к Тарасу, потрепал его по плечу и сказал: «Когда мы да Бог захочем сделать, то уже будет так, как нужно».

Тарас поглядел на этого Соломона, какого еще не было на свете, и получил некоторую надежду. Действительно, вид его мог внушить некоторое доверие: верхняя губа у него была просто страшилище; толщина ее, без сомнения, увеличилась от посторонних причин. В бороде у этого Соломона было только пятнадцать волосков, и то на левой стороне. На лице у Соломона было столько знаков побоев, полученных за удальство, что он, без сомнения, давно потерял счет им и привык их считать за родимые пятна.

Мардохай ушел вместе с товарищами, исполненными удивления к его мудрости. Бульба остался один. Он был в странном, небывалом положении: он чувствовал в первый раз в жизни беспокойство. Душа его была в лихорадочном состоянии. Он не был тот прежний, непреклонный, неколебимый, крепкий как дуб; он был малодушен; он был теперь слаб. Он вздрагивал при каждом шорохе, при каждой новой жидовской фигуре, показывавшейся в конце улицы. В таком состоянии пробыл он, наконец, весь день; не ел, не пил, и глаза его не отрывались ни на час от небольшого окошка на улицу. Наконец уже ввечеру поздно показался Мардохай и Янкель. Сердце Тараса замерло.

— Что? удачно? — спросил он их с нетерпением дикого коня.

Но прежде еще, нежели жиды собрались с духом отвечать, Тарас заметил, что у Мардохая уже не было последнего локона, который, хотя довольно неопрятно, но всё же вился кольцами из-под яломка его. Заметно было, что он хотел что-то сказать, но наговорил такую дрянь, что Тарас ничего не понял. Да и сам Янкель прикладывал очень часто руку ко рту, как будто бы страдал простудою.

— О любезный пан! — сказал Янкель, — теперь совсем не можно! Ей-богу, не можно! Такой нехороший народ, что ему надо на самую голову наплевать. Вот и Мардохай скажет. Мардохай делал такое, какого еще не делал ни один человек на свете; но Бог не захотел, чтобы так было. Три тысячи войска стоят, и завтра их всех будут казнить.

Тарас глянул в глаза жидам, но уже без нетерпения и гнева.

— А если пан хочет видеться, то завтра нужно рано, так, чтобы еще и солнце не всходило. Часовые соглашаются, и один левентарь обещался. Только пусть им не будет на том свете счастья! Ой, вей мир! Что это за корыстный народ! И между нами таких нет: пятьдесят червонцев я дал каждому, а левентарю...

— Хорошо. Веди меня к нему! — произнес Тарас решительно, и вся твердость возвратилась в его душу.

Он согласился на предложение Янкеля переодеться иностранным графом, приехавшим из немецкой земли, для чего платье уже успел припасти дальновидный жид. Была уже ночь. Хозяин дома, известный рыжий жид с веснушками, вытащил тощий тюфяк, накрытый какою-то рогожею, и разостлал его на лавке для Бульбы. Янкель лег на полу на таком же тюфяке. Рыжий жид выпил небольшую чарочку какой-то настойки, скинул полукафтанье и, сделавшись в своих чулках и башмаках несколько похожим на цыпленка, отправился с своею жидовкой во что-то похожее на шкаф. Двое жиденков, как две домашние собачки, легли на полу возле шкафа. Но Тарас не спал; он сидел неподвижен и слегка барабанил пальцами по столу; он держал во рту люльку и пускал дым, от которого жид спросонья чихал и заворачивал в одеяло свой нос. Едва небо успело тронуться бледным предвестием зари, он уже толкнул ногою Янкеля.

— Вставай, жид, и давай твою графскую одежду.

В минуту оделся он; вычернил усы, брови, надел на темя маленькую темную шапочку, — и никто бы из самых близких к нему козаков не мог узнать его. По виду ему казалось не более тридцати пяти лет. Здоровый румянец играл на его щеках, и самые рубцы придавали ему что-то повелительное. Одежда, убранная золотом, очень шла к нему.

Улицы еще спали. Ни одно меркантильное существо еще не показывалось в городе с коробкою в руках. Бульба и Янкель пришли к строению, имевшему вид сидящей цапли. Оно было низкое, широкое, огромное, почерневшее, и с одной стороны его выкидывалась, как шея аиста, длинная узкая башня, наверху которой торчал кусок крыши. Это строение отправляло множество разных должностей: тут были и казармы, и тюрьма, и даже уголовный суд. Наши путники вошли в ворота и очутились среди пространной залы, или крытого двора. Около тысячи человек спали вместе. Прямо шла низенькая дверь, перед которой сидевшие двое часовых играли в какую-то игру, состоявшую в том, что один другого бил двумя пальцами по ладони. Они мало обратили внимания на пришедших и поворотили головы только тогда, когда Янкель сказал:

— Это мы; слышите, паны? это мы.

— Ступайте! — говорил один из них, отворяя одною рукою дверь, а другую подставляя своему товарищу для принятия от него ударов.

Они вступили в коридор, узкий и темный, который опять привел их в такую же залу с маленькими окошками вверху.

— Кто идет? — закричало несколько голосов; и Тарас увидел порядочное количество гайдуков в полном вооружении. — Нам никого не ведено пускать.

— Это мы! — кричал Янкель. — Ей-богу, мы, ясные паны.

Но никто не хотел слушать. К счастию, в это время подошел какой-то толстяк, который по всем приметам казался начальником, потому что ругался сильнее всех.

— Пан, это ж мы, вы уже знаете нас, и пан граф еще будет благодарить.

— Пропустите, сто дьяблов чертовой матке! И больше никого не пускайте. Да саблей чтобы никто не скидал и не собачился на полу...

Продолжения красноречивого приказа уже не слышали наши путники.

— Это мы... это я... это свои! — говорил Янкель, встречаясь со всяким.

— А что, можно теперь? — спросил он одного из стражей, когда они, наконец, подошли к тому месту, где коридор уже оканчивался.

— Можно; только не знаю, пропустят ли вас в самую тюрьму. Теперь уже нет Яна: вместо его стоит другой, — отвечал часовой.

— Ай, ай! — произнес тихо жид. — Это скверно, любезный пан!

— Веди! — произнес упрямо Тарас.

Жид повиновался.

У дверей подземелья, оканчивавшихся кверху острием, стоял гайдук с усами в три яруса. Верхний ярус усов шел назад, другой прямо вперед, третий вниз, что делало его очень похожим на кота.

Жид съежился в три погибели и почти боком подошел к нему:

— Ваша ясновельможность! Ясновельможный пан!

— Ты, жид, это мне говоришь?

— Вам, ясновельможный пан!

— Гм... А я просто гайдук! — сказал трехъярусный усач с повеселевшими глазами.

— А я, ей-богу, думал, что это сам воевода. Ай, ай, ай!.. — при этом жид покрутил головою и расставил пальцы. — Ай, какой важный вид! Ей-богу, полковник, совсем полковник! Вот еще бы только на палец прибавить, то и полковник! Нужно бы пана посадить на жеребца, такого скорого, как муха, да и пусть муштрует полки!

Гайдук поправил нижний ярус усов своих, причем глаза его совершенно развеселились.

— Что за народ военный! — продолжал жид. — Ох, вей мир, что за народ хороший! Шнуречки, бляшечки... Так от них блестит, как от солнца; а цурки, где только увидят военных... ай, ай!..

Жид опять покрутил головою.

Гайдук завил рукою верхние усы и пропустил сквозь зубы звук, несколько похожий на лошадиное ржание.

— Прошу пана оказать услугу! — произнес жид, — вот князь приехал из чужого края, хочет посмотреть на козаков. Он еще сроду не видел, что это за народ козаки.

Появление иностранных графов и баронов было в Польше довольно обыкновенно: они часто были завлекаемы единственно любопытством посмотреть этот почти полуазиатский угол Европы: Московию и Украину они почитали уже находящимися в Азии. И потому гайдук, поклонившись довольно низко, почел приличным прибавить несколько слов от себя.

— Я не знаю, ваша ясновельможность, — говорил он, — зачем вам хочется смотреть их. Это собаки, а не люди. И вера у них такая, что никто не уважает.

— Врешь ты, чертов сын! — сказал Бульба. — Сам ты собака! Как ты смеешь говорить, что нашу веру не уважают? Это вашу еретическую веру не уважают!

— Эге-ге! — сказал гайдук. — А я знаю, приятель, ты кто: ты сам из тех, которые уже сидят у меня. Постой же, я позову сюда наших.

Тарас увидел свою неосторожность, но упрямство и досада помешали ему подумать о том, как бы исправить ее. К счастию, Янкель в ту же минуту успел подвернуться.

— Ясновельможный пан! как же можно, чтобы граф да был козак? А если бы он был козак, то где бы он достал такое платье и такой вид графский?

— Рассказывай себе!.. — и гайдук уже растворил было широкий рот свой, чтобы крикнуть.

— Ваше королевское величество! молчите! молчите, ради Бога! — закричал Янкель. — Молчите! Мы уж вам за это заплатим так, как еще никогда и не видели: мы дадим вам два золотых червонца.

— Эге! два червонца! Два червонца мне нипочем: я цирюльнику даю два червонца за то, чтобы мне только половину бороды выбрил. Сто червонных давай, жид! — Тут гайдук закрутил верхние усы. — А как не дашь ста червонных, сейчас закричу!

— И на что бы так много! — горестно сказал побледневший жид, развязывая кожаный мешок свой; но он счастлив был, что в его кошельке не было более и что гайдук далее ста не умел считать. — Пан,

пан! уйдем скорее! Видите, какой тут нехороший народ! — сказал Янкель, заметивши, что гайдук перебирал на руке деньги, как бы жалея о том, что не запросил более.

— Что ж ты, чертов гайдук, — сказал Бульба, — деньги взял, а показать и не думаешь? Нет, ты должен показать. Уж когда деньги получил, то ты не вправе теперь отказать.

— Ступайте, ступайте к дьяволу! а не то я сию минуту дам знать, и вас тут... Уносите ноги, говорю я вам, скорее!

— Пан! пан! пойдем! Ей-богу, пойдем! Цур им! Пусть им приснится такое, что плевать нужно, — кричал бедный Янкель.

Бульба медленно, потупив голову, оборотился и шел назад, преследуемый укорами Янкеля, которого ела грусть при мысли о даром потерянных червонцах.

— И на что бы трогать? Пусть бы, собака, бранился! То уже такой народ, что не может не браниться! Ох, вей мир, какое счастие посылает Бог людям! Сто червонцев за то только, что прогнал нас! А наш брат: ему и пейсики оборвут, и из морды сделают такое, что и глядеть не можно, а никто не даст ста червонных. О Боже мой! Боже милосердый!

Но неудача эта гораздо более имела влияния на Бульбу; она выражалась пожирающим пламенем в его глазах.

— Пойдем! — сказал он вдруг, как бы встряхнувшись. — Пойдем на площадь. Я хочу посмотреть, как его будут мучить.

— Ой, пан! зачем ходить? Ведь нам этим не помочь уже.

— Пойдем! — упрямо сказал Бульба. И жид, как нянька, вздыхая, побрел вслед за ним.

Площадь, на которой долженствовала производиться казнь, нетрудно было отыскать: народ валил туда со всех сторон. В тогдашний грубый век это составляло одно из занимательнейших зрелищ не только для черни, но и для высших классов. Множество старух, самых набожных, множество молодых девушек и женщин, самых трусливых, которым после всю ночь грезились окровавленные трупы, которые кричали спросонья так громко, как только может крикнуть пьяный гусар, не пропускали, однако же, случая полюбопытствовать. «Ах, какое мученье!» — кричали из них многие с истерическою лихорадкою, закрывая глаза и отворачиваясь; однако же простаивали иногда довольное время. Иной, и рот разинув, и руки вытянув вперед, желал бы вскочить всем на головы, чтобы оттуда посмотреть повиднее. Из толпы узких, небольших и обыкновенных голов высовывал свое толстое лицо мясник, наблюдал весь процесс с видом знатока и разговаривал односложными словами с оружейным мастером, которого называл кумом, потому что в праздничный день напивался с ним в одном шинке. Иные рассуждали с жаром, другие даже держали пари; но большая часть была таких, которые на весь мир и на всё, что ни случается в свете, смотрят, ковыряя пальцем в своем носу. На переднем плане, возле самых усачей, составлявших городовую гвардию, стоял молодой шляхтич, или казавшийся шляхтичем, в военном костюме, который надел на себя решительно всё, что у него ни было, так что на его квартире оставалась только изодранная рубашка да старые сапоги. Две цепочки, одна сверх другой, висели у него на шее с каким-то дукатом. Он стоял с коханкою своею, Юзысею, и беспрестанно оглядывался, чтобы кто-нибудь не замарал ее шелкового платья. Он ей растолковал совершенно всё, так что уже решительно не можно было ничего прибавить. «Вот это, душечка Юзыся, — говорил

422

он, — весь народ, что вы видите, пришел затем, чтобы посмотреть, как будут казнить преступников. А вот тот, душечка, что, вы видите, держит в руках секиру и другие инструменты, — то палач, и он будет казнить. И как начнет колесовать и другие делать муки, то преступник еще будет жив; а как отрубят голову, то он, душечка, тотчас и умрет. Прежде будет кричать и двигаться, но как только отрубят голову, тогда ему не можно будет ни кричать, ни есть, ни пить, оттого что у него, душечка, уже больше не будет головы». И Юзыся всё это слушала со страхом и любопытством. Крыши домов были усеяны народом. Из слуховых окон выглядывали престранные рожи в усах и в чем-то похожем на чепчики. На балконах, под балдахинами, сидело аристократство. Хорошенькая ручка смеющейся, блистающей, как белый сахар, панны держалась за перила. Ясновельможные паны, довольно плотные, глядели с важным видом. Холоп, в блестящем убранстве, с откидными назад рукавами, разносил тут же разные напитки и съестное. Часто шалунья с черными глазами, схвативши светлою ручкою своею пирожное и плоды, кидала в народ. Толпа голодных рыцарей подставляла наподхват свои шапки, и какой-нибудь высокий шляхтич, высунувшийся из толпы своею головою, в полинялом красном кунтуше с почерневшими золотыми шнурками, хватал первый с помощию длинных рук, целовал полученную добычу, прижимал ее к сердцу и потом клал в рот. Сокол, висевший в золотой клетке под балконом, был также зрителем: перегнувши набок нос и поднявши лапу, он с своей стороны рассматривал также внимательно народ. Но толпа вдруг зашумела, и со всех сторон раздались голоса: «Ведут... ведут!.. козаки!..»

Они шли с открытыми головами, с длинными чубами; бороды у них были отпущены. Они шли не боязливо, не угрюмо, но с какою-то тихою горделивос-тию; их платья из дорогого сукна износились и бол-тались на них ветхими лоскутьями; они не глядели и не кланялись народу. Впереди всех шел Остап.

Что почувствовал старый Тарас, когда увидел своего Остапа? Что было тогда в его сердце? Он гля-дел на него из толпы и не проронил ни одного дви-жения его. Они приблизились уже к лобному месту. Остап остановился. Ему первому приходилось вы-пить эту тяжелую чашу. Он глянул на своих, поднял руку вверх и произнес громко:

— Дай же, Боже, чтобы все, какие тут ни стоят еретики, не услышали, нечестивые, как мучится христианин! чтобы ни один из нас не промолвил ни одного слова!

После этого он приблизился к эшафоту.

— Добре, сынку, добре! — сказал тихо Бульба и уставил в землю свою седую голову.

Палач сдернул с него ветхие лохмотья; ему увяза-ли руки и ноги в нарочно сделанные станки, и... Не будем смущать читателей картиною адских мук, от которых дыбом поднялись бы их волоса. Они были порождение тогдашнего грубого, свирепого века, когда человек вел еще кровавую жизнь одних воин-ских подвигов и закалился в ней душою, не чуя чело-вечества. Напрасно некоторые, немногие, бывшие исключениями из века, являлись противниками сих ужасных мер. Напрасно король и многие рыцари, просветленные умом и душой, представляли, что по-добная жестокость наказаний может только разжечь мщение козацкой нации. Но власть короля и умных мнений была ничто перед беспорядком и дерзкой волею государственных магнатов, которые своею не-обдуманностью, непостижимым отсутствием всякой дальновидности, детским самолюбием и ничтожною гордостью превратили сейм в сатиру на правление.

Остап выносил терзания и пытки, как исполин. Ни крика, ни стону не было слышно даже тогда, когда стали перебивать ему на руках и ногах кости, когда ужасный хряск их послышался среди мертвой толпы отдаленными зрителями, когда панянки отворотили глаза свои, — ничто, похожее на стон, не вырвалось из уст его, не дрогнулось лицо его. Тарас стоял в толпе, потупив голову и в то же время гордо приподняв очи, и одобрительно только говорил: «Добре, сынку, добре!»

Но когда подвели его к последним смертным мукам — казалось, как будто стала подаваться его сила. И повел он очами вокруг себя: Боже, всё неведомые, всё чужие лица! Хоть бы кто-нибудь из близких присутствовал при его смерти! Он не хотел бы слышать рыданий и сокрушения слабой матери или безумных воплей супруги, исторгающей волосы и биющей себя в белые груди; хотел бы он теперь увидеть твердого мужа, который бы разумным словом освежил его и утешил при кончине. И упал он силою и воскликнул в душевной немощи:

— Батько! где ты? Слышишь ли ты?

— Слышу! — раздалось среди всеобщей тишины, и весь миллион народа в одно время вздрогнул.

Часть военных всадников бросилась заботливо рассматривать толпы народа. Янкель побледнел как смерть, и, когда они немного отдалились от него, он со страхом оборотился назад, чтобы взглянуть на Тараса; но Тараса уже возле него не было: его и след простыл.

XII

Отыскался след Тарасов. Сто двадцать тысяч козацкого войска показалось на границах Украины. Это уже не была какая-нибудь малая часть или отряд, выступивший на добычу или на угон за тата-

425

рами. Нет, поднялась вся нация, ибо переполнилось терпение народа, — поднялась отмстить за посмеянье прав своих, за позорное унижение своих нравов, за оскорбление веры предков и святого обычая, за посрамление церквей, за бесчинства чужеземных панов, за угнетенье, за унию, за позорное владычество жидовства на христианской земле — за всё, что копило и сугубило с давних времен суровую ненависть козаков. Молодой, но сильный духом гетьман Остраница предводил всею несметною козацкою силою. Возле был виден престарелый, опытный товарищ его и советник, Гуня. Восемь полковников вели двенадцатитысячные полки. Два генеральные есаула и генеральный бунчужный ехали вслед за гетьманом. Генеральный хорунжий предводил главное знамя; много других хоругвей и знамен развевалось вдали; бунчуковые товарищи несли бунчуки. Много также было других чинов полковых: обозных, войсковых товарищей, полковых писарей, и с ними пеших и конных отрядов; почти столько же, сколько было рейстровых козаков, набралось охочекомонных и вольных. Отвсюду поднялись козаки: от Чигирина, от Переяслава, от Батурина, от Глухова, от низовой стороны днепровской и от всех его верховий и островов. Без счету кони и несметные таборы телег тянулись по полям. И между теми-то козаками, между теми восьмью полками отборнее всех был один полк, и полком тем предводил Тарас Бульба. Всё давало ему перевес пред другими: и преклонные лета, и опытность, и уменье двигать своим войском, и сильнейшая всех ненависть к врагам. Даже самим козакам казалась чрезмерною его беспощадная свирепость и жестокость. Только огонь да виселицу определяла седая голова его, и совет его в войсковом совете дышал только одним истреблением.

Нечего описывать всех битв, где показали себя

козаки, ни всего постепенного хода кампании: всё это внесено в летописные страницы. Известно, какова в Русской земле война, поднятая за веру: нет силы сильнее веры. Непреоборима и грозна она, как нерукотворная скала среди бурного, вечно изменчивого моря. Из самой средины морского дна возносит она к небесам непроломные свои стены, вся созданная из одного цельного, сплошного камня. Отвсюду видна она и глядит прямо в очи мимобегущим волнам. И горе кораблю, который нанесется на нее! В щепы летят бессильные его снасти, тонет и ломится в прах всё, что ни есть на них, и жалким криком погибающих оглашается пораженный воздух.

В летописных страницах изображено подробно, как бежали польские гарнизоны из освобождаемых городов; как были перевешаны бессовестные арендаторы-жиды; как слаб был коронный гетьман Николай Потоцкий с многочисленною своею армиею против этой непреодолимой силы; как, разбитый, преследуемый, перетопил он в небольшой речке лучшую часть своего войска; как облегли его в небольшом местечке Полонном грозные козацкие полки и как, приведенный в крайность, польский гетьман клятвенно обещал полное удовлетворение во всем со стороны короля и государственных чинов и возвращение всех прежних прав и преимуществ. Но не такие были козаки, чтобы поддаться на то: знали они уже, что такое польская клятва. И Потоцкий не красовался бы больше на шеститысячном своем аргамаке, привлекая взоры знатных панн и зависть дворянства, не шумел бы на сеймах, задавая роскошные пиры сенаторам, если бы не спасло его находившееся в местечке русское духовенство. Когда вышли навстречу все попы в светлых золотых ризах, неся иконы и кресты, и впереди сам архиерей с крестом в руке и в пастырской митре, преклонили козаки все

427

свои головы и сняли шапки. Никого не уважили бы они на ту пору, ниже самого короля, но против своей церкви христианской не посмели, и уважили свое духовенство. Согласился гетьман вместе с полковниками отпустить Потоцкого, взявши с него клятвенную присягу оставить на свободе все христианские церкви, забыть старую вражду и не наносить никакой обиды козацкому воинству. Один только полковник не согласился на такой мир. Тот один был Тарас. Вырвал он клок волос из головы своей и вскрикнул:

— Эй, гетьман и полковники! не сделайте такого бабьего дела! не верьте ляхам: продадут псяюхи!

Когда же полковой писарь подал условие и гетьман приложил свою властную руку, он снял с себя чистый булат, дорогую турецкую саблю из первейшего железа, разломил ее надвое, как трость, и кинул врознь, далеко в разные стороны оба конца, сказав:

— Прощайте же! Как двум концам сего палаша не соединиться в одно и не составить одной сабли, так и нам, товарищи, больше не видаться на этом свете. Помяните же прощальное мое слово (при сем слове голос его вырос, подымался выше, принял неведомую силу, — и смутились все от пророческих слов): перед смертным часом своим вы вспомните меня! Думаете, купили спокойствие и мир; думаете, пановать станете? Будете пановать другим пованьем: сдерут с твоей головы, гетьман, кожу, набьют ее гречаною половою, и долго будут видеть ее по всем ярмаркам! Не удержите и вы, паны, голов своих! Пропадете в сырых погребах, замурованные в каменные стены, если вас, как баранов, не сварят всех живыми в котлах!

— А вы, хлопцы! — продолжал он, оборотившись к своим, — кто из вас хочет умирать своею смертью — не по запечьям и бабьим лежанкам, не пьяными под забором у шинка, подобно всякой падали, а честной, козацкой смертью — всем на одной постеле, как жених с невестою? Или, может быть, хотите воротиться домой, да оборотиться в недоверков, да возить на своих спинах польских ксендзов?

— За тобою, пане полковнику! За тобою! — вскрикнули все, которые были в Тарасовом полку; и к ним перебежало немало других.

— А коли за мною, так за мною же! — сказал Тарас, надвинул глубже на голову себе шапку, грозно взглянул на всех остававшихся, оправился на коне своем и крикнул своим: — Не попрекнет же никто нас обидной речью! А ну, гайда, хлопцы, в гости к католикам!

И вслед за тем ударил он по коню, и потянулся за ним табор из ста телег, и с ними много было козацких конников и пехоты, и, оборотясь, грозил взором всем остававшимся, и гневен был взор его. Никто не посмел остановить их. В виду всего воинства уходил полк, и долго еще оборачивался Тарас и всё грозил.

Смутны стояли гетьман и полковники, задумалися все и молчали долго, как будто теснимые какимто тяжелым предвестием. Недаром провещал Тарас: так всё и сбылось, как он провещал. Немного времени спустя, после вероломного поступка под Каневом, вздернута была голова гетьмана на кол вместе со многими из первейших сановников.

А что же Тарас? А Тарас гулял по всей Польше с своим полком, выжег восемнадцать местечек, близ сорока костелов и уже доходил до Кракова. Много избил он всякой шляхты, разграбил богатейшие и лучшие замки; распечатали и поразливали по земле козаки вековые меды и вина, сохранно сберегавшиеся в панских погребах; изрубили и пережгли дорогие сукна, одежды и утвари, находимые в кладовых. «Ничего не жалейте!» — повторял только Тарас. Не уважили козаки чернобровых панянок, белогрудых, светлоликих девиц; у самых алтарей не могли спастись они: зажигал их Тарас вместе с алтарями. Не одни белоснежные руки подымались из огнистого пламени к небесам, сопровождаемые жалкими криками, от которых подвигнулась бы самая сырая земля и степовая трава поникла бы от жалости долу. Но не внимали ничему жестокие козаки и, поднимая копьями с улиц младенцев их, кидали к ним же в пламя. «Это вам, вражьи ляхи, поминки по Остапе!» — приговаривал только Тарас. И такие поминки по Остапе отправлял он в каждом селении, пока польское правительство не увидело, что поступки Тараса были побольше, чем обыкновенное разбойничество, и тому же самому Потоцкому поручено было с пятью полками поймать непременно Тараса.

Шесть дней уходили козаки проселочными дорогами от всех преследований; едва выносили кони необыкновенное бегство и спасали козаков. Но Потоцкий на сей раз был достоин возложенного поручения; неутомимо преследовал он их и настиг на берегу Днестра, где Бульба занял для роздыха оставленную развалившуюся крепость.

Над самой кручей у Днестра-реки виднелась она своим оборванным валом и своими развалившимися останками стен. Щебнем и разбитым кирпичом усеяна была верхушка утеса, готовая всякую минуту сорваться и слететь вниз. Тут-то, с двух сторон, прилеглых к полю, обступил его коронный гетьман Потоцкий. Четыре дни бились и боролись козаки, отбиваясь кирпичами и каменьями. Но истощились запасы и силы, и решился Тарас пробиться сквозь ряды. И пробились было уже козаки, и, может быть, еще раз послужили бы им верно быстрые кони, как вдруг среди самого бегу остановился Тарас и вскрикнул: «Стой! выпала люлька с табаком; не хочу, чтобы и люлька досталась вражьим ляхам!» И нагнулся старый атаман и стал отыскивать в траве свою люльку с табаком, неотлучную сопутницу на морях, и на суше, и в походах, и дома. А тем временем набежала вдруг ватага и схватила его под могучие плечи. Двинулся было он всеми членами, но уже не посыпались на землю, как бывало прежде, схватившие его гайдуки. «Эх, старость, старость!» — сказал он, и заплакал дебелый старый козак. Но не старость была виною: сила одолела силу. Мало не тридцать человек повисло у него по рукам и по ногам. «Попалась ворона! — кричали ляхи. — Теперь нужно только придумать, какую бы ему, собаке, лучшую честь воздать». И присудили, с гетьманского разрешенья, сжечь его живого в виду всех. Тут же стояло нагое дерево, вершину которого разбило громом. Притянули его железными цепями к древесному стволу, гвоздем прибили ему руки и, приподняв его повыше, чтобы отсюду был виден козак, принялись тут же раскладывать под деревом костер. Но не на костер глядел Тарас, не об огне он думал, которым собирались жечь его; глядел он, сердечный, в ту сторону, где отстреливались козаки: ему с высоты всё было видно как на ладони.

— Занимайте, хлопцы, занимайте скорее, — кричал он, — горку, что за лесом: туда не подступят они!

Но ветер не донес его слов.

— Вот, пропадут, пропадут ни за что! — говорил он отчаянно и взглянул вниз, где сверкал Днестр. Радость блеснула в очах его. Он увидел выдвинувшиеся из-за кустарника четыре кормы, собрал всю силу голоса и зычно закричал:

— К берегу! к берегу, хлопцы! Спускайтесь подгорной дорожкой, что налево. У берега стоят челны, все забирайте, чтобы не было погони!

На этот раз ветер дунул с другой стороны, и все слова были услышаны козаками. Но за такой совет достался ему тут же удар обухом по голове, который переворотил всё в глазах его.

Пустились козаки во всю прыть подгорной дорожкой; а уж погоня за плечами. Видят: путается и загибается дорожка и много дает в сторону извивов. «А, товарищи! не куды пошло!» — сказали все, остановились на миг, подняли свои нагайки, свистнули — и татарские их кони, отделившись от земли, распластавшись в воздухе, как змеи, перелетели через пропасть и бултыхнули прямо в Днестр. Двое только не достали до реки, грянулись с вышины об каменья, пропали там навеки с конями, даже не успевши издать крика. А козаки уже плыли с конями в реке и отвязывали челны. Остановились ляхи над пропастью, дивясь неслыханному козацкому делу и думая: прыгать ли им, или нет? Один молодой полковник, живая, горячая кровь, родной брат прекрасной полячки, обворожившей бедного Андрия, не подумал долго и бросился со всех сил с конем за козаками: перевернулся три раза в воздухе с конем своим и прямо грянулся на острые утесы. В куски изорвали его острые камни, пропавшего среди пропасти, и мозг его, смешавшись с кровью, обрызгал росшие по неровным стенам провала кусты.

Когда очнулся Тарас Бульба от удара и глянул на Днестр, уже козаки были на челнах и гребли веслами; пули сыпались на них сверху, но не доставали. И вспыхнули радостные очи у старого атамана.

— Прощайте, товарищи! — кричал он им сверху. — Вспоминайте меня и будущей же весной прибывайте сюда вновь, да хорошенько погуляйте! Что, взяли, чертовы ляхи? Думаете, есть что-нибудь на свете, чего бы побоялся козак? Постойте же, придет время, будет время, узнаете вы, что такое православная русская вера! Уже и теперь чуют дальние и близкие народы: подымается из русской земли свой царь, и не будет в мире силы, которая бы не покорилась ему!..

А уже огонь подымался над костром, захватывал его ноги и разостлался пламенем по дереву... Да разве найдутся на свете такие огни, муки и такая сила, которая бы пересилила русскую силу!

Немалая река Днестр, и много на ней заводьев, речных густых камышей, отмелей и глубокодонных мест; блестит речное зеркало, оглашенное звонким ячаньем лебедей, и гордый гоголь быстро несется по нем, и много куликов, краснозобых курухтанов и всяких иных птиц в тростниках и на прибрежьях. Козаки живо плыли на узких двухрульных челнах, дружно гребли веслами, осторожно минали отмели, всполашивая подымавшихся птиц, и говорили про своего атамана.

ЧАСТЬ ВТОРАЯ

ВИЙ[1]

Как только ударял в Киеве поутру довольно звонкий семинарский колокол, висевший у ворот Братского монастыря, то уже со всего города спешили толпами школьники и бурсаки. Грамматики, риторы, философы и богословы, с тетрадями под мышкой, брели в класс. Грамматики были еще очень малы; идя, толкали друг друга и бранились между собою самым тоненьким дискантом; были все почти в изодранных или запачканных платьях, и карманы их вечно были наполнены всякою дрянью, как-то: бабками, свистелками, сделанными из перышек, недоеденным пирогом, а иногда даже и маленькими воробьенками, из которых один, вдруг чиликнув среди необыкновенной тишины в классе, доставлял своему патрону порядочные пали в обе руки, а иногда и вишневые розги. Риторы шли солиднее: платья у них были часто совершенно целы, но зато на лице всегда почти бывало какое-нибудь украшение в виде риторического тропа: или один глаз уходил под самый лоб, или вместо губы целый пузырь, или какая-нибудь другая примета; эти говорили и божи-

---

[1] Вий — есть колоссальное создание простонародного воображения. Таким именем называется у малороссиян начальник гномов, у которого веки на глазах идут до самой земли. Вся эта повесть есть народное предание. Я не хотел ни в чем изменить его и рассказываю почти в такой же простоте, как слышал.

лись между собою тенором. Философы целою октавою брали ниже; в карманах их, кроме крепких табачных корешков, ничего не было. Запасов они не делали никаких и всё, что попадалось, съедали тогда же; от них слышалась трубка и горелка иногда так далеко, что проходивший мимо ремесленник долго еще, остановившись, нюхал, как гончая собака, воздух.

Рынок в это время обыкновенно только что начинал шевелиться, и торговки с бубликами, булками, арбузными семечками и маковниками дергали наподхват за полы тех, у которых полы были из тонкого сукна или какой-нибудь бумажной материи.

— Паничи! паничи! сюды! сюды! — говорили они со всех сторон. — Ось бублики, маковники, вертычки, буханци хороши! ей-богу, хороши! на меду! сама пекла!

Другая, подняв что-то длинное, скрученное из теста, кричала:

— Ось сусулька! паничи, купите сусульку!

— Не покупайте у этой ничего: смотрите, какая она скверная — и нос нехороший, и руки нечистые...

Но философов и богословов они боялись задевать, потому что философы и богословы всегда любили брать только на пробу и притом целою горстью.

По приходе в семинарию вся толпа размещалась по классам, находившимся в низеньких, довольно, однако же, просторных комнатах с небольшими окнами, с широкими дверьми и запачканными скамьями. Класс наполнялся вдруг разноголосными жужжаниями: авдиторы выслушивали своих учеников: звонкий дискант грамматика попадал как раз в звон стекла, вставленного в маленькие окна, и стекло отвечало почти тем же звуком; в углу гудел ритор, которого рот и толстые губы должны бы принадлежать по крайней мере философии. Он гудел басом, и только слышно было издали: бу, бу, бу, бу... Авдиторы, слушая урок, смотрели одним глазом под скамью, где из кармана подчиненного бурсака выглядывала булка, или вареник, или семена из тыкв.

Когда вся эта ученая толпа успевала приходить несколько ранее или когда знали, что профессора будут позже обыкновенного, тогда, со всеобщего согласия, замышляли бой, и в этом бою должны были участвовать все, даже и цензора, обязанные смотреть за порядком и нравственностию всего учащегося сословия. Два богослова обыкновенно решали, как происходить битве: каждый ли класс должен стоять за себя особенно, или все должны разделиться на две половины: на бурсу и семинарию. Во всяком случае грамматики начинали прежде всех, и как только вмешивались риторы, они уже бежали прочь и становились на возвышениях наблюдать битву. Потом вступала философия с черными длинными усами, а наконец и богословия, в ужасных шароварах и с претолстыми шеями. Обыкновенно оканчивалось тем, что богословия побивала всех, и философия, почесывая бока, была теснима в класс и помещалась отдыхать на скамьях. Профессор, входивший в класс и участвовавший когда-то сам в подобных боях, в одну минуту, по разгоревшимся лицам своих слушателей, узнавал, что бой был недурен, и в то время, когда он сек розгами по пальцам риторику, в другом классе другой профессор отделывал деревянными лопатками по рукам философию. С богословами же было поступаемо совершенно другим образом: им, по выражению профессора богословии, отсыпалось по мерке *крупного гороху,* что состояло в коротеньких кожаных канчуках.

В торжественные дни и праздники семинаристы и бурсаки отправлялись по домам с вертепами. Иногда разыгрывали комедию, и в таком случае всегда отличался какой-нибудь богослов, ростом мало чем пониже киевской колокольни, представлявший Иродиаду или Пентефрию, супругу египетского царедворца. В награду получали они кусок полотна, или мешок проса, или половину вареного гуся и тому подобное.

Весь этот ученый народ, как семинария, так и бурса, которые питали какую-то наследственную неприязнь между собою, был чрезвычайно беден на средства к прокормлению и притом необыкновенно прожорлив; так что сосчитать, сколько каждый из них уписывал за вечерею галушек, было бы совершенно невозможное дело; и потому доброхотные пожертвования зажиточных владельцев не могли быть достаточны. Тогда сенат, состоявший из философов и богословов, отправлял грамматиков и риторов под предводительством одного философа, — а иногда присоединялся и сам, — с мешками на плечах опустошать чужие огороды. И в бурсе появлялась каша из тыкв. Сенаторы столько объедались арбузов и дынь, что на другой день авдиторы слышали от них вместо одного два урока: один происходил из уст, другой ворчал в сенаторском желудке. Бурса и семинария носили какие-то длинные подобия сюртуков, простиравшихся *по сие время:* слово техническое, означавшее — далее пяток.

Самое торжественное для семинарии событие было вакансии — время с июня месяца, когда обыкновенно бурса распускалась по домам. Тогда всю большую дорогу усеивали грамматики, философы и богословы. Кто не имел своего приюта, тот отправлялся к кому-нибудь из товарищей. Философы и богословы отправлялись *на кондиции,* то есть брались учить или приготовлять детей людей зажиточных, и получали за то в год новые сапоги, а иногда и на сюртук. Вся ватага эта тянулась вместе целым табором;

варила себе кашу и ночевала в поле. Каждый тащил за собою мешок, в котором находилась одна рубашка и пара онуч. Богословы особенно были бережливы и аккуратны: для того чтобы не износить сапогов, они скидали их, вешали на палки и несли на плечах, особенно когда была грязь. Тогда они, засучив шаровары по колени, бесстрашно разбрызгивали своими ногами лужи. Как только завидывали в стороне хутор, тотчас сворочали с большой дороги и, приблизившись к хате, выстроенной поопрятнее других, становились перед окнами в ряд и во весь рот начинали петь кант. Хозяин хаты, какой-нибудь старый козак-поселянин, долго их слушал, подпершись обеими руками, потом рыдал прегорько и говорил, обращаясь к своей жене: «Жинко! то, что поют школяры, должно быть очень разумное; вынеси им сала и чего-нибудь такого, что у нас есть!» И целая миска вареников валилась в мешок. Порядочный кус сала, несколько паляниц, а иногда и связанная курица помещались вместе. Подкрепившись таким запасом, грамматики, риторы, философы и богословы опять продолжали путь. Чем далее, однако же, шли они, тем более уменьшалась толпа их. Все почти разбродились по домам, и оставались те, которые имели родительские гнезда далее других.

Один раз во время подобного странствования три бурсака своротили с большой дороги в сторону, с тем чтобы в первом попавшемся хуторе запастись провиантом, потому что мешок у них давно уже был пуст. Это были: богослов Халява, философ Хома Брут и ритор Тиберий Горобець.

Богослов был рослый, плечистый мужчина и имел чрезвычайно странный нрав: всё, что ни лежало, бывало, возле него, он непременно украдет. В другом случае характер его был чрезвычайно мрачен, и когда напивался он пьян, то прятался в бурьяне, и семинарии стоило большого труда его сыскать там.

Философ Хома Брут был нрава веселого. Любил очень лежать и курить люльку. Если же пил, то непременно нанимал музыкантов и отплясывал тропака. Он часто пробовал *крупного гороху,* но совершенно с философическим равнодушием, — говоря, что чему быть, того не миновать.

Ритор Тиберий Горобець еще не имел права носить усов, пить горелки и курить люльки. Он носил только оселедец, и потому характер его в то время еще мало развился; но, судя по большим шишкам на лбу, с которыми он часто являлся в класс, можно было предположить, что из него будет хороший воин. Богослов Халява и философ Хома часто дирали его за чуб в знак своего покровительства и употребляли в качестве депутата.

Был уже вечер, когда они своротили с большой дороги. Солнце только что село, и дневная теплота оставалась еще в воздухе. Богослов и философ шли молча, куря люльки; ритор Тиберий Горобець сбивал палкою головки с будяков, росших по краям дороги. Дорога шла между разбросанными группами дубов и орешника, покрывавшими луг. Отлогости и небольшие горы, зеленые и круглые, как куполы, иногда перемежевывали равнину. Показавшаяся в двух местах нива с вызревавшим житом давала знать, что скоро должна появиться какая-нибудь деревня. Но уже более часу, как они минули хлебные полосы, а между тем им не попадалось никакого жилья. Сумерки уже совсем омрачили небо, и только на западе бледнел остаток алого сияния.

— Что за черт! — сказал философ Хома Брут, — сдавалось совершенно, как будто сейчас будет хутор.

Богослов помолчал, поглядел по окрестностям,

потом опять взял в рот свою люльку, и все продолжали путь.

— Ей-богу! — сказал, опять остановившись, философ. — Ни чертова кулака не видно.

— А может быть, далее и попадется какой-нибудь хутор, — сказал богослов, не выпуская люльки.

Но между тем уже была ночь, и ночь довольно темная. Небольшие тучи усилили мрачность, и, судя по всем приметам, нельзя было ожидать ни звезд, ни месяца. Бурсаки заметили, что они сбились с пути и давно шли не по дороге.

Философ, пошаривши ногами во все стороны, сказал, наконец, отрывисто:

— А где же дорога?

Богослов помолчал и, надумавшись, примолвил:

— Да, ночь темная.

Ритор отошел в сторону и старался ползком нащупать дорогу, но руки его попадали только в лисьи норы. Везде была одна степь, по которой, казалось, никто не ездил. Путешественники еще сделали усилие пройти несколько вперед, но везде была та же дичь. Философ попробовал перекликнуться, но голос его совершенно заглох по сторонам и не встретил никакого ответа. Несколько спустя только послышалось слабое стенание, похожее на волчий вой.

— Вишь, что тут делать? — сказал философ.

— А что? оставаться и заночевать в поле! — сказал богослов и полез в карман достать огниво и закурить снова свою люльку. Но философ не мог согласиться на это. Он всегда имел обыкновение упрятать на ночь полпудовую краюху хлеба и фунта четыре сала и чувствовал на этот раз в желудке своем какое-то несносное одиночество. Притом, несмотря на веселый нрав свой, философ боялся несколько волков.

— Нет, Халява, не можно, — сказал он. — Как же, не подкрепив себя ничем, растянуться и лечь так, как собаке? Попробуем еще; может быть, набредем на какое-нибудь жилье и хоть чарку горелки удастся выпить на ночь.

При слове «горелка» богослов сплюнул в сторону и примолвил:

— Оно конечно, в поле оставаться нечего.

Бурсаки пошли вперед, и, к величайшей радости их, в отдалении почудился лай. Прислушавшись, с которой стороны, они отправились бодрее и, немного пройдя, увидели огонек.

— Хутор! ей-богу, хутор! — сказал философ.

Предположения его не обманули: через несколько времени они увидели точно небольшой хуторок, состоявший из двух только хат, находившихся в одном и том же дворе. В окнах светился огонь. Десяток сливных дерев торчало под тыном. Взглянувши в сквозные дощатые ворота, бурсаки увидели двор, установленный чумацкими возами. Звезды кое-где глянули в это время на небе.

— Смотрите же, братцы, не отставать! во что бы то ни было, а добыть ночлега!

Три ученые мужа дружно ударили в ворота и закричали:

— Отвори!

Дверь в одной хате заскрипела, и минуту спустя бурсаки увидели перед собою старуху в нагольном тулупе.

— Кто там? — закричала она, глухо кашляя.

— Пусти, бабуся, переночевать. Сбились с дороги. Так в поле скверно, как в голодном брюхе.

— А что вы за народ?

— Да народ необидчивый: богослов Халява, философ Брут и ритор Горобець.

— Не можно, — проворчала старуха, — у меня народу полон двор, и все углы в хате заняты. Куды я вас дену? Да еще всё какой рослый и здоровый народ!

Да у меня и хата развалится, когда помещу таких. Я знаю этих философов и богословов. Если таких пьяниц начнешь принимать, то и двора скоро не будет. Пошли! пошли! Тут вам нет места.

— Умилосердись, бабуся! Как же можно, чтобы христианские души пропали ни за что ни про что? Где хочешь помести нас. И если мы что-нибудь, как-нибудь того или какое другое что сделаем, — то пусть нам и руки отсохнут, и такое будет, что Бог один знает. Вот что!

Старуха, казалось, немного смягчилась.

— Хорошо, — сказала она, как бы размышляя, — я впущу вас; только положу всех в разных местах: а то у меня не будет спокойно на сердце, когда будете лежать вместе.

— На то твоя воля; не будем прекословить, — отвечали бурсаки.

Ворота заскрипели, и они вошли на двор.

— А что, бабуся, — сказал философ, идя за старухой, — если бы так, как говорят... ей-богу, в животе как будто кто колесами стал ездить. С самого утра вот хоть бы щепка была во рту.

— Вишь, чего захотел! — сказала старуха. — Нет у меня, нет ничего такого, и печь не топилась сегодня.

— А мы бы уже за всё это, — продолжал философ, — расплатились бы завтра как следует — чистоганом. Да, — продолжал он тихо, — черта с два получишь ты что-нибудь.

— Ступайте, ступайте! и будьте довольны тем, что дают вам. Вот черт принес каких нежных паничей!

Философ Хома пришел в совершенное уныние от таких слов. Но вдруг нос его почувствовал запах сушеной рыбы. Он глянул на шаровары богослова, шедшего с ним рядом, и увидел, что из кармана его торчал преогромный рыбий хвост. Богослов уже успел подтибрить с воза целого карася. И так как он это производил не из какой-нибудь корысти, но единственно по привычке, и, позабывши совершенно о своем карасе, уже разглядывал, что бы такое стянуть другое, не имея намерения пропустить даже изломанного колеса, — то философ Хома запустил руку в его карман, как в свой собственный, и вытащил карася.

Старуха разместила бурсаков: ритора положила в хате, богослова заперла в пустую комору, философу отвела тоже пустой овечий хлев.

Философ, оставшись один, в одну минуту съел карася, осмотрел плетеные стены хлева, толкнул ногою в морду просунувшуюся из другого хлева любопытную свинью и поворотился на другой бок, чтобы заснуть мертвецки. Вдруг низенькая дверь отворилась, и старуха, нагнувшись, вошла в хлев.

— А что, бабуся, чего тебе нужно? — сказал философ.

Но старуха шла прямо к нему с распростертыми руками.

«Эге-ге! — подумал философ. — Только нет, голубушка! устарела». Он отодвинулся немного подальше, но старуха, без церемонии, опять подошла к нему.

— Слушай, бабуся, — сказал философ, — теперь пост; а я такой человек, что и за тысячу золотых не захочу оскоромиться.

Но старуха раздвигала руки и ловила его, не говоря ни слова.

Философу сделалось страшно, особливо когда он заметил, что глаза ее сверкнули каким-то необыкновенным блеском.

— Бабуся! что ты? Ступай, ступай себе с Богом! — закричал он.

Но старуха не говорила ни слова и хватала его руками.

Он вскочил на ноги, с намерением бежать, но старуха стала в дверях и вперила на него сверкающие глаза и снова начала подходить к нему.

Философ хотел оттолкнуть ее руками, но, к удивлению, заметил, что руки его не могут приподняться, ноги не двигались; и он с ужасом увидел, что даже голос не звучал из уст его: слова без звука шевелились на губах. Он слышал только, как билось его сердце; он видел, как старуха подошла к нему, сложила ему руки, нагнула ему голову, вскочила с быстротою кошки к нему на спину, ударила его метлой по боку, и он, подпрыгивая, как верховой конь, понес ее на плечах своих. Все это случилось так быстро, что философ едва мог опомниться и схватил обеими руками себя за колени, желая удержать ноги; но они, к величайшему изумлению его, подымались против воли и производили скачки быстрее черкесского бегуна. Когда уже минули они хутор и перед ними открылась ровная лощина, а в стороне потянулся черный, как уголь, лес, тогда только сказал он сам в себе: «Эге, да это ведьма».

Обращенный месячный серп светлел на небе. Робкое полночное сияние, как сквозное покрывало, ложилось легко и дымилось на земле. Леса, луга, небо, долины — всё, казалось, как будто спало с открытыми глазами. Ветер хоть бы раз вспорхнул где-нибудь. В ночной свежести было что-то влажно-теплое. Тени от дерев и кустов, как кометы, острыми клинами падали на отлогую равнину. Такая была ночь, когда философ Хома Брут скакал с непонятным всадником на спине. Он чувствовал какое-то томительное, неприятное и вместе сладкое чувство, подступавшее к его сердцу. Он опустил голову вниз и видел, что трава, бывшая почти под ногами его, казалось, росла глубоко и далеко и что сверх ее находилась прозрачная, как горный ключ, вода, и трава казалась дном какого-то светлого, прозрачного до самой глубины моря; по крайней мере он видел ясно, как он отражался в нем вместе с сидевшею на спине старухою. Он видел, как вместо месяца светило там какое-то солнце; он слышал, как голубые колокольчики, наклоняя свои головки, звенели. Он видел, как из-за осоки выплывала русалка, мелькала спина и нога, выпуклая, упругая, вся созданная из блеска и трепета. Она оборотилась к нему — и вот ее лицо, с глазами светлыми, сверкающими, острыми, с пеньем вторгавшимися в душу, уже приближалось к нему, уже было на поверхности и, задрожав сверкающим смехом, удалялось, — и вот она опрокинулась на спину, и облачные перси ее, матовые, как фарфор, не покрытый глазурью, просвечивали пред солнцем по краям своей белой, эластически-нежной окружности. Вода в виде маленьких пузырьков, как бисер, обсыпала их. Она вся дрожит и смеется в воде...

Видит ли он это, или не видит? Наяву ли это, или снится? Но там что? Ветер или музыка: звенит, звенит, и вьется, и подступает, и вонзается в душу какою-то нестерпимою трелью...

«Что это?» — думал философ Хома Брут, глядя вниз, несясь во всю прыть. Пот катился с него градом. Он чувствовал бесовски-сладкое чувство, он чувствовал какое-то пронзающее, какое-то томительно-страшное наслаждение. Ему часто казалось, как будто сердца уже вовсе не было у него, и он со страхом хватался за него рукою. Изнеможенный, растерянный, он начал припоминать все, какие только знал, молитвы. Он перебирал все заклятия против духов — и вдруг почувствовал какое-то освежение; чувствовал, что шаг его начинал становиться ленивее, ведьма как-то слабее держалась на спине его. Густая трава касалась его, и уже он не видел в

445

ней ничего необыкновенного. Светлый серп светил на небе.

«Хорошо же!» — подумал про себя философ Хома и начал почти вслух произносить заклятия. Наконец с быстротою молнии выпрыгнул из-под старухи и вскочил в свою очередь к ней на спину. Старуха мелким, дробным шагом побежала так быстро, что всадник едва мог переводить дух свой. Земля чуть мелькала под ним. Всё было ясно при месячном, хотя и неполном свете. Долины были гладки, но всё от быстроты мелькало неясно и сбивчиво в его глазах. Он схватил лежавшее на дороге полено и начал им со всех сил колотить старуху. Дикие вопли издала она; сначала были они сердиты и угрожающи, потом становились слабее, приятнее, чище, и потом уже тихо, едва звенели, как тонкие серебряные колокольчики, и заронялись ему в душу; и невольно мелькнула в голове мысль: точно ли это старуха? «Ох, не могу больше!» — произнесла она в изнеможении и упала на землю.

Он стал на ноги и посмотрел ей в очи: рассвет загорался, и блестели золотые главы вдали киевских церквей. Перед ним лежала красавица, с растрепанною роскошною косою, с длинными, как стрелы, ресницами. Бесчувственно отбросила она на обе стороны белые нагие руки и стонала, возведя кверху очи, полные слез.

Затрепетал, как древесный лист, Хома: жалость и какое-то странное волнение и робость, неведомые ему самому, овладели им; он пустился бежать во весь дух. Дорогой билось беспокойно его сердце, и никак не мог он истолковать себе, что за странное, новое чувство им овладело. Он уже не хотел более идти на хутора и спешил в Киев, раздумывая всю дорогу о таком непонятном происшествии.

Бурсаков почти никого не было в городе: все разбрелись по хуторам, или на кондиции, или просто без всяких кондиций, потому что по хуторам малороссийским можно есть галушки, сыр, сметану и вареники величиною в шляпу, не заплатив гроша денег. Большая разъехавшаяся хата, в которой помещалась бурса, была решительно пуста, и сколько философ ни шарил во всех углах и даже ощупал все дыры и западни в крыше, но нигде не отыскал ни куска сала или по крайней мере старого кныша, что, по обыкновению, запрятываемо было бурсаками.

Однако же философ скоро сыскался, как поправить своему горю: он прошел, посвистывая, раза три по рынку, перемигнулся на самом конце с какою-то молодою вдовою в желтом очипке, продававшею ленты, ружейную дробь и колеса, — и был того же дня накормлен пшеничными варениками, курицею... и, словом, перечесть нельзя, что у него было за столом, накрытым в маленьком глиняном домике среди вишневого садика. Того же самого вечера видели философа в корчме: он лежал на лавке, покуривая, по обыкновению своему, люльку, и при всех бросил жиду-корчмарю ползолотой. Перед ним стояла кружка. Он глядел на приходивших и уходивших хладнокровно-довольными глазами и вовсе уже не думал о своем необыкновенном происшествии.

Между тем распространились везде слухи, что дочь одного из богатейших сотников, которого хутор находился в пятидесяти верстах от Киева, возвратилась в один день с прогулки вся избитая, едва имевшая силы добресть до отцовского дома, находится при смерти и перед смертным часом изъявила желание, чтобы отходную по ней и молитвы в продолжение трех дней после смерти читал один из киевских семинаристов: Хома Брут. Об этом философ узнал от самого ректора, который нарочно призывал его в свою комнату и объявил, чтобы он без всякого отлагательства спешил в дорогу, что именитый сотник прислал за ним нарочно людей и возок.

Философ вздрогнул по какому-то безотчетному чувству, которого он сам не мог растолковать себе. Темное предчувствие говорило ему, что ждет его что-то недоброе. Сам не зная почему, объявил он напрямик, что не поедет.

— Послушай, dominus Хома! — сказал ректор (он в некоторых случаях объяснялся очень вежливо с своими подчиненными), — тебя никакой черт и не спрашивает о том, хочешь ли ты ехать, или не хочешь. Я тебе скажу только то, что если ты еще будешь показывать свою рысь да мудрствовать, то прикажу тебя по спине и по прочему так отстегать молодым березняком, что и в баню не нужно будет ходить.

Философ, почесывая слегка за ухом, вышел, не говоря ни слова, располагая при первом удобном случае возложить надежду на свои ноги. В раздумьи сходил он с крутой лестницы, приводившей на двор, обсаженный тополями, и на минуту остановился, услышавши довольно явственно голос ректора, дававшего приказания своему ключнику и еще кому-то, вероятно одному из посланных за ним от сотника.

— Благодари пана за крупу и яйца, — говорил ректор, — и скажи, что как только будут готовы те книги, о которых он пишет, то я тотчас пришлю. Я отдал их уже переписывать писцу. Да не забудь, мой голубе, прибавить пану, что на хуторе у них, я знаю, водится хорошая рыба, и особенно осетрина, то при случае прислал бы: здесь на базарах и нехороша, и дорога. А ты, Явтух, дай молодцам по чарке горелки. Да философа привязать, а не то как раз удерет.

«Вишь, чертов сын! — подумал про себя философ, — пронюхал, длинноногий вьюн!»

Он сошел вниз и увидел кибитку, которую принял было сначала за хлебный овин на колесах. В самом деле, она была так же глубока, как печь, в которой обжигают кирпичи. Это был обыкновенный краковский экипаж, в каком жиды полсотнею отправляются вместе с товарами во все города, где только слышит их нос ярмарку. Его ожидало человек шесть здоровых и крепких козаков, уже несколько пожилых. Свитки из тонкого сукна с кистями показывали, что они принадлежали довольно значительному и богатому владельцу. Небольшие рубцы говорили, что они бывали когда-то на войне, не без славы.

«Что ж делать? Чему быть, тому не миновать!» — подумал про себя философ и, обратившись к козакам, произнес громко:

— Здравствуйте, братья-товарищи!

— Будь здоров, пан философ! — отвечали некоторые из козаков.

— Так вот это мне приходится сидеть вместе с вами? А брика знатная! — продолжал он, влезая. — Тут бы только нанять музыкантов, то и танцевать можно.

— Да, соразмерный экипаж! — сказал один из козаков, садясь на облучок сам-друг с кучером, завязавшим голову тряпицею, вместо шапки, которую он успел оставить в шинке. Другие пять вместе с философом полезли в углубление и расположились на мешках, наполненных разною закупкою, сделанною в городе.

— Любопытно бы знать, — сказал философ, — если бы, примером, эту брику нагрузить каким-нибудь товаром — положим, солью или железными шинами: сколько потребовалось бы тогда коней?

— Да, — сказал, помолчав, сидевший на облучке козак, — достаточное бы число потребовалось коней.

После такого удовлетворительного ответа козак почитал себя вправе молчать во всю дорогу.

Философу чрезвычайно хотелось узнать обстоятельнее: кто таков был этот сотник, каков его нрав, что слышно о его дочке, которая таким необыкновенным образом возвратилась домой и находилась при смерти и которой история связалась теперь с его собственною, как у них и что делается в доме? Он обращался к ним с вопросами; но козаки, верно, были тоже философы, потому что в ответ на это молчали и курили люльки, лежа на мешках. Один только из них обратился к сидевшему на козлах вознице с коротеньким приказанием: «Смотри, Оверко, ты старый разиня; как будешь подъезжать к шинку, что на Чухрайловской дороге, то не позабудь остановиться и разбудить меня и других молодцов, если кому случится заснуть». После этого он заснул довольно громко. Впрочем, эти наставления были совершенно напрасны, потому что едва только приблизилась исполинская брика к шинку на Чухрайловской дороге, как все в один голос закричали: «Стой!» Притом лошади Оверка были так уже приучены, что останавливались сами перед каждым шинком. Несмотря на жаркий июльский день, все вышли из брики, отправились в низенькую запачканную комнату, где жид-корчмарь с знаками радости бросился принимать своих старых знакомых. Жид принес под полою несколько колбас из свинины и, положивши на стол, тотчас отворотился от этого запрещенного Талмудом плода. Все уселись вокруг стола. Глиняные кружки показались пред каждым из гостей. Философ Хома должен был участвовать в общей пирушке. И так как малороссияне, когда подгуляют, непременно начнут целоваться или плакать, то скоро вся изба наполнилась лобызаниями: «А ну, Спирид, почеломкаемся!» — «Иди сюда, Дорош, я обниму тебя!»

Один козак, бывший постарее всех других, с седыми усами, подставивши руку под щеку, начал рыдать от души о том, что у него нет ни отца, ни матери и что он остался одним-один на свете. Другой был большой резонер и беспрестанно утешал его, говоря: «Не плачь, ей-богу не плачь! что ж тут... уж Бог знает как и что такое». Один, по имени Дорош, сделался чрезвычайно любопытен и, оборотившись к философу Хоме, беспрестанно спрашивал его:

— Я хотел бы знать, чему у вас в бурсе учат; тому ли самому, что и дьяк читает в церкви, или чему другому?

— Не спрашивай! — говорил протяжно резонер, — пусть его там будет, как было. Бог уже знает, как нужно; Бог все знает.

— Нет, я хочу знать, — говорил Дорош, — что там написано в тех книжках. Может быть, совсем другое, чем у дьяка.

— О Боже мой, Боже мой! — говорил этот почтенный наставник. — И на что такое говорить? Так уж воля Божия положила. Уже что Бог дал, того не можно переменить.

— Я хочу знать всё, что ни написано. Я пойду в бурсу, ей-богу пойду! Что ты думаешь, я не выучусь? Всему выучусь, всему!

— О Боже ж мой, Боже мой!.. — говорил утешитель и спустил свою голову на стол, потому что совершенно был не в силах держать ее долее на плечах.

Прочие козаки толковали о панах и о том, отчего на небе светит месяц.

Философ Хома, увидя такое расположение голов, решился воспользоваться и улизнуть. Он сначала обратился к седовласому козаку, грустившему об отце и матери:

— Что ж ты, дядько, расплакался, — сказал он, — я сам сирота! Отпустите меня, ребята, на волю! На что я вам?

— Пустим его на волю! — отозвались некоторые. — Ведь он сирота. Пусть себе идет, куда хочет.

— О Боже ж мой, Боже мой! — произнес утешитель, подняв свою голову. — Отпустите его! Пусть идет себе!

И козаки уже хотели сами вывесть его в чистое поле. Но тот, который показал свое любопытство, остановил их, сказавши:

— Не трогайте: я хочу с ним поговорить о бурсе. Я сам пойду в бурсу...

Впрочем, вряд ли бы этот побег мог совершиться, потому что когда философ вздумал подняться из-за стола, то ноги его сделались как будто деревянными и дверей в комнате начало представляться ему такое множество, что вряд ли бы он отыскал настоящую.

Только ввечеру вся эта компания вспомнила, что нужно отправляться далее в дорогу. Взмостившись в брику, они потянулись, погоняя лошадей и напевая песню, которой слова и смысл вряд ли бы кто разобрал. Проколесивши большую половину ночи, беспрестанно сбиваясь с дороги, выученной наизусть, они, наконец, спустились с крутой горы в долину, и философ заметил по сторонам тянувшийся частокол, или плетень, с низенькими деревьями и выказывавшимися из-за них крышами. Это было большое селение, принадлежавшее сотнику. Уже было далеко за полночь; небеса были темны, и маленькие звездочки мелькали кое-где. Ни в одной хате не видно было огня. Они взъехали, в сопровождении собачьего лая, на двор. С обеих сторон были заметны крытые соломою сараи и домики. Один из них, находившийся как раз посередине против ворот, был более других и служил, как казалось, пребыванием сотника. Брика остановилась перед небольшим подобием сарая, и путешественники наши отправились спать. Философ хотел, однако же, несколько обсмотреть снаружи панские хоромы; но как он ни пялил свои глаза, ничто не могло означиться в ясном виде: вместо дома представлялся ему медведь; из трубы делался ректор. Философ махнул рукою и пошел спать.

Когда проснулся философ, то весь дом был в движении: в ночь умерла панночка. Слуги бегали впопыхах взад и вперед. Старухи некоторые плакали. Толпа любопытных глядела сквозь забор на панский двор, как будто бы могла что-нибудь увидеть.

Философ начал на досуге осматривать те места, которые он не мог разглядеть ночью. Панский дом был низенькое небольшое строение, какие обыкновенно строились в старину в Малороссии. Он был покрыт соломою. Маленький, острый и высокий фронтон с окошком, похожим на поднятый кверху глаз, был весь измалеван голубыми и желтыми цветами и красными полумесяцами. Он был утвержден на дубовых столбиках, до половины круглых и снизу шестигранных, с вычурною обточкою вверху. Под этим фронтоном находилось небольшое крылечко со скамейками по обеим сторонам. С боков дома были навесы на таких же столбиках, инде витых. Высокая груша с пирамидальною верхушкою и трепещущими листьями зеленела перед домом. Несколько амбаров в два ряда стояли среди двора, образуя род широкой улицы, ведшей к дому. За амбарами, к самым воротам, стояли треугольниками два погреба, один напротив другого, крытые также соломою. Треугольная стена каждого из них была снабжена низенькою дверью и размалевана разными изображениями. На одной из них нарисован был сидящий на бочке козак, державший над головою кружку с надписью: «Всё выпью». На другой фляжка, сулеи и по сторонам, для красоты, лошадь, стоявшая вверх ногами, трубка, бубны и надпись: «Вино — козацкая потеха». Из чердака одного из сараев выглядывал сквозь огромное слуховое окно барабан и медные трубы. У ворот стояли две пушки. Всё показывало, что хозяин дома любил повеселиться и двор часто оглашали пиршественные клики. За воротами находились две ветряные мельницы. Позади дома шли сады; и сквозь верхушки дерев видны были одни только темные шляпки труб скрывавшихся в зеленой гуще хат. Всё селение помещалось на широком и ровном уступе горы. С северной стороны всё заслоняла крутая гора и подошвою своею оканчивалась у самого двора. При взгляде на нее снизу она казалась еще круче, и на высокой верхушке ее торчали кое-где неправильные стебли тощего бурьяна и чернели на светлом небе. Обнаженный глинистый вид ее навевал какое-то уныние. Она была вся изрыта дождевыми промоинами и проточинами. На крутом косогоре ее в двух местах торчали две хаты; над одною из них раскидывала ветви широкая яблоня, подпертая у корня небольшими кольями с насыпною землей. Яблоки, сбиваемые ветром, скатывались в самый панский двор. С вершины вилась по всей горе дорога и, опустившись, шла мимо двора в селенье. Когда философ измерил страшную круть ее и вспомнил вчерашнее путешествие, то решил, что или у пана были слишком умные лошади, или у козаков слишком крепкие головы, когда и в хмельном чаду умели не полететь вверх ногами вместе с неизмеримой брикою и багажом. Философ стоял на высшем в дворе месте, и, когда оборотился и глянул в противоположную сторону, ему представился совершенно другой вид. Селение вместе с отлогостью скатывалось на равнину. Необозримые луга открывались на далекое пространство; яркая зелень их темнела по мере отдаления, и целые ряды селений синели вдали, хотя расстояние их было более нежели на двадцать верст. С правой стороны этих лугов тянулись горы, и чуть заметною вдали полосою горел и темнел Днепр.

— Эх, славное место! — сказал философ. — Вот тут бы жить, ловить рыбу в Днепре и в прудах, охотиться с тенетами или с ружьем за стрепетами и крольшнепами! Впрочем, я думаю, и дроф немало в этих лугах. Фруктов же можно насушить и продать в город множество или, еще лучше, выкурить из них водку; потому что водка из фруктов ни с каким пенником не сравнится. Да не мешает подумать и о том, как бы улизнуть отсюда.

Он приметил за плетнем маленькую дорожку, совершенно закрытую разросшимся бурьяном. Он поставил машинально на нее ногу, думая наперед только прогуляться, а потом тихомолком, промеж хат, да и махнуть в поле, как внезапно почувствовал на своем плече довольно крепкую руку. Позади его стоял тот самый старый козак, который вчера так горько соболезновал о смерти отца и матери и о своем одиночестве.

— Напрасно ты думаешь, пан философ, улепетнуть из хутора! — говорил он. — Тут не такое заведение, чтобы можно было убежать; да и дороги для пешехода плохи. А ступай лучше к пану: он ожидает тебя давно в светлице.

— Пойдем! Что ж... Я с удовольствием, — сказал философ и отправился вслед за козаком.

Сотник, уже престарелый, с седыми усами и с выражением мрачной грусти, сидел перед столом в светлице, подперши обеими руками голову. Ему было около пятидесяти лет; но глубокое уныние на лице и какой-то бледно-тощий цвет показывали, что душа его была убита и разрушена вдруг, в одну минуту, и вся прежняя веселость и шумная жизнь исчезли навеки. Когда взошел Хома вместе с старым козаком, он отнял одну руку и слегка кивнул головою на низкий их поклон.

Хома и козак почтительно остановились у двери.

— Кто ты, и откудова, и какого звания, добрый человек? — сказал сотник ни ласково, ни сурово.

— Из бурсаков, философ Хома Брут.

— А кто был твой отец?

— Не знаю, вельможный пан.

— А мать твоя?

— И матери не знаю. По здравому рассуждению, конечно, была мать; но кто она, и откуда, и когда жила — ей-богу, добродию, не знаю.

Сотник помолчал и, казалось, минуту оставался в задумчивости.

— Как же ты познакомился с моею дочкою?

— Не знакомился, вельможный пан, ей-богу не знакомился. Еще никакого дела с панночками не имел, сколько ни живу на свете. Цур им, чтобы не сказать непристойного.

— Отчего же она не другому кому, а тебе именно назначила читать?

Философ пожал плечами:

— Бог его знает, как это растолковать. Известное уже дело, что панам подчас захочется такого, чего и самый наиграмотнейший человек не разберет; и пословица говорит: «Скачи, враже, як пан каже!»

— Да не врешь ли ты, пан философ?

— Вот на этом самом месте пусть громом так и хлопнет, если лгу.

— Если бы только минуточкой долее прожила ты, — грустно сказал сотник, — то, верно бы, я узнал всё. «Никому не давай читать по мне, но пошли, тату, сей же час в киевскую семинарию и привези бурсака Хому Брута. Пусть три ночи молится по грешной душе моей. Он знает...» А что такое знает, я уже не услышал. Она, голубонька, только и могла сказать, и умерла. Ты, добрый человек, верно, известен святою жизнию своею и богоугодными делами, и она, может быть, наслышалась о тебе.

— Кто? я? — сказал бурсак, отступивши от изумления. — Я святой жизни? — произнес он, посмотрев прямо в глаза сотнику. — Бог с вами, пан! Что вы это говорите! да я, хоть оно непристойно сказать, ходил к булочнице против самого Страстного четверга.

— Ну... верно, уже недаром так назначено. Ты должен с сего же дня начать свое дело.

— Я бы сказал на это вашей милости... оно конечно, всякий человек, вразумленный Святому писанию, может по соразмерности... только сюда приличнее бы требовалось дьякона или по крайней мере дьяка. Они народ толковый и знают, как всё это уже делается; а я... Да у меня и голос не такой, и сам я — черт знает что. Никакого виду с меня нет.

— Уж как ты себе хочешь, только я всё, что завещала мне моя голубка, исполню, ничего не пожалея. И когда ты с сего дня три ночи совершишь, как следует, над нею молитвы, то я награжу тебя; а не то — и самому черту не советую рассердить меня.

Последние слова произнесены были сотником так крепко, что философ понял вполне их значение.

— Ступай за мною! — сказал он.

Они вышли в сени. Сотник отворил дверь в другую светлицу, бывшую насупротив первой. Философ остановился на минуту в сенях высморкаться и с каким-то безотчетным страхом переступил через порог. Весь пол был устлан красною китайкой.

В углу, под образами, на высоком столе лежало тело умершей, на одеяле из синего бархата, убранном золотою бахромою и кистями. Высокие восковые свечи, увитые калиною, стояли в ногах и в головах, изливая свой мутный, терявшийся в дневном сиянии свет. Лицо умершей было заслонено от него неутешным отцом, который сидел перед нею, обращенный спиною к дверям. Философа поразили слова, которые он услышал:

— Я не о том жалею, моя наимилейшая мне дочь, что ты во цвете лет своих, не дожив положенного века, на печаль и горесть мне, оставила землю. Я о том жалею, моя голубонька, что не знаю того, кто был, лютый враг мой, причиною твоей смерти. И если бы я знал, кто мог подумать только оскорбить тебя или хоть бы сказал что-нибудь неприятное о тебе, то, клянусь Богом, не увидел бы он больше своих детей, если только он так же стар, как и я; ни своего отца и матери, если только он еще на поре лет, и тело его было бы выброшено на съедение птицам и зверям степным! Но горе мне, моя полевая нагидочка, моя перепеличка, моя ясочка, что проживу я остальной век свой без потехи, утирая полою дробные слезы, текущие из старых очей моих, тогда как враг мой будет веселиться и втайне посмеиваться над хилым старцем...

Он остановился, и причиною этого была разрывающая горесть, разрешившаяся целым потопом слез.

Философ был тронут такою безутешной печалью. Он закашлял и издал глухое крехтание, желая очистить им немного свой голос.

Сотник оборотился и указал ему место в головах умершей, перед небольшим налоем, на котором лежали книги.

«Три ночи как-нибудь отработаю, — подумал философ, — зато пан набьет мне оба кармана чистыми червонцами».

Он приблизился и, еще раз откашлявшись, принялся читать, не обращая никакого внимания на сторону и не решаясь взглянуть в лицо умершей. Глубокая тишина воцарилась. Он заметил, что сотник вышел. Медленно поворотил он голову, чтобы взглянуть на умершую и...

Трепет пробежал по его жилам; пред ним лежала красавица, какая когда-либо бывала на земле. Казалось, никогда еще черты лица не были образованы в такой резкой и вместе гармонической красоте. Она лежала как живая. Чело, прекрасное, нежное, как снег, как серебро, казалось, мыслило; брови — ночь среди солнечного дня, тонкие, ровные, горделиво приподнялись над закрытыми глазами, а ресницы, упавшие стрелами на щеки, пылавшие жаром тайных желаний; уста — рубины, готовые усмехнуться... Но в них же, в тех же самых чертах, он видел что-то страшно пронзительное. Он чувствовал, что душа его начинала как-то болезненно ныть, как будто бы вдруг среди вихря веселья и закружившейся толпы запел кто-нибудь песню об угнетенном народе. Рубины уст ее, казалось, прикипали кровию к самому сердцу. Вдруг что-то страшно знакомое показалось в лице ее.

— Ведьма! — вскрикнул он не своим голосом, отвел глаза в сторону, побледнел весь и стал читать свои молитвы.

Это была та самая ведьма, которую убил он.

Когда солнце стало садиться, мертвую понесли в церковь. Философ одним плечом своим поддерживал черный траурный гроб и чувствовал на плече своем что-то холодное, как лед. Сотник сам шел впереди, неся рукою правую сторону тесного дома умершей. Церковь деревянная, почерневшая, убранная зеленым мохом, с тремя конусообразными куполами, уныло стояла почти на краю села. Заметно было, что в ней давно уже не отправлялось никакого служения. Свечи были зажжены почти перед каждым образом. Гроб поставили посередине, против самого алтаря. Старый сотник поцеловал еще раз умершую, повергнулся ниц и вышел вместе с носильщиками вон, дав повеление хорошенько накормить философа и после ужина проводить его в церковь. Пришедши в кухню, все несшие гроб начали прикладывать руки к печке, что обыкновенно делают малороссияне, увидевши мертвеца.

Голод, который в это время начал чувствовать философ, заставил его на несколько минут позабыть вовсе об умершей. Скоро вся дворня мало-помалу начала сходиться в кухню. Кухня в сотниковом доме была что-то похожее на клуб, куда стекалось всё, что ни обитало во дворе, считая в это число и собак, приходивших с машущими хвостами к самым дверям за костями и помоями. Куда бы кто ни был посылаем и по какой бы то ни было надобности, он всегда прежде заходил на кухню, чтобы отдохнуть хоть минуту на лавке и выкурить люльку. Все холостяки, жившие в доме, щеголявшие в козацких свитках, лежали здесь почти целый день на лавке, под лавкою, на печке — одним словом, где только можно было сыскать удобное место для лежанья. Притом всякий вечно позабывал в кухне или шапку, или кнут для чужих собак, или что-нибудь подобное. Но самое многочисленное собрание бывало во время ужина, когда приходил и табунщик, успевший загнать своих лошадей в загон, и погонщик, приводивший коров для дойки, и все те, которых в течение дня нельзя было увидеть. За ужином болтовня овладевала самыми неговорливыми языками. Тут обыкновенно говорилось обо всем: и о том, кто пошил себе новые шаровары, и что находится внутри земли, и кто видел волка. Тут было множество бонмотистов, в которых между малороссиянами нет недостатка.

Философ уселся вместе с другими в обширный кружок на вольном воздухе перед порогом кухни. Скоро баба в красном очипке высунулась из дверей, держа в обеих руках горячий горшок с галушками, и поставила его посреди готовившихся ужинать. Каждый вынул из кармана своего деревянную ложку, иные, за неимением, деревянную спичку. Как только уста стали двигаться немного медленнее и волчий голод всего этого собрания немного утишился, многие начали заговаривать. Разговор, натурально, должен был обратиться к умершей.

— Правда ли, — сказал один молодой овчар, который насадил на свою кожаную перевязь для люльки столько пуговиц и медных блях, что был похож на лавку мелкой торговки, — правда ли, что панночка, не тем будь помянута, зналась с нечистым?

— Кто? панночка? — сказал Дорош, уже знакомый прежде нашему философу. — Да она была целая ведьма! Я присягну, что ведьма!

— Полно, полно, Дорош! — сказал другой, который во время дороги изъявлял большую готовность утешать... — Это не наше дело; Бог с ним. Нечего об этом толковать.

Но Дорош вовсе не был расположен молчать. Он только что перед тем сходил в погреб вместе с ключником по какому-то нужному делу и, наклонившись раза два к двум или трем бочкам, вышел оттуда чрезвычайно веселый и говорил без умолку.

— Что ты хочешь? Чтобы я молчал? — сказал он. — Да она на мне самом ездила. Ей-богу, ездила.

— А что, дядько, — сказал молодой овчар с пуговицами, — можно ли узнать по каким-нибудь приметам ведьму?

— Нельзя, — отвечал Дорош. — Никак не узнаешь; хоть все псалтыри перечитай, то не узнаешь.

— Можно, можно, Дорош. Не говори этого, — произнес прежний утешитель. — Уже Бог недаром дал всякому особый обычай. Люди, знающие науку, говорят, что у ведьмы есть маленький хвостик.

— Когда стара баба, то и ведьма, — сказал хладнокровно седой козак.

— О, уж хороши и вы! — подхватила баба, которая подливала в то время свежих галушек в очистившийся горшок. — Настоящие толстые кабаны.

Старый козак, которого имя было Явтух, а прозвание Ковтун, выразил на губах своих улыбку удовольствия, заметив, что слова его задели за живое старуху; а погонщик скотины пустил такой густой смех, как будто бы два быка, ставши один против другого, замычали разом.

Начавшийся разговор возбудил непреодолимое желание и любопытство философа узнать обстоятельнее про умершую сотникову дочь. И потому, желая опять навести его на прежнюю материю, обратился к соседу своему с такими словами:

— Я хотел спросить, почему всё это сословие, что сидит за ужином, считает панночку ведьмою? Что ж, разве она кому-нибудь причинила зло или извела кого-нибудь?

— Было всякого, — отвечал один из сидевших, с лицом гладким, чрезвычайно похожим на лопату.

— А кто не припомнит псаря Микиту, или того...

— А что ж такое псарь Микита? — сказал философ.

— Стой! я расскажу про псаря Микиту, — сказал Дорош.

— Я расскажу про Микиту, — отвечал табунщик, — потому что он был мой кум.

— Я расскажу про Микиту, — сказал Спирид.

— Пускай, пускай Спирид расскажет! — закричала толпа.

Спирид начал:

— Ты, пан философ Хома, не знал Микиты. Эх, какой редкий был человек! Собаку каждую он, бывало, так знает, как родного отца. Теперешний псарь Микола, что сидит третьим за мною, и в подметки ему не годится. Хотя он тоже разумеет свое дело, но он против него — дрянь, помои.

— Ты хорошо рассказываешь, хорошо! — сказал Дорош, одобрительно кивнув головою.

Спирид продолжал:

— Зайца увидит скорее, чем табак утрешь из носу. Бывало, свистнет: «А ну, Разбой! а ну, Быстрая!», а сам на коне во всю прыть, — и уже рассказать нельзя, кто кого скорее обгонит: он ли собаку, или собака его. Сивухи кварту свиснет вдруг, как бы не бывало. Славный был псарь! Только с недавнего времени начал он заглядываться беспрестанно на панночку. Вклепался ли он точно в нее, или уже она так его околдовала, только пропал человек, обабился совсем; сделался черт знает что; пфу! непристойно и сказать.

— Хорошо, — сказал Дорош.

— Как только панночка, бывало, взглянет на него, то и повода из рук пускает, Разбоя зовет Бровком, спотыкается и невесть что делает. Один раз панночка пришла на конюшню, где он чистил коня. Дай, говорит, Микитка, я положу на тебя свою ножку. А он, дурень, и рад тому: говорит, что не только ножку, но и сама садись на меня. Панночка подняла свою ножку, и как увидел он ее нагую, полную и белую ножку, то, говорит, чара так и ошеломила его. Он, дурень, нагнул спину и, схвативши обеими руками за нагие ее ножки, пошел скакать, как конь, по всему полю, и куда они ездили, он ничего не мог сказать;

только воротился едва живой, и с той поры иссохнул весь, как щепка; и когда раз пришли на конюшню, то вместо его лежала только куча золы да пустое ведро: сгорел совсем; сгорел сам собою. А такой был псарь, какого на всем свете не можно найти.

Когда Спирид окончил рассказ свой, со всех сторон пошли толки о достоинствах бывшего псаря.

— А про Шепчиху ты не слышал? — сказал Дорош, обращаясь к Хоме.

— Нет.

— Эге-ге-ге! Так у вас, в бурсе, видно, не слишком большому разуму учат. Ну, слушай! У нас есть на селе козак Шептун. Хороший козак! Он любит иногда украсть и соврать без всякой нужды, но... хороший козак. Его хата не так далеко отсюда. В такую самую пору, как мы теперь сели вечерять, Шептун с жинкою, окончивши вечерю, легли спать, и так как время было хорошее, то Шепчиха легла на дворе, а Шептун в хате на лавке; или нет: Шепчиха в хате на лавке, а Шептун на дворе...

— И не на лавке, а на полу легла Шепчиха, — подхватила баба, стоя у порога и подперши рукою щеку.

Дорош поглядел на нее, потом поглядел вниз, потом опять на нее и, немного помолчав, сказал:

— Когда скину с тебя при всех исподницу, то нехорошо будет.

Это предостережение имело свое действие. Старуха замолчала и уже ни разу не перебила речи.

Дорош продолжал:

— А в люльке, висевшей среди хаты, лежало годовое дитя — не знаю, мужеского или женского пола. Шепчиха лежала, а потом слышит, что за дверью скребется собака и воет так, хоть из хаты беги. Она испугалась: ибо бабы такой глупый народ, что высунь ей под вечер из-за дверей язык, то и душа войдет в пятки. Однако ж думает, дай-ка я ударю по морде проклятую собаку, авось-либо перестанет выть, — и, взявши кочергу, вышла отворить дверь. Не успела она немного отворить, как собака кинулась промеж ног ее и прямо к детской люльке. Шепчиха видит, что это уже не собака, а панночка. Да притом пускай бы уже панночка в таком виде, как она ее знала, — это бы еще ничего; но вот вещь и обстоятельство: что она была вся синяя, а глаза горели, как уголь. Она схватила дитя, прокусила ему горло и начала пить из него кровь. Шепчиха только закричала: «Ох, лишечко!» — да из хаты. Только видит, что в сенях двери заперты. Она на чердак; сидит и дрожит глупая баба, а потом видит, что панночка к ней идет и на чердак; кинулась на нее и начала глупую бабу кусать. Уже Шептун поутру вытащил оттуда свою жинку, всю искусанную и посиневшую. А на другой день и умерла глупая баба. Так вот какие устройства и обольщения бывают! Оно хоть и панского помету, да всё когда ведьма, то ведьма.

После такого рассказа Дорош самодовольно оглянулся и засунул палец в свою трубку, приготовляя ее к набивке табаком. Материя о ведьме сделалась неисчерпаемою. Каждый в свою очередь спешил что-нибудь рассказать. К тому ведьма в виде скирды сена приехала к самым дверям хаты; у другого украла шапку или трубку; у многих девок на селе отрезала косу; у других выпила по нескольку ведер крови.

Наконец вся компания опомнилась и увидела, что заболталась уже чересчур, потому что уже на дворе была совершенная ночь. Все начали разбродиться по ночлегам, находившимся или на кухне, или в сараях, или среди двора.

— А ну, пан Хома! теперь и нам пора идти к покойнице, — сказал седой козак, обратившись к философу, и все четверо, в том числе Спирид и Дорош, отправились в церковь, стегая кнутами собак, которых на улице было великое множество и которые со злости грызли их палки.

Философ, несмотря на то, что успел подкрепить себя доброю кружкою горелки, чувствовал втайне подступавшую робость по мере того, как они приближались к освещенной церкви. Рассказы и странные истории, слышанные им, помогали еще более действовать его воображению. Мрак под тыном и деревьями начинал редеть; место становилось обнаженнее. Они вступили, наконец, за ветхую церковную ограду в небольшой дворик, за которым не было ни деревца и открывалось одно пустое поле да поглощенные ночным мраком луга. Три козака взошли вместе с Хомою по крутой лестнице на крыльцо и вступили в церковь. Здесь они оставили философа, пожелав ему благополучно отправить свою обязанность, и заперли за ним дверь, по приказанию пана.

Философ остался один. Сначала он зевнул, потом потянулся, потом фукнул в обе руки и, наконец уже, обсмотрелся. Посредине стоял черный гроб. Свечи теплились пред темными образами. Свет от них освещал только иконостас и слегка середину церкви. Отдаленные углы притвора были закутаны мраком. Высокий старинный иконостас уже показывал глубокую ветхость; сквозная резьба его, покрытая золотом, еще блестела одними только искрами. Позолота в одном месте опала, в другом вовсе почернела; лики святых, совершенно потемневшие, глядели как-то мрачно. Философ еще раз обсмотрелся.

— Что ж, — сказал он, — чего тут бояться? Человек придти сюда не может, а от мертвецов и выходцев из того света есть у меня молитвы такие, что как прочитаю, то они меня и пальцем не тронут. Ничего! — повторил он, махнув рукою, — будем читать.

Подходя к крылосу, увидел он несколько связок свечей.

«Это хорошо, — подумал философ, — нужно осветить всю церковь так, чтобы видно было, как днем. Эх, жаль, что во храме Божием не можно люльки выкурить!»

И он принялся прилепливать восковые свечи ко всем карнизам, налоям и образам, не жалея их нимало, и скоро вся церковь наполнилась светом. Вверху только мрак сделался как будто сильнее, и мрачные образа глядели угрюмей из старинных резных рам, кое-где сверкавших позолотой. Он подошел ко гробу, с робостию посмотрел в лицо умершей и не мог не зажмурить, несколько вздрогнувши, своих глаз: такая страшная, сверкающая красота!

Он отворотился и хотел отойти; но по странному любопытству, по странному поперечивающему себе чувству, не оставляющему человека особенно во время страха, он не утерпел, уходя, не взглянуть на нее и потом, ощутивши тот же трепет, взглянул еще раз. В самом деле, резкая красота усопшей казалась страшною. Может быть, даже она не поразила бы таким паническим ужасом, если бы была несколько безобразнее. Но в ее чертах ничего не было тусклого, мутного, умершего. Оно было живо, и философу казалось, как будто бы она глядит на него закрытыми глазами. Ему даже показалось, как будто из-под ресницы правого глаза ее покатилась слеза, и когда она остановилась на щеке, то он различил ясно, что это была капля крови.

Он поспешно отошел к крылосу, развернул книгу и, чтобы более ободрить себя, начал читать самым громким голосом. Голос его поразил церковные деревянные стены, давно молчаливые и оглохлые. Одиноко, без эха, сыпался он густым басом в совершенно мертвой тишине и казался несколько диким даже самому чтецу.

«Чего бояться? — думал он между тем сам про себя. — Ведь она не встанет из своего гроба, потому что побоится Божьего слова. Пусть лежит! Да и что я за козак, когда бы устрашился. Ну, выпил лишнее — оттого и показывается страшно. А понюхать табаку: эх, добрый табак! Славный табак! Хороший табак!»

Однако же, перелистывая каждую страницу, он посматривал искоса на гроб, и невольное чувство, казалось, шептало ему: «Вот, вот встанет! вот подымется, вот выглянет из гроба!»

Но тишина была мертвая. Гроб стоял неподвижно. Свечи лили целый потоп света. Страшна освещенная церковь ночью, с мертвым телом и без души людей!

Возвыся голос, он начал петь на разные голоса, желая заглушить остатки боязни. Но через каждую минуту обращал глаза свои на гроб, как будто бы задавая невольный вопрос: «Что, если подымется, если встанет она?»

Но гроб не шелохнулся. Хоть бы какой-нибудь звук, какое-нибудь живое существо, даже сверчок отозвался в углу... Чуть только слышался легкий треск какой-нибудь отдаленной свечки или слабый, слегка хлопнувший, звук восковой капли, падавшей на пол.

«Ну, если подымется?..»

Она приподняла голову...

Он дико взглянул и протер глаза. Но она точно уже не лежит, а сидит в своем гробе. Он отвел глаза свои и опять с ужасом обратил на гроб. Она встала... идет по церкви с закрытыми глазами, беспрестанно расправляя руки, как бы желая поймать кого-нибудь.

Она идет прямо к нему. В страхе очертил он

около себя круг. С усилием начал читать молитвы и произносить заклинания, которым научил его один монах, видевший всю жизнь свою ведьм и нечистых духов.

Она стала почти на самой черте; но видно было, что не имела сил переступить ее, и вся посинела, как человек, уже несколько дней умерший. Хома не имел духа взглянуть на нее. Она была страшна. Она ударила зубами в зубы и открыла мертвые глаза свои. Но, не видя ничего, с бешенством — что выразило ее задрожавшее лицо — обратилась в другую сторону и, распростерши руки, обхватывала ими каждый столп и угол, стараясь поймать Хому. Наконец остановилась, погрозив пальцем, и легла в свой гроб.

Философ всё еще не мог придти в себя и со страхом поглядывал на это тесное жилище ведьмы. Наконец гроб вдруг сорвался с своего места и со свистом начал летать по всей церкви, крестя во всех направлениях воздух. Философ видел его почти над головою, но вместе с тем видел, что он не мог зацепить круга, им очерченного, и усилил свои заклинания. Гроб грянулся на средине церкви и остался неподвижным. Труп опять поднялся из него, синий, позеленевший. Но в то время послышался отдаленный крик петуха. Труп опустился в гроб и захлопнулся гробовою крышкою.

Сердце у философа билось, и пот катился градом; но, ободренный петушьим криком, он дочитывал быстрее листы, которые должен был прочесть прежде. При первой заре пришли сменить его дьячок и седой Явтух, который на тот раз отправлял должность церковного старосты.

Пришедши на отдаленный ночлег, философ долго не мог заснуть, но усталость одолела, и он проспал до обеда. Когда он проснулся, всё ночное событие казалось ему происходившим во сне. Ему дали для подкрепления сил кварту горелки. За обедом он скоро развязался, присовокупил кое к чему замечания и съел почти один довольно старого поросенка; но, однако же, о своем событии в церкви он не решался говорить по какому-то безотчетному для него самого чувству и на вопросы любопытных отвечал: «Да, были всякие чудеса». Философ был одним из числа тех людей, которых если накормят, то у них пробуждается необыкновенная филантропия. Он, лежа с своей трубкой в зубах, глядел на всех необыкновенно сладкими глазами и беспрерывно поплевывал в сторону.

После обеда философ был совершенно в духе. Он успел обходить всё селение, перезнакомиться почти со всеми; из двух хат его даже выгнали; одна смазливая молодка хватила его порядочно лопатой по спине, когда он вздумал было пощупать и полюбопытствовать, из какой материи у нее была сорочка и плахта. Но чем более время близилось к вечеру, тем задумчивее становился философ. За час до ужина вся почти дворня собиралась играть в кашу или в крагли — род кеглей, где вместо шаров употребляются длинные палки, и выигравший имел право проезжаться на другом верхом. Эта игра становилась очень интересною для зрителей: часто погонщик, широкий, как блин, взлезал верхом на свиного пастуха, тщедушного, низенького, всего состоявшего из морщин. В другой раз погонщик подставлял свою спину, и Дорош, вскочивши на нее, всегда говорил: «Экой здоровый бык!» У порога кухни сидели те, которые были посолиднее. Они глядели чрезвычайно сурьезно, куря люльки, даже и тогда, когда молодежь от души смеялась какому-нибудь острому слову погонщика или Спирида. Хома напрасно старался вмешаться в эту игру: какая-то темная мысль, как гвоздь, сидела в его голове. За вечерей сколько ни старался он развеселить себя, но страх загорался в нем вместе с тьмою, распростиравшеюся по небу.

— А ну, пора нам, пан бурсак! — сказал ему знакомый седой козак, подымаясь с места вместе с Дорошем. — Пойдем на работу.

Хому опять таким же самым образом отвели в церковь; опять оставили его одного и заперли за ним дверь. Как только он остался один, робость начала внедряться снова в его грудь. Он опять увидел темные образа, блестящие рамы и знакомый черный гроб, стоявший в угрожающей тишине и неподвижности среди церкви.

— Что же, — произнес он, — теперь ведь мне не в диковинку это диво. Оно с первого разу только страшно. Да! оно только с первого разу немного страшно, а там оно уже не страшно; оно уже совсем не страшно.

Он поспешно стал на крылос, очертил около себя круг, произнес несколько заклинаний и начал читать громко, решаясь не подымать с книги своих глаз и не обращать внимания ни на что. Уже около часу читал он и начинал несколько уставать и покашливать. Он вынул из кармана рожок и, прежде нежели поднес табак к носу, робко повел глазами на гроб. Сердце его захолонуло.

Труп уже стоял перед ним на самой черте и вперил на него мертвые, позеленевшие глаза. Бурсак содрогнулся, и холод чувствительно пробежал по всем его жилам. Потупив очи в книгу, стал он читать громче свои молитвы и заклятья и слышал, как труп опять ударил зубами и замахал руками, желая схватить его. Но, покосивши слегка одним глазом, увидел он, что труп не там ловил его, где стоял он, и, как видно, не мог видеть его. Глухо стала ворчать она и начала выговаривать мертвыми устами страшные слова; хрипло всхлипывали они, как клокотанье кипящей смолы. Что значили они, того не мог бы сказать он, но что-то страшное в них заключалось. Философ в страхе понял, что она творила заклинания.

Ветер пошел по церкви от слов, и послышался шум, как бы от множества летящих крыл. Он слышал, как бились крыльями в стекла церковных окон и в железные рамы, как царапали с визгом когтями по железу и как несметная сила громила в двери и хотела вломиться. Сильно у него билось во всё время сердце; зажмурив глаза, всё читал он заклятья и молитвы. Наконец вдруг что-то засвистало вдали: это был отдаленный крик петуха. Изнуренный философ остановился и отдохнул духом.

Вошедшие сменить философа нашли его едва жива. Он оперся спиною в стену и, выпучив глаза, глядел неподвижно на толкавших его козаков. Его почти вывели и должны были поддерживать во всю дорогу. Пришедши на панский двор, он встряхнулся и велел себе подать кварту горелки. Выпивши ее, он пригладил на голове своей волосы и сказал:

— Много на свете всякой дряни водится. А страхи такие случаются — ну... — При этом философ махнул рукою.

Собравшийся возле него кружок потупил голову, услышав такие слова. Даже небольшой мальчишка, которого вся дворня почитала вправе уполномочивать вместо себя, когда дело шло к тому, чтобы чистить конюшню или таскать воду, даже этот бедный мальчишка тоже разинул рот.

В это время проходила мимо еще не совсем пожилая бабенка в плотно обтянутой запаске, выказывавшей ее круглый и крепкий стан, помощница старой кухарки, кокетка страшная, которая всегда находила что-нибудь пришпилить к своему очипку: или кусок ленточки, или гвоздику, или даже бумажку, если не было чего-нибудь другого.

— Здравствуй, Хома! — сказала она, увидев философа. — Ай-ай-ай! что это с тобою? — вскричала она, всплеснув руками.

— Как что, глупая баба?

— Ах, Боже мой! Да ты весь поседел!

— Эге-ге! Да она правду говорит! — произнес Спирид, всматриваясь в него пристально. — Ты точно поседел, как наш старый Явтух.

Философ, услышавши это, побежал опрометью в кухню, где он заметил прилепленный к стене, обпачканный мухами треугольный кусок зеркала, перед которым были натыканы незабудки, барвинки и даже гирлянда из нагидок, показывавшие назначение его для туалета щеголеватой кокетки. Он с ужасом увидел истину их слов: половина волос его, точно, побелела.

Повесил голову Хома Брут и предался размышлению.

— Пойду к пану, — сказал он наконец, — расскажу ему всё и объясню, что больше не хочу читать. Пусть отправляет меня сей же час в Киев.

В таких мыслях направил он путь свой к крыльцу панского дома.

Сотник сидел почти неподвижен в своей светлице; та же самая безнадежная печаль, какую он встретил прежде на его лице, сохранялась в нем и доныне. Щеки его опали только гораздо более прежнего. Заметно было, что он очень мало употреблял пищи или, может быть, даже вовсе не касался ее. Необыкновенная бледность придавала ему какую-то каменную неподвижность.

— Здравствуй, небоже, — произнес он, увидев Хому, остановившегося с шапкою в руках у дверей. — Что, как идет у тебя? Всё благополучно?

— Благополучно-то, благополучно. Такая чер-

товщина водится, что прямо бери шапку, да и улепе-
тывай куда ноги несут.

— Как так?

— Да ваша, пан, дочка... По здравому рассуждению, она, конечно, есть панского роду; в том никто
не станет прекословить; только не во гнев будь сказано, упокой Бог ее душу...

— Что же дочка?

— Припустила к себе сатану. Такие страхи задает,
что никакое Писание не учитывается.

— Читай, читай! Она недаром призвала тебя. Она
заботилась, голубонька моя, о душе своей и хотела
молитвами изгнать всякое дурное помышление.

— Власть ваша, пан: ей-богу, невмоготу!

— Читай, читай! — продолжал тем же увещатель-
ным голосом сотник. — Тебе одна ночь теперь осталась. Ты сделаешь христианское дело, и я награжу
тебя.

— Да какие бы ни были награды... Как ты себе
хочь, пан, а я не буду читать! — произнес Хома решительно.

— Слушай, философ! — сказал сотник, и голос
его сделался крепок и грозен, — я не люблю этих вы-
думок. Ты можешь это делать в вашей бурсе. А у меня
не так: я уже как отдеру, так не то, что ректор. Знаешь ли ты, что такое хорошие кожаные канчуки?

— Как не знать! — сказал философ, понизив
голос. — Всякому известно, что такое кожаные канчуки: при большом количестве вещь нестерпимая.

— Да. Только ты не знаешь еще, как хлопцы мои
умеют парить! — сказал сотник грозно, подымаясь
на ноги, и лицо его приняло повелительное и свире-
пое выражение, обнаружившее весь необузданный
его характер, усыпленный только на время горес-
тью. — У меня прежде выпарят, потом вспрыснут горелкою, а после опять. Ступай, ступай! исправляй

свое дело! Не исправишь — не встанешь; а исправишь — тысяча червонных!

«Ого-го! да это хват, — подумал философ, выходя. — С этим нечего шутить. Стой, стой, приятель: я так навострю лыжи, что ты с своими собаками не угонишься за мною».

И Хома положил непременно бежать. Он выжидал только послеобеденного часу, когда вся дворня имела обыкновение забираться в сено под сараями и, открывши рот, испускать такой храп и свист, что панское подворье делалось похожим на фабрику. Это время, наконец, настало. Даже и Явтух зажмурил глаза, растянувшись перед солнцем. Философ со страхом и дрожью отправился потихоньку в панский сад, откуда, ему казалось, удобнее и незаметнее было бежать в поле. Этот сад, по обыкновению, был страшно запущен и, стало быть, чрезвычайно способствовал всякому тайному предприятию. Выключая только одной дорожки, протоптанной по хозяйственной надобности, всё прочее было скрыто разросшимися вишнями, бузиною, лопухом, просунувшим на самый верх свои высокие стебли с цепкими розовыми шишками. Хмель покрывал, как будто сетью, вершину всего этого пестрого собрания дерев и кустарников и составлял над ними крышу, напялившуюся на плетень и спадавшую с него вьющимися змеями вместе с дикими полевыми колокольчиками. За плетнем, служившим границею сада, шел целый лес бурьяна, в который, казалось, никто не любопытствовал заглядывать, и коса разлетелась бы вдребезги, если бы захотела коснуться лезвием своим одеревеневших толстых стеблей его.

Когда философ хотел перешагнуть плетень, зубы его стучали и сердце так сильно билось, что он сам испугался. Пола его длинной хламиды, казалось, прилипала к земле, как будто ее кто приколотил гвоздем. Когда он переступал плетень, ему казалось, с оглушительным свистом трещал в уши какой-то голос: «Куда, куда?» Философ юркнул в бурьян и пустился бежать, беспрестанно оступаясь о старые корни и давя ногами своими кротов. Он видел, что ему, выбравшись из бурьяна, стоило перебежать поле, за которым чернел густой терновник, где он считал себя безопасным, и, пройдя который, он, по предположению своему, думал встретить дорогу прямо в Киев. Поле он перебежал вдруг и очутился в густом терновнике. Сквозь терновник он пролез, оставив, вместо пошлины, куски своего сюртука на каждом остром шипе, и очутился на небольшой лощине. Верба разделившимися ветвями преклонялась инде почти до самой земли. Небольшой источник сверкал, чистый, как серебро. Первое дело философа было прилечь и напиться, потому что он чувствовал жажду нестерпимую.

— Добрая вода! — сказал он, утирая губы. — Тут бы можно отдохнуть.

— Нет, лучше побежим вперед: неравно будет погоня!

Эти слова раздались у него над ушами. Он оглянулся: перед ним стоял Явтух.

«Чертов Явтух! — подумал в сердцах про себя философ. — Я бы взял тебя, да за ноги... И мерзкую рожу твою и всё, что ни есть на тебе, побил бы дубовым бревном».

— Напрасно дал ты такой крюк, — продолжал Явтух, — гораздо лучше выбрать ту дорогу, по какой шел я: прямо мимо конюшни. Да притом и сюртука жаль. А сукно хорошее. Почем платил за аршин? Однако ж погуляли довольно, пора и домой.

Философ, почесываясь, побрел за Явтухом. «Теперь проклятая ведьма задаст мне пфейферу! — подумал он. — Да, впрочем, что я в самом деле? Чего боюсь? Разве я не козак? Ведь читал же две ночи, поможет Бог и третью. Видно, проклятая ведьма порядочно грехов наделала, что нечистая сила так за нее стоит».

Такие размышления занимали его, когда он вступал на панский двор. Ободривши себя такими замечаниями, он упросил Дороша, который посредством протекции ключника имел иногда вход в панские погреба, вытащить сулею сивухи, и оба приятеля, севши под сараем, вытянули немного не полведра, так что философ, вдруг поднявшись на ноги, закричал: «Музыкантов! непременно музыкантов!» — и, не дождавшись музыкантов, пустился среди двора на расчищенном месте отплясывать тропака. Он танцевал до тех пор, пока не наступило время полдника, и дворня, обступившая его, как водится в таких случаях, в кружок, наконец плюнула и пошла прочь, сказавши: «Вот это как долго танцует человек!» Наконец философ тут же лег спать, и добрый ушат холодной воды мог только пробудить его к ужину. За ужином он говорил о том, что такое козак и что он не должен бояться ничего на свете.

— Пора, — сказал Явтух, — пойдем.

«Спичка тебе в язык, проклятый кнур!» — подумал философ и, встав на ноги, сказал:

— Пойдем.

Идя дорогою, философ беспрестанно поглядывал по сторонам и слегка заговаривал с своими провожатыми. Но Явтух молчал; сам Дорош был неразговорчив. Ночь была адская. Волки выли вдали целою стаей. И самый лай собачий был как-то страшен.

— Кажется, как будто что-то другое воет: это не волк, — сказал Дорош.

Явтух молчал. Философ не нашелся сказать ничего.

Они приближились к церкви и вступили под ее ветхие деревянные своды, показывавшие, как мало заботился владетель поместья о Боге и о душе своей.

Явтух и Дорош, по-прежнему, удалились, и философ остался один. Всё было так же. Всё было в том же самом грозно-знакомом виде. Он на минуту остановился. Посередине всё так же неподвижно стоял гроб ужасной ведьмы. «Не побоюсь, ей-богу не побоюсь!» — сказал он и, очертивши по-прежнему около себя круг, начал припоминать все свои заклинания. Тишина была страшная; свечи трепетали и обливали светом всю церковь. Философ перевернул один лист, потом перевернул другой и заметил, что он читает совсем не то, что писано в книге. Со страхом перекрестился он и начал петь. Это несколько ободрило его: чтение пошло вперед, и листы мелькали один за другим. Вдруг... среди тишины... с треском лопнула железная крышка гроба и поднялся мертвец. Еще страшнее был он, чем в первый раз. Зубы его страшно ударялись ряд о ряд, в судорогах задергались его губы, и, дико взвизгивая, понеслись заклинания. Вихорь поднялся по церкви, попадали на землю иконы, полетели сверху вниз разбитые стекла окошек. Двери сорвались с петлей, и несметная сила чудовищ влетела в Божью церковь. Страшный шум от крыл и от царапанья когтей наполнил всю церковь. Всё летало и носилось, ища повсюду философа.

У Хомы вышел из головы последний остаток хмеля. Он только крестился да читал как попало молитвы. И в то же время слышал, как нечистая сила металась вокруг его, чуть не зацепляя его концами крыл и отвратительных хвостов. Не имел духу разглядеть он их; видел только, как во всю стену стояло какое-то огромное чудовище в своих перепутанных волосах, как в лесу; сквозь сеть волос глядели страшно два глаза, подняв немного вверх брови. Над ним держалось в воздухе что-то в виде огромного пузыря, с тысячью протянутых из середины клещей и скорпионных жал. Черная земля висела на них клоками.

Все глядели на него, искали и не могли увидеть его, окруженного таинственным кругом.

— Приведите Вия! ступайте за Вием! — раздались слова мертвеца.

И вдруг настала тишина в церкви; послышалось вдали волчье завыванье, и скоро раздались тяжелые шаги, звучавшие по церкви; взглянув искоса, увидел он, что ведут какого-то приземистого, дюжего, косолапого человека. Весь был он в черной земле. Как жилистые, крепкие корни, выдавались его засыпанные землею ноги и руки. Тяжело ступал он, поминутно оступаясь. Длинные веки опущены были до самой земли. С ужасом заметил Хома, что лицо было на нем железное. Его привели под руки и прямо поставили к тому месту, где стоял Хома.

— Подымите мне веки: не вижу! — сказал подземным голосом Вий — и всё сонмище кинулось подымать ему веки.

«Не гляди!» — шепнул какой-то внутренний голос философу. Не вытерпел он и глянул.

— Вот он! — закричал Вий и уставил на него железный палец. И все, сколько ни было, кинулись на философа. Бездыханный грянулся он на землю, и тут же вылетел дух из него от страха.

Раздался петуший крик. Это был уже второй крик; первый прослышали гномы. Испуганные духи бросились, кто как попало, в окна и двери, чтобы поскорее вылететь, но не тут-то было: так и остались они там, завязнувши в дверях и окнах. Вошедший священник остановился при виде такого посрамленья Божьей святыни и не посмел служить панихиду в таком месте.

Так навеки и осталась церковь с завязнувшими в дверях и окнах чудовищами, обросла лесом, корнями, бурьяном, диким терновником; и никто не найдет теперь к ней дороги.

Когда слухи об этом дошли до Киева и богослов Халява услышал, наконец, о такой участи философа Хомы, то предался целый час раздумью. С ним в продолжение того времени произошли большие перемены. Счастие ему улыбнулось: по окончании курса наук его сделали звонарем самой высокой колокольни, и он всегда почти являлся с разбитым носом, потому что деревянная лестница на колокольню была чрезвычайно безалаберно сделана.

— Ты слышал, что случилось с Хомою? — сказал, подошедши к нему, Тиберий Горобець, который в то время был уже философ и носил свежие усы.

— Так ему Бог дал, — сказал звонарь Халява. — Пойдем в шинок да помянем его душу!

Молодой философ, который с жаром энтузиаста начал пользоваться своими правами, так что на нем и шаровары и сюртук, даже шапка отзывались спиртом и табачными корешками, в ту же минуту изъявил готовность.

— Славный был человек Хома! — сказал звонарь, когда хромой шинкарь поставил перед ним третью кружку. — Знатный был человек! А пропал ни за что.

— А я знаю, почему пропал он: оттого, что побоялся. А если бы не боялся, то бы ведьма ничего не могла с ним сделать. Нужно только, перекрестившись, плюнуть на самый хвост ей, то и ничего не будет. Я знаю уже всё это. Ведь у нас в Киеве все бабы, которые сидят на базаре, — все ведьмы.

На это звонарь кивнул головою в знак согласия. Но, заметивши, что язык его не мог произнести ни одного слова, он осторожно встал из-за стола и, пошатываясь на обе стороны, пошел спрятаться в самое отдаленное место в бурьяне. Причем не позабыл, по прежней привычке своей, утащить старую подошву от сапога, валявшуюся на лавке.

ПОВЕСТЬ О ТОМ,
КАК ПОССОРИЛСЯ ИВАН ИВАНОВИЧ
С ИВАНОМ НИКИФОРОВИЧЕМ

Глава I

ИВАН ИВАНОВИЧ И ИВАН НИКИФОРОВИЧ

Славная бекеша у Ивана Ивановича! отличнейшая! А какие смушки! Фу ты пропасть, какие смушки! сизые с морозом! Я ставлю Бог знает что, если у кого-либо найдутся такие! Взгляните, ради Бога, на них, — особенно если он станет с кем-нибудь говорить, — взгляните сбоку: что это за объядение! Описать нельзя: бархат! серебро! огонь! Господи Боже мой! Николай Чудотворец, угодник Божий! отчего же у меня нет такой бекеши! Он сшил ее тогда еще, когда Агафия Федосеевна не ездила в Киев. Вы знаете Агафию Федосеевну? та самая, что откусила ухо у заседателя.

Прекрасный человек Иван Иванович! Какой у него дом в Миргороде! Вокруг него со всех сторон навес на дубовых столбах, под навесом везде скамейки. Иван Иванович, когда сделается слишком жарко, скинет с себя и бекешу, и исподнее, сам останется в одной рубашке и отдыхает под навесом и глядит, что делается во дворе и на улице. Какие у него яблони и груши под самыми окнами! Отворите только окно — так ветви и врываются в комнату. Это всё перед домом; а посмотрели бы, что у него в саду! Чего там нет! Сливы, вишни, черешни, огородина всякая, подсолнечники, огурцы, дыни, стручья, даже гумно и кузница.

Прекрасный человек Иван Иванович! Он очень

любит дыни. Это его любимое кушанье. Как только отобедает и выйдет в одной рубашке под навес, сейчас приказывает Гапке принести две дыни. И уже сам разрежет, соберет семена в особую бумажку и начнет кушать. Потом велит Гапке принести чернильницу и сам, собственною рукою, сделает надпись над бумажкою с семенами: «Сия дыня съедена такого-то числа». Если при этом был какой-нибудь гость, то: «участвовал такой-то».

Покойный судья миргородский всегда любовался, глядя на дом Ивана Ивановича. Да, домишко очень недурен. Мне нравится, что к нему со всех сторон пристроены сени и сенички, так что если взглянуть на него издали, то видны одни только крыши, посаженные одна на другую, что весьма походит на тарелку, наполненную блинами, а еще лучше на губки, нарастающие на дереве. Впрочем, крыши все крыты очеретом; ива, дуб и две яблони облокотились на них своими раскидистыми ветвями. Промеж дерев мелькают и выбегают даже на улицу небольшие окошки с резными выбеленными ставнями.

Прекрасный человек Иван Иванович! Его знает и комиссар полтавский! Дорош Тарасович Пухивочка, когда едет из Хорола, то всегда заезжает к нему. А протопоп отец Петр, что живет в Колиберде, когда соберется у него человек пяток гостей, всегда говорит, что он никого не знает, кто бы так исполнял долг христианский и умел жить, как Иван Иванович.

Боже, как летит время! уже тогда прошло более десяти лет, как он овдовел. Детей у него не было. У Гапки есть дети и бегают часто по двору. Иван Иванович всегда дает каждому из них или по бублику, или по кусочку дыни, или грушу. Гапка у него носит ключи от комор и погребов; от большого же сундука, что стоит в его спальне, и от средней коморы ключ Иван Иванович держит у себя и не любит никого туда пускать. Гапка, девка здоровая, ходит в запаске, с свежими икрами и щеками.

А какой богомольный человек Иван Иванович! Каждый воскресный день надевает он бекешу и идет в церковь. Взошедши в нее, Иван Иванович, раскланявшись на все стороны, обыкновенно помещается на крылосе и очень хорошо подтягивает басом. Когда же окончится служба, Иван Иванович никак не утерпит, чтоб не обойти всех нищих. Он бы, может быть, и не хотел заняться таким скучным делом, если бы не побуждала его к тому природная доброта.

— Здорово, небого![1] — обыкновенно говорил он, отыскавши самую искалеченную бабу, в изодранном, сшитом из заплат платье. — Откуда ты, бедная?

— Я, паночку, из хутора пришла: третий день, как не пила, не ела, выгнали меня собственные дети.

— Бедная головушка, чего ж ты пришла сюда?

— А так, паночку, милостыни просить, не даст ли кто-нибудь хоть на хлеб.

— Гм! что ж, тебе разве хочется хлеба? — обыкновенно спрашивал Иван Иванович.

— Как не хотеть! голодна, как собака.

— Гм! — отвечал обыкновенно Иван Иванович. — Так тебе, может, и мяса хочется?

— Да всё, что милость ваша даст, всем буду довольна.

— Гм! разве мясо лучше хлеба?

— Где уж голодному разбирать. Всё, что пожалуете, всё хорошо.

При этом старуха обыкновенно протягивала руку.

— Ну, ступай же с Богом, — говорил Иван Иванович. — Чего ж ты стоишь? ведь я тебя не бью! — и, обратившись с такими расспросами к другому, к третьему, наконец возвращается домой, или заходит выпить рюмку водки к соседу Ивану Никифоровичу, или к судье, или к городничему.

---

[1] Бедная.

Иван Иванович очень любит, если ему кто-нибудь сделает подарок или гостинец. Это ему очень нравится.

Очень хороший также человек Иван Никифорович. Его двор возле двора Ивана Ивановича. Они такие между собою приятели, каких свет не производил. Антон Прокофьевич Пупопуз, который до сих пор еще ходит в коричневом сюртуке с голубыми рукавами и обедает по воскресным дням у судьи, обыкновенно говорил, что Ивана Никифоровича и Ивана Ивановича сам черт связал веревочкой. Куда один, туда и другой плетется.

Иван Никифорович никогда не был женат. Хотя поговаривали, что он женился, но это совершенная ложь. Я очень хорошо знаю Ивана Никифоровича и могу сказать, что он даже не имел намерения жениться. Откуда выходят все эти сплетни? Так как пронесли было, что Иван Никифорович родился с хвостом назади. Но эта выдумка так нелепа и вместе гнусна и неприлична, что я даже не почитаю нужным опровергать ее пред просвещенными читателями, которым, без всякого сомнения, известно, что у одних только ведьм, и то у весьма немногих, есть назади хвост, которые, впрочем, принадлежат более к женскому полу, нежели к мужескому.

Несмотря на большую приязнь, эти редкие друзья не совсем были сходны между собою. Лучше всего можно узнать характеры их из сравнения. Иван Иванович имеет необыкновенный дар говорить чрезвычайно приятно. Господи, как он говорит! Это ощущение можно сравнить только с тем, когда у вас ищут в голове или потихоньку проводят пальцем по вашей пятке. Слушаешь, слушаешь — и голову повесишь. Приятно! чрезвычайно приятно! как сон после купанья. Иван Никифорович, напротив, больше молчит, но зато если влепит словцо, то держись только: отбреет лучше всякой бритвы. Иван Иванович худощав и высокого роста; Иван Никифорович немного ниже, но зато распространяется в толщину. Голова у Ивана Ивановича похожа на редьку хвостом вниз; голова Ивана Никифоровича на редьку хвостом вверх. Иван Иванович только после обеда лежит в одной рубашке под навесом; ввечеру же надевает бекешу и идет куда-нибудь — или к городовому магазину, куда он поставляет муку, или в поле ловить перепелов. Иван Никифорович лежит весь день на крыльце, — если не слишком жаркий день, то обыкновенно выставив спину на солнце, — и никуда не хочет идти. Если вздумается утром, то пройдет по двору, осмотрит хозяйство, и опять на покой. В прежние времена зайдет, бывало, к Ивану Ивановичу. Иван Иванович чрезвычайно тонкий человек и в порядочном разговоре никогда не скажет неприличного слова и тотчас обидится, если услышит его. Иван Никифорович иногда не обережется; тогда обыкновенно Иван Иванович встает с места и говорит: «Довольно, довольно, Иван Никифорович; лучше скорее на солнце, чем говорить такие богопротивные слова». Иван Иванович очень сердится, если ему попадется в борщ муха: он тогда выходит из себя — и тарелку кинет, и хозяину достанется. Иван Никифорович чрезвычайно любит купаться и, когда сядет по горло в воду, велит поставить также в воду стол и самовар, и очень любит пить чай в такой прохладе. Иван Иванович бреет бороду в неделю два раза; Иван Никифорович один раз. Иван Иванович чрезвычайно любопытен. Боже сохрани, если что-нибудь начнешь ему рассказывать, да не доскажешь! Если ж чем бывает недоволен, то тотчас дает заметить это. По виду Ивана Никифоровича чрезвычайно трудно узнать, доволен ли он, или сердит; хоть и обрадуется чему-нибудь, то не покажет. Иван Иванович несколько боязливого характера. У Ивана Никифоровича, напротив того, шаровары в таких широких складках, что если бы раздуть их, то в них можно бы поместить весь двор с амбарами и строением. У Ивана Ивановича большие выразительные глаза табачного цвета и рот несколько похож на букву *ижицу;* у Ивана Никифоровича глаза маленькие, желтоватые, совершенно пропадающие между густых бровей и пухлых щек, и нос в виде спелой сливы. Иван Иванович если попотчует вас табаком, то всегда наперед лизнет языком крышку табакерки, потом щелкнет по ней пальцем и, поднесши, скажет, если вы с ним знакомы: «Смею ли просить, государь мой, об одолжении?», если же незнакомы, то: «Смею ли просить, государь мой, не имея чести знать чина, имени и отечества, об одолжении?» Иван же Никифорович дает вам прямо в руки рожок свой и прибавит только: «Одолжайтесь». Как Иван Иванович, так и Иван Никифорович очень не любят блох; и оттого ни Иван Иванович, ни Иван Никифорович никак не пропустят жида с товарами, чтобы не купить у него эликсира в разных баночках против этих насекомых, выбранив наперед его хорошенько за то, что он исповедует еврейскую веру.

Впрочем, несмотря на некоторые несходства, как Иван Иванович, так и Иван Никифорович прекрасные люди.

Глава II,

ИЗ КОТОРОЙ МОЖНО УЗНАТЬ, ЧЕГО ЗАХОТЕЛОСЬ ИВАНУ ИВАНОВИЧУ, О ЧЕМ ПРОИСХОДИЛ РАЗГОВОР МЕЖДУ ИВАНОМ ИВАНОВИЧЕМ И ИВАНОМ НИКИФОРОВИЧЕМ И ЧЕМ ОН ОКОНЧИЛСЯ

Утром, это было в июле месяце, Иван Иванович лежал под навесом. День был жарок, воздух сух и переливался струями. Иван Иванович успел уже побывать за городом у косарей и на хуторе, успел расспросить встретившихся мужиков и баб, откуда, куда и почему; уходился страх и прилег отдохнуть. Лежа, он долго оглядывал коморы, двор, сараи, кур, бегавших по двору, и думал про себя: «Господи, Боже мой, какой я хозяин! Чего у меня нет? Птицы, строение, амбары, всякая прихоть, водка перегонная настоенная; в саду груши, сливы; в огороде мак, капуста, горох... Чего ж еще нет у меня?.. Хотел бы я знать, чего нет у меня?»

Задавши себе такой глубокомысленный вопрос, Иван Иванович задумался; а между тем глаза его отыскали новые предметы, перешагнули чрез забор в двор Ивана Никифоровича и занялись невольно любопытным зрелищем. Тощая баба выносила по порядку залежалое платье и развешивала его на протянутой веревке выветривать. Скоро старый мундир с изношенными обшлагами протянул на воздух рукава и обнимал парчовую кофту, за ним высунулся дворянский, с гербовыми пуговицами, с отъеденным воротником; белые казимировые панталоны с пятнами, которые когда-то натягивались на ноги Ивана Никифоровича и которые можно теперь натянуть разве на его пальцы. За ними скоро повисли другие, в виде буквы Л. Потом синий козацкий бешмет, который шил себе Иван Никифорович назад тому лет двадцать, когда готовился было вступить в милицию и отпустил было уже усы. Наконец, одно к одному, выставилась шпага, походившая на шпиц, торчавший в воздухе. Потом завертелись фалды чего-то похожего на кафтан травяно-зеленого цвета, с медными пуговицами величиною в пятак. Из-за фалд выглянул жилет, обложенный золотым позументом, с большим вырезом напереди. Жилет скоро закрыла старая юбка покойной бабушки, с карманами, в которые можно было положить по арбузу. Всё, мешаясь вместе, составляло для Ивана Ивановича очень занимательное зрелище, между тем как лучи солнца, охватывая местами синий или зеленый рукав, красный обшлаг или часть золотой парчи, или играя на шпажном шпице, делали его чем-то необыкновенным, похожим на тот вертеп, который развозят по хуторам кочующие пройдохи. Особливо когда толпа народа, тесно сдвинувшись, глядит на царя Ирода в золотой короне или на Антона, ведущего козу; за вертепом визжит скрипка; цыган бренчит руками по губам своим вместо барабана, а солнце заходит, и свежий холод южной ночи незаметно прижимается сильнее к свежим плечам и грудям полных хуторянок.

Скоро старуха вылезла из кладовой, кряхтя и таща на себе старинное седло с оборванными стременами, с истертыми кожаными чехлами для пистолетов, с чепраком когда-то алого цвета, с золотым шитьем и медными бляхами.

«Вот глупая баба! — подумал Иван Иванович, — она еще вытащит и самого Ивана Никифоровича проветривать!»

И точно: Иван Иванович не совсем ошибся в своей догадке. Минут через пять воздвигнулись нанковые шаровары Ивана Никифоровича и заняли собою почти половину двора. После этого она вынесла еще шапку и ружье.

«Что ж это значит? — подумал Иван Иванович, — я не видел никогда ружья у Ивана Никифоровича. Что ж это он? стрелять не стреляет, а ружье держит! На что ж оно ему? А вещица славная! Я давно себе хотел достать такое. Мне очень хочется иметь это ружьецо; я люблю позабавиться ружьецом».

— Эй, баба, баба! — закричал Иван Иванович, кивая пальцем.

Старуха подошла к забору.

— Что это у тебя, бабуся, такое?

— Видите сами, ружье.

— Какое ружье?

— Кто его знает, какое! Если б оно было мое, то я,

может быть, и знала бы, из чего оно сделано. Но оно панское.

Иван Иванович встал и начал рассматривать ружье со всех сторон и позабыл дать выговор старухе за то, что повесила его вместе с шпагою проветривать.

— Оно, должно думать, железное, — продолжала старуха.

— Гм! железное. Отчего ж оно железное? — говорил про себя Иван Иванович. — А давно ли оно у пана?

— Может быть, и давно.

— Хорошая вещица! — продолжал Иван Иванович. — Я выпрошу его. Что ему делать с ним? Или променяюсь на что-нибудь. Что, бабуся, дома пан?

— Дома.

— Что он? лежит?

— Лежит.

— Ну, хорошо; я приду к нему.

Иван Иванович оделся, взял в руки суковатую палку от собак, потому что в Миргороде гораздо более их попадается на улице, нежели людей, и пошел.

Двор Ивана Никифоровича хотя был возле двора Ивана Ивановича и можно было перелезть из одного в другой через плетень, однако ж Иван Иванович пошел улицею. С этой улицы нужно было перейти в переулок, который был так узок, что если случалось встретиться в нем двум повозкам в одну лошадь, то они уже не могли разъехаться и оставались в таком положении до тех пор, покамест, схвативши за задние колеса, не вытаскивали их каждую в противную сторону на улицу. Пешеход же убирался, как цветами, репейниками, росшими с обеих сторон возле забора. На этот переулок выходили с одной стороны сарай Ивана Ивановича, с другой амбар, ворота и голубятня Ивана Никифоровича.

Иван Иванович подошел к воротам, загремел щеколдой: извнутри поднялся собачий лай; но разношерстная стая скоро побежала, помахивая хвостами, назад, увидевши, что это было знакомое лицо. Иван Иванович перешел двор, на котором пестрели индейские голуби, кормимые собственноручно Иваном Никифоровичем, корки арбузов и дынь, местами зелень, местами изломанное колесо, или обруч из бочки, или валявшийся мальчишка в запачканной рубашке, — картина, которую любят живописцы! Тень от развешанных платьев покрывала почти весь двор и сообщала ему некоторую прохладу. Баба встретила его поклоном и, зазевавшись, стала на одном месте. Перед домом охорашивалось крылечко с навесом на двух дубовых столбах, — ненадежная защита от солнца, которое в это время в Малороссии не любит шутить и обливает пешехода с ног до головы жарким потом. Из этого можно было видеть, как сильно было желание у Ивана Ивановича приобресть необходимую вещь, когда он решился выйти в такую пору, изменив даже своему всегдашнему обыкновению прогуливаться только вечером.

Комната, в которую вступил Иван Иванович, была совершенно темна, потому что ставни были закрыты, и солнечный луч, проходя в дыру, сделанную в ставне, принял радужный цвет и, ударяясь в противостоящую стену, рисовал на ней пестрый ландшафт из очеретяных крыш, дерев и развешанного на дворе платья, всё только в обращенном виде. От этого всей комнате сообщался какой-то чудный полусвет.

— Помоги Бог! — сказал Иван Иванович.

— А! здравствуйте, Иван Иванович! — отвечал голос из угла комнаты. Тогда только Иван Иванович заметил Ивана Никифоровича, лежащего на разостланном на полу ковре. — Извините, что я перед вами в натуре.

Иван Никифорович лежал безо всего, даже без рубашки.

— Ничего. Почивали ли вы сегодня, Иван Никифорович?

— Почивал. А вы почивали, Иван Иванович?

— Почивал.

— Так вы теперь и встали?

— Я теперь встал? Христос с вами, Иван Никифорович! как можно спать до сих пор! Я только что приехал из хутора. Прекрасные жита по дороге! восхитительные! и сено такое рослое, мягкое, злачное!

— Горпина! — закричал Иван Никифорович, — принеси Ивану Ивановичу водки да пирогов со сметаною.

— Хорошее время сегодня.

— Не хвалите, Иван Иванович. Чтоб его черт взял! некуда деваться от жару.

— Вот-таки нужно помянуть черта. Эй, Иван Никифорович! Вы вспомните мое слово, да уже будет поздно: достанется вам на том свете за богопротивные слова.

— Чем же я обидел вас, Иван Иванович? Я не тронул ни отца, ни матери вашей. Не знаю, чем я вас обидел.

— Полно уже, полно, Иван Никифорович!

— Ей-богу, я не обидел вас, Иван Иванович!

— Странно, что перепела до сих пор нейдут под дудочку.

— Как вы себе хотите, думайте что вам угодно, только я вас не обидел ничем.

— Не знаю, отчего они нейдут, — говорил Иван Иванович, как бы не слушая Ивана Никифоровича. — Время ли не приспело еще, только время, кажется, такое, какое нужно.

— Вы говорите, что жита хорошие?

— Восхитительные жита, восхитительные!

За сим последовало молчание.

— Что это вы, Иван Никифорович, платье развешиваете? — наконец сказал Иван Иванович.

— Да, прекрасное, почти новое платье загноила проклятая баба. Теперь проветриваю; сукно тонкое, превосходное, только вывороти — и можно снова носить.

— Мне там понравилась одна вещица, Иван Никифорович.

— Какая?

— Скажите, пожалуйста, на что вам это ружье, что выставлено выветривать вместе с платьем? — Тут Иван Иванович поднес табаку. — Смею ли просить об одолжении?

— Ничего, одолжайтесь! я понюхаю своего! — При этом Иван Никифорович пощупал вокруг себя и достал рожок. — Вот глупая баба, так она и ружье туда же повесила? Хороший табак жид делает в Сорочинцах. Я не знаю, что он кладет туда, а такое душистое! На канупер немножко похоже. Вот возьмите, разжуйте немножко во рту. Не правда ли, похоже на канупер? Возьмите, одолжайтесь!

— Скажите, пожалуйста, Иван Никифорович, я всё насчет ружья: что вы будете с ним делать? ведь оно вам не нужно.

— Как не нужно? а случится стрелять?

— Господь с вами, Иван Никифорович, когда же вы будете стрелять? Разве по втором пришествии. Вы, сколько я знаю и другие запомнят, ни одной еще качки[1] не убили, да и ваша натура не так уже Господом Богом устроена, чтоб стрелять. Вы имеете осанку и фигуру важную. Как же вам таскаться по болотам, когда ваше платье, которое не во всякой речи прилично назвать по имени, проветривается и теперь еще, что же тогда? Нет, вам нужно иметь покой, отдохновение. (Иван Иванович, как упомянуто вы-

---

[1] То есть утки.

ше, необыкновенно живописно говорил, когда нужно было убеждать кого. Как он говорил! Боже, как он говорил!) Да, так вам нужны приличные поступки. Послушайте, отдайте его мне!

— Как можно! это ружье дорогое. Таких ружьев теперь не сыщете нигде. Я, еще как собирался в милицию, купил его у турчина. А теперь бы то так вдруг и отдать его! Как можно? это вещь необходимая.

— На что же она необходимая?

— Как на что? А когда нападут на дом разбойники... Еще бы не необходимая. Слава тебе Господи! теперь я спокоен и не боюсь никого. А отчего? Оттого, что я знаю, что у меня стоит в коморе ружье.

— Хорошее ружье! Да у него, Иван Никифорович, замок испорчен.

— Что ж, что испорчен? Можно починить. Нужно только смазать конопляным маслом, чтоб не ржавел.

— Из ваших слов, Иван Никифорович, я никак не вижу дружественного ко мне расположения. Вы ничего не хотите сделать для меня в знак приязни.

— Как же это вы говорите, Иван Иванович, что я вам не оказываю никакой приязни? Как вам не совестно! Ваши волы пасутся на моей степи, и я ни разу не занимал их. Когда едете в Полтаву, всегда просите у меня повозки, и что ж? разве я отказал когда? Ребятишки ваши перелезают чрез плетень в мой двор и играют с моими собаками — я ничего не говорю: пусть себе играют, лишь бы ничего не трогали! пусть себе играют!

— Когда не хотите подарить, так, пожалуй, поменяемся.

— Что ж вы дадите мне за него? — При этом Иван Никифорович облокотился на руку и поглядел на Ивана Ивановича.

— Я вам дам за него бурую свинью, ту самую, что

я откормил в сажу. Славная свинья! Увидите, если на следующий год она не наведет вам поросят.

— Я не знаю, как вы, Иван Иванович, можете это говорить. На что мне свинья ваша? Разве черту поминки делать.

— Опять! без черта таки нельзя обойтись! Грех вам, ей-богу грех, Иван Никифорович!

— Как же вы, в самом деле, Иван Иванович, даете за ружье черт знает что такое: свинью!

— Отчего же она — черт знает что такое, Иван Никифорович?

— Как же? Вы бы сами посудили хорошенько. Это таки ружье, вещь известная; а то — черт знает что такое: свинья! Если бы не вы говорили, я бы мог это принять в обидную для себя сторону.

— Что ж нехорошего заметили вы в свинье?

— За кого же, в самом деле, вы принимаете меня? чтоб я свинью...

— Садитесь, садитесь! не буду уже... Пусть вам остается ваше ружье, пускай себе сгниет и перержавеет, стоя в углу в коморе, — не хочу больше говорить о нем.

После этого последовало молчание.

— Говорят, — начал Иван Иванович, — что три короля объявили войну царю нашему.

— Да, говорил мне Петр Федорович. Что ж это за война? и отчего она?

— Наверное не можно сказать, Иван Никифорович, за что она. Я полагаю, что короли хотят, чтобы мы все приняли турецкую веру.

— Вишь, дурни, чего захотели! — произнес Иван Никифорович, приподнявши голову.

— Вот видите, а царь наш и объявил им за то войну. Нет, говорит, примите вы сами веру Христову!

— Что ж? ведь наши побьют их, Иван Иванович!

— Побьют. Так не хотите, Иван Никифорович, менять ружьеца?

— Мне странно, Иван Иванович: вы, кажется, человек, известный ученостью, а говорите, как недоросль. Что бы я за дурак такой...

— Садитесь, садитесь. Бог с ним! пусть оно себе околеет; не буду больше говорить!..

В это время принесли закуску.

Иван Иванович выпил рюмку и закусил пирогом с сметаною.

— Слушайте, Иван Никифорович. Я вам дам, кроме свиньи, еще два мешка овса, ведь овса вы не сеяли. Этот год всё равно вам нужно будет покупать овес.

— Ей-богу, Иван Иванович, с вами говорить нужно, гороху наевшись. (Это еще ничего, Иван Никифорович и не такие фразы отпускает.) Где видано, чтобы кто ружье променял на два мешка овса? Небось, бекеши своей не поставите.

— Но вы позабыли, Иван Никифорович, что я и свинью еще даю вам.

— Как! два мешка овса и свинью за ружье?

— Да что ж, разве мало?

— За ружье?

— Конечно, за ружье.

— Два мешка за ружье?

— Два мешка не пустых, а с овсом; а свинью позабыли?

— Поцелуйтесь с своею свиньею, а коли не хотите, так с чертом!

— О! вас зацепи только! Увидите: нашпигуют вам на том свете язык горячими иголками за такие богомерзкие слова. После разговору с вами нужно и лицо, и руки умыть, и самому окуриться.

— Позвольте, Иван Иванович; ружье вещь благородная, самая любопытная забава, притом и украшение в комнате приятное...

— Вы, Иван Никифорович, разносились так с своим ружьем, как *дурень с писаною торбою,* — сказал

Иван Иванович с досадою, потому что действительно начинал уже сердиться.

— А вы, Иван Иванович, настоящий *гусак*[1].

Если бы Иван Никифорович не сказал этого слова, то они бы поспорили между собою и разошлись, как всегда, приятелями; но теперь произошло совсем другое. Иван Иванович весь вспыхнул.

— Что вы такое сказали, Иван Никифорович? — спросил он, возвысив голос.

— Я сказал, что вы похожи на гусака, Иван Иванович!

— Как же вы смели, сударь, позабыв и приличие и уважение к чину и фамилии человека, обесчестить таким поносным именем?

— Что ж тут поносного? Да чего вы, в самом деле, так размахались руками, Иван Иванович?

— Я повторяю, как вы осмелились, в противность всех приличий, назвать меня гусаком?

— Начхать я вам на голову, Иван Иванович! Что вы так раскудахтались?

Иван Иванович не мог более владеть собою: губы его дрожали; рот изменил обыкновенное положение *ижицы,* а сделался похожим на *О;* глазами он так мигал, что сделалось страшно. Это было у Ивана Ивановича чрезвычайно редко. Нужно было для этого его сильно рассердить.

— Так я ж вам объявляю, — произнес Иван Иванович, — что я знать вас не хочу!

— Большая беда! ей-богу, не заплачу от этого! — отвечал Иван Никифорович.

Лгал, лгал, ей-богу лгал! ему очень было досадно это.

— Нога моя не будет у вас в доме.

— Эге-ге! — сказал Иван Никифорович, с досады

---

[1] То есть гусь-самец.

не зная сам, что делать, и, против обыкновения, встав на ноги. — Эй, баба, хлопче! — При сем показалась из-за дверей та самая тощая баба и небольшого роста мальчик, запутанный в длинный и широкий сюртук. — Возьмите Ивана Ивановича за руки да выведите его за двери!

— Как! дворянина? — закричал с чувством достоинства и негодования Иван Иванович. — Осмельтесь только! подступите! Я вас уничтожу с глупым вашим паном! Ворон не найдет места вашего! (Иван Иванович говорил необыкновенно сильно, когда душа его бывала потрясена.)

Вся группа представляла сильную картину: Иван Никифорович, стоявший посреди комнаты в полной красоте своей без всякого украшения! Баба, разинувшая рот и выразившая на лице самую бессмысленную, исполненную страха мину! Иван Иванович с поднятою вверх рукою, как изображались римские трибуны! Это была необыкновенная минута! спектакль великолепный! И между тем только один был зрителем: это был мальчик в неизмеримом сюртуке, который стоял довольно покойно и чистил пальцем свой нос.

Наконец Иван Иванович взял шапку свою.

— Очень хорошо поступаете вы, Иван Никифорович! прекрасно! Я это припомню вам.

— Ступайте, Иван Иванович, ступайте! да глядите, не попадайтесь мне: а не то я вам, Иван Иванович, всю морду побью!

— Вот вам за это, Иван Никифорович! — отвечал Иван Иванович, выставив ему кукиш и хлопнув за собою дверью, которая с визгом захрипела и отворилась снова.

Иван Никифорович показался в дверях и что-то хотел присовокупить, но Иван Иванович уже не оглядывался и летел со двора.

Глава III

ЧТО ПРОИЗОШЛО ПОСЛЕ ССОРЫ ИВАНА ИВАНОВИЧА С ИВАНОМ НИКИФОРОВИЧЕМ?

Итак, два почтенные мужа, честь и украшение Миргорода, поссорились между собою! и за что? за вздор, за гусака. Не захотели видеть друг друга, прервали все связи, между тем как прежде были известны за самых неразлучных друзей! Каждый день, бывало, Иван Иванович и Иван Никифорович посылают друг к другу узнать о здоровье и часто переговариваются друг с другом с своих балконов и говорят друг другу такие приятные речи, что сердцу любо слушать было. По воскресным дням, бывало, Иван Иванович в штаметовой бекеше, Иван Никифорович в нанковом желто-коричневом казакине отправляются почти об руку друг с другом в церковь. И если Иван Иванович, который имел глаза чрезвычайно зоркие, первый замечал лужу или какую-нибудь нечистоту посреди улицы, что бывает иногда в Миргороде, то всегда говорил Ивану Никифоровичу: «Берегитесь, не ступите сюда ногою, ибо здесь нехорошо». Иван Никифорович с своей стороны показывал тоже самые трогательные знаки дружбы и, где бы ни стоял далеко, всегда протянет к Ивану Ивановичу руку с рожком, примолвивши: «Одолжайтесь!» А какое прекрасное хозяйство у обоих!.. И эти два друга... Когда я услышал об этом, то меня как громом поразило! Я долго не хотел верить: Боже праведный! Иван Иванович поссорился с Иваном Никифоровичем! Такие достойные люди! Что ж теперь прочно на этом свете?

Когда Иван Иванович пришел к себе домой, то долго был в сильном волнении. Он, бывало, прежде всего зайдет в конюшню посмотреть, ест ли кобыла сено (у Ивана Ивановича кобыла саврасая, с лысинкой на лбу; хорошая очень лошадка); потом покормит индеек и поросенков из своих рук и тогда уже идет в покои, где или делает деревянную посуду (он очень искусно, не хуже токаря, умеет выделывать разные вещи из дерева), или читает книжку, печатанную у Любия, Гария и Попова (названия ее Иван Иванович не помнит, потому что девка уже очень давно оторвала верхнюю часть заглавного листка, забавляя дитя), или же отдыхает под навесом. Теперь же он не взялся ни за одно из всегдашних своих занятий. Но вместо того, встретивши Гапку, начал бранить, зачем она шатается без дела, между тем как она тащила крупу в кухню; кинул палкой в петуха, который пришел к крыльцу за обыкновенной подачей; и когда подбежал к нему запачканный мальчишка в изодранной рубашонке и закричал: «Тятя, тятя, дай пряника!», то он ему так страшно пригрозил и затопал ногами, что испуганный мальчишка забежал Бог знает куда.

Наконец, однако ж, он одумался и начал заниматься всегдашними делами. Поздно стал он обедать и уже ввечеру почти лег отдыхать под навесом. Хороший борщ с голубями, который сварила Гапка, выгнал совершенно утреннее происшествие. Иван Иванович опять начал с удовольствием рассматривать свое хозяйство. Наконец остановил глаза на соседнем дворе и сказал сам себе: «Сегодня я не был у Ивана Никифоровича; пойду-ка к нему». Сказавши это, Иван Иванович взял палку и шапку и отправился на улицу; но едва только вышел за ворота, как вспомнил ссору, плюнул и возвратился назад. Почти такое же движение случилось и на дворе Ивана Никифоровича. Иван Иванович видел, как баба уже поставила ногу на плетень с намерением перелезть в его двор, как вдруг послышался голос Ивана Никифоровича: «Назад! назад! не нужно!» Однако ж Ивану Ивановичу сделалось очень скучно. Весьма могло быть, что сии достойные люди на другой же бы день помирились, если бы особенное происшествие в доме Ивана Никифоровича не уничтожило всякую надежду и не подлило масла в готовый погаснуть огонь вражды.

К Ивану Никифоровичу ввечеру того же дня приехала Агафия Федосеевна. Агафия Федосеевна не была ни родственницей, ни своячениицей, ни даже кумой Ивану Никифоровичу. Казалось бы, совершенно ей незачем было к нему ездить, и он сам был не слишком ей рад; однако ж она ездила и проживала у него по целым неделям, а иногда и более. Тогда она отбирала ключи и весь дом брала на свои руки. Это было очень неприятно Ивану Никифоровичу, однако ж он, к удивлению, слушал ее, как ребенок, и хотя иногда и пытался спорить, но всегда Агафия Федосеевна брала верх.

Я, признаюсь, не понимаю, для чего это так устроено, что женщины хватают нас за нос так же ловко, как будто за ручку чайника? Или руки их так созданы, или носы наши ни на что более не годятся. И несмотря, что нос Ивана Никифоровича был несколько похож на сливу, однако ж она схватила его за этот нос и водила за собою, как собачку. Он даже изменял при ней, невольно, обыкновенный свой образ жизни: не так долго лежал на солнце, если же и лежал, то не в натуре, а всегда надевал рубашку и шаровары, хотя Агафия Федосеевна совершенно этого не требовала. Она была неохотница до церемоний, и, когда у Ивана Никифоровича была лихорадка, она сама своими руками вытирала его с ног до головы скипидаром и уксусом. Агафия Федосеевна носила на голове чепец, три бородавки на носу и кофейный капот с желтенькими цветами. Весь стан ее похож был на кадушку, и оттого отыскать ее талию было так же трудно, как увидеть без зеркала свой нос. Ножки ее были коротенькие, сформированные на образец двух подушек. Она сплетничала, и ела вареные бураки по утрам, и отлично хорошо ругалась, — и при всех этих разнообразных занятиях лицо ее ни на минуту не изменяло своего выражения, что обыкновенно могут показывать одни только женщины.

Как только она приехала, всё пошло навыворот.

— Ты, Иван Никифорович, не мирись с ним и не проси прощения: он тебя погубить хочет, это таковский человек! Ты его еще не знаешь.

Шушукала, шушукала проклятая баба и сделала то, что Иван Никифорович и слышать не хотел об Иване Ивановиче.

Всё приняло другой вид: если соседняя собака затесалась когда на двор, то ее колотили чем ни попало; ребятишки, перелазившие через забор, возвращались с воплем, с поднятыми вверх рубашонками и с знаками розг на спине. Даже самая баба, когда Иван Иванович хотел было ее спросить о чем-то, сделала такую непристойность, что Иван Иванович, как человек чрезвычайно деликатный, плюнул и примолвил только: «Экая скверная баба! хуже своего пана!»

Наконец, к довершению всех оскорблений, ненавистный сосед выстроил прямо против него, где обыкновенно был перелаз чрез плетень, гусиный хлев, как будто с особенным намерением усугубить оскорбление. Этот отвратительный для Ивана Ивановича хлев выстроен был с дьявольской скоростью: в один день.

Это возбудило в Иване Ивановиче злость и желание отомстить. Он не показал, однако ж, никакого вида огорчения, несмотря на то, что хлев даже захватил часть его земли; но сердце у него так билось, что ему было чрезвычайно трудно сохранять это наружное спокойствие.

Так провел он день. Настала ночь... О, если б я был живописец, я бы чудно изобразил всю прелесть ночи! Я бы изобразил, как спит весь Миргород; как неподвижно глядят на него бесчисленные звезды; как видимая тишина оглашается близким и далеким лаем собак; как мимо их несется влюбленный пономарь и перелазит чрез плетень с рыцарскою бесстрашностию; как белые стены домов, охваченные лунным светом, становятся белее, осеняющие их деревья темнее, тень от дерев ложится чернее, цветы и умолкнувшая трава душистее, и сверчки, неугомонные рыцари ночи, дружно со всех углов заводят свои трескучие песни. Я бы изобразил, как в одном из этих низеньких глиняных домиков разметавшейся на одинокой постели чернобровой горожанке с дрожащими молодыми грудями снится гусарский ус и шпоры, а свет луны смеется на ее щеках. Я бы изобразил, как по белой дороге мелькает черная тень летучей мыши, садящейся на белые трубы домов... Но вряд ли бы я мог изобразить Ивана Ивановича, вышедшего в эту ночь с пилою в руке. Столько на лице у него было написано разных чувств! Тихо, тихо подкрался он и подлез под гусиный хлев. Собаки Ивана Никифоровича еще ничего не знали о ссоре между ними и потому позволили ему, как старому приятелю, подойти к хлеву, который весь держался на четырех дубовых столбах; подлезши к ближнему столбу, приставил он к нему пилу и начал пилить. Шум, производимый пилою, заставлял его поминутно оглядываться, но мысль об обиде возвращала бодрость. Первый столб был подпилен; Иван Иванович принялся за другой. Глаза его горели и ничего не видали от страха. Вдруг Иван Иванович вскрикнул и обомлел: ему показался мертвец; но скоро он пришел в себя, увидевши, что это был гусь, просунувший к нему свою шею. Иван Иванович плюнул от негодования и начал продолжать работу. И второй столб подпилен: здание пошатнулось. Сердце у Ивана Ивановича начало так страшно биться, когда он принялся за третий, что он несколько раз прекращал работу; уже более половины его было подпилено, как вдруг шаткое здание сильно покачнулось... Иван Иванович едва успел отскочить, как оно рухнуло с треском. Схвативши пилу, в страшном испуге прибежал он домой и бросился на кровать, не имея даже духа поглядеть в окно на следствия своего страшного дела. Ему казалось, что весь двор Ивана Никифоровича собрался: старая баба, Иван Никифорович, мальчик в бесконечном сюртуке — все с дрекольями, предводительствуемые Агафией Федосеевной, шли разорять и ломать его дом.

Весь следующий день провел Иван Иванович как в лихорадке. Ему всё чудилось, что ненавистный сосед в отмщение за это по крайней мере подожжет дом его. И потому он дал повеление Гапке поминутно обсматривать везде, не подложено ли где-нибудь сухой соломы. Наконец, чтобы предупредить Ивана Никифоровича, он решился забежать зайцем вперед и подать на него прошение в миргородский поветовый суд. В чем оно состояло, об этом можно узнать из следующей главы.

Глава IV,

О ТОМ, ЧТО ПРОИЗОШЛО В ПРИСУТСТВИИ МИРГОРОДСКОГО ПОВЕТОВОГО СУДА

Чудный город Миргород! Каких в нем нет строений! И под соломенною, и под очеретяною, даже под деревянною крышею; направо улица, налево улица, везде прекрасный плетень; по нем вьется хмель, на нем висят горшки, из-за него подсолнечник выказывает свою солнцеобразную голову, краснеет мак, мелькают толстые тыквы... Роскошь! Плетень всегда убран предметами, которые делают его еще более живописным: или напяленною плахтою, или сорочкою, или шароварами. В Миргороде нет ни воровства, ни мошенничества, и потому каждый вешает, что ему вздумается. Если будете подходить к площади, то, верно, на время остановитесь полюбоваться видом: на ней находится лужа, удивительная лужа! единственная, какую только вам удавалось когда видеть! Она занимает почти всю площадь. Прекрасная лужа! Домы и домики, которые издали можно принять за копны сена, обступивши вокруг, дивятся красоте ее.

Но я тех мыслей, что нет лучше дома, как поветовый суд. Дубовый ли он, или березовый, мне нет дела; но в нем, милостивые государи, восемь окошек! восемь окошек в ряд, прямо на площадь и на то водное пространство, о котором я уже говорил и которое городничий называет озером! Один только он окрашен цветом гранита; прочие все домы в Миргороде просто выбелены. Крыша на нем вся деревянная, и была бы даже выкрашена красною краскою, если бы приготовленное для того масло канцелярские, приправивши луком, не съели, что было, как нарочно, во время поста, и крыша осталась некрашеною. На площадь выступает крыльцо, на котором часто бегают куры, оттого что на крыльце всегда почти рассыпаны крупы или что-нибудь съестное, что, впрочем, делается не нарочно, но единственно от неосторожности просителей. Он разделен на две половины: в одной *присутствие,* в другой *арестантская.* В той половине, где присутствие, находятся две комнаты чистые, выбеленные: одна — передняя для просителей; в другой стол, убранный чернильными пятнами; на нем зерцало. Четыре стула дубовые с высокими спинками; возле стен сундуки, кованные железом, в которых сохранялись кипы поветовой ябеды. На одном из этих сундуков стоял тогда сапог, вычищенный ваксою. Присутствие началось еще с утра. Судья, довольно полный человек, хотя несколько тонее Ивана Никифоровича, с доброю миною, в замасленном халате, с трубкою и чашкою чаю, разговаривал с подсудком. У судьи губы находились под самым носом, и оттого нос его мог нюхать верхнюю губу, сколько душе угодно было. Эта губа служила ему вместо табакерки, потому что табак, адресуемый в нос, почти всегда сеялся на нее. Итак, судья разговаривал с подсудком. Босая девка держала в стороне поднос с чашками.

В конце стола секретарь читал решение дела, но таким однообразным и унывным тоном, что сам подсудимый заснул бы слушая. Судья, без сомнения, это бы сделал прежде всех, если бы не вошел в занимательный между тем разговор.

— Я нарочно старался узнать, — говорил судья, прихлебывая чай уже с простывшей чашки, — каким образом это делается, что они поют хорошо. У меня был славный дрозд года два тому назад. Что ж? вдруг испортился совсем. Начал петь Бог знает что. Чем далее, хуже, хуже, стал картавить, хрипеть, — хоть выбрось! А ведь самый вздор! это вот отчего делается: под горлышком делается бобон, меньше горошинки. Этот бобончик нужно только проколоть иголкою. Меня научил этому Захар Прокофьевич, и именно, если хотите, я вам расскажу, каким это было образом: приезжаю я к нему...

— Прикажете, Демьян Демьянович, читать другое? — прервал секретарь, уже несколько минут как окончивший чтение.

— А вы уже прочитали? Представьте, как скоро! Я и не услышал ничего! Да где ж оно? дайте его сюда, я подпишу. Что там еще у вас?

— Дело козака Бокитька о краденой корове.

— Хорошо, читайте! Да, так приезжаю я к нему... Я могу даже рассказать вам подробно, как он угостил меня. К водке был подан балык, единственный! Да, не нашего балыка, которым, — при этом судья сделал языком и улыбнулся, причем нос понюхал свою всегдашнюю табакерку, — которым угощает наша бакалейная миргородская лавка. Селедки я не ел, потому что, как вы сами знаете, у меня от нее делается изжога под ложечкою. Но икры отведал; прекрасная икра! нечего сказать, отличная! Потом выпил я водки персиковой, настоенной на золототысячник. Была и шафранная; но шафранной, как вы сами знаете, я не употребляю. Оно, видите, очень хорошо: наперед, как говорят, раззадорить аппетит, а потом уже завершить... А! слыхом слыхать, видом видать... — вскричал вдруг судья, увидев входящего Ивана Ивановича.

— Бог в помощь! желаю здравствовать! — произнес Иван Иванович, поклонившись на все стороны с свойственною ему одному приятностию. Боже мой, как он умел обворожить всех своим обращением! Тонкости такой я нигде не видывал. Он знал очень хорошо сам свое достоинство и потому на всеобщее почтение смотрел, как на должное. Судья сам подал стул Ивану Ивановичу, нос его потянул с верхней губы весь табак, что всегда было у него знаком большого удовольствия.

— Чем прикажете потчевать вас, Иван Иванович? — спросил он. — Не прикажете ли чашку чаю?

— Нет, весьма благодарю, — отвечал Иван Иванович, поклонился и сел.

— Сделайте милость, одну чашечку! — повторил судья.

— Нет, благодарю. Весьма доволен гостеприимством, — отвечал Иван Иванович, поклонился и сел.

— Одну чашку, — повторил судья.

— Нет, не беспокойтесь, Демьян Демьянович!
При этом Иван Иванович поклонился и сел.

— Чашечку?

— Уж так и быть, разве чашечку! — произнес Иван Иванович и протянул руку к подносу.

Господи Боже! какая бездна тонкости бывает у человека! Нельзя рассказать, какое приятное впечатление производят такие поступки!

— Не прикажете ли еще чашечку?

— Покорно благодарствую, — отвечал Иван Иванович, ставя на поднос опрокинутую чашку и кланяясь.

— Сделайте одолжение, Иван Иванович!

— Не могу. Весьма благодарен. — При этом Иван Иванович поклонился и сел.

— Иван Иванович! сделайте дружбу, одну чашечку!

— Нет, весьма обязан за угощение.

Сказавши это, Иван Иванович поклонился и сел.

— Только чашечку! одну чашечку!

Иван Иванович протянул руку к подносу и взял чашку.

Фу ты пропасть! как может, как найдется человек поддержать свое достоинство!

— Я, Демьян Демьянович, — говорил Иван Иванович, допивая последний глоток, — я к вам имею необходимое дело: я подаю позов. — При этом Иван Иванович поставил чашку и вынул из кармана написанный гербовый лист бумаги. — Позов на врага своего, на заклятого врага.

— На кого же это?

— На Ивана Никифоровича Довгочхуна.

При этих словах судья чуть не упал со стула.

— Что вы говорите! — произнес он, всплеснув руками. — Иван Иванович! вы ли это?

— Видите сами, что я.

— Господь с вами и все святые! Как! вы, Иван Иванович, стали неприятелем Ивану Никифоровичу? Ваши ли это уста говорят? Повторите еще! Да не спрятался ли у вас кто-нибудь сзади и говорит вместо вас?..

— Что ж тут невероятного. Я не могу смотреть на него; он нанес мне смертную обиду, оскорбил честь мою.

— Пресвятая Троица! как же мне теперь уверить матушку! А она, старушка, каждый день, как только мы поссоримся с сестрою, говорит: «Вы, детки, живете между собою, как собаки. Хоть бы вы взяли пример с Ивана Ивановича и Ивана Никифоровича. Вот уж друзья, так друзья! то-то приятели! то-то достойные люди!» Вот тебе и приятели! Расскажите, за что же это? как?

— Это дело деликатное, Демьян Демьянович! на словах его нельзя рассказать. Прикажите лучше прочитать просьбу. Вот, возьмите с этой стороны, здесь приличнее.

— Прочитайте, Тарас Тихонович! — сказал судья, оборотившись к секретарю.

Тарас Тихонович взял просьбу и, высморкавшись таким образом, как сморкаются все секретари по поветовым судам, с помощью двух пальцев, начал читать:

— «От дворянина Миргородского повета и помещика Ивана, Иванова сына, Перерепенка прошение; а о чем, тому следуют пункты:

1) Известный всему свету своими богопротивными, в омерзение приводящими и всякую меру превышающими законопреступными поступками, дворянин Иван, Никифоров сын, Довгочхун, сего 1810 года июля 7 дня учинил мне смертельную обиду, как персонально до чести моей относящуюся, так равномерно в уничижение и конфузию чина моего и фамилии. Оный дворянин, и сам притом гнусного вида, характер имеет бранчивый и преисполнен разного рода богохулениями и бранными словами...»

Тут чтец немного остановился, чтобы снова высморкаться, а судья с благоговением сложил руки и только говорил про себя:

— Что за бойкое перо! Господи Боже! как пишет этот человек!

Иван Иванович просил читать далее, и Тарас Тихонович продолжал:

— «Оный дворянин, Иван, Никифоров сын, Довгочхун, когда я пришел к нему с дружескими предложениями, назвал меня публично обидным и поносным для чести моей именем, а именно: *гусаком,* тогда как известно всему Миргородскому повету, что сим гнусным животным я никогда отнюдь не именовался и впредь именоваться не намерен. Доказательством же дворянского моего происхождения есть то, что в метрической книге, находящейся в церкви *Трех Святителей,* записан как день моего рождения, так равномерно и полученное мною крещение. *Гусак* же, как известно всем, кто сколько-нибудь сведущ в науках, не может быть записан в метрической книге, ибо *гусак* есть не человек, а птица, что уже всякому, даже не бывавшему в семинарии, достоверно известно. Но оный злокачественный дворянин, будучи обо всем этом сведущ, не для чего иного, как чтобы нанесть смертельную для моего чина и звания обиду, обругал меня оным гнусным словом.

2) Сей же самый неблагопристойный и неприличный дворянин посягнул притом на мою родовую, полученную мною после родителя моего, состоявшего в духовном звании, блаженной памяти Ивана, Онисиева сына, Перерепенка, собственность, тем, что, в противность всяким законам, перенес совершенно насупротив моего крыльца гусиный хлев, что делалось не с иным каким намерением, как чтоб усугубить нанесенную мне обиду, ибо оный хлев стоял до сего в изрядном месте и довольно еще был крепок.

Но омерзительное намерение вышеупомянутого дворянина состояло единственно в том, чтобы учинить меня свидетелем непристойных пассажей: ибо известно, что всякий человек не пойдет в хлев, тем паче в гусиный, для приличного дела. При таком противузаконном действии две передние сохи захватили собственную мою землю, доставшуюся мне еще при жизни от родителя моего, блаженной памяти Ивана, Онисиева сына, Перерепенка, начинавшуюся от амбара и прямою линией до самого того места, где бабы моют горшки.

3) Вышеизображенный дворянин, которого уже самое имя и фамилия внушает всякое омерзение, питает в душе злостное намерение поджечь меня в собственном доме. Несомненные чему признаки из нижеследующего явствуют: во 1-х, оный злокачественный дворянин начал выходить часто из своих покоев, чего прежде никогда, по причине своей лености и гнусной тучности тела, не предпринимал; во 2-х, в людской его, примыкающей о самый забор, ограждающий мою собственную, полученную мною от покойного родителя моего, блаженной памяти Ивана, Онисиева сына, Перерепенка, землю, ежедневно и в необычайной продолжительности горит свет, что уже явное есть к тому доказательство, ибо до сего, по скаредной его скупости, всегда не только сальная свеча, но даже каганец был потушаем.

И потому прошу оного дворянина Ивана, Никифорова сына, Довгочхуна, яко повинного в зажигательстве, в оскорблении моего чина, имени и фамилии и в хищническом присвоении собственности, а паче всего в подлом и предосудительном присовокуплении к фамилии моей названия *гусака,* ко взысканию штрафа, удовлетворения проторей и убытков присудить и самого, яко нарушителя, в кандалы забить и, заковавши, в городскую тюрьму препроводить, и по сему моему прошению решение немедленно и неукоснительно учинить. Писал и сочинял дворянин, миргородский помещик Иван, Иванов сын, Перерепенко».

По прочтении просьбы судья приблизился к Ивану Ивановичу, взял его за пуговицу и начал говорить ему почти таким образом:

— Что это вы делаете, Иван Иванович? Бога бойтесь! бросьте просьбу, пусть она пропадает! (Сатана приснись ей!) Возьмитесь лучше с Иваном Никифоровичем за руки, да поцелуйтесь, да купите сантуринского, или никопольского, или хоть просто сделайте пуншику, да позовите меня! Разопьем вместе и позабудем всё!

— Нет, Демьян Демьянович! не такое дело, — сказал Иван Иванович с важностию, которая так всегда шла к нему. — Не такое дело, чтобы можно было решить полюбовною сделкою. Прощайте! Прощайте и вы, господа! — продолжал он с тою же важностию, оборотившись ко всем. — Надеюсь, что моя просьба возымеет надлежащее действие. — И ушел, оставив в изумлении всё присутствие.

Судья сидел, не говоря ни слова; секретарь нюхал табак; канцелярские опрокинули разбитый черепок бутылки, употребляемый вместо чернильницы; и сам судья в рассеянности разводил пальцем по столу чернильную лужу.

— Что вы скажете на это, Дорофей Трофимович? — сказал судья, после некоторого молчания обратившись к подсудку.

— Ничего не скажу, — отвечал подсудок.

— Экие дела делаются! — продолжал судья. Не успел он этого сказать, как дверь затрещала и передняя половина Ивана Никифоровича высадилась в присутствие, остальная оставалась еще в передней. Появление Ивана Никифоровича, и еще в суд, так показалось необыкновенным, что судья вскрикнул; секретарь прервал свое чтение. Один канцелярист, в фризовом подобии полуфрака, взял в губы перо; другой проглотил муху. Даже отправлявший должность фельдъегеря и сторожа инвалид, который до того стоял у дверей, почесывая в своей грязной рубашке с нашивкою на плече, даже этот инвалид разинул рот и наступил кому-то на ногу.

— Какими судьбами! что и как? Как здоровье ваше, Иван Никифорович?

Но Иван Никифорович был ни жив ни мертв, потому что завязнул в дверях и не мог сделать ни шагу вперед или назад. Напрасно судья кричал в переднюю, чтобы кто-нибудь из находившихся там выпер сзади Ивана Никифоровича в присутственную залу. В передней находилась одна только старуха просительница, которая, несмотря на все усилия своих костистых рук, ничего не могла сделать. Тогда один из канцелярских, с толстыми губами, с широкими плечами, с толстым носом, глазами, глядевшими скоса и пьяна, с разодранными локтями, приблизился к передней половине Ивана Никифоровича, сложил ему обе руки накрест, как ребенку, и мигнул старому инвалиду, который уперся своим коленом в брюхо Ивана Никифоровича, и, несмотря на жалобные стоны, вытиснут он был в переднюю. Тогда отодвинули задвижки и отворили вторую половинку дверей. Причем канцелярский и его помощник, инвалид, от дружных усилий дыханием уст своих распространили такой сильный запах, что комната присутствия превратилась было на время в питейный дом.

— Не зашибли ли вас, Иван Никифорович? Я скажу матушке, она пришлет вам настойки, которою потрите только поясницу и спину, и всё пройдет.

Но Иван Никифорович повалился на стул и, кроме продолжительных *охов,* ничего не мог сказать. Наконец слабым, едва слышным от усталости голосом произнес он:

— Не угодно ли? — и, вынувши из кармана рожок, прибавил: — Возьмите, одолжайтесь!

— Весьма рад, что вас вижу, — отвечал судья. — Но всё не могу представить себе, что заставило вас предпринять труд и одолжить нас такою приятною нечаянностию.

— С просьбою... — мог только произнесть Иван Никифорович.

— С просьбою? с какою?

— С позвом... — тут одышка произвела долгую паузу: — ох!.. с позвом на мошенника... Ивана Ивановa Перерепенка.

— Господи! и вы туда! Такие редкие друзья! Позов на такого добродетельного человека!..

— Он сам сатана! — произнес отрывисто Иван Никифорович.

Судья перекрестился.

— Возьмите просьбу, прочитайте.

— Нечего делать, прочитайте, Тарас Тихонович, — сказал судья, обращаясь к секретарю с видом неудовольствия, причем нос его невольно понюхал верхнюю губу, что обыкновенно он делал прежде только от большого удовольствия. Такое самоуправство носа причинило судье еще более досады. Он вынул платок и смел с верхней губы весь табак, чтобы наказать дерзость его.

Секретарь, сделавши обыкновенный свой приступ, который он всегда употреблял перед начатием чтения, то есть без помощи носового платка, начал обыкновенным своим голосом таким образом:

— «Просит дворянин Миргородского повета Иван, Никифоров сын, Довгочхун, а о чем, тому следуют пункты:

1) По ненавистной злобе своей и явному недоброжелательству, называющий себя дворянином, Иван, Иванов сын, Перерепенко всякие пакости, убытки и иные ехидненские и в ужас приводящие поступки мне чинит и вчерашнего дня пополудни, как разбойник и тать, с топорами, пилами, долотами и иными слесарными орудиями, забрался ночью в мой двор и в находящийся в оном мой же собственный хлев, собственноручно и поносным образом его изрубил. На что, с моей стороны, я не подавал никакой причины к столь противозаконному и разбойническому поступку.

2) Оный же дворянин Перерепенко имеет посягательство на самую жизнь мою и до 7-го числа прошлого месяца, содержа втайне сие намерение, пришел ко мне и начал дружеским и хитрым образом выпрашивать у меня ружье, находившееся в моей комнате, и предлагал мне за него, с свойственною ему скупостью, многие негодные вещи, как-то: свинью бурую и две мерки овса. Но, предугадывая тогда же преступное его намерение, я всячески старался от оного уклонить его; но оный мошенник и подлец, Иван, Иванов сын, Перерепенко, выбранил меня мужицким образом и питает ко мне с того времени вражду непримиримую. Притом же оный, часто поминаемый, неистовый дворянин и разбойник, Иван, Иванов сын, Перерепенко, и происхождения весьма поносного: его сестра была известная всему свету потаскуха и ушла за егерскою ротою, стоявшею назад тому пять лет в Миргороде; а мужа своего записала в крестьяне. Отец и мать его тоже были пребеззаконные люди, и оба были невообразимые пьяницы. Упоминаемый же дворянин и разбойник Перерепенко своими скотоподобными и порицания достойными поступками превзошел всю свою родню и под видом благочестия делает самые соблазнитель-

ные дела: постов не содержит, ибо накануне Филип-повки сей богоотступник купил барана и на другой день велел зарезать своей беззаконной девке Гапке, оговариваясь, аки бы ему нужно было под тот час сало на каганцы и свечи.

Посему прошу оного дворянина, яко разбойника, святотатца, мошенника, уличенного уже в воровстве и грабительстве, в кандалы заковать и в тюрьму, или государственный острог, препроводить, и там уже, по усмотрению, лиша чинов и дворянства, добре барбарами шмаровать и в Сибирь на каторгу по надобности заточить; проторы, убытки велеть ему заплатить и по сему моему прошению решение учинить. — К сему прошению руку приложил дворянин Миргородского повета Иван, Никифоров сын, Довгочхун».

Как только секретарь кончил чтение, Иван Никифорович взялся за шапку и поклонился, с намерением уйти.

— Куда же вы, Иван Никифорович? — говорил ему вслед судья. — Посидите немного! выпейте чаю! Орышко! что ты стоишь, глупая девка, и перемигиваешься с канцелярскими? Ступай принеси чаю!

Но Иван Никифорович, с испугу, что так далеко зашел от дому и выдержал такой опасный карантин, успел уже пролезть в дверь, проговорив:

— Не беспокойтесь, я с удовольствием... — и затворил ее за собою, оставив в изумлении всё присутствие.

Делать было нечего. Обе просьбы были приняты, и дело готовилось принять довольно важный интерес, как одно непредвиденное обстоятельство сообщило ему еще большую занимательность. Когда судья вышел из присутствия в сопровождении подсудка и секретаря, а канцелярские укладывали в мешок нанесенных просителями кур, яиц, краюх хлеба, пирогов, кнышей и прочего дрязгу, в это время бурая свинья вбежала в комнату и схватила, к удивлению присутствовавших, не пирог или хлебную корку, но прошение Ивана Никифоровича, которое лежало на конце стола, перевесившись листами вниз. Схвативши бумагу, бурая хавронья убежала так скоро, что ни один из приказных чиновников не мог догнать ее, несмотря на кидаемые линейки и чернильницы.

Это чрезвычайное происшествие произвело страшную суматоху, потому что даже копия не была еще списана с нее. Судья, то есть его секретарь и подсудок, долго трактовали об таком неслыханном обстоятельстве; наконец решено было на том, чтобы написать об этом отношение к городничему, так как следствие по этому делу более относилось к гражданской полиции. Отношение за № 389 послано было к нему того же дня, и по этому самому произошло довольно любопытное объяснение, о котором читатели могут узнать из следующей главы.

Глава V,

В КОТОРОЙ ИЗЛАГАЕТСЯ СОВЕЩАНИЕ ДВУХ ПОЧЕТНЫХ В МИРГОРОДЕ ОСОБ

Как только Иван Иванович управился в своем хозяйстве и вышел, по обыкновению, полежать под навесом, как, к несказанному удивлению своему, увидел что-то красневшее в калитке. Это был красный обшлаг городничего, который, равномерно как и воротник его, получил политуру и по краям превращался в лакированную кожу. Иван Иванович подумал про себя: «Недурно, что пришел Петр Федорович поговорить», но очень удивился, увидя, что городничий шел чрезвычайно скоро и размахивал руками, что случалось с ним, по обыкновению, весьма редко. На мундире у городничего посажено было восемь пуговиц, девятая как оторвалась во время процессии при освящении храма назад тому два года, так до сих пор десятские не могут отыскать, хотя городничий при ежедневных рапортах, которые отдают ему квартальные надзиратели, всегда спрашивает, нашлась ли пуговица. Эти восемь пуговиц были насажены у него таким образом, как бабы садят бобы: одна направо, другая налево. Левая нога была у него прострелена в последней кампании, и потому он, прихрамывая, закидывал ею так далеко в сторону, что разрушал этим почти весь труд правой ноги. Чем быстрее действовал городничий своею пехотою, тем менее она подвигалась вперед. И потому, покамест дошел городничий к навесу, Иван Иванович имел довольно времени теряться в догадках, отчего городничий так скоро размахивал руками. Тем более это его занимало, что дело казалось необыкновенной важности, ибо при нем была даже новая шпага.

— Здравствуйте, Петр Федорович! — вскричал Иван Иванович, который, как уже сказано, был очень любопытен и никак не мог удержать своего нетерпения при виде, как городничий брал приступом крыльцо, но всё еще не поднимал глаз своих вверх и ссорился с своей пехотою, которая никаким образом не могла с одного размаху взойти на ступеньку.

— Доброго дня желаю любезному другу и благодетелю, Ивану Ивановичу! — отвечал городничий.

— Милости прошу садиться. Вы, как я вижу, устали, потому что ваша раненая нога мешает...

— Моя нога! — вскрикнул городничий, бросив на Ивана Ивановича один из тех взглядов, какие бросает великан на пигмея, ученый педант на танцевального учителя. При этом он вытянул свою ногу и топнул ею об пол. Эта храбрость, однако ж, ему дорого стоила, потому что весь корпус его покачнулся и нос клюнул перила; но мудрый блюститель порядка, чтоб не подать никакого вида, тотчас оправился и полез в карман, как будто бы с тем, чтобы достать табакерку. — Я вам доложу о себе, любезнейший друг и благодетель Иван Иванович, что я делывал на веку своем не такие походы. Да, серьезно, делывал. Например, во время кампании тысяча восемьсот седьмого года... Ах, я вам расскажу, каким манером я перелез через забор к одной хорошенькой немке. — При этом городничий зажмурил один глаз и сделал бесовски плутовскую улыбку.

— Где ж вы бывали сегодня? — спросил Иван Иванович, желая прервать городничего и скорее навести его на причину посещения; ему бы очень хотелось спросить, что такое намерен объявить городничий; но тонкое познание света представляло ему всю неприличность такого вопроса, и Иван Иванович должен был скрепиться и ожидать разгадки, между тем как сердце его колотилось с необыкновенною силою.

— А позвольте, я вам расскажу, где был я, — отвечал городничий. — Во-первых, доложу вам, что сегодня отличное время...

При последних словах Иван Иванович почти что не умер.

— Но позвольте, — продолжал городничий. — Я пришел сегодня к вам по одному весьма важному делу. — Тут лицо городничего и осанка приняли то же самое озабоченное положение, с которым брал он приступом крыльцо.

Иван Иванович ожил и трепетал как в лихорадке, не замедливши, по обыкновению своему, сделать вопрос:

— Какое же оно важное? разве оно важное?

— Вот извольте видеть: прежде всего осмелюсь

доложить вам, любезный друг и благодетель Иван Иванович, что вы... с моей стороны, я, извольте видеть, я ничего, но виды правительства, виды правительства этого требуют: вы нарушили порядок благочиния!..

— Что это вы говорите, Петр Федорович? Я ничего не понимаю.

— Помилуйте, Иван Иванович! Как вы ничего не понимаете? Ваша собственная животина утащила очень важную казенную бумагу, и вы еще говорите после этого, что ничего не понимаете!

— Какая животина?

— С позволения сказать, ваша собственная бурая свинья.

— А я чем виноват? Зачем судейский сторож отворяет двери!

— Но, Иван Иванович, ваше собственное животное — стало быть, вы виноваты.

— Покорно благодарю вас за то, что с свиньею меня равняете.

— Вот уж этого я не говорил, Иван Иванович! Ейбогу, не говорил! Извольте рассудить по чистой совести сами: вам, без всякого сомнения, известно, что, согласно с видами начальства, запрещено в городе, тем же паче в главных градских улицах, прогуливаться нечистым животным. Согласитесь сами, что это дело запрещенное.

— Бог знает что это вы говорите! Большая важность, что свинья вышла на улицу!

— Позвольте вам доложить, позвольте, позвольте, Иван Иванович, это совершенно невозможно. Что ж делать? Начальство хочет — мы должны повиноваться. Не спорю, забегают иногда на улицу и даже на площадь куры и гуси, — заметьте себе: куры и гуси; но свиней и козлов я еще в прошлом году дал предписание не впускать на публичные площади.

Которое предписание тогда же приказал прочитать изустно, в собрании, пред целым народом.

— Нет, Петр Федорович, я здесь ничего не вижу, как только то, что вы всячески стараетесь обижать меня.

— Вот этого-то не можете сказать, любезнейший друг и благодетель, чтобы я старался обижать. Вспомните сами: я не сказал вам ни одного слова прошлый год, когда вы выстроили крышу целым аршином выше установленной меры. Напротив, я показал вид, как будто совершенно этого не заметил. Верьте, любезнейший друг, что и теперь бы я совершенно, так сказать... но мой долг, словом, обязанность требует смотреть за чистотою. Посудите сами, когда вдруг на главной улице...

— Уж хороши ваши главные улицы! Туда всякая баба идет выбросить то, что ей не нужно.

— Позвольте вам доложить, Иван Иванович, что вы сами обижаете меня! Правда, это случается иногда, но по большей части только под забором, сараями или коморами; но чтоб на главной улице, на площадь втесалась супоросная свинья, это такое дело...

— Что ж такое, Петр Федорович! Ведь свинья творение Божие!

— Согласен! Это всему свету известно, что вы человек ученый, знаете науки и прочие разные предметы. Конечно, я наукам не обучался никаким: скорописному письму я начал учиться на тридцатом году своей жизни. Ведь я, как вам известно, из рядовых.

— Гм! — сказал Иван Иванович.

— Да, — продолжал городничий, — в тысяча восемьсот первом году я находился в сорок втором егерском полку в четвертой роте поручиком. Ротный командир у нас был, если изволите знать, капитан Еремеев. — При этом городничий запустил свои пальцы в табакерку, которую Иван Иванович держал открытою и переминал табак.

Иван Иванович отвечал:

— Гм!

— Но мой долг, — продолжал городничий, — есть повиноваться требованиям правительства. Знаете ли вы, Иван Иванович, что похитивший в суде казенную бумагу подвергается, наравне со всяким другим преступлением, уголовному суду?

— Так знаю, что, если хотите, и вас научу. Так говорится о людях, например если бы вы украли бумагу; но свинья животное, творение Божие!

— Всё так, но закон говорит: «виновный в похищении...» Прошу вас прислушаться внимательно: *виновный!* Здесь не означается ни рода, ни пола, ни звания, — стало быть, и животное может быть виновно. Воля ваша, а животное прежде произнесения приговора к наказанию должно быть представлено в полицию как нарушитель порядка.

— Нет, Петр Федорович! — возразил хладнокровно Иван Иванович. — Этого-то не будет!

— Как вы хотите, только я должен следовать предписаниям начальства.

— Что ж вы стращаете меня? Верно, хотите прислать за нею безрукого солдата? Я прикажу дворовой бабе его кочергой выпроводить. Ему последнюю руку переломят.

— Я не смею с вами спорить. В таком случае, если вы не хотите представить ее в полицию, то пользуйтесь ею, как вам угодно: заколите, когда желаете, ее к Рождеству и наделайте из нее окороков, или так съедите. Только я бы у вас попросил, если будете делать колбасы, пришлите мне парочку тех, которые у вас так искусно делает Гапка из свиной крови и сала. Моя Аграфена Трофимовна очень их любит.

— Колбас, извольте, пришлю парочку.

— Очень вам буду благодарен, любезный друг и благодетель. Теперь позвольте вам сказать еще одно слово: я имею поручение, как от судьи, так равно и от всех наших знакомых, так сказать, примирить вас с приятелем вашим, Иваном Никифоровичем.

— Как! с невежею? чтобы я примирился с этим грубияном? Никогда! Не будет этого, не будет! — Иван Иванович был в чрезвычайно решительном состоянии.

— Как вы себе хотите, — отвечал городничий, угощая обе ноздри табаком. — Я сам не смею советовать; однако ж позвольте доложить: вот вы теперь в ссоре, а как помиритесь...

Но Иван Иванович начал говорить о ловле перепелов, что обыкновенно случалось, когда он хотел замять речь.

Итак, городничий, не получив никакого успеха, должен был отправиться восвояси.

Глава VI,

ИЗ КОТОРОЙ ЧИТАТЕЛЬ ЛЕГКО МОЖЕТ УЗНАТЬ ВСЁ ТО, ЧТО В НЕЙ СОДЕРЖИТСЯ

Сколько ни старались в суде скрыть дело, но на другой же день весь Миргород узнал, что свинья Ивана Ивановича утащила просьбу Ивана Никифоровича. Сам городничий первый, позабывшись, проговорился. Когда Ивану Никифоровичу сказали об этом, он ничего не сказал, спросил только: «Не бурая ли?»

Но Агафия Федосеевна, которая была при этом, начала опять приступать к Ивану Никифоровичу:

— Что ты, Иван Никифорович? Над тобой будут смеяться, как над дураком, если ты попустишь! Какой ты после этого будешь дворянин! Ты будешь хуже бабы, что продает сластены, которые ты так любишь!

И уговорила неугомонная! Нашла где-то человечка средних лет, черномазого, с пятнами по всему лицу, в темно-синем, с заплатами на локтях, сюртуке — совершенную приказную чернильницу! Сапоги он смазывал дегтем, носил по три пера за ухом и привязанный к пуговице на шнурочке стеклянный пузырек вместо чернильницы; съедал за одним разом девять пирогов, а десятый клал в карман, и в один гербовый лист столько уписывал всякой ябеды, что никакой чтец не мог за одним разом прочесть, не перемежая этого кашлем и чиханьем. Это небольшое подобие человека копалось, корпело, писало и, наконец, состряпало такую бумагу:

«В миргородский поветовый суд от дворянина Ивана, Никифорова сына, Довгочхуна.

Вследствие оного прошения моего, что от меня, дворянина Ивана, Никифорова сына, Довгочхуна, к тому имело быть, совокупно с дворянином Иваном, Ивановым сыном, Перерепенком, чему и сам поветовый миргородский суд потворство свое изъявил. И самое оное нахальное самоуправство бурой свиньи, будучи втайне содержимо и уже от сторонних людей до слуха дошедши. Понеже оное допущение и потворство, яко злоумышленное, суду неукоснительно подлежит; ибо оная свинья есть животное глупое и тем паче способное к хищению бумаги. Из чего очевидно явствует, что часто поминаемая свинья не иначе как была подущена к тому самим противником, называющим себя дворянином Иваном, Ивановым сыном, Перерепенком, уже уличенном в разбое, посягательстве на жизнь и святотатстве. Но оный миргородский суд, с свойственным ему лицеприятием, тайное своей особы соглашение изъявил; без какового соглашения оная свинья никоим бы образом не могла быть допущенною к утащению бумаги: ибо миргородский поветовый суд в прислуге весьма снабжен, для сего довольно уже назвать одного солдата, во всякое время в приемной пребывающего, который хотя имеет один кривой глаз и несколько поврежденную руку, но чтобы выгнать свинью и ударить ее дубиною, имеет весьма соразмерные способности. Из чего достоверно видно потворство оного миргородского суда и бесспорно разделение жидовского от того барыша по взаимности совмещаясь. Оный же вышеупомянутый разбойник и дворянин Иван, Иванов сын, Перерепенко в приточении ошельмовавшись состоялся. Почему и довожу оному поветовому суду я, дворянин Иван, Никифоров сын, Довгочхун, в надлежащее всеведение, если с оной бурой свиньи или согласившегося с нею дворянина Перерепенка означенная просьба взыщена не будет и по ней решение по справедливости и в мою пользу не возымеет, то я, дворянин Иван, Никифоров сын, Довгочхун, о таковом оного суда противозаконном потворстве подать жалобу в палату имею с надлежащим по форме перенесением дела. — Дворянин Миргородского повета Иван, Никифоров сын, Довгочхун».

Эта просьба произвела свое действие: судья был человек, как обыкновенно бывают все добрые люди, трусливого десятка. Он обратился к секретарю. Но секретарь пустил сквозь губы густой «гм» и показал на лице своем ту равнодушную и дьявольски двусмысленную мину, которую принимает один только сатана, когда видит у ног своих прибегающую к нему жертву. Одно средство оставалось: примирить двух приятелей. Но как приступить к этому, когда все покушения были до того неуспешны? Однако ж еще решились попытаться; но Иван Иванович напрямик объявил, что не хочет, и даже весьма рассердился. Иван Никифорович вместо ответа оборотился спиною назад и хоть бы слово сказал. Тогда процесс пошел с необыкновенною быстротою, которою обыкновенно так славятся судилища. Бумагу пометили, записали, выставили нумер, вшили, расписались — всё в один и тот же день, и положили дело в шкаф, где оно лежало, лежало, лежало — год, другой, третий. Множество невест успело выйти замуж; в Миргороде пробили новую улицу; у судьи выпал один коренной зуб и два боковых; у Ивана Ивановича бегало по двору больше ребятишек, нежели прежде: откуда они взялись, Бог один знает; Иван Никифорович, в упрек Ивану Ивановичу, выстроил новый гусиный хлев, хотя немного подальше прежнего, и совершенно застроился от Ивана Ивановича, так что сии достойные люди никогда почти не видали в лицо друг друга, — и дело всё лежало, в самом лучшем порядке, в шкафу, который сделался мраморным от чернильных пятен.

Между тем произошел чрезвычайно важный случай для всего Миргорода.

Городничий давал ассамблею! Где возьму я кистей и красок, чтоб изобразить разнообразие съезда и великолепное пиршество? Возьмите часы, откройте их и посмотрите, что там делается! Не правда ли, чепуха страшная? Представьте же теперь себе, что почти столько же, если не больше, колес стояло среди двора городничего. Каких бричек и повозок там не было! Одна — зад широкий, а перед узенький; другая — зад узенький, а перед широкий. Одна была и бричка и повозка вместе; другая ни бричка, ни повозка; иная была похожа на огромную копну сена или на толстую купчиху; другая на растрепанного жида или на скелет, еще не совсем освободившийся от кожи; иная была в профиле совершенная трубка с чубуком; другая была ни на что не похожа, представляя какое-то странное существо, совершенно безобразное и чрезвычайно фантастическое. Из среды этого хаоса колес и козел возвышалось подобие кареты с комнатным окном, перекрещенным толстым переплетом. Кучера, в серых чекменях, свитках и серяках, в бараньих шапках и разнокалиберных фуражках, с трубками в руках, проводили по двору распряженных лошадей. Что за ассамблею дал городничий! Позвольте, я перечту всех, которые были там: Тарас Тарасович, Евпл Акинфович, Евтихий Евтихиевич, Иван Иванович — не тот Иван Иванович, а другой, Савва Гаврилович, наш Иван Иванович, Елевферий Елевфериевич, Макар Назарьевич, Фома Григорьевич... Не могу далее! не в силах! Рука устает писать! А сколько было дам! смуглых и белолицых, длинных и коротеньких, толстых, как Иван Никифорович, и таких тонких, что, казалось, каждую можно было упрятать в шпажные ножны городничего. Сколько чепцов! сколько платьев! красных, желтых, кофейных, зеленых, синих, новых, перелицованных, перекроенных; платков, лент, ридикулей! Прощайте, бедные глаза! вы никуда не будете годиться после этого спектакля. А какой длинный стол был вытянут! А как разговорилось всё, какой шум подняли! Куда против этого мельница со всеми своими жерновами, колесами, шестерней, ступами! Не могу вам сказать наверно, о чем они говорили, но должно думать, что о многих приятных и полезных вещах, как-то: о погоде, о собаках, о пшенице, о чепчиках, о жеребцах. Наконец Иван Иванович — не тот Иван Иванович, а другой, у которого один глаз крив, — сказал:

— Мне очень странно, что правый глаз мой (кривой Иван Иванович всегда говорил о себе иронически) не видит Ивана Никифоровича господина Довгочхуна.

— Не хотел придти! — сказал городничий.
— Как так?

— Вот уже, слава Богу, есть два года, как поссорились они между собою, то есть Иван Иванович с Иваном Никифоровичем; и где один, туда другой ни за что не пойдет!

— Что вы говорите! — При этом кривой Иван Иванович поднял глаза вверх и сложил руки вместе. — Что ж теперь, если уже люди с добрыми глазами не живут в мире, где же жить мне в ладу с кривым моим оком!

На эти слова все засмеялись во весь рот. Все очень любили кривого Ивана Ивановича за то, что он отпускал шутки совершенно во вкусе нынешнем. Сам высокий, худощавый человек, в байковом сюртуке, с пластырем на носу, который до того сидел в углу и ни разу не переменил движения на своем лице, даже когда залетела к нему в нос муха, — этот самый господин встал с своего места и подвинулся ближе к толпе, обступившей кривого Ивана Ивановича.

— Послушайте! — сказал кривой Иван Иванович, когда увидел, что его окружило порядочное общество. — Послушайте! Вместо того, что вы теперь заглядываетесь на мое кривое око, давайте вместо этого помирим двух наших приятелей! Теперь Иван Иванович разговаривает с бабами и девчатами, — пошлем потихоньку за Иваном Никифоровичем, да и столкнем их вместе.

Все единодушно приняли предложение Ивана Ивановича и положили немедленно послать к Ивану Никифоровичу на дом — просить его во что бы ни стало приехать к городничему на обед. Но важный вопрос — на кого возложить это важное поручение? — повергнул всех в недоумение. Долго спорили, кто способнее и искуснее в дипломатической части; наконец единодушно решили возложить всё это на Антона Прокофьевича Голопузя.

Но прежде нужно несколько познакомить читателя с этим замечательным лицом. Антон Прокофьевич был совершенно добродетельный человек во всем значении этого слова: даст ли ему кто из почетных людей в Миргороде платок на шею или исподнее — он благодарит; щелкнет ли его кто слегка в нос, он и тогда благодарит. Если у него спрашивали: «Отчего это у вас, Антон Прокофьевич, сюртук коричневый, а рукава голубые?», то он обыкновенно всегда отвечал: «А у вас и такого нет! Подождите, обносится, весь будет одинаковый!» И точно: голубое сукно от действия солнца начало обращаться в коричневое и теперь совершенно подходит под цвет сюртука! Но вот что странно: что Антон Прокофьевич имеет обыкновение суконное платье носить летом, а нанковое зимою. Антон Прокофьевич не имеет своего дома. У него был прежде, на конце города, но он его продал и на вырученные деньги купил тройку гнедых лошадей и небольшую бричку, в которой разъезжал гостить по помещикам. Но так как с ними много было хлопот и притом нужны были деньги на овес, то Антон Прокофьевич их променял на скрипку и дворовую девку, взявши придачи двадцатипятирублевую бумажку. Потом скрипку Антон Прокофьевич продал, а девку променял за кисет сафьянный с золотом. И теперь у него кисет такой, какого ни у кого нет. За это наслаждение он уже не может разъезжать по деревням, а должен оставаться в городе и ночевать в разных домах, особенно тех дворян, которые находили удовольствие щелкать его по носу. Антон Прокофьевич любит хорошо поесть, играет изрядно в «дураки» и «мельники».

Повиноваться всегда было его стихиею, и потому он, взявши шапку и палку, немедленно отправился в путь. Но, идучи, стал рассуждать, каким образом ему подвигнуть Ивана Никифоровича придти на ассамблею. Несколько крутой нрав сего, впрочем, достойного человека делал его предприятие почти невозможным. Да и как в самом деле ему решиться придти, когда встать с постели уже ему стоило великого труда? Но положим, что он встанет, как ему придти туда, где находится, — что, без сомнения, он знает, — непримиримый враг его? Чем более Антон Прокофьевич обдумывал, тем более находил препятствий. День был душен; солнце жгло; пот лился с него градом. Антон Прокофьевич, несмотря, что его щелкали по носу, был довольно хитрый человек на многие дела, — в мене только был он не так счастлив, — он очень знал, когда нужно прикинуться дураком, и иногда умел найтиться в таких обстоятельствах и случаях, где редко умный бывает в состоянии извернуться.

В то время как изобретательный ум его выдумывал средство, как убедить Ивана Никифоровича, и уже он храбро шел навстречу всего, одно неожиданное обстоятельство несколько смутило его. Не мешает при этом сообщить читателю, что у Антона Прокофьевича были, между прочим, одни панталоны такого странного свойства, что когда он надевал их, то всегда собаки кусали его за икры. Как на беду, в тот день он надел именно эти панталоны. И потому едва только он предался размышлениям, как страшный лай со всех сторон поразил слух его. Антон Прокофьевич поднял такой крик, — громче его никто не умел кричать, — что не только знакомая баба и обитатель неизмеримого сюртука выбежали к нему навстречу, но даже мальчишки со двора Ивана Ивановича посыпались к нему, и хотя собаки только за одну ногу успели его укусить, однако ж это очень уменьшило его бодрость и он с некоторого рода робостью подступал к крыльцу.

Глава VII,

И ПОСЛЕДНЯЯ

— А! здравствуйте. На что вы собак дразните? — сказал Иван Никифорович, увидевши Антона Прокофьевича, потому что с Антоном Прокофьевичем никто иначе не говорил, как шутя.

— Чтоб они передохли все! Кто их дразнит? — отвечал Антон Прокофьевич.

— Вы врете.

— Ей-богу, нет! Просил вас Петр Федорович на обед.

— Гм!

— Ей-богу! так убедительно просил, что выразить не можно. Что это, говорит, Иван Никифорович чуждается меня, как неприятеля. Никогда не зайдет поговорить, либо посидеть.

Иван Никифорович погладил свой подбородок.

— Если, говорит, Иван Никифорович и теперь не придет, то я не знаю, что подумать: верно, он имеет на меня какой умысел! Сделайте милость, Антон Прокофьевич, уговорите Ивана Никифоровича! Что ж, Иван Никифорович? пойдем! там собралась теперь отличная компания!

Иван Никифорович начал рассматривать петуха, который, стоя на крыльце, изо всей мочи драл горло.

— Если бы вы знали, Иван Никифорович, — продолжал усердный депутат, — какой осетрины, какой свежей икры прислали Петру Федоровичу!

При этом Иван Никифорович поворотил свою голову и начал внимательно прислушиваться.

Это ободрило депутата.

— Пойдемте скорее, там и Фома Григорьевич! Что ж вы? — прибавил он, видя, что Иван Никифорович лежал всё в одинаковом положении. — Что ж? идем или нейдем?

— Не хочу.

Это «не хочу» поразило Антона Прокофьевича. Он уже думал, что убедительное представление его совершенно склонило этого, впрочем, достойного человека, но вместо того услышал решительное: «не хочу».

— Отчего же не хотите вы? — спросил он почти с досадою, которая показывалась у него чрезвычайно редко, даже тогда, когда клали ему на голову зажженную бумагу, чем особенно любили себя тешить судья и городничий.

Иван Никифорович понюхал табаку.

— Воля ваша, Иван Никифорович, я не знаю, что вас удерживает.

— Чего я пойду? — проговорил, наконец, Иван Никифорович, — там будет разбойник! — Так он называл обыкновенно Ивана Ивановича.

Боже праведный! А давно ли...

— Ей-богу, не будет! вот как Бог свят, что не будет! Чтоб меня на самом этом месте громом убило! — отвечал Антон Прокофьевич, который готов был божиться десять раз на один час. — Пойдемте же, Иван Никифорович!

— Да вы врете, Антон Прокофьевич, он там?

— Ей-богу, ей-богу нет! Чтобы я не сошел с этого места, если он там! Да и сами посудите, с какой стати мне лгать? Чтоб мне руки и ноги отсохли!.. Что, и теперь не верите? Чтоб я околел тут же перед вами! чтоб ни отцу, ни матери моей, ни мне не видать царствия небесного! Еще не верите?

Иван Никифорович этими уверениями совершенно успокоился и велел своему камердинеру в безграничном сюртуке принесть шаровары и нанковый казакин.

Я полагаю, что описывать, каким образом Иван Никифорович надевал шаровары, как ему намотали галстук и, наконец, надели казакин, который под левым рукавом лопнул, совершенно излишне. Довольно, что он во всё это время сохранял приличное спокойствие и не отвечал ни слова на предложения Антона Прокофьевича — что-нибудь променять на его турецкий кисет.

Между тем собрание с нетерпением ожидало решительной минуты, когда явится Иван Никифорович и исполнится, наконец, всеобщее желание, чтобы сии достойные люди примирились между собою; многие были почти уверены, что не придет Иван Никифорович. Городничий даже бился об заклад с кривым Иваном Ивановичем, что не придет, но разошелся только потому, что кривой Иван Иванович требовал, чтобы тот поставил в заклад подстреленную свою ногу, а он кривое око, — чем городничий очень обиделся, а компания потихоньку смеялась. Никто еще не садился за стол, хотя давно уже был второй час, — время, в которое в Миргороде, даже в парадных случаях, давно уже обедают.

Едва только Антон Прокофьевич появился в дверях, как в то же мгновение был обступлен всеми. Антон Прокофьевич на все вопросы закричал одним решительным словом: «Не будет». Едва только он это произнес, и уже град выговоров, браней, а может быть, и щелчков, готовился посыпаться на его голову за неудачу посольства, как вдруг дверь отворилась и — вошел Иван Никифорович.

Если бы показался сам сатана или мертвец, то они бы не произвели такого изумления на всё общество, в какое повергнул его неожиданный приход Ивана Никифоровича. А Антон Прокофьевич только заливался, ухватившись за бока, от радости, что так подшутил над всею компанией.

Как бы то ни было, только это было почти невероятно для всех, чтобы Иван Никифорович в такое короткое время мог одеться, как прилично дворянину. Ивана Ивановича в это время не было; он зачемто вышел. Очнувшись от изумления, вся публика приняла участие в здоровьи Ивана Никифоровича и изъявила удовольствие, что он раздался в толщину. Иван Никифорович целовался со всяким и говорил: «Очень одолжен».

Между тем запах борща понесся чрез комнату и пощекотал приятно ноздри проголодавшимся гостям. Все повалили в столовую. Вереница дам, говорливых и молчаливых, тощих и толстых, потянулась вперед, и длинный стол зарябел всеми цветами. Не стану описывать кушаньев, какие были за столом! Ничего не упомяну ни о мнишках в сметане, ни об утрибке, которую подавали к борщу, ни об индейке с сливами и изюмом, ни о том кушанье, которое очень походило видом на сапоги, намоченные в квасе, ни о том соусе, который есть лебединая песнь старинного повара, — о том соусе, который подавался обхваченный весь винным пламенем, что очень забавляло и вместе пугало дам. Не стану говорить об этих кушаньях потому, что мне гораздо более нравится есть их, нежели распространяться об них в разговорах.

Ивану Ивановичу очень понравилась рыба, приготовленная с хреном. Он особенно занялся этим полезным и питательным упражнением. Выбирая самые тонкие рыбьи косточки, он клал их на тарелку и как-то нечаянно взглянул насупротив: Творец Небесный, как это было странно! Против него сидел Иван Никифорович!

В одно и то же самое время взглянул и Иван Никифорович!.. Нет!.. не могу!.. Дайте мне другое перо! Перо мое вяло, мертво, с тонким расщепом для этой картины! Лица их с отразившимся изумлением сделались как бы окаменелыми. Каждый из них увидел лицо давно знакомое, к которому, казалось бы, невольно готов подойти, как к приятелю неожиданному, и поднесть рожок с словом: «одолжайтесь», или: «смею ли просить об одолжении»; но вместе с этим то же самое лицо было страшно, как нехорошее предзнаменование! Пот катился градом у Ивана Ивановича и у Ивана Никифоровича.

Присутствующие, все, сколько их ни было за столом, онемели от внимания и не отрывали глаз от некогда бывших друзей. Дамы, которые до того времени были заняты довольно интересным разговором о том, каким образом делаются каплуны, вдруг прервали разговор. Всё стихло! Это была картина, достойная кисти великого художника!

Наконец Иван Иванович вынул носовой платок и начал сморкаться; а Иван Никифорович осмотрелся вокруг и остановил глаза на растворенной двери. Городничий тотчас заметил это движение и велел затворить дверь покрепче. Тогда каждый из друзей начал кушать и уже ни разу не взглянули друг на друга.

Как только кончился обед, оба прежние приятели схватились с мест и начали искать шапок, чтобы улизнуть. Тогда городничий мигнул, и Иван Иванович, — не тот Иван Иванович, а другой, что с кривым глазом, — стал за спиною Ивана Никифоровича, а городничий зашел за спину Ивана Ивановича, и оба начали подталкивать их сзади, чтобы спихнуть их вместе и не выпускать до тех пор, пока не подадут рук. Иван Иванович, что с кривым глазом, натолкнул Ивана Никифоровича, хотя и несколько косо, однако ж довольно еще удачно и в то место, где стоял Иван Иванович; но городничий сделал дирекцию слишком в сторону, потому что он никак не мог управиться с своевольною пехотою, не слушавшею на тот раз никакой команды и, как назло, закидывавшею чрезвычайно далеко и совершенно в противную сторону (что, может, происходило оттого, что за столом было чрезвычайно много разных наливок), так что Иван Иванович упал на даму в красном платье, которая из любопытства просунулась в самую середину. Такое предзнаменование не предвещало ничего доброго. Однако ж судья, чтоб поправить это дело, занял место городничего и, потянувши носом с верхней губы весь табак, отпихнул Ивана Ивановича в другую сторону. В Миргороде это обыкновенный способ примирения. Он несколько похож на игру в мячик. Как только судья пихнул Ивана Ивановича, Иван Иванович с кривым глазом уперся всею силою и пихнул Ивана Никифоровича, с которого пот валился, как дождевая вода с крыши. Несмотря на то, что оба приятеля весьма упирались, однако ж таки были столкнуты, потому что обе действовавшие стороны получили значительное подкрепление со стороны других гостей.

Тогда обступили их со всех сторон тесно и не выпускали до тех пор, пока они не решились подать друг другу руки.

— Бог с вами, Иван Никифорович и Иван Иванович! Скажите по совести, за что вы поссорились? не по пустякам ли? Не совестно ли вам перед людьми и перед Богом!

— Я не знаю, — сказал Иван Никифорович, пыхтя от усталости (заметно было, что он был весьма не прочь от примирения), — я не знаю, что я такое сделал Ивану Ивановичу; за что же он порубил мой хлев и замышлял погубить меня?

— Неповинен ни в каком злом умысле, — говорил Иван Иванович, не обращая глаз на Ивана Никифоровича. — Клянусь и пред Богом и пред вами, почтенное дворянство, я ничего не сделал моему врагу. За что же он меня поносит и наносит вред моему чину и званию?

— Какой же я вам, Иван Иванович, нанес вред? — сказал Иван Никифорович.

Еще одна минута объяснения — и давнишняя вражда готова была погаснуть. Уже Иван Никифорович полез в карман, чтобы достать рожок и сказать: «Одолжайтесь».

— Разве это не вред, — отвечал Иван Иванович, не подымая глаз, — когда вы, милостивый государь, оскорбили мой чин и фамилию таким словом, которое неприлично здесь сказать?

— Позвольте вам сказать по-дружески, Иван Иванович! (при этом Иван Никифорович дотронулся пальцем до пуговицы Ивана Ивановича, что означало совершенное его расположение), — вы обиделись за черт знает что такое: за то, что я вас назвал *гусаком...*

Иван Никифорович спохватился, что сделал неосторожность, произнесши это слово; но уже было поздно: слово было произнесено.

Всё пошло к черту!

Когда при произнесении этого слова без свидетелей Иван Иванович вышел из себя и пришел в такой гнев, в каком не дай Бог видывать человека, — что ж теперь, посудите, любезные читатели, что теперь, когда это убийственное слово произнесено было в собрании, в котором находилось множество дам, перед которыми Иван Иванович любил быть особенно приличным? Поступи Иван Никифорович не таким образом, скажи он *птица,* а не *гусак,* еще бы можно было поправить.

Но — всё кончено!

Он бросил на Ивана Никифоровича взгляд — и какой взгляд! Если бы этому взгляду придана была власть исполнительная, то он обратил бы в прах Ивана Никифоровича. Гости поняли этот взгляд и поспешили сами разлучить их. И этот человек, образец кротости, который ни одну нищую не пропускал, чтоб не расспросить ее, выбежал в ужасном бешенстве. Такие сильные бури производят страсти!

Целый месяц ничего не было слышно об Иване Ивановиче. Он заперся в своем доме. Заветный сундук был отперт, из сундука были вынуты — что же? карбованцы! старые, дедовские карбованцы! И эти карбованцы перешли в запачканные руки чернильных дельцов. Дело было перенесено в палату. И когда получил Иван Иванович радостное известие, что завтра решится оно, тогда только выглянул на свет и решился выдти из дому. Увы! с того времени палата извещала ежедневно, что дело кончится завтра, в продолжение десяти лет!

Назад тому лет пять я проезжал чрез город Миргород. Я ехал в дурное время. Тогда стояла осень с своею грустно-сырою погодою, грязью и туманом. Какая-то ненатуральная зелень — творение скучных, беспрерывных дождей — покрывала жидкою сетью поля и нивы, к которым она так пристала, как шалости старику, розы — старухе. На меня тогда сильное влияние производила погода: я скучал, когда она была скучна. Но, несмотря на то, когда я стал подъезжать к Миргороду, то почувствовал, что у меня сердце бьется сильно. Боже, сколько воспоминаний! Я двенадцать лет не видал Миргорода. Здесь жили тогда в трогательной дружбе два единственные человека, два единственные друга. А сколько вымерло знаменитых людей! Судья Демьян Демьянович уже тогда был покойником; Иван Иванович, что с кривым глазом, тоже приказал долго жить. Я въехал в главную улицу; везде стояли шесты с привязанным вверху пуком соломы: производилась какая-то новая планировка! Несколько изб было снесено. Остатки заборов и плетней торчали уныло.

День был тогда праздничный; я приказал рогоженную кибитку свою остановить перед церковью и вошел так тихо, что никто не обратился. Правда, и некому было. Церковь была пуста. Народу почти никого. Видно было, что и самые богомольные побоялись грязи. Свечи при пасмурном, лучше сказать — больном дне, как-то были странно неприятны; темные притворы были печальны; продолговатые окна с круглыми стеклами обливались дождливыми слезами. Я отошел в притвор и оборотился к одному почтенному старику с поседевшими волосами:

— Позвольте узнать, жив ли Иван Никифорович?

В это время лампада вспыхнула живее пред иконою и свет прямо ударился в лицо моего соседа. Как же я удивился, когда, рассматривая, увидел черты знакомые! Это был сам Иван Никифорович! Но как изменился!

— Здоровы ли вы, Иван Никифорович? Как же вы постарели!

— Да, постарел. Я сегодня из Полтавы, — отвечал Иван Никифорович.

— Что вы говорите! вы ездили в Полтаву в такую дурную погоду?

— Что ж делать! тяжба...

При этом я невольно вздохнул. Иван Никифорович заметил этот вздох и сказал:

— Не беспокойтесь, я имею верное известие, что дело решится на следующей неделе, и в мою пользу.

Я пожал плечами и пошел узнать что-нибудь об Иване Ивановиче.

— Иван Иванович здесь, — сказал мне кто-то, — он на крылосе.

Я увидел тогда тощую фигуру. Это ли Иван Иванович? Лицо было покрыто морщинами, волосы

были совершенно белые; но бекеша была всё та же. После первых приветствий Иван Иванович, обратившись ко мне с веселою улыбкою, которая так всегда шла к его воронкообразному лицу, сказал:

— Уведомить ли вас о приятной новости?

— О какой новости? — спросил я.

— Завтра непременно решится мое дело. Палата сказала наверное.

Я вздохнул еще глубже и поскорее поспешил проститься, потому что я ехал по весьма важному делу, и сел в кибитку. Тощие лошади, известные в Миргороде под именем курьерских, потянулись, производя копытами своими, погружавшимися в серую массу грязи, неприятный для слуха звук. Дождь лил ливмя на жида, сидевшего на козлах и накрывшегося рогожкою. Сырость меня проняла насквозь. Печальная застава с будкою, в которой инвалид чинил серые доспехи свои, медленно пронеслась мимо. Опять то же поле, местами изрытое, черное, местами зеленеющее, мокрые галки и вороны, однообразный дождь, слезливое без просвету небо. — Скучно на этом свете, господа!

СОДЕРЖАНИЕ

Литературно-художественное издание
Гоголь Николай Васильевич
ВЕЧЕРА НА ХУТОРЕ БЛИЗ ДИКАНЬКИ

Главный редактор *В. Галий*
Ответственный за выпуск *Р. Панченко*
Художественный редактор *А. Сауков*
Художник *А. Яковлев*
Технический редактор *Н. Носова*
Компьютерная верстка *Л. Косарева*
Корректор *С. Жилова*

ООО «Издательство «Эксмо»
127299, Москва, ул. Клары Цеткин, д. 18/5. Тел. 411-68-86, 956-39-21.
Home page: **www.eksmo.ru** E-mail: **info@eksmo.ru**

Подписано в печать 01.03.2007.
Формат 84×108 ¹/₃₂. Гарнитура «Таймс».
Печать офсетная. Усл. печ. л. 29,4. Уч.-изд. л. 27,1.
Доп. тираж I 4100 экз. Заказ № 1071.

Отпечатано в полном соответствии
с качеством предоставленных диапозитивов
в ОАО «Можайский полиграфический комбинат».
143200, г. Можайск, ул. Мира, 93.

ISBN 978-5-699-07918-6

9 785699 079186 >